AF532312

# NIONDE ARMÉNS UNDERGÅNG

NICLAS SENNERTEG

# NIONDE ARMÉNS UNDERGÅNG

## Kampen om Berlin 1945

HISTORISKA MEDIA

Historiska Media
Box 1206
221 05 Lund
www.historiskamedia.se
info@historiskamedia.se

© Denna utgåva: Historiska Media och Niclas Sennerteg 2008
Faktagranskning: Marco Smedberg
Kartor: Lönegård & Co
Omslag: Jacob Wiberg
Omslagsfoto: En kapitulerad tysk soldat i Berlin 1945.
Foto: Tass/Gamma/IBL Bildbyrå. Kolorering: Jacob Wiberg
Tryck: Books on Demand GmbH
ISBN 978-91-7593-027-5

# Innehåll

## Kartor

# Förord

HJÄLMEN, BAJONETTEN, HANDGRANATERNA.

Med darrande händer kände infanteristen Marcel Staar efter om utrustningen satt som den skulle. Om ett ögonblick skulle han och tusentals andra desperata tyska soldater storma fram över fälten mot den brinnande byn framför dem, där granaterna precis slutat falla. Staar såg ett färgat spårljus gå till väders. Plötsligt blev det liv och rörelse när soldaterna samtidigt började klättra upp ur skyddsgroparna. Det var anfallssignalen. Alla visste att nu måste de lyckas, kosta vad det kosta ville.

En ohygglig natt hade börjat.

DET VAR SOM om krigets gudar hade gaddat sig samman för att göra en av andra världskrigets allra sista dagar till en av de mest helvetiska. Hitlertysklands ohyggliga dödskamp närmade sig slutet men de fasor som utspelades i det lilla samhället Halbe, 40 kilometer söder om Berlin, överträffade det mesta. "Det är ju värre än Stalingrad!" lär en rysk överste ha utbrustit när han kom dit strax efteråt.[1] Så många döda på en så liten plats hade han aldrig tidigare sett.

Under ett halvt dygn var huvudgatan i Halbe nålsögat för en redan besegrad och dödsdömd tysk armé som tillsammans med otaliga kvinnor och barn var på flykt undan en fiende som de fruktade mer än döden. Under kampen om Berlin hade tyska 9. armén blivit omringad av ryssarna i skogarna sydväst om staden och arméns befälhavare, general Theodor Busse, ville till varje pris bryta sig ut mot väster. Och vägen ut gick genom byn Halbe. Det visste både han och de ryska trupper som väntade på dem.

Skräckscenerna som utspelades där under kvällen och natten den 28–29 april 1945 var lika fruktansvärda som Dantes inferno. Snart låg tusentals soldater från båda sidor tillsammans med flyktingar i drivor på gator och i trädgårdar, många var stympade av granater eller krossade av stridsvagnar. Inte heller byborna klarade sig undan.

Mitt i detta helvete såg den 62-årige ortsbon Conrad Titz sitt hus brinna ned, medan SS-soldater hade förskansat sig i trädgården. Förtvivlad skrek han åt en av dem att det var meningslöst att fortsätta slåss, att kriget var förlorat. Då drog SS-mannen sin pistol och sköt ihjäl honom.[2]

En av de mest skakande historierna berättas av en annan invånare i Halbe, den då 15-åriga flickan Ingrid Feitsch:

> Hans, min äldste bror, tittade på då en sårad soldat plåstrades om på gården när den första granaten slog ned i huset. Han dödades omedelbart. En fransk krigsfånge som bodde hos oss bar honom till oss i källaren. Följande dag slog ännu en granat ned. Den dödade min yngste bror, treårige Jürgen, i hans lilla säng. Likaså en liten lekkamrat och hans mormor. Härvid förlorade min mor sina bägge fötter. Det var det mest fruktansvärda. I flera timmar irrade vi runt för att hitta en sjukvårdare. Men var fanns det hjälp att få? Mor skrek ända till nästa dag. Sedan dog hon. Min femårige bror Ernst och jag var nu ensamma. Först långt senare återvände far från kriget.[3]

Efter kriget anlades en krigskyrkogård strax utanför Halbe där 22 000 tyska soldater och civila – huvudsakligen oidentifierade offer för striderna den där natten – vilar. Men det är möjligt att det finns dubbelt så många som än idag ligger i omärkta gravar i skogarna i trakten.

Idag är krigskyrkogården i Halbe en av de främsta påminnelserna i Europa om krigets grymhet och meningslöshet.

ETT ÅRTIONDE EFTER andra världskrigets slut var många detaljer kring Tredje rikets undergång fortfarande okända för en bredare allmänhet. Relativt få böcker hade publicerats som kunde kasta ljus över händelserna. Arkiven hade förstörts eller befann sig i segrarmakternas händer och många nyckelvittnen hade ännu inte frigetts från de sovjetiska fånglägren.

Inför tioårsdagen av krigsslutet bad därför en tysk militärvetenskaplig tidskrift den tidigare generalen Theodor Busse att skriva en uppsats om slutstriden. Den 58-årige Busse, som vid det laget var västtyska regeringens främste rådgivare i civilförsvarsfrågor, hade 1945 fört befälet över 9. armén som utgjorde det sista försvaret mot de ryska arméerna som ryckte fram mot Berlin.

Busse tackade ja, men uppsatsen blev inte något litterärt mästerverk. Det var en knastertorr redogörelse på ett krångligt språk som var tom på nästan allt utom hårda militära fakta: datum, frontlinjers sträckning, truppers grupperingar, styrkeförhållanden och lägesbedömningar. I förordet hävdade Busse att hans uppsats var en hyllning till alla de soldater i 9. armén som "gjort sin militära plikt" i slutstriden, men av dessa soldaters kamp och uppoffringar syntes inte mycket i hans försök till historieskrivning.

Och om de fasansfulla timmarna vid Halbe skrev han praktiskt taget ingenting. Utbrytningen ur Röda arméns grepp förvandlade han tvärtom nästan till ett äventyrligt segertåg.

Ögonvittnen som visste hur det egentligen hade gått till väntade i många årtionden med att berätta sin historia öppet. Och historikerna som skrev om slutstriden 1945 har länge förbigått general Theodor Busse och hans armés undergång utanför Berlin, trots att det var just Busse som förde befälet över den viktigaste tyska försvarslinjen. En av de främsta orsakerna är sannolikt att en annan historisk källa varit betydligt tacksammare att utnyttja, nämligen befälhavaren för armégrupp "Weichsel", generalöverste Gotthard Heinrici, som var hans närmaste överordnade. Heinrici skrev omfattande och mycket läsvärda memoarer, vilka tyvärr fortfarande är opublicerade men som ändå har utnyttjats flitigt av forskare. De publicerade skildringarna av striderna om Berlin har därför drabbats av en viss ensidighet.

Vid minst ett par tillfällen efter kriget lät sig dock Theodor Busse intervjuas av de amerikanska historieförfattarna Cornelius Ryan och John Toland, men hans vittnesmål letade sig inte in i några böcker utan hamnade i arkiven. Dessa hittills opublicerade intervjuer får emellertid de sista fasansfulla drabbningarna 1945 att framträda med nya nyanser.

Historien om andra världskriget erbjuder gott om tillfällen att studera människor i extrema situationer och 9. arméns undergång är ett fascinerande exempel. En armé har ofta liknats vid en maskin av militärteoretikerna. Det är en metafor som härstammar från 1700-talet och även om den är diskutabel går den fortfarande att tillämpa när man studerar en organisations sammanbrott. Om Busses armé betraktas som en maskin utgjorde soldaterna dess kugghjul och fjädrar, men det är dessa som är de intressanta eftersom människor bara till en viss gräns kan förmås att bete sig som själlösa maskindelar. De ”högre mål” som drev 9. armén i början av slutstriden – att hindra Hitlertysklands undergång och skydda civilbefolkningen från den ryska hämnden – ersattes snabbt av den krassa kampen för den egna överlevnaden när sammanbrottet var ett faktum. Kugghjulen och fjädrarna upphörde i många fall att fungera när åtskilliga soldater föredrog att på egen hand söka en utväg ur undergången. Men trots att dessa styrkor som försvarade Berlin vacklade och föll sönder under fiendens hårda slag fortsatte ändå betydande delar av general Busses människomaskin att slåss, även sedan förlusterna passerat det uthärdligas gräns.

KAPITEL I

# Till fronten

FEBRUARI–MARS 1945

DET VAR FYRA kilometer kvar till fronten.

Gerhard Tillery hade tänt sin pipa och börjat tugga i sig en bit bröd, medan han plitade ned ett kort brev till föräldrarna. Bara några dagar tidigare hade han befunnit sig på en officerskurs i Lübeck där han hade svarat på ett upprop att åka till fronten. Han och hans kamrater hade varit begeistrade och otåliga att få komma ut i kriget, men de visste inte varthän de fördes med tåget. Så småningom hade det gått upp för dem att det bar till östfronten.

Tillerys kamrater rastade en liten bit längre bort i vägdiket, och det enda som stundom drog hans uppmärksamhet från skrivandet var skådespelet på februarihimlen där några ryska plan förföljdes av tyskt jaktflyg. Annars var allt skenbart frid och fröjd. På ortsskylten stod det Sachsendorf. Det var en liten by öster om Berlin, inte långt från floden Oder, där de sovjetiska arméerna redan stod och väntade.

Tillery drog ett bloss till på pipan. Det var hans nittonde födelsedag.

MAN KUNDE SE dem på *Wochenschau*, de officiella journalfilmerna, på väg direkt från utbildningskasernerna till fronten, tungt lastade och påbyltade. Leende och käcka, medan speakerrösten melodramatiskt förklarade att detta var de förstärkningar som slutgiltigt skulle hejda "de bolsjevikiska horderna". De kom från alla håll i Tyskland – de unga pojkar som var Tredje rikets sista bålverk mot Röda armén på våren 1945. Under februari, mars och början av april strömmade tiotusentals uniformerade män ut ur lastbilar, bussar och järnvägsvagnar rakt ut på fälten och kullarna vid Oder för att gräva skyttegravar i det pastorala landskapet.

Många av dem hade aldrig varit i strid förut och deras bild av kriget präglades fortfarande av journalfilmernas propaganda och pojkboksäven-

Rekryter på väg till Oderfronten för att stoppa Röda arméns frammarsch. Många av soldaterna i den återuppståndna nionde armén hade aldrig varit i strid förut.

tyren. Men snart skulle deras aningslösa entusiasm frontalkrocka med verklighetens fasor.

”Berlin” lät som ett löfte om hjältedåd och tapperhetsmedaljer i Günter Graffenbergers öron, för han var en av dem som ännu drömde om sådana ting. Den 16-årige Günter var stolt över att försvara fosterlandet. Blomman av den tyska ungdomen som, enligt Hitler, var ”snabb som vinthundar, seg som läder och hård som kruppstål” hade uppslukats av kriget årskull efter årskull. Nu skulle också underåriga pojkar i pösiga uniformer och för stora stålhjälmar offras för Führerns sak.

Kolonnen av bussar var fullpackad med pojksoldater och den rullade från militärlägret vid danska gränsen i riktning mot östfronten. Omständigheten att Röda armén stod vid huvudstadens portar hade inte någon nedslående inverkan på dem. ”Visserligen går det dåligt för Tyskland just nu, men det är bara tillfälliga motgångar", resonerade Günter. Snart skulle de utlovade "mirakelvapnen" sättas in och kriget vinnas. Det var han förvissad om.

I all hast hade bataljonen bestående av unga pojkar ställts upp i Plön av en "Napola", en nazistisk utbildningsanstalt som evakuerats från Västpreussen. Förvisso hade den militära utbildningen varit mycket kort, men å andra sidan hade eleverna redan i skolan drillats i konsten att använda ett gevär och uppträda militäriskt, vilket fick dem att känna sig säkra på sin sak, rent av oövervinnerliga.

Ideligen avbröts Günter i sina funderingar av varningsropet "Flieger!" Kolonnen tvärbromsade vid vägkanten och pojkarna rusade in i skogen för att ta betäckning medan allierade flygplan svepte förbi på låg höjd över deras huvuden.

GÜNTER VAR EN ung fanatisk nazist från Memelområdet i Tysklands nordöstligaste hörn. När Hitler annekterade det tyskspråkiga Memel (dagens Klaipeda) från Litauen i mars 1939 knackade Gestapo på dörren och förde hans pappa, som var aktiv socialdemokrat, till koncentrationsläger. En dag senare skickades Günter, tio år fyllda, till en nazistisk utbildningsanstalt. Det var en av cirka 30 elitskolor med politisk indoktrinering, militär disciplin och stränga bestraffningar – en efterföljare till de gamla preussiska kadettanstalterna:

> Jag tillhörde Tredje rikets arvtagare – den nya generationen nationalsocialistiska makthavare. Det var vi som skulle ta över efter Hitler och vi fick lära oss allt om Tysklands storhet, om Tyskland som främsta kulturnation och om Führerns ofelbarhet. Så småningom blev jag övertygad om att livet var på det viset. Medan jag marscherade runt i Hitlerjugenduniform gick pappa i fångdräkt i koncentrationslägret Stutthof bara några mil därifrån, utan att jag hade en aning om det.[1]

Ett fåtal gånger träffade han sin pappa på skolloven, då denne var hemma på en av sina sällsynta permissioner. Då hade pappan kommit ut ur lägret genom att anmäla sig till fronttjänst: Att riskera att dö i kriget var en möjlighet som ibland stod öppen för mindre belastade politiska fångar. Men upplevelserna i koncentrationslägret teg han om även för sina närmaste. Liksom alla andra frigivna var han rädd för att bli angiven för myndigheterna, även genom oförsiktiga yttranden av nära anhöriga. Varje politisk diskussion var dessutom omöjlig mellan den före detta politiske fången och hans indoktrinerade son. ”Freuet euch über den lustigen Krieg, der Frieden wird viel schlimmer” (Gläd er åt det lustiga kriget, freden blir mycket värre), sa pappan underfundigt, men Günter var inte riktigt säker på vad han menade.

> Jag hade inte en tanke på att det kunde gå åt skogen, trots att far på sina permissioner försiktigt sagt att saker och ting inte gick särskilt väl. Jag vägrade blankt att tro på det. Vi var så insnöade i propaganda. Ta attentatet mot Hitler den 20 juli som exempel: Jag kommer ihåg att jag var hemma hos min mor på skollov just då. Mor och jag satt vid matbordet på kvällen och åt mjölksoppa och då kom nyheten på radio om att attentatet misslyckats. Då sa mor spontant: ”Vad synd!” Och jag for upp som en atombomb och började skrika åt henne: ”Hur vågar du säga något sådant? De försöker bomba bort vår Führer i den värsta tid vi upplevt och du säger: Vad synd!?” Det var en kolossal personlig urladdning mellan oss just då. Efteråt har jag begripit hur nazistiskt influerad jag var. Utan tvekan var jag det. Jag var uppfostrad med att Tyskland var bäst i världen.[2]

Pojkarna lastades av i närheten av Bernau, en liten stad strax nordöst om Berlin, och de inkvarterades på bondgårdar och i skolor runtomkring. Därefter började grävandet av skyttegravar och pansarhinder på fälten. Günter och hans kamrater var snudd på besvikna när de förstod att de inte hamnat i de främsta ställningarna, utan att de skulle upprätta en bakre försvarslinje där eventuella fientliga genombrott skulle stoppas.

Det tunga grävandet och den enformiga vakttjänsten avlöstes bara av det ideliga drillandet med vapnen, så att ingenting skulle klicka när det blev allvar.

> Vi intog våra positioner och visste att ryssarna skulle komma snart. Jag var övertygad om att vi skulle lyckas slå tillbaka dem. Sedan skulle mirakelvapnen komma och vi skulle vinna kriget.[3]

Flera veckor senare väntade pojkarna fortfarande.

En som inte behövde vänta så länge var Gerhard Tillery. När han släckt pipan var det uppställning igen. Runtomkring honom stod kadetter från en rad andra krigsskolor och utbildningsanstalter. Alla skulle till samma förband, regementet 1234 "Potsdam" ur den nyuppställda infanteridivisionen "Döberitz" som stred öster om rikshuvudstaden. Deras divisionsbefälhavare höll ett tal som skulle underblåsa nykomlingarnas stridsvilja. Mittemot divisionens ställningar hade ryssarna lyckats ta sig över Oder vid den lilla staden Lebus. "Det är Führerns önskan att brohuvudet Lebus elimineras så fort som möjligt. Inte för inte står våra bästa regementen här och ni kan vara stolta över att tillhöra dessa regementen", sade generalen.

På kvällen marscherade de den sista biten till fronten för att gräva skyttegravar. Från andra hållet kom en lång kolonn av fordon lastade med potatis och spannmål från evakuerade bondgårdar. När kolonnen passerat dem lade sig tystnaden igen, men den bröts tvärt av granater som slog ned överallt och spred lerkokor och rakbladsvassa splitter runtom. Fiendens artilleri hade väckts av motorbullret och hade antagit att det handlade om tyska truppförflyttningar. Rekryterna började förstå vad fienden hade i beredskap för dem där framme. "Begeistring kunde det inte längre vara tal om hos oss", mindes Tillery efteråt.[4]

SITUATIONEN VAR HOPPLÖS för Hitlertyskland i början av mars 1945. "Festung Europa" pressades obönhörligt samman av ett jättelikt skruvstäd. Britterna och amerikanerna gjorde sig redo att korsa Rhen i väster och ryssarna rustade sig för att gå över Oder med full styrka och inta Berlin. Stora delar av Tyskland var redan i fiendens händer. I öster belägrades storstäder som Königsberg och Breslau sedan flera veckor tillbaka av ryssarna och oöverskådliga kolonner av förtvivlade flyktingar hade under stora umbäranden sökt sig från östprovinserna till de ännu ohotade delarna av riket. Många av dem hade skräckhistorier att berätta om våldtäkter, mord och andra övergrepp som begåtts av sovjetiska soldater.

Städerna och största delen av rustningsindustrin hade lagts i ruiner av de västallierades bombflyg. Likt eldstormen i Hamburg 1943 hade den förödande räden mot Dresden i mitten av februari 1945 sänt en ny chockvåg genom den tyska allmänheten.

Dessa obevekliga fakta kunde inte förnekas ens av Goebbels och nazistpartiet, som dock gjorde sitt bästa för att övertyga folket om att det inte fanns något annat alternativ än att fortsätta kampen därför att undergången annars skulle bli total. Hur hopplös den militära situationen egentligen var förtegs emellertid för befolkningen därför att nederlagen annars kunde få till följd att produktionen stördes, moralen sjönk och människorna blev mer böjda att ge upp. Oroande rykten bekämpades överallt och ryktesspridare straffades hårt. I februari började propagandan starkare betona ryska illdåd mot civila för att piska upp fruktan för fienden och därigenom stärka motståndet. Men inte ens det mästerligaste propagandageni kunde längre dölja att situationen var katastrofal. Stridsmoralen i tyska armén hade sjunkit dramatiskt under de senaste månaderna, men tillräckligt många tyskar var fortfarande villiga att göra sin plikt i krigsmakten och rustningsindustrierna, och de som tvekade eller var motsträviga hölls i schack av regimens terror och skrämselpropaganda. Att freden skulle bli mycket värre än det ”lustiga kriget”, som Graffenbergers far hade skämtat om, var därför något som även Goebbels ville få alla tyskar att tro – såvida kriget slutade med tyskt nederlag. Den brutala krigföringen på östfronten och skrämselpropagandan om de ”bolsjevikiska horderna” fick också den oavsedda bieffekten att de tyska generalerna och deras soldater var villigare att kapitulera för de västallierade än för Röda armén.

Först under de allra sista dagarna och veckorna svek regimens makt över människomassorna, vilket yttrade sig i några lokala hungerupplopp och kapitulationsförsök.

SAMMANBROTTET VAR ALLTSÅ nära, men den tyska militära apparat som tränade och skickade rekryter till fronten fungerade alltjämt. Från kaserner och övningsområden pumpades nya divisioner och ersättningsmanskap fram till de olika krigsskådeplatserna. Men även om det här maskineriet gick för högtryck var det inte längre möjligt att ersätta förlusterna eller uppväga fiendens svindlande numerära övertag.

Många av rekryterna i träningslägren hade inte en aning om till vilken krigsskådeplats de skulle skickas, men den 26-årige militärläkaren Rudolf Schaaf visste att han skulle hålla utkik efter militärambulansernas färg.

Målades fordonen vita betydde det västfronten, medan fältgrått innebar en biljett till östfronten.

Schaaf hade blivit klar med sina läkarstudier på sommaren 1944 och i en kasern nära den nordtyska staden Schleswig väntade han på att få börja tjänstgöra på riktigt. Han hade utsetts till bataljonsläkare vid ett nyuppställt infanteriregemente som till största delen bestod av 17–18-åringar och en del överlevande soldater från en division som krossats i Frankrike.

Spekulationerna om regementets framtida destinationsort blev inte mindre när en kontingent soldater ur divisionen ”Grossdeutschland”, vilken stridit i närheten av Berlin, anlände. Men fortfarande visste ingen varthän det bar, för trupper flyttades hela tiden hit och dit mellan olika frontavsnitt.

Inte så långt efteråt visste emellertid Schaaf hur det skulle bli: ambulanserna målades gråa.

ÅTSKILLIGA SOLDATER VITTNADE efteråt om att de inte förstod hur allvarlig situationen var och att de verkligen trodde att de skulle lyckas hålla tillbaka ryssarna på slagfältet. Det gällde inte sällan även veteraner som den 21-årige fänriken Karl-Hermann Tams som tog ett ansträngt farväl av familjen och vännerna i det sönderbombade Hamburg. Under några veckor hade han sluppit ifrån frontlivets vedermödor för att gå en kompanichefskurs, men en av de sista marsdagarna kom den oundvikliga marschordern. Känslorna var blandade, ”för ju längre kriget varade, desto svårare var det för soldaten att åka till fronten igen”.

Trots sin ungdom var han ett riktigt *Frontschwein* som sårats två gånger i Ryssland. Även om det var förbjudet att avslöja militära hemligheter anförtrodde han föräldrarna att han återigen måste tillbaka till östfronten, närmare bestämt till Berlin.

> Avskedsstämningen var i enlighet med situationen ganska egenartad, knappt möjlig att beskriva, känslomässigt präglad av den ovissa framtiden, men utåt spelat optimistisk. Ett sammanbrott för Tyskland och Wehrmacht var otänkbart för oss och den egna ovissheten om vad ödet hade i beredskap bortträngdes medvetet.[5]

Sista biten till Oderfronten liftade han med ett ammunitionståg:

> Vårt tåg satte sig i rörelse och trevade sig så att säga helt mörklagt och utan ett enda ljus framåt i natten. Fienden kunde delvis observera sträckan. På himlen såg vi de för oss bekanta spårljusen över fronten; enstaka stridsvagnsgranater torrhostade i natten, även en del tunga granater susade och visslade hit och dit, kulsprutesalvor hörde man då och då knattra i fjärran. Fastän tåget fortfarande rullade hade fronten redan dragit in oss helt i sin makt. Det vill säga, våra sinnen ställde återigen in sig på helt andra saker än man annars var van vid.[6]

Ankomsten till fronten blev en chockartad upplevelse för de unga soldaterna. När Rudolf Schaafs regemente lastades ut och ställdes upp i en liten skog plockade han upp ett av alla de ryska flygblad som låg utströdda på marken. Där stod det något i stil med: "Kriget är förlorat, Rundstedtoffensiven [Ardenneroffensiven i december 1944] har misslyckats och har konsumerat de sista reserverna – kom över!" Men att Tysklands sista reserver var förbrukade hade han redan förstått.

De hade hamnat vid Neisse, som var en biflod till Oder, vilken också ingick i den sista försvarslinjen framför Berlin. Vid infarten till staden Bad Muskau såg han den förste döde tyske soldaten, men denne hade inte stupat för fiendens kulor utan hade fallit offer för militärpolisens framfart. Han hängde barfota med ett rep om halsen och en skylt på magen: "Den som fruktar en död med ära, dör i skam."

Några dagar senare hade redan mer än hälften av soldaterna i Schaafs bataljon dödats eller sårats vid stormningen av några höjder som ockuperats av ryssarna öster om staden. Gamla folkstormsmän som varit med under första världskriget ansåg att de här striderna var värre än dem i Flanderns lera. Efter flera dygns oavbrutet opererande somnade den utmattade läkaren rakt över en patient.[7]

Detta var krigets grymma välkomstfest.

FÖR DEM SOM ÖVERLEVDE det första elddopet väntade krigets vardag och vid Oder och Neisse innebar det att vänja sig vid saker som var dem helt främmande. Och vardagen för de flesta hette "Grabendienst" – tjänst i skyttegravarna och värnen, där monotoni och oviss väntan på ett enda ögonblick kunde förbytas i ett lika kort som kaotiskt utbrott av eld och död, varvid det inte fanns någon möjlighet att förutspå vem som skulle överleva och vem som skulle dö.

På dagarna kunde man ibland förledas att tro att fronten var helt människotom, när det inte pågick anfallsoperationer. Allt som syntes då var enstaka granatkrevader i ett öde landskap. Ingen vågade sticka ut huvudet på grund av krypskyttarna som lurade överallt. Så fort någon var det minsta oförsiktig smällde det, inte sällan med fatal utgång.

Blott på en del avsnitt hade ett sammanhängande system av skyttegravar grävts, på andra håll bestod försvarslinjen ännu bara av glest utspridda gropar och värn. Ibland var båda sidors ställningar så nära varandra som 10–15 meter, vilket innebar att även handgranater ibland flög hit och dit.

Först i skydd av mörkret vaknade fronten till liv, för då vågade soldaterna räta på sig och röra på benen lite. Eftersom det inte fanns någon förbindelse till de bakre områdena på dagen fick de klara sig utan mat tills natten föll. ”Vid mörkrets inbrott gav sig mathämtarna av för att hämta förplägnad, post och ammunition. Maten var alltid kall. Det serverades ¾ liter soppa och ½ *Kommissbrot* [tyska arméns grova hårda bröd], nästan alltid utan pålägg eller smör”, erinrade sig Gerhard Tillery.[8] Rent vatten kunde aldrig bäras fram i tillräckliga mängder och därför var det uteslutet för soldaterna att tvätta och raka sig så länge de befann sig i främsta linjen. Pansarsoldaten Hans-Joachim Eilhardt var förmodligen inte ensam om att tvingas bära samma skjorta i 2,5 månad utan att kunna byta eller tvätta den.[9] Faror lurade också i natten – uppflammande ljusraketer följdes av kulsprutesalvor. Men det var mörkret som tärde hårdast på vaktposternas nerver: Skräcken för att helt ljudlöst bli dödad eller bortrövad av en fiendepatrull som smugit sig på en kunde hålla liv i de tröttaste soldater.

Ibland kom maten och ammunitionen inte fram alls på grund av att de utsända soldaterna fallit offer för fiendens kulor eller granater. De riskerade att utsättas för plötsliga eldöverfall med artilleri och bomber som släpptes från ”symaskinerna”, det vill säga de långsamma dubbeldäckade ryska flygplan som ofta hängde som humlor i luften över de tyska ställningarna nattetid. De spred död och förintelse omkring sig.

Om hämtarna klarat sig såg proceduren nästan alltid likadan ut: Först fördelades maten och därefter den knappa ammunitionsransonen. Sedan fördes de sårade och stupade bakåt – såvida de inte låg oåtkomliga i ingenmansland.

Fältarbetena återupptogs också nattetid. Taggtråd spändes, minor utplacerades och så vidtog det evinnerliga grävandet för att förbättra ställningarna. Värn, förbindelsegravar, växelställningar och provisoriska bunkrar av timmer och sand inrättades.

Soldater flyttades dessutom hit och dit på nätterna. Förstärkningar och avlösningar anlände. Förband omgrupperades. Frontens rytm innebar dock inte att de flesta kunde sova på dagarna för att arbeta på nätterna: ”Grabendienst” på ett så hett avsnitt som Oderfronten betydde att de flesta soldaterna oftast måste ligga och spana i sina värn på dagen. Tröttheten och sömnbristen kröp sig följaktligen orubbligt på även de mest stoiska existenser till följd av vaktpassen, fältarbetena och anspänningen som det innebar att ständigt leva i dödens närhet.

Vädrets makter var inte heller nådiga. Kylan knaprade på lemmarna, i synnerhet under småtimmarna. Ofta föll kallt regn och ibland rent av snö. Fukten trängde igenom alla kläder. Trupperna märktes oundvikligen av det hårda livet, enligt Gerhard Tillery:

> Så småningom blev man också lugnare, avtrubbad och ryckte inte till vid varje skott eller nedslag. Livet hade jag redan avslutat. Tröttheten gjorde sig kännbar. Mitt ansikte var insjunket, fettet från Lübeck var snabbt borta.[10]

Bristen på erfarenhet fick de nybakade soldaterna och deras befäl betala dyrt för. Furiren Walter Beier bevittnade ett av de första tyska motanfallen vid Frankfurt an der Oder i februari. Det var en bataljon unga pojkar i 16–18-åldern ur divisionen ”Feldherrnhalle” som skulle driva ut de ryska trupperna ur en närbelägen ekskog, men pojkarna liknade mer ”ett herrelöst rövargäng” än ett organiserat förband och leddes av en officer som inte var mycket äldre än dem själva.

> Det var runt 350 som aningslöst och modigt ryckte fram mot ekskogen i mycket brokiga uniformskombinationer och med hoprafsad utrustning. Några hade stålhjälmar, andra blott soldatmössor, en del bara Hitlerjugenduniform. De tunga ammunitionslådorna klarade de knappt att släpa med

> sig och deras vapen bestod huvudsakligen av karbiner, vilka bara delvis var kortare än de själva. Redan det första anfallet bröt samman i de ryska skyttarnas välriktade eld. Den unge befälhavaren för enheten var en av de första som stupade med ett skott i huvudet. Av dessa pojkar kom bara ett fåtal tillbaka [...] levande.[11]

Förlusterna i de nyorganiserade infanteriförbanden var överlag stora under de ständiga striderna och ersättningsmanskapet som skulle fylla luckorna var ingen imponerande syn, enligt Franz Panzer i infanteriregemente 1239. Han ville knappast ens kalla dem för ersättning, för det rörde sig nämligen bara om ”mediokert utrustade och delvis dåligt utbildade män från alla vapengrenar och i alla åldrar från 16 till 50 år”.[12]

Detta var en vanlig syn bland förbanden som bemannade Oderfronten. Erfarna trupper, vilka var alltför få till antalet, stod sida vid sida med helt improviserade enheter vars värde var ytterst tvivelaktigt. En del av de äldsta soldaterna hade kallats ut till folkstormen och deras usla beväpning och utrustning överträffade bara nätt och jämt den summariska träning de fått innan de skickats till fronten. Andra hade friställts från övriga vapengrenar för att inlemmas i infanteriet: matroser utan fartyg, flygvapenpersonal utan flygplan och så vidare. Och dessa var oftast helt ovana vid markstrid.

Till exempel hade den 712. infanteridivisionen blivit fullständigt söndersmulad i striderna om Oberschlesien och när den anlände till Oderfronten bestod den i stort sett bara av divisionsstaben och en signalbataljon. Men de trupper som råkade befinna sig på det frontavsnitt divisionsstaben tog över – däribland folkstorm och officerskadetter från en militär utbildningsanstalt i Wien – organiserades snabbt i regementen vilka helt sonika försågs med numren från divisionens gamla regementen.[13]

I de helt nyuppställda förbanden kände soldaterna inte varandra och när det gällde skulle därför många av dem sätta sin egen överlevnad framför gruppens och kamraternas. Stridsmoralen i många av divisionerna var också därefter. Dystra tankar om utsikterna att stoppa ryssarna hyste också de högre befälen och klarsynta veteraner. ”Jag måste fortsätta att vara hård för att inte förlora min tillförsikt”, skrev exempelvis en överstelöjtnant vid Oderfronten till sin hustru.[14]

Gerd Koschan, en 17-årig signalist i ett frontregemente, var förskräckt över att ingen av hans äldre kamrater längre ville ta några risker eftersom de ansåg kriget förlorat. Koschan ville ge sitt bästa för Tyskland och försökte övertyga de andra, men förgäves. Kamraterna avfärdade honom med att de bara ville komma hem utan att hamna i rysk fångenskap.[15] Fem veckor senare skulle Koschan ha samma åsikt som dem.

Den dåliga moralen märktes också i brev från fronten som slank igenom censuren. Den 18 februari skrev Harald Arndt från infanteridivisionen "Berlin" hem till föräldrarna:

> Idag, efter att vi har bemannat en ny ställning, kan jag återigen skriva. Mot all förväntan går det fortfarande bra för mig. Här är det riktigt liv i luckan. Nu har jag inte fått någon post från er på länge och väntar naturligtvis väldigt mycket på den. Hur ser det ut hos er?
>
> Jag är rapportkarl i kompanitroppen och har därmed haft lite tur igen. I natt kan vi sova lite igen efter tre dagar. Det bästa som kan hända är en skada. Då är man härifrån och när konvalescensen är slut är den här dyngan över. Den här ställningen verkar vara lite lugnare och bättre och kanske kan jag skriva lite mer senare.
>
> Hjärtliga hälsningar för idag
> Er Harald[16]

Receptet mot detta var att hålla soldaterna ständigt sysselsatta med olika arbetsuppgifter under all sin vakna tid för att de inte skulle hinna tänka eller diskutera så många för ledningen oroande tankar. "Alla order utförde vi som bedövade", enligt Hans-Joachim Eilhardt.[17]

Hos de mekaniserade förbanden och SS-trupperna var stridsmoralen däremot fortfarande ganska hög i mars 1945. Åtminstone hos de unga soldaterna. "Vi var inte uppfostrade att tänka politiskt", ursäktade sig en av dem många år senare. "Politik var inget samtalsämne. Att kriget vägde över till vår nackdel stod klart för alla, trots det gjorde alla sin plikt."[18]

Reaktionerna bland de meniga pojkarna och männen som kallades ut till det sista uppbådet framför Berlin, en enligt all logik utsiktslös strid för tyskarna, var således mycket olika och berodde bland annat på sådana faktorer som ålder, tidigare militär erfarenhet och politisk övertygelse. Att all information om krigssituationen silades genom propagandans filter bidrog naturligtvis också till att påverka sinnena på det sätt regimen ville. Pålitliga upplysningar från andra källor existerade i varje fall inte.

En annan faktor som säkerligen spelade in var skräcken för ryssen. Han var enligt de tyska trupperna en hård och skoningslös fiende. Soldaterna var redo att göra extrema uppoffringar om det kunde rädda dem från att hamna i rysk krigsfångenskap. Likaså utgjorde hämndlystnaden mot ryssarna för övergreppen mot tyska civila (se kapitel 3) en viktig drivkraft. Fallskärmsjägarsoldaten Gerd Wagner uppgav att det var synerna i tillfälligt återerövrade byar som eldade på stridsviljan även hos soldater vilka inte hade någon tidigare erfarenhet av östfronten. "Således blev viljan att inte frivilligt överlämna en enda fotsbredd mark meningen med den sista striden."[19]

Även vilket förband man tillhörde spelade stor roll – en erfaren division hade lättare att assimilera de nya rekryterna och få dem att fungera som tjänstvilliga soldater, också i kritiska situationer då stora förluster inträdde. Kamratskapen i den egna gruppen hade förmodligen en större betydelse för sammanhållningen än något annat. Och om lojaliteten mot gruppen föll sönder trädde militärsystemets mekanismer in med obönhörliga straff för dem som olovligen lämnade sin plats i linjen. Flygande ståndrätter som på stående fot dömde misstänkta desertörer till döden var det militära systemets sista försvar mot det inre sönderfallet.

SIGNALISTEN GERD KOSCHAN hade ingen aning om att hans regemente tillhörde den 9. armén och han var nog inte ensam om detta. Och han hade ännu mindre hört talas om dess befälhavare, general Theodor Busse.[20] Generalen var dittills så gott som okänd för den tyska allmänheten, men det var han som hade fått uppdraget att hindra de sovjetiska arméerna från att nå Berlin. Med ena foten stod han i parollernas värld och med den andra i verkligheten, precis som många av hans soldater gjorde. Vilket av dessa ben han skulle stödja sig på när sammanbrottet var ett faktum kunde ännu ingen veta.

KAPITEL 2

# Oder – sista barriären

3 MARS 1945

EN KONSTGJORD VÄGDAMM ledde rakt över den lilla sjön fram till slottet Mon-Choix, som var det förnämsta landmärket i byn Harnekop, några mil nordöst om Berlin. Slottet, som var en herrgårdsliknande stenbyggnad i två våningar med ett brant brutet tegeltak, hade byggts i slutet av 1700-talet och låg inbäddat i en lummig slottspark med högresta träd. År 1919 hade den åldrige fältmarskalken Gottlieb von Haeseler – en veteran från Preussens krig mot Danmark, Österrike-Ungern och Frankrike – slutat sina dagar på det här godset i den dystra förvissningen om att det kejsardöme han tjänat alltsedan dess födelse hade upphört att existera.

Endast 25 år senare höll slottets nya invånare på att bevittna ytterligare ett rikes undergång, fast under ännu mer apokalyptiska former. Vid floden Oder bara några kilometer från slottet väntade de ryska arméer som tagit sikte på Berlin.

LÖRDAGSMORGONEN DEN 3 mars 1945 hade en större grupp generaler och andra höga officerare samlats på slottstrappan för att ta emot en viktig gäst. Mottagningskommittén anfördes av generalen Theodor Busse, befälhavare för 9. armén, som var den enda tyska truppstyrkan mellan ryssarna och Berlin. I slottet låg staben för en av hans armékårer och Busse hade rest dit från sitt eget högkvarter för att ge den väntade gästen en grundlig genomgång av situationen vid den sista försvarslinjen som löpte utmed Oder.

Förmodligen hade Busse under de där marsdagarna varken tid eller lust att begrunda historiens ironi. Drygt tre år tidigare hade 9. armén stått framför Moskva som då försvarades av den sovjetiske marskalken Georgij K. Zjukov. På våren 1945 var rollerna ombytta och armén försvarade Berlin som marskalk Zjukov i sin tur planerade att erövra. Men det fanns inte många officerare eller soldater kvar i 9. armén som ännu kunde berätta om dess tidigare drabbningar. De flesta som hade varit med vid Moskva 1941, Kursk 1943 eller i Vitryssland 1944 var döda, invalidiserade, saknade i strid, tillfångatagna av fienden eller förflyttade till andra förband till följd av militära omorganisationer. Sedan 9. armén ryckte in i Sovjetunionen den 22 juni 1941 hade den totalt lidit förluster på minst 200 procent. Två gånger under det senaste året hade den slagits i spillror av den sovjetiska övermakten, först i Vitryssland där den tagits på sängen av Stalins sommaroffensiv 1944, därefter vid Warszawa i januari 1945. Bägge gångerna hade den återuppstått ur askan.

Den 9. armé som Busse förde befälet över i mars 1945 hade därför inte mycket gemensamt med den mäktiga och moderna härstyrka som hade tågat in i Sovjetunionen, utan den var i stor utsträckning hans egen skapelse – ett improviserat bygge av de rester som fanns kvar på botten av Hitlertysklands grytor. När de första rödarmisterna nådde fram till Oder i slutet av januari hade det knappast funnits en enda tysk soldat som hade kunnat hindra dem från att fortsätta mot Berlin. Men på grund av att marskalk Zjukov hade tagit en oväntat lång paus för att få ordning på sina utmattade och plundrande trupper igen hade Busse fått en chans att stampa fram en ny armé ur marken på bara sex veckor. Antalet soldater under hans befäl hade snabbt stigit, men det hade varit en grannlaga uppgift att ge den här soldathopen fastare form, mindes han tio år senare:

> Efterhand anlände högre staber, några gamla divisioner, två artillerikårer, fragment av enheter från alla vapengrenar, luftvärnsbatterier från hemmaförsvaret som delvis bemannades med män från riksarbetstjänsten, reserver och konvalescenter från armén, flygvapnet och SS, vapen etc. Vid sidan av den rena krigföringen måste följande viktiga uppgifter lösas inför det kommande avgörande slaget: skapande av klara befälsförhållanden – integrerande av enskilda stridsgrupper och delar av förband till divisionsförband, insats av folkstorm etc. i truppernas bakre områden, höjning av de nyformerade förbandens utbildningsnivå, beväpning och organisation, skapande av en stark och djup försvarslinje.[1]

Och i de fall disciplinen inte räckte för att få soldaterna att slåss fanns det andra utvägar. Det militära systemets skoningslöshet mot soldater som inte längre hade motivation att kämpa var total. Militärpolisen hade satt upp flygande ståndrätter som på stående fot kunde döma soldater vilka olovligen hade lämnat stridslinjen till döden och avrätta dem.[2] Busse hade också befallt att alla avrättningar som skedde på grund av feghet eller desertering skulle offentliggöras i fronttidningarna i avskräckande syfte. Ståndrätterna gjorde sig allmänt hatade bland soldaterna på grund av sina urskillningslösa härjningar, vilka drabbade skyldiga såväl som oskyldiga. Den 26 februari hade dessutom avdelningen för nazistisk indoktrinering i 9. arméns stab utfärdat instruktioner om ”den hänsynslösa bekämpningen av feghet och maskning, utgallringen av förrädare och veklingar och ett sätt att brännmärka dem, vilket samtidigt fungerar som avskräckning och ett varnande exempel. [...] Den som ställer sig utanför den tyska saken har ändå inte rätt att mätas med tyska mått. [...] Den som kämpar tappert och beslutsamt med vapen i hand har mycket större chans att klara sig ur fiendens grepp än den som lämnar sin post och genom en feg flykt skänker fienden medel att genombryta ställningen.” Och alla officerare och soldater måste bekämpa ”andan av resignation och låt-gå-mentaliteten” med ”nödvändig hårdhet”.[3]

Bland annat dömde Busse personligen en 60-årig bataljonschef i folkstormen till döden för att dennes folkstormsgubbar misslyckats att hejda stridsvana rödarmister med hjälp av sina usla italienska gevär. Trots att andra officerare vädjade för mannens liv, insisterade Busse på att dödsdomen skulle verkställas och det var enbart det tyska sammanbrottet som räddade mannen från avrättning.[4]

TOTALT BESTOD 9. armén vid denna tidpunkt av sju infanteridivisioner, en pansardivision och en pansargrenadjärdivision, vilka fördelades på tre kårer som tillsammans försvarade en 130 kilometer bred sektor av Oder från Hohenzollernkanalen i norr till Neisses sammanflöde med Oder i söder. Divisioner var de emellertid nästan bara på pappret. De var långt ifrån fulltaliga och led av brist på nästan allting. I pansardivisionen fick till exempel inte fordonen startas eller flyttas utan skriftligt tillstånd från respektive kompanichef. Obepansrade motorfordon måste knuffas i skydd av manskapet och om det misslyckades måste två–tre arbetshästar göra jobbet.[5] Varenda droppe bränsle behövdes till själva striderna.

Bara en av arméns divisioner hade kommit utifrån (25. pansargrenadjärdivisionen) – alla andra hade ställts upp eller omorganiserats på plats. Och de var följaktligen en tämligen brokig skara av skiftande värde. Manskapet bestod av allt från officerskadetter och gröna, snabbutbildade rekryter till soldater som hämtats från Luftwaffe eller flottan och som saknade utbildning i markstrider. Flera av de hastigt uppställda armédivisionerna bar inte ens de reguljära numren, utan namn på orter där de organiserats såsom ”Müncheberg”, ”Berlin” och ”Döberitz”.

Av de tre kårerna utgjorde CI. kåren under artillerigeneralen Wilhelm Berlin arméns vänstra flygel. Med hjälp av tre infanteridivisioner höll den avsnittet mellan Hohenzollernkanalen och Küstrin.

Därefter följde XI. SS-pansarkåren under SS-generalen Matthias Kleinheisterkamp vilken försvarade avsnittet mellan Küstrin och en punkt strax norr om Frankfurt an der Oder. Detta var den starkaste kåren med en pansardivision, två pansargrenadjärdivisioner, en infanteridivision samt fästningen Küstrin, vars garnison ungefär motsvarade en fulltalig division.

Slutligen bildade V. SS-bergsjägarkåren under SS-generalen Friedrich Jeckeln 9. arméns södra flygel. Dess tre infanteridivisioner ansvarade för en sektor som sträckte sig från en punkt söder om Frankfurt till arméns högra gräns. Detta var den lugnaste delen av arméns front. Mellan de båda SS-kårerna låg fästningsområdet Frankfurt an der Oder som ömsom lydde under V. SS-kåren, ömsom direkt under Busses stab eller tyska arméns överkommando OKH (Oberkommando des Heeres).

Betecknande för den kaotiska situationen var för övrigt att V. SS-bergsjägarkåren inte hade några bergsjägare under sitt befäl och att XI. SS-pansarkåren bara förfogade över ett mycket litet antal stridsvagnar. För övrigt hade de båda SS-staberna bara ett fåtal SS-förband i sina led – majoriteten utgjordes av reguljära armétrupper.

AV DE TRE kårcheferna torde general Berlin ha varit den pålitligaste i egenskap av generalstabens artilleriexpert. Hans praktiska fronterfarenhet från det pågående världskriget var dock relativt begränsad. Dessutom var han nästan tio år äldre än Busse.

Att de båda andra kårcheferna var SS-generaler komplicerade saken, antydde Busse senare: ”Det behövdes en hård kamp för att underordna dessa förband, i synnerhet de ur Waffen-SS, under de nya befälhavarna."[6] Matthias Kleinheisterkamp var en duglig frontofficer som genomlevt åtskilliga drabbningar i spetsen för SS-divisioner på östfronten och i Finland. Han hade blivit högt dekorerad av både Hitler och marskalk Gustaf Mannerheim, men han var också en fanatisk nazist ut i fingerspetsarna. En fanatiker var även Friedrich Jeckeln, fast han hade ingen större erfarenhet av att leda stora militära styrkor, utan var snarare en politisk general. Som SS- och polischef i Baltikum hade han varit direkt delaktig i judeutrotningen och tillhörde de mest blodbesudlade skrivbordsmördarna. Att han hade hand om det minst utsatta frontavsnittet var nog ingen slump.

ODER VAR PÅ det hela taget en bra position att försvara, eftersom snösmältningen fått floden att svämma över sina bräddar och den västra flodbanken på de flesta ställena låg högre än den östra. Men det fanns några allvarliga taktiska bekymmer. För det första hade de ryska trupperna redan lyckats skaffa sig flera fotfästen på den västra flodbanken – framför allt hade de skapat brohuvuden på varsin sida om Küstrin samt ett vid den lilla staden Lebus strax norr om Frankfurt an der Oder och ytterligare ett några kilometer söder om samma stad. Dag ut och dag in rasade en oerhört hård kamp om dessa brohuvuden som Busse till varje pris ville utplåna – en kamp som kostade den nyorganiserade armén 35 000 stupade och sårade under de första veckorna, vilket var en betydande del av dess infanteri.[7] Men all kamp var förgäves. Ryssarna försvarade sig envist och lät sig inte tvingas tillbaka över floden. Enligt propagandaminister Joseph Goebbels var Busse "mycket deprimerad" över att han misslyckats med att krossa dessa brohuvuden.[8]

För det andra var terrängen väster om Küstrin, där ryska styrkor alltså redan lyckats bita sig fast, ett bekymmer. Här bredde ett flackt, flera mil brett lågland ut sig ända fram till den höjdkedja 20 kilometer längre västerut som gick under namnet Seelowhöjderna. Läglandet var ett vattensjukt och helt platt jordbrukslandskap, genomkorsat av många små kanaler, där det bara fanns små skogsdungar och enstaka husklungor att gömma sig i. Grundvattnet låg så nära markytan att skyttegravarna snabbt tenderade att vattenfyllas och därför måste en stor del av fältbefästningarna göras mycket grunda eller rent av byggas ovan jord. Detta var Oderbruch, den så kallade Oderförkastningen, som hade varit helt obeboelig tills Fredrik den store på 1700-talet lät dika ut den och skapa ny åkermark. "Jag har erövrat en ny provins utan ett enda skott", lär han ha utbrustit vid åsynen av denna prestation. Nu höll denna fredliga erövring på att förvandlas till det blodigaste slagfältet någonsin på tysk mark.

Trots svårigheterna att slåss i den här terrängen verkade detta ändå vara det mest utsatta avsnittet för 9. armén. I Oderbruch skulle fienden kunna samla tillräckligt stora styrkor för att kunna fortsätta offensiven mot Berlin utan att behöva korsa floden under direkt tysk beskjutning, ett sådant anfallsföretag hade kunnat kosta ryssarna oerhörda förluster. Om ryssarna lyckades utvidga och förena brohuvudena vid Küstrin skulle de också få tillräckligt mycket plats för att föra över stora pansarstyrkor på västra sidan. Då skulle utsikterna att hindra dem från att fortsätta offensiven ha minskat betydligt, visste Busse.

Seelowhöjderna, den cirka 40–60 meter höga gräs- och skogbevuxna höjdsträckning som avgränsade Oderbruch i väster, erbjöd dock de tyska trupperna en utmärkt försvarsposition, där Busse bedömde att det skulle vara möjligt att slutgiltigt hejda fiendens offensiv. Även om höjderna var förhållandevis låga skänkte de tyskarna en förträfflig utsikt över hela det flacka Oderbruchlandskapet. Höjdernas östsluttningar var dessutom tämligen branta och enbart på ett fåtal ställen möjliga att forcera för stridsvagnar.

I BUSSES ARMÉ rådde det som sagt brist på det mesta, framför allt tunga infanterivapen, artilleri, adekvat utbildning, fordonsbränsle och kommunikationsmedel. "Att undanröja bristerna i utbildning, beväpning och sammanhållning hos förbanden som praktiskt taget trollats fram ur luften och ständigt befann sig i strid var, så att säga, bortom mänsklig förmåga", erkände han senare.[9]

Generalen kämpade oupphörligt för att få förstärkningar. Han ansåg att han behövde åtminstone fyra infanteridivisioner, en hel pansarkår samt ytterligare en eller två pansardivisioner för att lösa uppgiften. Försvarslinjen var så tunn att han inte ens hade kunnat dra ut sina pansarenheter ur stridslinjen för att skapa en rörlig reserv, men han hoppades ändå kunna samla en stor pansarstyrka bakom fronten vid Seelowhöjderna, där det alltså verkade som om fienden tänkte sätta in sitt stora anfall. Och det såg faktiskt ut som om det skulle vara möjligt för honom att på sikt skapa den bepansrade slagstyrka som behövdes, för bakom 9. arméns front låg det redan en rad pansardivisioner som höll på att friskas upp, men de lydde under arméns överkommando, OKH, och därmed direkt under Hitler.

Inte nog med att det rådde brist på män, vapen och ammunition. Även kompetent militär ledning var en bristvara, eftersom befälhavaren för armégrupp ”Weichsel”, i vilken 9. armén ingick, hette Heinrich Himmler. SS-ledaren Himmler var Tredje rikets mäktigaste man näst Hitler själv. Han hade ingen militär utbildning eller erfarenhet men ägde något som de flesta armégeneraler saknade: Führerns förtroende. Det var på den meriten han hade blivit utnämnd, samt på grund av att han kommenderat en liten armégrupp på ett lugnt avsnitt av västfronten under några höstmånader 1944. SS-ledaren visade sig snabbt vara en besvikelse och hans befälsföring kan beskrivas som amatörmässig, slapp och frånvarande. ”Himmler var inte rätt man för jobbet. [...] Himmler sjukskrev sig ett antal gånger – ju värre situationen blev, desto oftare sjukskrev han sig”, enligt Busse.[10] När de militära motgångarna på östfronten blev övermäktiga i februari–mars slutade han nästan helt att dyka upp i högkvarteret och drog sig tillbaka för gott till en privatklinik långt bakom fronten med en läglig förkylning. Även Hitlers förtroende för den ”trogne Heinrichs” fältherrekonster började då svikta.

Oaktat att Himmler var helt olämplig som armégruppschef hade SS-ledarens närvaro också en del positiva sidor. Eftersom Himmler sedan den misslyckade 20 juli-kuppen mot Hitler även var befälhavare för den så kallade hemmaarmén hade Busse direkt tillgång till de militära utbildningsanstalterna, vilket gjorde det lättare att organisera nya divisioner.

OM NÅGON HADE tagit en närmare titt på arméбefälhavaren som stod och väntade på slottstrappan vid Mon-Choix skulle han eller hon ha sett en lång björnliknande man med små runda glasögon och kortklippt hår enligt karaktäristiskt tyskt militärmode – en välkammad sidbena uppe på huvudet, men snaggat på sidorna. Han har beskrivits som synnerligen barsk, ordkarg och högdragen. Hos officerskollegorna var Busse illa omtyckt och bland soldaterna fick han aldrig något respektfyllt smeknamn i likhet med Guderians ”snabbe Heinz” eller Pattons ”old blood and guts”. En officer som tjänstgjorde under honom på östfronten under kriget beskriver hur Busse vid deras första möte placerade honom i en stol, riktade en lampa rakt i ansiktet på honom och sedan började fråga ut honom utan att han kunde se Busses ansikte.[11] Tillvägagångssättet var knappast tänkt att väcka sympati bland medarbetarna.

Då krigshistorikerna räknar upp de briljantaste fältherrarna och deras operationer brukar Busses namn aldrig nämnas. Någon lysande strateg som Zjukov, Manstein eller Alanbrooke hade han inte rykte om sig att vara, inte heller en framstående taktiker som Rommel eller ”Lighting Joe” Collins. Icke desto mindre var han en ytterst duglig men okarismatisk befälhavare och hans styrka låg i det krävande men osynliga stabsarbetet.

Under större delen av andra världskriget hade Busse varit stabsofficer och hade bara mycket begränsad erfarenhet av att personligen leda stora soldatmassor i fält. Vid krigsutbrottet var han överstelöjtnant i den tyska generalstaben och när invasionen av Sovjetunionen inleddes tjänstgjorde han som stabsofficer i 11. armén, vilken ryckte fram i Ukraina. När den förste armébefälhavaren Ritter von Schobert omkom i en flygolycka några månader senare övertog generalen och sedermera fältmarskalken Erich von Manstein befälet. Busse och von Manstein blev så småningom ett riktigt radarpar. När den sistnämnde förvärvade sig ett legendariskt rykte som fältherre under striderna på södra delen av östfronten, framför allt i samband med erövringen av Krim och de mästerliga försvarssegrarna efter Stalingrad, hade han Busse att tacka för en hel del. Busse var en av von Mansteins främsta medarbetare och fortsatte att tjänstgöra under honom även då denne stigit i graderna och blivit befälhavare för en armégrupp i öster. Från 1943 fungerade han som von Mansteins stabschef, ända tills fältmarskalken fick sparken av Hitler i mars 1944.

På sommaren det året fick Busse, numera själv general, befälet över en infanteridivision som stred i Baltikum – hans första riktiga frontkommando under det pågående kriget. Men det var förmodligen bara ett slags praktikperiod, för redan ett par veckor senare utnämndes han till befälhavare för en armékår som tillhörde de trupper vilka senare på hösten blev instängda på Kurlandhalvön.

Busse hade inte blivit handplockad för det svåra uppdraget att försvara

Hitlers besök hos 9. armén den 3 mars 1945. Till höger om Hitler 9. arméns befälhavare, general Theodor Busse. Till vänster general Wilhelm Berlin.

Berlin, utan det hade bara fallit sig så. Den 21 januari 1945 hade han skickats från Kurland till 9. armén, vars dåvarande befälhavare hade blivit avsatt mitt under den pågående reträtten från Polen. Men återtåget hade inte gått att hejda förrän spillrorna av armén nått Oder. Som vittne i Nürnbergrättegången efter kriget besvarade han förhörsledarens fråga varför han hade accepterat utnämningen och därmed hjälpte till att förlänga ett redan utsiktslöst krig:

> Busse [...] sade att han var rörd av åsynen av eländiga grupper av [civila] landsmän som flydde mot väster och han ville skydda dem från fienden som kom österifrån. Han sade att han följde många andra soldaters exempel, vilka föredrog döden framför att kapitulera.[12]

Uppdraget att leda det sista uppbådet hade han förmodligen accepterat ändå, eftersom det inte var likt tyska generaler att vägra ta emot en utnämning. Men anblicken av lidande tyska civila som flydde i skräck för Röda armén lämnade honom inte oberörd. Vilka hans innersta tankar kring sin egen skuld till den rådande situationen och rödarmisternas raseri mot allt tyskt kan ha varit, känner vi däremot inte till. Vi vet dock att många av de höga militärer och nazifunktionärer som deltog i eller kände till nazismens brott uppvisade en närmast total brist på skuldkänslor efteråt.

KRIGET PÅ ÖSTFRONTEN 1941–44 var helt olikt alla tidigare konflikter i historien, sett till dess dimensioner och den brutalitet med vilket det utkämpades av bägge sidor. Operation Barbarossa som Hitler inledde den 22 juni 1941 planlades som ett rent förintelsekrig, som inte bara skulle utplåna kommunismen och judarna i öster, utan även decimera den slaviska "rasen" med miljontals människor tack vare organiserad svält och terror. Återstoden skulle underkuvas som billig arbetskraft åt de tyska kolonialherrar som skulle härska över de vidsträckta landområdena fram till Ural.

Under flera årtionden efter kriget lyckades de tyska arrnégeneralerna upprätthålla myten om ett rent och obefläckat Wehrmacht, i motsats till blodbesudlade SS-män och nazistiska rikskommissarier vilka utan arméns vetskap genomfört fasansfulla förbrytelser i de erövrade områdena. Generalerna pratade gärna om plikt, heder och ära men deras handlingar i det underkuvade Östeuropa talade ofta ett helt annat språk. En hel del av dem hade visserligen uttryckt lama protester mot Hitlers brottsliga direktiv inför Barbarossa, men åtskilliga av dessa högre befälhavare hade när allt kom omkring ändå understött utrotningen av judar och slaver, deltagit i krigsförbrytelser samt i den bloddrypande jakten på partisaner eller i varje fall vänt blicken åt ett annat håll.[13]

Hur mycket fältmarskalk von Manstein kan ha känt till om de nazistiska mordaktionerna på östfronten 1941–42 har utretts och debatterats av historiker i decennier, men att förbrytelserna åtminstone var välkända i delar av hans stab står utom allt tvivel. Busse var en av de officerare som efter kriget bestämt förnekade att tyska armén deltagit i några förbrytelser, men han kan inte ha varit helt okunnig om att de tyska illgärningarna hade underblåst rödarmisternas förbittring och hat. Trots att von Manstein var likgiltig inför nazismen accepterade han likafullt Hitlers ideologiska mål med Barbarossa: att krossa kommunismen och samtidigt judarna. Sent på hösten 1941 kopierade von Manstein den öppet nazistiske fältmarskalken von Reichenaus beryktade dagorder till 6. armén och delade ut den till sina egna trupper. Där stod det bland annat: ”Soldaten i östområdena är inte bara en kämpe enligt krigskonstens regler utan även bärare av en hänsynslös nationell ideologi. [...] Därför måste soldaten ha förståelse för nödvändigheten av en hård men rättvis hämnd mot de mindervärdiga judarna.”[14]

von Mansteins framryckning in i Sovjetunionen 1941–42 lämnade ett långt blodspår efter sig, och det mordkommando sammansatt av SS-män och poliser som härjade i hans armés kölvatten understöddes på olika sätt av hans stab. Kommandots befälhavare, SS-generalen Otto Ohlendorf, hävdade i Nürnbergrättegången att hans bödlar hade avrättat omkring 90 000 judar, och att dessa massakrer hade begåtts i samförstånd med 11. armén. Vid ett tillfälle bad von Manstein rent av att avrättningarna skulle påskyndas, enligt Ohlendorf. Ställd inför rätta av britterna efter kriget förnekade fältmarskalken kategoriskt att han ens hade sett några av sina underordnades rapporter om morden.[15] von Manstein blev därmed en av de största förkämparna för myten om det obesudlade Wehrmacht, ivrigt understödd under rättegången av sin gamle stabschef Busse.[16] Fältmarskalken friades från de flesta anklagelserna om att ha varit direkt inblandad i massakrer, men fälldes bland annat för att ha tvingat sovjetiska krigsfångar att arbeta åt tyska krigsmakten, att ha tillåtit att civilpersoner deporterades till Tyskland som slavarbetare och för att inte ha gjort tillräckligt för att bekämpa ”oegentligheter” inom sitt befälsområde.

Han dömdes till 18 års fängelse, fick senare straffet förkortat och släpptes efter bara några år. Men myten om Wehrmachts renhet kom att leva betydligt längre, trots att flera tyska fältherrar dömdes av allierade krigsförbrytardomstolar strax efter kriget.

I LIKHET MED sin forne chef kunde Busse trots allt betraktas som en tämligen opolitisk officer, men han var ytterst lojal med naziregimen. ”Busse [...] var en synbarligen opolitisk soldat. Och ’opolitisk’ innebar då kort och gott ’lojal’ vad som än sker”, skrev en officer i von Mansteins stab.[17] Han verkar likväl ha varit anhängare av tillräckligt mycket av de nazistiska idéerna för att propagandaminister Joseph Goebbels skulle få stort förtroende för honom. De båda männen hade tät kontakt med varandra under de sista krigsmånaderna, och utvecklade ett nära samarbete. Hitler var däremot skeptisk mot generalen ("vilket förvånar mig mycket", kommenterade Goebbels i sin dagbok) och misstänkte att Busse bara försökte verka mottaglig för nazismen utåt, men innerst inne var emot den.[18]

För en amerikansk historiker summerade Busse långt senare sin syn på Hitlers roll och därvid lyste hans inledande beundran för Führern igenom: "När H[itler] tog över befann sig tyskar[na] på knä. Ingen annan ledare hade lyckats rycka upp dem. Han hade stora framgångar – gav jobb åt arbetslösa etc. – fick snart en nimbus som en man som kunde åstadkomma vad som helst. Det var detta som gjorde det lättare att dölja hans senare misstag."[19] Likt större delen av den tyska officerskåren hade han välkomnat de nya karriärmöjligheter som en tysk återupprustning innebar, men SA och SS hade utgjort en utmaning mot den traditionstyngda armén: "Soldater, inklusive jag själv, var lite reserverade inför H[itler] på grund av [hans] paramilitära organisationer. Det förekom [ett] slags försök att underminera armén. Vi sade inte nej i början [när vi ] bara [hade] 100 000-mannaarmén. [...] Vändpunkten var Fritschaffären."[20] När arméns överbefälhavare Werner von Fritsch hade avsatts av Hitler efter falska anklagelser om homosexualitet och ersatts av en betydligt mer Hitlertrogen general 1938, hade det konservativa generalitetet alltför sent förstått att priset för samarbetet med Führern var absolut lydnad.

EN NAZIST I märg och ben var Busse alltså troligen inte, men hans nära kontakter inom den nazistiska hierarkin gjorde honom suspekt i vissa officerskollegors ögon. Varje kväll brukade han ringa och småprata med sin svåger, den ökände alkoholiserade generalen Wilhelm Burgdorf, som ständigt fanns vid Hitlers sida i führerhögkvarteret under de sista krigsmånaderna. Burgdorf var under de sista månaderna Hitlers chefsadjutant och chef för OKH:s personalavdelning och kunde efter minsta vink från Führern förstöra en officers karriär.[21]

Snarare framstod Busse som en mer än genomsnittlig representant för den naziinfluerade delen av officerskasten, en kompetent men i många stycken fantasilös general som inte kunde drömma om att öppet ifrågasätta en direkt order från en överordnad eller bryta trohetseden mot Hitler. Bryskt och hårdhänt utövade han sitt hantverk utan att framställa några synpunkter på angelägenheter som hörde hemma utanför kaserngården. Att Hitler lät honom behålla jobbet som armébefälhavare framför Berlin kan ha berott på att Busse ändå var en soldat i hans smak och kunde uppbåda den "nödvändiga hårdhet" som situationen krävde.[22]

En viskning i Führerns öra från Goebbels var ofta tillräckligt för att en opålitlig general skulle få lämna sin post, och kanske bidrog propagandaministerns gillande till att Hitler behöll Busse. Möjligen berodde Führerns misstänksamhet mot honom på det blotta faktum att han varit stabsofficer hos von Manstein, en fältmarskalk som han haft många duster med i strategiska frågor. Vad som i slutändan ändå bör ha tilltalat Führern var Busses okuvliga optimism. Han var fostrad i von Mansteins skola där soliga rapporter alltid var att föredra framför pessimistiska. De allra dystraste underrättelser kunde han lägga fram med formuleringen: "En otrevlig sak är det, herr fältmarskalk, men vi kommer att klara av det på något sätt!"[23]

Om Busse var deprimerad över de ryska brohuvudena vid Oder och över den hopplösa situationen var det troligen inget han lät Hitler personligen ta del av. För honom visade Busse sitt andra ansikte: Den hoppfulle generalen som var fast besluten att framgångsrikt avvärja alla sovjetiska offensiver mot Berlin.

EN LITEN KOLONN folkvagnar närmade sig slottet i Harnekop och stannade på gården – Hitler hade kommit. Genom leden av uppställda soldater och officerare for en häpen susning när den lätt krumma gestalten mödosamt klev ut. Den som inte sett honom sedan glansdagarna kände knappt igen den borttynande gestalt som nu stod framför dem. Han liknade mer en gammal gubbe och en av de närvarande officerarna tyckte att det såg ut som om Führern stigit upp direkt ur graven.

Busse, som träffat Hitler många gånger, visste hur det låg till: "[Den] H[itler] vi kände -45 var inte samme Hitler som på 30-talet." Führerns karisma var dock intakt, ansåg han. "Han hade magnetisk dragningskraft. Hans stora blåa ögon – människor oavsett rang stod där och stammade när de såg in i dessa ögon."[24] Under de militära konferenserna som ofta varade flera timmar "hade han [Hitler] inte förlorat något av sin verkliga energi. Han hade fortfarande ett utomordentligt minne för siffror. Han var [...]

enbart fysiskt sjuk. Hans tankeförmåga [var] fortfarande vaken. Han var kutryggig som om han bar en börda på sina axlar. Han blev allt rigidare och mer stelbent och [det var] svårare att följa honom eller säga till honom."[25] Och frågan är hur många oangenäma saker Busse själv hade vågat säga sin Führer i ansiktet, eller om han lindade in alla obehagligheter till oigenkännlighet, så som generalerna i führerhögkvarteret brukade.

Olikt sina tidigare resor kom Hitler den här gången bara med ett litet följe: sin chaufför, några adjutanter och en fotograf. Men det var ändå show från första till sista stund. Filmkameran rullade hela tiden för att föreviga besöket i propagandans tjänst.

Inne i den stora gästabudssalen väntade det stora bordet, där kartorna över försvarsställningarna vid Oder hade bretts ut. Hitler satte sig och lutade sig mödosamt över kartorna medan de övriga officerarna ställde sig bakom honom. Busse placerade sig på hans vänstra sida i en vördnadsfullt intresserad lyssnarställning, medan generalen Wilhelm Berlin – den kårchef som hade sitt högkvarter på slottet – något avmätt fattade posto på den högra. Alla tittade uppmärksamt på den punkt på kartan där Führern pekade. Det var ett av de sista fototillfällena.

General Berlin avlade en detaljerad rapport om situationen hos sin armékår, som stod på 9. arméns norra flygel. Därefter följde en kort diskussion med general Busse.

Allt som andades pessimism slog Hitler genast ifrån sig. Sedan besvor han de församlade generalerna att hålla ställningarna vid Oder till varje pris. Han betonade att han lade Tysklands öde i deras händer. "Här hos er kommer allting att avgöras. Ni måste veta det. Ni ska få vad vi har, eftersom jag också vet det. Men begrunda vad som nu har lagts i era händer."

Busse betygade också att det var just framför hans ställningar som Tredje rikets öde skulle avgöras. "*Mein Führer*, Berlin är förlorat om vi inte kan hålla Oder", förklarade han, fastän detta faktum knappast torde ha undgått ens en måttligt skarpsinnig militär iakttagare. Floden var den enda plats där det gick att bygga upp en sista försvarslinje. Om ryssarna lyckades bryta igenom och deras pansararméer fick fritt spelrum skulle det inte gå att stoppa dem förrän vid Elbe. Men på något sätt verkade Busse ha blivit övertygad om att han skulle klara det, även om han innerst inne inte kunde inse syftet med att fortsätta dödandet. All reglementsenlig optimism till trots var han i själva verket lika villrådig som många av hans soldater angående den yttersta meningen med den sista striden. Några politiska mål eller fredsförhandlingar var inte i sikte – inget sådant antyddes ens av Führern. Inte heller existerade det några instruktioner om vad som skulle hända ifall 9. armén ändå tvingades till reträtt, uppgav Busse efter kriget:

> Därför försökte staben gång på gång få besked hos armégruppen, OKH och även direkt hos Hitler om huruvida dess uppgift enbart bestod i att låta sig bli ihjälslagen vid Oder [...] eller om man förväntade sig att den skulle fortsätta kampen om rikshuvudstaden på annat sätt när Oderställningen inte gick att hålla längre. Från armégruppen kunde man inte få något besked så länge Himmler var dess överbefälhavare. Från de båda andra hållen hette det stereotypt: ”Håll ställningarna!”[26]

Hitler försökte inge generalerna på slottet förhoppningar om att kriget var långt ifrån förlorat och att hemliga vapen snart var på väg som skulle vända krigslyckan. ”Det handlar om varje dag, varje timme, varje meter. Vi har fortfarande saker som måste bli färdiga, och som tippar över vågskålarna när de är klara. Det är yttersta meningen med detta kommande fältslag.”

Böjd över kartorna briljerade han återigen med sitt enastående minne för siffror och militära smådetaljer. Han kände till de enskilda divisionernas beväpning, ammunitionsförråd och ställningar. När en artilleriofficer började tala om artilleriets stridsplaner beordrade han:

> ”Gruppera på djupet. Ni känner till fiendens artilleritaktik. Om ni ställer upp dem där framme krossar han era batterier med det första koncentrerade slaget. Men ni kommer att behöva dem när han tänker bryta in i den uppkomna bräschen.”

Sedan meddelade han att han önskade besöka några divisioner vid fronten och lämnade slottet. Ett annat bevarat fotografi från frontbesöket visar honom i läderrock defilerande förbi ett led av soldater med högerarmarna utsträckta i den obligatoriska Hitlerhälsningen. I Führerns svullna ansikte avtecknas ett gubbaktigt förnöjsamt leende över mottagandet, men ögonen är gammelmanströtta. Tiden då sådana här tillfällen inramats av taktfast stöveltramp och nollställda miner hos fysiskt välväxta soldatexemplar syns mycket avlägsen när man betraktar fotot. Soldaterna bär illasittande vapenrockar och någon har dekorerats med Krigsförtjänstkorset av första klassen – en militär utmärkelse som inte delades ut till trupper i främsta linjen. Möjligen rör det sig därför om soldater från ett trosskompani eller artillerister vilka hastigt kallats samman för ändamålet – ingen av dem har nämligen någon fältutrustning på sig. Enhetlig klädsel förekommer inte, vilket återspeglar karaktären hos de improviserade trupperna. Några av soldaterna har på sig bälte, men ett par stycken är utan. Någon enstaka person bär en båtmössa från början av kriget i stället för den då reguljära skärmmössan. En av de uppställda är klädd i långrock och hälsar dessutom med fel arm. Sådana detaljer hade utan nåd retuscherats bort från bilderna av "herrefolkets" officiella ceremoniel under tidigare år.

På infanteridivisionen "Döberitz" stabsplats berättade divisionschefen general Hübner om de kurser han inrättat för att indoktrinera varenda soldat i nazismens läror, ett faktum som intresserade Hitler mer än den militära situationen. Därifrån fortsatte han till 309. infanteridivisionen innan han tankfull återvände till Berlin. Så nära fronten hade Hitler inte varit sedan han som förhäxad sett Warszawa brinna i september 1939.

FÜHRERN SKULLE ALDRIG mer visa sig bland soldaterna som förberedde sig för sista striden. Enligt hörsägen lär hans fysiska skröplighet ha fått general Busse att efteråt vördnadsfullt utbrista: "Så har jag alltid föreställt mig Fredrik den store efter Kunersdorf!"[27]

Vid Kunersdorf 1759 hade Preussens "Alte Fritz" förlorat nästan hela sin armé i en drabbning med de ryska och österrikiska härarna. Kungen hade blivit grundligt besegrad, men på grund av inbördes oenighet utnyttjade fienden inte situationen utan drog bort sina trupper på andra håll. Denna händelse döptes i historieböckerna till "huset Brandenburgs mirakel". Och även om Fredrik den store under lång tid fortsatte att vara illa ute, vann han till slut kriget mot sina övermäktiga fiender. Att tankarna på Kunersdorf kan ha funnits i bakhuvudet på general Busse 1945 är sålunda inte så långsökt. En tysk divisionsbefälhavare som tillfångatagits av Röda armén några veckor tidigare summerade antagligen rätt väl vad de flesta tyska generalerna just då tänkte kring de dystra militära framtidsutsikterna:

> Det sunda förnuftet säger en att man inte längre kan förvänta sig en tysk seger, men det är väldigt svårt att föreställa sig ett tyskt nederlag. Man skulle fortfarande vilja tro på segern. Därför tror man på löftena om ett nytt vapen, på möjligheten att ett mirakel inträffar. För övrigt har vi tyskar hur som helst inget kvar att förlora. Vid ett nederlag går Tyskland ovillkorligen under. Då är det bättre att dö i ära.[28]

Upprivna flyktingars skräckhistorier om mord, våldtäkter och plundringar syntes bekräfta Goebbels haranger om att det var ett krig som numera handlade om det tyska folkets blotta existens. Inför allierade bombarmador och hämnande rödarmister tycktes en total undergång bara vara ett steg bort.

KAPITEL 3

# Klockor och kvinnokroppar

FEBRUARI–MARS 1945

LITE MER ÄN ett dygn efter Hitlers besök vid fronten ringlade som vanligt kolonner av ryska soldater västerut över Oder bara några mil därifrån. Genom nattmörkret var dessa trupper ur general Nikolaj Ersatovitj Berzarins 5. stötarmé på väg till ett ryskt brohuvud norr om Küstrin.

Isen var fortfarande så tjock att den bar ammunitionsvagnar, även om det iskalla vattnet nådde rödarmisterna till knäna och det klafsade i skodonen. Men det ihållande regnet hade hur som helst gjort den 22-årige löjtnanten Vladimir Gelfand och hans soldater genomblöta från topp till tå. Gelfand var en stilig ukrainsk jude som närde författardrömmar och hade överlevt tre år på östfronten. Efter en kortare vila på östra sidan av Oder var han och hans granatkastarpluton på väg tillbaka till ett av de brohuvuden som försvarats så hårdnackat under flera veckors tid i en terräng där det inte fanns många möjligheter att söka skydd. Hela kompaniet hade blivit mycket illa tilltygat och Gelfands pluton hade bara sex soldater kvar, men de trupper som de skulle avlösa vid fronten var inte heller i så mycket bättre skick. I dagboken skrev han: ”Vi har en märkvärdig tur. Gång på gång övertar vi försvaret efter redan slagna förband och blir sedan hjältar mot en fiende som även han har decimerats i tidigare strider.”[1]

I det här brohuvudet, vars centrum utgjordes av den numera helt ödelagda lilla byn Kienitz, kurade tiotusentals rödarmister i de skyttegravar och värn som de grävt så gott det gick i den vattensjuka marken. Det var på denna plats som de allra första sovjetiska styrkorna hade korsat Oders is den 31 januari. Deras uppdykande hade varit så överraskande att ingen av invånarna hunnit fly och den lika perplexe stinsen på stationen hade bett en rysk officer om tillstånd att vinka av tåget till Berlin. Svaret hade givetvis blivit att tåget fick vänta tills kriget var slut.[2]

Isen hade den gången varit alltför tunn för att bära stridsvagnarna, som i stället fick ge infanteristerna eldunderstöd från den östra stranden, medan motståndaren i snabb takt uppbådade förstärkningar för att tvinga bort dem.[3] Löjtnant Igor Mikajov, en 25-årig underrättelseofficer i ett gardesskytteregemente ur samma armé som Gelfand, mindes att soldaterna hade gått över isen först och bildat ett brohuvud som var en kilometer brett där de bitit sig fast, men att de misslyckades med att föra över ett par stridsvagnar. Den ena vagnen brakade igenom isen och dess befälhavare kom upp "och simmade utav bara helvete", mindes Mikajov senare.[4] Trots intensiva tyska motanfall lyckades trupperna ändå hålla brohuvudet tills tunga vapen kunde föras över på flottar eller pontonbroar.

Snabbt hade båda sidor byggt upp sina styrkor, men ryssarna kämpade länge i numerärt underläge, eftersom deras huvudstridskrafter ännu inte hunnit fram till Oder. Rödarmisterna hade avvärjt ideliga motanfall och sakta men säkert kunnat utvidga sitt fotfäste på fiendesidan under stora förluster. Enbart under de första tio dagarna i februari hade Berzarins armé förlorat 3 154 soldater i döda och sårade i brohuvudet.[5] Pontonbroar hade därefter byggts under tysk artilleribeskjutning och stridsvagnar och artilleri hade så småningom kunnat rulla över. Från att bara ha bestått av en by med dess närmaste omgivningar hade brohuvudet sedermera blivit 27 kilometer brett och sträckte sig 3–5 kilometer inåt landet. Söder om Küstrin hade den berömde generalöversten Vasilij Tjujkovs 8. gardesarmé lyckats upprätta ett liknande brohuvud som var 14 kilometer brett och fem kilometer djupt.

Men de tyska ansträngningarna att krossa dessa ryska fotfästen fortsatte oförtrutet. Så fort det ljusnade bröt infernot löst igen, minns löjtnant Gelfand: "Ända till mörkrets inbrott besköt man oss med kulsprutor, artilleri, flygplan och slutligen stridsvagnar. Allt."[6]

GELFANDS MARSCH GENOM brohuvudet fortsatte över leriga åkrar på vilka all snö regnat bort och där väta och gyttja fick illa medfarna kängor att spricka. Den ryske löjtnantens tillfredsställelse över att befinna sig så nära Berlin skymdes bland annat av det hårda tyska motståndet och mobbningen från officerskamraterna i kompaniet. En av de värsta plågoandarna var kompanichefen Rysjev, vilken Gelfand betraktade som en feg snorunge som inte åtlyddes av soldaterna. Några veckor tidigare hade Rysjev av oklar anledning avsatt honom som plutonchef och öst en massa ovett över honom inför hans soldater, men manskapet fortsatte att lyda Gelfand i stället för den nye plutonchefen.

När mörkret föll tystnade skjutandet och kompaniet inrättade sig i en avsides bondgård. Genast beordrade officerarna soldaterna att söka igenom husen efter krigsbyte, men en uppmaning behövdes knappast. Beväpnad med ett stearinljus deltog Gelfand i troféjakten och i ett skåp hittade han en reservoarpenna, en kortlek och en klocka samt ett klockarmband av silver. Klockan verkade inte fungera men han behöll den ändå. Strax efteråt anlände emellertid en grupp högre officerare och en major från regementsstaben, Ilkajev, krävde att Gelfand skulle ge honom klockan. Löjtnanten försökte lura honom och gav honom en annan tysk klocka han tagit tidigare och som saknade fjäder.

”Det är inte den klockan”, skvallrade en annan officer. ”Han har ett armbandsur också.”

”Ge hit klockan! Hur vågar du lura ditt befäl! Hit med klockan!”

Gelfand kunde inte annat än lämna över klockan och i dagboken klagade han resignerat över att han på grund av mobbningen ”ändå hamnat i sista stadiet av rättslöshet”.[7]

För att förstå den här lilla episoden bättre måste man känna till att armbandsklockor – *Uhri* som rödarmisterna kallade dem – var en eftertraktad statussymbol som få sovjetmedborgare hade kunnat skaffa sig i det kommunistiska plansamhället, men på fiendens territorium, i de tyska städerna och byarna, såg många äntligen chansen att lägga sig till med det åtråvärda attributet för framgång. Därför genomsöktes tillfångatagna fiender – både militärer och civila – lika grundligt efter *Uhri* som efter dolda vapen.

DEN 5. STÖTARMÉN, som Gelfand tillhörde, var en infanteriarmé specialiserad på att åstadkomma genombrott i fiendens försvarslinje för att därefter kunna göra snabba framryckningar. Därför utgjorde den en av de härstyrkor som gick i spetsen för den sovjetiska offensiven mot Berlin, det som de ryska militärledarna kallade *glavnoje napravlenie* – huvudriktningen. En stötarmé förfogade över en större andel av den teknik som krävdes för den sortens genombrottsstrid: framför allt artilleri och ingenjörstrupper.

Ryska soldater i ett av brohuvudena vid Küstrin.

Men inte minst skulle soldaterna vara mer motiverade och villigare att utsätta sig för faror än vapenbröderna i en ordinär sovjetisk infanteriarmé. Därför fick de också 50 procents högre sold.

Fast inte heller denna elitstyrka klarade sig undan den allmänna disciplinupplösningen som trädde in när rödarmisterna beträdde tysk mark – även Berzarins soldater begick övergrepp mot tyska civila. I denna armé, liksom i de andra sovjetiska arméerna som ryckte in i Tyskland, hade det förekommit en systematisk propaganda för att underblåsa rödarmisternas förbittring mot allt tyskt. ”Det partipolitiska arbetet innefattade också uppfostran till att hata fienden. Befälhavarna, politarbetarna och agitatorerna talade med soldaterna om fascisternas grymheter”, slog generallöjtnant Fjodor Jefimovitj Bokov, stötarméns politiske kommissarie, fast i sina memoarer.[8]

Skräckhistorierna om den tyska framfarten i Ukraina, Vitryssland och på andra platser behövde emellertid knappast överdrivas. Kriget hade skördat tiotals miljoner människooffer på den sovjetiska sidan, varav de flesta civila. Åtskilliga soldater hade därför all anledning att avsky tyskarna. Men det gällde att elda kampviljan ända till siste man. Kampanjen bland stötarméns manskap sköttes därför också "i enlighet med den högste befälhavarens [Stalins] upprop att ge det fascistiska odjuret nådaskottet i dess egen håla och hissa segerfanan över Berlin".[9]

Vladimir Gelfand vittnade i dagboken om sitt hat under den första dagen på tysk mark: "Tyskland står i lågor och det är av någon anledning glädjande att betrakta detta onda skådespel. Död för död, blod för blod. Jag tycker inte synd om dessa människohatare, dessa odjur."[10] Även kapten Aleksander Pyltjyn, chef för ett straffkompani som deltog i framryckningen mot Berlin, erinrade sig hatpropagandan in sina memoarer som kom ut många årtionden efter kriget:

> Nuförtiden inser jag att jag hade fel på vissa punkter. Men på den tiden var hatet djupt rotat i våra sinnen, det fanns inget annat sätt. Jag kan också erinra mig slagorden, till exempel "du kan inte besegra din fiende om du inte lär dig att hata honom med hela ditt hjärta" och "Om en fiende inte kapitulerar ska han förintas". Både affischer, tidningar och filmer, och rent av starka publikationer av Ilja Ehrenburg och andra berömda författare uppmanade oss att "Döda tyskar!" Så vi lärde oss att hata och förinta dem. Självfallet förstod vi att vi skulle döda dem som kom till vårt moderland med svärd och facklor. Men trots all logik spred sig vårt hat till att gälla alla tyskar, till allt tyskt förutom det legitima krigsbyte som vi tog.[11]

Bakgrunden till hatpropagandan var att moralen och disciplinen hade sjunkit i många sovjetiska förband mot slutet av kriget, bland annat på grund av de höga förlusterna och det i många fall illa tränade ersättningsmanskapet som inte sällan hämtades från befriade områden och fångläger. Därför behövde stridsviljan höjas bland soldaterna och den väg som valdes var urgammal – likt den romerske härföraren eller den medeltida länsherren som ville att hans soldater skulle storma en belägrad borgs välförsvarade murar – belönade de sovjetiska generalerna och politrukerna sina trupper med plundringsfrihet när de väl kämpat sig fram till Tyskland. Produkten av hatkampanjen var plundringar, våldtäkter och mord på civila i en omfattning som aldrig lär bli helt klarlagd.[12] Vad nazisterna gjort på sovjetisk mark skulle betalas igen med ränta var den utbredda uppfattningen bland soldater och officerare. Rätten att ta vad de behagade som krigsbyte inpräntades från högsta ort genom Stalins dekret som tillät dem att skicka hem större paket än tidigare från fronten. En rödarmist som stred i Ungern, Gabriel Temkin, mindes hur deras divisionschef en gång defilerade förbi de uppställda soldaterna och förhörde sig om hur det stod till. ”Hur har ni det, soldat?”

Följdfrågan huruvida de skickat något paket till dem därhemma besvarade de flesta soldaterna jakande, men någon genmälde:

”Inte någonting, general.”

På generalens fråga varför, blev svaret:

”Har inte lyckats lägga vantarna på något än.”

”Försök bättre”, beordrade generalen då.

Temkin hörde aldrig talas om något klagomål över att ett enda av dessa paket kommit på villovägar. ”Stalin måste ha varnat Beria att om något av dessa krigsbyten blev stulna skulle det kosta honom huvudet.” Enligt vad Temkin fått höra skulle detta krigsbyte vara en viktig signal till hemmafronten om hur segerrika de ryska trupperna var. Och samtidigt skulle paketen hjälpa till att minska nöden därhemma. ”Vi blev påminda om vår plikt att hjälpa våra familjer som arbetade hårt för att försörja fronten med allt som behövdes för den slutliga segern.”[13]

HÄMNDEN DRABBADE FIENDENS kvinnor mycket hårt. Våldtäkterna tolererades och uppmuntrades även av vissa officerare. Temkin minns en politisk kommissaries tal till soldaterna inför erövringen av en stad: ”Män! Framför er ligger en stad och det finns vin och kvinnor där, så mycket ni behagar!”[14] Även Gelfand hade bevittnat och kanske även deltagit i de grövre övergrepp som begicks av stötarméns trupper, åtminstone fantiserade han om våldtäkter på tyska kvinnor i en opublicerad novell som han skrev vid den här tiden.

Truppernas beteende växte snabbt till ett allvarligt disciplinproblem för de militära befälhavarna, eftersom soldater som är upptagna av att plundra och våldta inte har tid att slåss. Effekterna i form av fylleri, deserteringar och allmän upplösning ledde delvis till en ändrad propagandastrategi för att behålla förbandens stridsduglighet, vilket politofficeren Bokov erkände mellan raderna i sina memoarer:

> Stort utrymme ägnade tidningen [5. stötarméns egen tidning] åt uppträdandet mot den tyska befolkningen. Redan den 7 februari innehöll den material på temat ”Vi befinner oss på tysk mark” och den 9 februari började den med diskussionen ”Hur ska vi hämnas på tyskarna?” Tidningen uppmanade till att hålla de sovjetiska soldaternas heder och värdighet högt och behandla civilbefolkningen humant.[15]

Propagandans nya linje blev att starkare betona skillnaden mellan å ena sidan nazisterna, SS och militären, och å den andra civilbefolkningen som inte hade något att frukta. Åtminstone i teorin. Redan då Första vitryska fronten stod i begrepp att rycka in på tyskbebott territorium utfärdade befälhavaren, marskalk Zjukov, en dagorder om att behandla civilbefolkningen humant, men hatet, hatpropagandan och disciplinproblemen i många förband vägde ofta alltför tungt i andra vågskålen.

Vasilij Grossman, en av Sovjetunionens mest berömda krigskorrespondenter, försökte i det längsta idealisera frontkämparna och skylla övergreppen på de trupper som kom efter, men det blev allt svårare för honom att blunda i sina privata anteckningar. Pansarsoldaterna som han idealiserade mest av alla visade sig ofta vara allra värst på att plundra och våldta.[16] Och när han träffade på enheter ur 8. gardesarmén i det brinnande Schwerin öster om Oder (dagens polska Skwierzyna) pågick en orgie av plundringar och våldtäkter.

> Hos [stads]kommendanten. [...] En svartklädd tyska med döda läppar, talar knappt hörbart. Hon har med sig en flicka med svarta, sammetslika blodutgjutningar på halsen och i ansiktet, ett öga har svullnat och hon har hemska blåmärken på armarna. Flickan har blivit våldtagen av en soldat ur generalstabens signalkompani. Han är också här, rödbrusig, rundkindad och sömnig. Kommendanten förhör honom slött.[17]

Stefan Doernberg, en tyskfödd propagandaofficer i 8. gardesarmén och en fanatisk kommunist, minns att det var näst intill omöjligt att inleda samtal med de få tyska familjer som inte hade lyckats fly innan de ryska truppernas ankomst. De var alltför skräckslagna och förtvivlade för att kunna ägna sig åt några konversationer med fiendens officerare. Och Doernberg, som var övertygad om sovjetsystemets moraliska överlägsenhet, måste konstatera att många tyska civila utsattes för rödarmisternas vrede och godtycklighet. Trots stränga motåtgärder gick det inte att hejda övergreppen. Men att dessa influerats av propaganda förnekade han ännu på sin ålders höst mer än ett halvt århundrade efter krigsslutet. Då menade han att de enbart ”var följden av det långa barbariska kriget”.[18] Att själva brutaliseringen av soldaterna, som utkämpat ett flera år långt krig, var en avgörande orsak intygade även soldater som Aleksander Pyltjyn och Lev Kopelev.

Eller som den brittiska historikern Catherine Merridale, som grundligt studerat rödarmisternas levnadsvillkor och psyke, sammanfattar:

> Det var raseri som gav trupperna deras energi. Allting, från älskade vänners död till de brinnande städerna, från barnens hunger hemma till fruktan för att möta ännu en hagelskur av granater, allting – även välståndet i de borgerliga hemmen – skylldes på tyskarna. Medvetet eller inte skulle rödarmisterna snart [i januari 1945] även släppa ut ilska som hade byggts upp genom årtionden av statligt förtryck och endemiskt våld.[19]

Men den här frustrationen var, som vi sett, ändå bara en av flera anledningar till övergreppen.

Svårigheterna att få bukt med de här bekymren var stora och långt ifrån alltid motarbetades övergreppen helhjärtat. Enligt Gabriel Temkin grät en arméåklagare öppet efter att ha dömt en soldat till döden för våldtäkt på en ungersk kvinna: ”Och varför har vi dömt honom till arkebusering, bara för den där oanständiga horan?”[20]

Åtgärderna som vidtogs för att återställa disciplinen producerade emellertid snabbt resultat, enligt Aleksander Pyltjyn, vars straffkompani fick ta emot ”en del” soldater och officerare som begått övergrepp mot försvarslösa civila. Huvudsakligen härrörde de från underhållsförbanden och ”hade aldrig dödat tyskar i strid utan var aggressiva och lättvindiga i behandlingen av tyska civila”.[21] Vittnesmål från tyska civila bekräftar ofta att frontförbanden uppträdde korrekt, men att det värsta övervåldet började när dessa dragit vidare och följdes av exempelvis tross och transportförband.[22] Andra vittnesmål visar dock att även frontförband var delaktiga i övergreppen.

Röda armén fortsatte ändå att vara en formidabel stridsstyrka, trots de här disciplinproblemen. Och det gällde även 5. stötarmén. Högst upp i dess militära hierarki, i det så kallade krigsrådet, där befälhavaren Berzarin, stabschefen Alexander Kusjtjev samt kommissarien Bokov ingick, var det ingen som hade tid att bråka om rätten till trasiga klockor eller tyska kvinnors kroppar under de första marsdagarna 1945. De höll i stället på att bereda de tyska trupperna vid Oder nästa otrevliga överraskning på en av de allra viktigaste nyckelpunkterna – fästningen Küstrin.

SAMARBETET MELLAN ARMÉBEFÄLHAVAREN Nikolaj Berzarin och den politiske kommissarien Bokov gick utmärkt. De hade känt varandra sedan våren 1944 då de placerats i ledningen för 5. stötarmén och "förvånansvärt snabbt" fattat tycke för varandra, för att använda Bokovs egna ord.[23] Medan Berzarin ledde de militära operationerna, skötte kommissarien den politiska propagandan. Den ene ägnade sig åt stridsplaner och den andre åt att organisera partimöten. Men det var inte allt: kommissarien måste också godkänna alla order som armébefälhavaren utfärdade och övervaka den ideologiska renläriheten. De verkade med andra ord som kommunistpartiets officiella övervakare i armén och kunde även spionera på befälhavare som ansågs politiskt opålitliga. Men Bokov behövde officiellt inte tvivla på Berzarins lojalitet, utan han betraktade honom som en god kommunist. Inofficiellt kände han förmodligen till att Berzarin under Stalins utrensningar 1938 förvisso helt ogrundat hade anklagats för samröre med "folkfiender", men mirakulöst räddats eftersom medlemmar ur kommunistpartiet skyndat till hans hjälp. En sådan anklagelse kunde dock lätt plockas fram igen av NKVD (Folkkommissariatet för inrikes angelägenheter) närhelst det passade.

Inte ens Stalins främsta marskalkar, Zjukov och Konjev, tilläts sköta sitt arbete utan politiska kommissarier vid sin sida. Kommissariesystemet hade införts under inbördeskriget då Lenins regim tvingades anlita före detta tsarofficerare i sin tjänst och dessa hade då fått varsin pålitlig partimedlem vid sin sida som övervakare. Kommissarier återfanns sedan dess i alla sovjetiska förband och befälhavaren kunde inte utfärda en enda order utan dennes gillande. På armé- och frontnivå utgjorde befälhavaren, stabschefen och kommissarien ett militärråd som formellt fattade gemensamma beslut. Även om kommissarien bar uniform och militär tjänstegrad kunde befälhavaren inte ge några order till honom eftersom han tillhörde en egen befälskedja som var knuten till kommunistpartiet.

Ända ned på plutonnivå fanns det kommissarier som hade uppsikt över soldater och officerare. Ofta var kommissarierna illa omtyckta eftersom de hade makten i sin hand att skicka soldater vilka inte ansågs vara tillräckligt ideologiskt övertygade till arbetsläger eller straffbataljoner. Systemet hade dock visat sig så pass effektivt att Hitler mot slutet av kriget införde en liknande organisation med nationalsocialistiska "Führungsoffiziere", men dessa kom alltför sent för att få någon inverkan.

DEN 41-ÅRIGE GENERALLÖJTNANTEN Bokov var en politisk officer ut i fingerspetsarna. Han kom från trakten av Voronesj och hade blivit funktionär i kommunistpartiets ungdomsorganisation Komsomol 1921. År 1927 hade han blivit fullvärdig medlem av kommunistpartiet och tjänstgjorde vid den tiden som politisk kommissarie i Röda armén. Sedan 1937 hade han lett Leninakademin som utbildade politiska officerare och när Sovjetunionen drogs in i kriget var han kommissarie i generalstaben. Sedan 1943 hade han varit vid fronten som medlem av Nordvästfrontens och Andra vitryska frontens krigsråd. År 1944 hade han blivit medlem av krigsrådet för 5. stötarmén tillsammans med general Nikolaj Berzarin.

Berzarin och Bokov var jämnåriga. Berzarin kom från ett arbetarhem i Sankt Petersburg, hans far var låssmed och modern sömmerska. Som barn utbildade han sig till bokbindare, men blev föräldralös i tonåren. Under inbördeskriget hade han anslutit sig till Röda armén och under hela kriget mot Tyskland hade han varit befälhavare för den ena armén efter den andra.

Sida vid sida med Tjujkovs gardestrupper kämpade Berzarins och Bokovs soldater i mars 1945 inte bara för att behålla fotfästet på andra sidan Oder, utan även för att utvidga detta så att sista stormningen av "odjurets håla" snart kunde bli verklighet.

KAPITEL 4

# Fästningarna och operation Bumerang

7–22 MARS 1945

MED ENS BLEV den enögde 25-årige soldaten Heinz Krüger, som förlorat ett öga i Frankrike 1940, varse att han inte var ensam i köket.

"Det är förbjudet att plundra!" röt en fältväbel ur militärpolisen bakom honom. I dörrhålet uppenbarade sig också en korpral som fixerade honom intensivt med blicken.

Heinz var febrig och inte på alerten – därför hade han låtit sig överraskas när han sökte igenom en övergiven lägenhet i den belägrade fästningsstaden Küstrin efter något ätbart. En misstänkt desertörs eller plundrares liv vägde lätt för de fruktade militärpoliserna och SS-patrullerna under dessa dagar. Och hans järnkors av andra klass för tapperhet i fält, som han förtjänat när han sprängde en rysk stridsvagn i närheten av Stalingrad, skulle inte kunna hjälpa honom ur den här penibla situationen. "Vad ska man göra om man inte har mat?" var allt han kom sig för att säga.

"Det här kan du få krigsrätt för. Har du inte sett soldaterna på bron?" dundrade fältväbeln.

Heinz hade sett dem. Tre pojkar dinglade med rep runt halsen från lyktstolparna på den enda bevarade bron över Oder. De bar skyltar på bröstet med budskap som "Jag var för feg" eller "Jag är en desertör". Den påkomne mattjuven grep efter ett halmstrå:

"Dörren var öppen och det låg uniformer härinne, så jag trodde att lägenheten användes som förläggning. Jag letar bara efter min enhet."

Det sistnämnda var en medveten lögn. Resterna av hans alarmkompani hade redan skingrats för vinden på grund av det allmänna kaoset och sedan dess hade han drivit runt på egen hand i den brinnande fästningen, sorgfälligt undvikande alla posteringar och patruller. Fältväbeln granskade honom från topp till tå.

”Gå du bara lite längre fram så hittar du någon trupp att ansluta dig till.”

”*Jawohl, herr Oberfeldwebel.*”

”Om jag träffar på dig här igen skjuter jag dig”, gormade fältväbeln efter honom.[1]

DEN VÅRSTINNA ODER flöt genom de båda städerna Küstrin och Frankfurt an der Oder som sedan ett par månader tillbaka låg mitt i stridslinjen och försvarades av hastigt sammanrafsade tyska garnisoner vilka hade order att hålla ut till siste man. Hitler hade förklarat att bägge städerna var ointagliga ”fästningar”, även om det inte fanns särskilt mycket som rättfärdigade den beteckningen. Provisoriska barrikader, illa drillat manskap som led brist på det mesta vad gäller vapen och utrustning var den gängse synen på bägge platserna.

Däremot hade Küstrin varit en viktig fästning tidigare i historien och hade månghundraåriga traditioner som en betydande preussisk garnisonsstad. Om detta vittnade framför allt den gamla stadsdelens bastanta bastioner, slottet och de många kasernerna. I mitten av 1700-talet hade den tragiska Katteaffären utspelats i skuggan av dess dystra murar och under Napoleontiden hade staden varit en viktig fransk stödjepunkt i flera års tid. Men år 1945 var fästningar sedan länge en omodern företeelse, även om Küstrin fortfarande kunde dra nytta av sitt gynnsamma läge där floderna Oder och Warthe förenas. Staden skyddades i stor utsträckning av de breda flodarmarna som klöv stadsområdet i flera separata delar och även av utbredda sankmarker. Dessutom utgjorde en del av de massiva men omoderna befästningsverk som inte rivits efter första världskriget trots allt betydande hinder för fienden.

Det var den 12 mars 1945 och fästningen Küstrin var för tillfället den viktigaste brännpunkten på östfronten. Detta var nyckelhålet som skulle öppna dörren till Berlin. Här fanns den bästa möjligheten att korsa Oder torrskodd på flera mil när. Om ryssarna fick kontroll över broarna över Oder och Warthe i det här området skulle den sovjetiska uppmarschen för slutoffensiven förenklas avsevärt. Och de var på god väg att nå målet. Denna dag hade Küstrin-Neustadt, den nya stadsdelen längst i öster, fallit efter fem dagars intensiva strider. Till ytan var Neustadt det största distriktet och där hade även huvuddelen av den tyska garnisonen varit för-

Tyska pansartrupper förbereder sig för ett motanfall mot det ryska brohuvudet vid Küstrin.

lagd.[2] Av de 7 000 man som i mars befann sig i Neustadt gick mindre än hälften i fångenskap medan resten låg döda i ruinhögarna.

Endast ett fåtal försvarare, däribland armékocken Heinz Krüger, hade kunnat rädda sig över bron till den gamla stadsdelen, Altstadt, innan det var för sent. Det var under den reträtten Krüger hade sett liken i lyktstolparna.

Fästningskommendanten, SS-generalen Heinz Reinefarth, hade infört ett skräckregemente för att kunna hålla samman de vacklande försvararna. En rad summariska dödsdomar hade avkunnats mot soldater och civila som ansågs ha svikit sin plikt genom att desertera eller plundra. Reinefarth var Himmlers handplockade man och hans militära kvalifikationer utgjordes i första hand av den hårdhet han uppvisat mot polska upprorsmän och civila när Warszawaupproret krossades 1944. Han var emellertid inte vuxen nog att försvara en belägrad fästning, kunde Busse konstatera.

Under några kritiska dagar i början av februari hade staden varit helt avskuren från omvärlden genom den ryska framryckningen, men därefter hade en pansardivision lyckats bryta belägringsringen genom ett beslutsamt motanfall. Alltsedan dess hade Busses trupper lyckats hålla en sex kilometer lång och 3–5 kilometer bred korridor öppen genom den flacka Oderförkastningen från Seelow in till fästningen. Via denna korridor, som envist försvarades av 25. pansargrenadjärdivisionen, rullade förråden in till garnisonen om nätterna på tunga larvbandsförsedda pansarfordon medan de 22 000 invånarna evakuerades åt andra hållet. Dagtid var det däremot omöjligt att röra sig i den platta terrängen på grund av att ryssarna hade full insyn.

Det väsentligaste med den här korridoren var dock att den låg som en kil mellan de båda sovjetiska brohuvudena norr och söder om Küstrin och hindrade dem från att förenas till ett enda som var tillräckligt stort för att marskalk Zjukov skulle kunna föra över en eller flera pansararméer till västra sidan av floden. Så länge korridoren fanns skulle det allvarligt försvåra de sovjetiska anfallsplanerna. Men inte länge till.

EFTER NEUSTADTS FALL kunde 5. stötarméns politiske kommissarie, generallöjtnant Bokov, och armébefälhavaren Berzarin personligen inspektera staden tillsammans med en regeringsdelegation från Moldavien (en stor kontingent moldaviska ungdomar hade en tid dessförinnan inlemmats i stötarmén för att täcka förlusterna). Bland annat beskådade de fortet Neues Werk som dominerat stadsdelen och varit synnerligen besvärligt att erövra. "I fortets gamla, mycket tjocka murar gapade bräscher, bitvis var de helt sammanstörtade. Även järnvägsstationen var kraftigt ödelagd. Överallt träffade vi på bevisen för en förbittrad kamp och vi var stolta över att ha knäckt denna hårda nöt", skrev Bokov i sina memoarer.[3]

Striderna i Neustadt hade varit ytterst hårda och kostade förmodligen båda sidor lika stora förluster i människoliv. Klockan 23 på kvällen, Moskvatid, basunerade en högtalarbil ut en specialkommuniké från Moskvaradion till de ryska soldaterna i Küstrins ruiner. Det var den för alla ryssar välkände hallåmannen Levitan som med ödesmättad stämma läste upp kamrat Stalins dagorder nummer 300:

> Första vitryska frontens trupper har idag, den 12 mars, erövrat fästningen Küstrin efter hårdnackade strider – den viktigaste trafikknutpunkten och starkaste försvarsstödjepunkten för fascisterna vid Oder, vilken skyddar tillfarterna till Berlin.[4]

Det var ett pinsamt misstag. Hela Küstrin hade ännu inte fallit. Fortfarande höll Heinz Krüger och cirka 3 000 andra tyska soldater de återstående delarna av staden, det vill säga den historiska stadskärnan och några artillerikaserner. Men det hoppades ryssarna inom kort rätta till. Redan dagen efter Neustadts fall gav marskalk Zjukov order till Berzarin att i samarbete med Tjujkovs gardesarmé skära av fästningen genom ett kniptångsanfall en vecka senare.

SOM EN REAKTION på Neustadts fall kläcktes på tyska sidan en plan vilken var lika äventyrlig som omöjlig att genomföra i det rådande läget. General Busse ville vänta på ryssarnas nästa drag, men det ville inte Hitler. I mitten av mars såg Führern hotet mot Berlin växa sig starkare och den 15 mars gav han därför order om att de sovjetiska anfallsförberedelserna skulle omintetgöras genom operation Bumerang. Planen gick ut på att 9. armén skulle genomföra ett överraskande pansaranfall från brohuvudet Frankfurt an der Oder rakt norrut längs den östra flodbanken för att ta de sovjetiska styrkorna vid Küstrin i ryggen. Fem pansar- och pansargrenadjärdivisioner skulle delta i den här operationen.

General Busse ansåg att planen var vansinne eftersom Frankfurtbrohuvudet var alltför litet för att rymma fem divisioner. Dessutom existerade det bara en enda bro på vilken alla dessa trupper och deras underhållskolonner kunde föras fram, vilket gjorde det nästan omöjligt att dölja anfallsförberedelserna för fienden. Förvisso fanns det planer på att också bygga ytterligare en – provisorisk – bro alldeles intill, men det var fortfarande inte tillräckligt. Vidare var terrängen på flodens östra sida mycket olämplig för anfallsföretag med pansartrupper på grund av täta skogar, sjöar och svaga broar. Till råga på allt var fem divisioner inte tillfyllest för att tränga fram de 20 kilometrarna till anfallsmålet och samtidigt skydda den egna utdragna flanken. Det hade behövts dubbelt så många divisioner, ansåg generalen.[5] Vid ett möte med Hitler i bunkern i samband med ordern att förbereda Bumerang framförde Busse alla dessa invändningar, men Hitler stod fast vid sitt beslut, understödd av Hermann Göring.[6] Detaljerade anfallsplaner utarbetades därefter som gick ut på att slå ut det ryska artilleriet vid Oder och utplåna det ryska brohuvudet söder om Küstrin, där 8. gardesarmén hade sina ställningar.[7]

Busse var överens med generalstabschefen Guderian om att det bästa vore att använda anfallsstyrkorna för att eliminera några mindre ryska brohuvuden norr om Küstrin, men fick inget gehör för detta hos Hitler. Führern var så besatt av operationen att han till och med gick med på att evakuera det hårt ansatta Altdammbrohuvudet vid Stettin den 19 mars, efter ett nödrop från 3. pansararméns nye befälhavare, generalen Hasso von Manteuffel: "Antingen rädda allt till Oders västra strand i natt eller förlora allt imorgon."

En förutsättning för Bumerang var även att den erfarna 25. pansargrenadjärdivisionen drogs bort från korridoren till Küstrin så att den kunde delta i anfallet. Men Busse ansåg att det var omöjligt att flytta den, eftersom det fanns tecken på att fienden förberedde ett nytt anfall för att skära av korridoren och omringa Küstrin.

I MITTEN AV mars fick det tyska brohuvudet vid Frankfurt an der Oder studiebesök av de generaler som skulle delta i operation Bumerang. Till anfallsstyrkans ledare hade chefen för XXXIX. pansarkåren, den beprövade generalen Karl Decker, utsetts. Denna kår var egentligen bara en stab av pansarspecialister som kastats hit och dit mellan olika frontavsnitt under de senaste månaderna för att leda olika anfallsföretag med hjälp av ständigt skiftande konstellationer av förband. Innan anfallsdivisionerna fördes fram – vilket skulle ske först i allra sista ögonblicket för att inte väcka ryssarna – var det viktigt för Decker och divisionscheferna att ta reda på hur vägarna och uppmarschområdena såg ut. De visades runt av den näst högste officeren i fästningen, överste Ernst Biehler, en man som skulle låta höra mer om sig.

Just då var fronten mycket lugn vid Frankfurt an der Oder. Här hade situationen varit som allra hotfullast i samband med Röda arméns första uppdykande vid floden ett par månader tidigare. Men fiendens första anlopp hade hejdats av ett improviserat men beslutsamt motstånd från lokala tyska styrkor, som även lyckats behålla ett stort brohuvud på östra sidan av Oder – vilket inkluderade den östra stadsdelen Dammvorstadt (dagens polska Slubice) och dess omgivningar. Efter det första stormningsförsöket i månadsskiftet januari–februari hade ryssarna ännu inte gjort någon ny ansats att köra bort de tyska trupperna därifrån, utan de riktade i stället sina ansträngningar mot Küstrin där utsikterna såg mer lovande ut.

General Busse förstod dock inte vitsen med att behålla Frankfurtbrohuvudet. Det kostade honom bara en massa bataljoner som kunde användas bättre på annat håll. "Frankfurt, en öppen stad, försvarades som en fästning i strid med all militär logik", mindes han efteråt.[8] Det hade varit bättre att överge den östra stadsdelen, dra sig tillbaka bakom Oder och spränga bron, ansåg han.

Küstrin må ha varit den viktigaste brännpunkten, men Busse hade en alldeles särskild relation till Frankfurt an der Oder. Inte för att en lång rad kända personligheter ur den tyska historien hade fötts eller verkat i den vackra medeltidsstaden, som till exempel diktaren Heinrich von Kleist, naturforskaren Alexander von Humboldt och humanisten Ulrich von Hutten. Busses skäl var att detta även var hans egen födelsestad. Här hade han fötts tre år före det nya seklet, växt upp till en stark ung man och börjat tjäna som officer. Hans far hade varit civil ämbetsman i kejsardömet, men Busses egen håg hade alltid stått till det militära och det var på en av stadens kaserngårdar som han hade tagit de första stegen som officerskadett år 1915. Därefter hamnade han i västfrontens skyttegravar och när vapnen tystnade tre år senare hade den dåvarande fänriken Busse blivit kompanichef, och ansågs så lovande att han fick plats i den exklusiva skara på 4 000 officerare som tilläts fortsätta sina karriärer i det minimalistiska Riksvärnet efter den för Tyskland förödmjukande Versaillesfreden. Många års kaserntrampande följde under Weimartiden i hemstaden och i andra preussiska garnisonsorter som Pasewalk och i schlesiska Görlitz. År 1929 gifte han sig och slog ned bopålarna i Schlesien, där hustrun Camilla och deras två barn fortfarande befann sig på vårkanten 1945, trots att fronten nalkades.

Möjligheterna till befordran var extremt små i riksvärnet och vid Hitlers maktövertagande var han fortfarande bara en enkel löjtnant, men under de följande årens militära upprustning klev han raskt uppåt på karriärstegen. Trupptjänstens enformighet fick också ett avbrott när han i början av 1930-talet blev antagen till generalstabsutbildningen, en exklusiv skola som var reserverad för de allra dugligaste officerarna från varje årskull – och som öppnade dörren till de högsta militära posterna. En generalstabsofficer måste likafullt göra avkall på sin eventuella fåfänga: Han skulle verka i det fördolda och låta befälhavaren få hela äran.

I egenskap av armébefälhavare under slutstriden 1945 tvingades Busse däremot träda fram i offentligheten. Och förvisso hade hans fotografi börjat dyka upp i de nazistiska tidningarna i samband med reportagen från Oderfronten, men hans nyvunna berömmelse kunde inte mäta sig med den som hade tillfallit en annan av stadens militära söner.

Generalöverste Erich Hoepner hade fötts i samma stad elva år före Busse. Han hade med framgång lett stora pansarstyrkor under blixtkrigets dagar. Men i januari 1942 hade han fått sparken av Führern under förödmjukande former på grund av att han hade räddat sina soldater ur en hopplös situation under den sovjetiska motoffensiven framför Moskvas portar. Med sina mannar hade han retirerat till bättre försvarspositioner. Därmed hade han brutit mot en direkt order från Hitler som såg till att Hoepner vanärades offentligt, degraderades, stöttes ut ur armén samt förbjöds att bära uniform och medaljer.

Inte fullt tre år senare var Hoepner en död man. Han hade i många år också tillhört den militära sammansvärjningen mot Hitler och han greps av Gestapo, torterades och avrättades efter det misslyckade 20 juli-attentatet 1944 – dubbelt vanärad, enligt nazisternas och de flesta generalernas sätt att se på saken. Busse deltog aldrig i konspirationen mot Hitler och ingen ur motståndskretsarna skulle ens ha kommit på tanken att försöka värva honom heller. Busse betraktades som alltför opålitlig i det avseendet.[9]

Det finns inget som tyder på att Busse och Hoepner kände eller ens hade stött på varandra någon gång: Det rådde stor åldersskillnad mellan dem och familjen Hoepner hade dessutom flyttat från staden kort tid efter sonens födelse. Dessutom hade de båda generalerna tjänstgjort i olika vapenslag – Hoepner i kavalleriet och pansartrupperna, Busse i infanteriet.

Men fastän Busse tycks ha varit en mer enkelspårig man än den intellektuellt rörlige Hoepner plågades han 1945 av ett dilemma liknande det som Hoepner hade stått inför vid Moskva. Tvivlen på det meningsfulla med att fortsätta offra sina soldaters liv under krigets sista veckor ansatte honom. Stod inte även hans egna divisioner på redan förlorade poster?

I mitten av mars 1945 trodde han emellertid fortfarande att hans försvarslinje verkligen skulle hålla och han förvandlade – om än motvilligt – sin barndomsstad till språngbrädan för en ny motoffensiv.

ANSVARET FÖR FÄSTNINGEN Frankfurt an der Oder vilade hos fästningskommendanten, den gamle stridshästen Hermann Mayer-Rabingen, en general som i sin ungdom tillhört de tyska kolonialtrupperna i Östafrika och kommenderat infanteridivisioner vid fälttågen i Frankrike, Ryssland och på Balkan. Vid sin sida hade han den ovan nämnda 42-årige översten Ernst Biehler, en infanteriofficer vilken i likhet med Busse tillbringat största delen av kriget i staber långt bakom fronten och bara under några månader 1944 personligen hade lett ett infanteriregemente under striderna i Baltikum.

Med sina tjocka läppar, kraftiga näsa och stora glasögon förkroppsligade Biehler inte direkt sinnebilden av en arisk härförare som trupperna skulle gå i döden för, men skenet bedrog, omtalade Busse, som tidigt fått ögonen på den talangfulle officeren: ”Han var en liten försiktig man. Inte fysiskt iögonfallande förrän han började tala.”[10]

När ryssarna nalkades Frankfurt an der Oder hade Biehler bokstavligt talat hoppat ut från sjukhuset på kryckor och anmält sig till tjänstgöring, trots att de svåra splitterskadorna som han ådragit sig på östfronten föregående höst ännu inte var helt läkta.

Då kommendanten Mayer-Rabingen anlände några dagar senare hade han inlett samarbetet med Biehler med de kärva orden: ”Det här är er hemstad och jag vill inte ha ryssarna här.”[11] Biehler var förvisso inte född där, men det var hans garnisonsort, och han såg snabbt till att hans fru och fyra barn, som också bodde i staden, evakuerades tillsammans med den övriga befolkningen i början av februari. Även Busse hade personligen ombesörjt att hans egna åldriga föräldrar evakuerades på bästa sätt.

Sedan dess hade kommendanten och hans stabschef Biehler outtröttligt organiserat försvaret. Från början hade fästningen 8 000 försvarare – en blandning av överlevande soldater som dykt upp i staden efter nederlaget i Polen och konvalescenter från de lokala sjukhusen samt flera tusen färska rekryter som bara varit tio dagar i det militära. Men Biehler hade under kommendantens överinseende svetsat samman den här styrkan och expanderat den till en garnison på 30 000 man organiserade i tio fästningsregementen vilka höll en försvarsring med en diameter på 20 kilometer på östra och västra sidan av floden.

Överste Biehler funderade dock även han på vitsen med något så ålderdomligt som en ”fästning” som bara konsumerade trupper utan synbar mening. Propagandaminister Joseph Goebbels hade dock lindrat hans skepsis vid ett personligt besök i staden i mitten av februari. Den gången hade översten frågat ministern rakt på sak: ”Vad ska jag göra i den här hålan?”

”Vi behöver det här brohuvudet därför att vi planerar att pressa tillbaka ryssarna till Posen [Poznan]”, svarade Goebbels. Överstens humör steg när ministern anförtrodde honom att det fanns planer på att få amerikanerna och britterna att göra gemensam sak med Tyskland för att stoppa ryssarnas frammarsch i Europa. ”Goebbels var väldigt övertygande. Jag trodde att om vi verkligen försökte detta var det mycket bra för Europa. Jag trodde att det var möjligt [att hejda] ryssarna om hela 9. armén gick till anfall”, erkände Biehler efter kriget. ”Vi funderar på att sluta fred med västmakterna”, påstod Goebbels. ”Det är betydelsefullt att ni befinner er i den här hålan och stoppar ryssarna. Det är viktigt eftersom vi kan behöva det här brohuvudet i framtiden.”[12]

Det var allt Biehler behövde höra. Hur sannolikt det var att britter och amerikaner plötsligt skulle bryta med sin östra allierade och ansluta sig till sin nuvarande huvudfiende var inget han analyserade närmare. Att Goebbels bara slagit blå dunster i ögonen på officeren för att få honom att fortsätta slåss till det bittra slutet, kunde eller ville han inte heller veta. ”Jag var soldat och hade order att följa. Jag skulle stå fast här.”[13]

Det betydde att staden och dess historiska byggnader var dömda att läggas i grus och aska.

MED UNDANTAG FÖR de hårda striderna om Küstrin och de ryska brohuvudena var mars en ganska lugn månad för 9. armén. Det berodde på flera faktorer. För det första drivisen och högvattnet i Oder, för det andra de höga förlusterna för de sovjetiska divisioner som försvarade brohuvudena, samt för det tredje den tid det tog att omgruppera de sovjetiska anfallsstyrkorna från Pommern till Oder och att släpa dit hela det ryska artilleriet med all ammunition. Via underrättelserapporterna kunde Busse följa fiendens frammarsch steg för steg.

Från mitten av mars började bilden av de sovjetiska avsikterna klarna för honom och hans stab. Underrättelseofficerarna letade bland annat efter de sovjetiska pansararméernas senaste positioner eftersom de var en säker indikator på fiendens anfallsavsikter. Och efter att marskalkarna Zjukov och Konstantin Rokossovskij rensat nästan hela det pommerska och västpreussiska kustområdet mellan Oders och Weichsels utlopp från tyska trupper blev det enligt Busse ”uppenbart” att de två sovjetiska pansararméer som opererat där, det vill säga. 1. och 2. gardespansararméerna, skulle sättas in i offensiven mot Berlin från Küstrinområdet. Visserligen var Busses vänstra grannarmé inte mycket att räkna med: den 3. pansararmén, som också tillhörde armégrupp Weichsel och försvarade Oders nedre lopp från Hohenzollernskanalen till Östersjön, hade blivit illa tilltygad i Pommern och var extremt försvagad. Men den hade fördelen av att Oder i den sektorn var flera kilometer bred på grund av översvämningar och Busse ansåg inte att ryssarna skulle slå till där så länge hans egen armé stod kvar vid Oder.

Ett stort orosmoment fanns dock hos hans högra granne, 4. pansararmén, vilken tillhörde armégrupp Center under generalöverste Ferdinand Schörner och hade sina ställningar längs floden Neisse. Mittemot denna armé, vid Forst söder om Guben, stod två andra sovjetiska gardespansararméer, vilka skvallrade om marskalk Konjevs avsikt att gå till offensiv där.

Tyska 4. pansararméns befälhavare, den enbente generalen Fritz-Hubert Gräser (som faktiskt också härstammade från Frankfurt an der Oder), var ense med Busse om att Konjev hade udden riktad mot Berlin och skulle gå bakom 9. arméns rygg. Det påstod Busse i varje fall efter kriget.[14] Hitlers högkvarter räknade däremot med att den här stöten skulle gå rakt västerut för att åstadkomma en snabb förening med de allierade vid Elbe för att klyva Tyskland i två delar.

UNDER TIDEN FORTSATTE förberedelserna för anfallet från Frankfurt an der Oder utan avbrott. Den stridserfarna 25. pansargrenadjärdivisionen drogs planenligt bort från sina ställningar vid Küstrin för att delta i operationen, och ersattes av relativt oerfarna förband ur pansardivisionen ”Müncheberg” och infanteridivisionen ”Berlin”.

Hans-Joachim Eilhardt var signalist i staben hos ett av ”Münchebergs” pansargrenadjärregementen som rullade in i korridoren några nätter innan det planerade anfallet:

> Jag tog bort mörkläggningen från vårt vänstra och högra lilla fönster [i signalbilen] och blev oerhört förskräckt då de brokiga spårljusen från vän och fiende verkade vara så nära att man kunde ta på dem. Vad jag skådade till vänster blev jag också varse till höger: alldeles i närheten genomborrade tunga kulsprutor den annars nattliga stillheten. Ja, detta brokiga fyrverkeri sträckte sig så långt på båda flankerna att det inte var någon konst att inse att vi satt i en slangformad säck ur vilken det inte verkade vara så lätt att komma ut. Under hela resan till fronten mötte vi hela tiden tunga stridsvagnar, huvudsakligen Kungstigrar, stormkanoner, andra bestyckade bandvagnar, halvbandvagnar, lastbilar fullproppade med manskap och militärambulanser som i lugn och ro rullade till de bakre områdena.[15]

Den bumerang som Busse motsträvigt tänkte pricka sin motståndare med var precis på väg att slå tillbaka mot honom själv. För i samma ögonblick höll marskalk Zjukov på att förbereda en dålig nyhet för tyskarna genom att rätta till det förargliga misstaget från början av månaden. Den 22 mars gjorde han slag i saken och han kunde inte ha valt ett bättre tillfälle.

KAPITEL 5

# Heinrici kommer

22 MARS–1 APRIL 1945

SIGNALISTEN HANS-JOACHIM EILHARDT flydde så fort han kunde över de öppna fälten. Runtomkring honom sprang även många av hans kamrater för glatta livet. Bakom de springande männen svepte ryska flygplan in på bara tio meters höjd och avfyrade den ena kulsprutesalvan efter den andra mot dem. Piloterna hade dem nästan på kornet. De flyende spred ut sig åt alla håll, men ingenstans gick det att ta skydd.

Radioapparaterna hade signalisterna övergett bakom en banvall. Att släpa med sig den tunga utrustningen hade varit lika med självmord. I brådskan hade de inte ens brytt sig om att förstöra anläggningen, men Eilhardt hade åtminstone haft sinnesnärvaro nog att stoppa de hemliga signalkoderna i fickan.

Banvallen hade varit deras sista försvarsställning dit de tvingats retirera för att undgå att bli omringade av fienden som gått till anfall mot korridoren till Küstrin. Men till slut hade det ryska infanteriet och pansaret avancerat till en punkt bara 200 meter från vallen och det egna artilleriet kunde bara avlossa sporadiska salvor för att understödja "Müncheberg" pansargrenadjärer. Befälhavaren för de tre omoderna stridsvagnar som bildade ryggraden i försvaret hade då meddelat att det vore vansinne att försöka hålla banvallen eftersom ryssarna kunde komma framstormande i vilket ögonblick som helst. Då skulle det bli närstrid mellan erfarna rödarmister och orutinerade tyska rekryter, något som officerarna absolut ville undvika.

Deras befälhavare gav alltså order om reträtt, men den hade genast urartat i vild flykt med ryskt attackflyg svärmande över dem. Gång på gång kastade sig Eilhardt platt på marken när planen gjorde sina inflygningar. Plötsligt fällde två Iljusjin-2 en skur av små sprängbomber som plöjde ned i marken bara några meter framför den plats där han och några av hans kamrater omigen kastat sig raklånga. Krevaderna överhöljde dem i jord medan splittren susade över huvudet. Hans svarta pansarmössa blåste bort och försvann av tryckvågen.

Så småningom gav sig de ryska planen iväg och Eilhardt började se kolonnerna av tyska pansarfordon och andra förstärkningar som rullade åt andra hållet för att möta det ryska anfallet, men Eilhardt hade ingen tanke på att stanna förrän han hade nått divisionsstaben.[1]

DEN 9. ARMÉNS högkvarter i slottet Freienwalde var som ett getingbo den 22 mars. Det värsta tänkbara hade hänt. Genom ett överraskningsangrepp hade ryssarna skurit av korridoren till Küstrin och förenat sina båda brohuvuden i Oderbruch.

Busse ringde genast upp armégrupp "Weichsels" högkvarter och bad att få tala med Himmler. Kanske uppfattade han hur Himmler överlämnade luren till en annan person i rummet och sa: "Ni leder ju armégruppen. Ge lämpliga order." Kanske hörde generalen också en annan röst svara i bakgrunden att han inte ens visste var de egna positionerna fanns eller hur stora styrkor han förfogade över. Sedan gläfste den andra rösten till i luren borta i Prenzlau:

"Heinrici här! Vem talar jag med?"

Då förstod Busse att armégruppen hade fått en ny befälhavare. Generalen kände visserligen till att Himmlers avgång hade legat i luften en tid, men vem efterträdaren skulle bli hade varit oklart fram till detta ögonblick. Förvisso hade han aldrig träffat Heinrici, men han gladde sig ändå, för Busse visste att Heinrici var en erkänd försvarsspecialist som under flera år fört befälet över arméer på östfronten. "Ni kan tänka er att det var en stor lättnad att höra [att en] riktig soldat och bra befälhavare hade tagit över", uppgav Busse efter kriget.[2]

Muttrande hade Führern två dagar tidigare godkänt generalstabschefen Guderians förslag att hämta generalöverste Gotthard Heinrici från 1. pansararmén i Karpaterna för att avlösa den "överansträngde" SS-ledaren. Ändå hade Busse innan dess motarbetat Guderians ambition att byta ut Himmler, vilket han erkände senare: "Jag hade försökt övertala OKH att inte byta ut några befälhavare – nya befälhavare klantade till saker och gjorde [en] r[ysk] framgång sannolik."[3] Men det fanns inte längre någon tid för sådana resonemang och när allt kom omkring var han belåten med valet av ny chef.

Generalen gick rakt på sak och meddelade Heinrici att Küstrin hade blivit avskuret och förklarade snabbt ortens vitala betydelse.

"Vad föreslår ni?" frågade Heinrici.

Busse genmälde att han ville förbereda ett motanfall för att återupprätta förbindelsen till staden, för han visste att "om vi gav ryssarna tid grävde de snabbt ned sig och det blev svårt att kasta ut dem".[4] Heinrici godkände förslaget och meddelade att han tänkte besöka honom så fort som möjligt.

REDAN SAMMA KVÄLL utfördes ett mindre motanfall för att stoppa fiendens framryckning, vilket också lyckades (det var dessa styrkor som Hans-Joachim Eilhardt hade mött). Och när Busse ringde upp Goebbels samma kväll för att skjuta upp dennes planerade frontbesök, tycks han ha lindat in debaclet så pass mycket att propagandaministern inte fick anledning att misstänka att han var en pessimist. Åtminstone verkar Goebbels ha uppfattat Busses redogörelse som att ryssarna hade genomfört ett "förvisso lokalt men icke desto mindre ytterst våldsamt anfall i ett *försök* att skära av vårt brohuvud vid Küstrin". Situationen i området var därför "mycket oklar" och varje officer behövdes vid fronten, meddelade arméбefälhavaren.[5]

Enligt de första tyska underrättelserapporterna som nådde führerhögkvarteret på eftermiddagen hade cirka 20 000 rödarmister och ett sjuttiotal stridsvagnar deltagit i den framgångsrika kniptångsoperationen.[6] Hur många av fiendesoldaterna som dödats eller sårats under första dagen var svårt att säga, men de brinnande stridsvagnsvraken var lättare för tyskarna att räkna: Huvuddelen av det ryska pansaret hade slagits ut – 55 stycken – men generalerna Berzarin och Tjujkov höll som väntat på att föra fram stora förstärkningar för att säkra terrängvinsterna.

DET HADE BLIVIT precis som Busse fruktat: Natten mot den 22 mars hade den 25. pansargrenadjärdivisionen avlösts av oerfarna trupper och i gryningen anföll ryssarna dem innan de hunnit göra sig hemmastadda i ställningarna. Från söder attackerades de av generalöverste Tjujkovs 8. gardesarmé med två gardesskyttedivisioner och redan vid middagstid kunde dessa för-

En av de tyska försvararna kontrollerar sin pansarnäve i en av försvarsställningarna vid Seelowhöjderna. En pansarnäve (*Panzerfaust*) var ett pansarskott som var effektivt mot fientliga stridsvagnar på några tiotals meters avstånd vilket fordrade att skytten hade starka nerver.

ena sig med två skyttedivisioner ur Berzarins 5. stötarmé som anföll från norr. Busse konstaterade efter kriget: ”Man kan säga att den erfarna 25. pansargrenadjärdivisionen, som bitit sig fast i sina ställningar under lång tid, inte hade lidit detta nederlag.”[7]

Berzarin och Tjujkov hade tydligen satt in större pansarstyrkor än vad de tyska trupperna från början lyckats identifiera, men när dagen äntligen var över kunde 9. armén konstatera att ryssarna hade förlorat sammanlagt 116 stridsvagnar i anfallet (inte 70 som man preliminärt antagit).[8] Fast för marskalk Zjukov hade det priset varit värt att betala, eftersom han till sist hade fått ett sammanhängande brohuvud som täckte en yta på 300 kvadratkilometer – det var som mest sex kilometer djupt och 20 kilometer brett – och där kunde han i lugn och ro fullborda förberedelserna för den sista storoffensiven.

FÖR DEN NYBAKADE signalisten Wolfdieter Müller hade motanfallet på kvällen den 22 mars varit elddopet. Han satt vid en radioapparat i en splitterny stridsvagn av modell Panzer IV och hade av ren nervositet flera gånger lyckats sjabbla till det genom att glömma de rätta kodorden, delvis tala i klartext och glömma att slå om från mottagning till sändning när meddelanden skulle skickas. När han öppnade luckan nästa morgon kunde han se "en mängd övergivna och sönderskjutna ryska stridsvagnar med trälådor som sitsar, liksom förstörda Stalinstridsvagnar. Men även sönderskjutna tyska stridsvagnar. Jag har fått en försmak. Dessutom ser jag de första stupade kamraterna".[9]

Oderbruch skulle dock fyllas av ännu fler lik och militärt skrot innan kampen om brohuvudet var över. Striderna hade kostat båda sidor stora förluster men borta i Freienwalde ville Busse sätta igång ett undsättningsanfall. Sent samma kväll lät han meddela armégruppens högkvarter sina planer för nästa dag. SS-generalen Kleinheisterkamps XI. SS-pansarkår skulle skickas fram redan i gryningen med en pansardivision och en pansargrenadjärdivision för att återställa den gamla försvarslinjen. Samtidigt gav Busse pansargeneralen Decker befälet över en större anfallsgrupp som skulle vara redo att rassla fram mot brohuvudet redan vid middagstid med två pansargrenadjärdivisioner, en infanteridivision och en SS-pansarbataljon.

Operation Bumerang fick därmed vänta tills historien med Küstrin hade klarats upp. Men ryssarna hann före. Hela nästa dag fortsatte de sitt anfall för att utvidga brohuvudet, medan de tyska trupperna i stället tvingades försvara sig. Under den dagens strider lyckades Deckers kår förstöra 56 ryska stridsvagnar och massor av stupade rödarmister låg också utströdda framför den tyska linjen.[10] Samtidigt slog Busses underrättelseofficerare fast att Berzarin och Tjujkov hade satt in totalt nio skyttedivisioner, en pansarkår, ett stormkanonregemente och ett självständigt pansarregemente för att hålla brohuvudet.

Först på kvällen kunde Decker genomföra ett motanfall med två pansargrenadjärdivisioner längs riksväg 1 som ledde från Seelow till Küstrin.

ANFALLET INLEDDES I mörker helt enkelt därför att Luftwaffe på grund av bränslebrist inte klarade av att ge trupperna flygskydd under dygnets ljusa timmar. Stridsvagnarna lyckades nå en punkt bara tre kilometer från

Küstrin men tvingades därefter avbryta. Striderna pågick hela natten och även nästa dag, men de tyska trupperna bevisade återigen att de inte längre var av samma virke som under blixtkriget, vilket Fritz Rudolf Averdieck, som var signalist i ett pansargrenadjärregemente, kunde intyga:

> En febril verksamhet härskade på vägarna när det mörknade. Långt uttänjda infanterikompanier var på marsch, stridsvagnar och pansarskyttefordon rullade fram i långa kolonner. Anfallet skulle börja i fullmånens sken klockan 24 efter en timmes förintelseeld. Men det visade sig snart att alltihop inte var tillräckligt förberett. Officerarna från folkartillerikåren var knappast informerade. Endast ett fåtal eldrör gav sporadisk eld, sedan försenades även stormförbandens anfall eftersom stridsvagnarna väntade på infanteriet och infanteriet på stridsvagnarna. 20 minuter efter den sista granaten gick de äntligen till anfall. Ryssarna var nu tillräckligt förvarnade, grenadjärerna blev liggande med över 50-procentiga förluster i spärrelden av granatkastare och artilleri. Stridsvagnarna rullade inte fram ytterligare efter att några av dem hade kört på minor som låg helt öppet på marken. När gryningen därefter randades hette det att de skulle kamouflera och gräva ned sig, eftersom den flacka terrängen bjöd på insyn från långt håll och man dessutom måste räkna med intensifierade flygangrepp. Dagen blev emellertid inte så het som förmodats. Vårt eget flygvapen var mycket aktivt och sköt ned två fientliga flygplan. På kvällen avlöstes vi igen och förflyttades till Seelow som kårreserv.[11]

Trots terrängförlusterna och den ryska omringningen av Küstrin betecknade Busse de senaste två dagarnas händelser som ”en stor försvarsframgång”.[12] Nästa dag inträdde en stridspaus medan båda sidor slickade såren.

KANONERNA HADE UPPHÖRT att dundra nere i Oderbruch när en stabsbil stannade utanför XXXIX. pansarkårens högkvarter på Seelowhöjderna på morgonen den 25 mars.[13] Ur bilen klev en kortvuxen och synnerligen kärv generalöverste, vilken välkomnades av Busse som väntat på honom där. Iklädd en stor fårskinnspäls och urgamla benlindor från förra världskriget var den nyanlände figuren en tämligen udda syn i det tyska generalitetet. Detta var Gotthard Heinrici i egen hög person, mannen som numera ledde armégrupp ”Weichsel”.

Lika lite som Busse var Heinrici någon berömd krigshjälte – han räknades absolut inte till propagandans lysande affischnamn, såsom Rommel under ökensolen och Dietl under polarfrontens norrsken. Nej, Heinrici var en knastertorr och fysiskt oansenlig man, men en mycket kompetent härförare med massor av erfarenhet från kampen mot Röda armén. Här hade han under flera år kommenderat 4. armén som framgångsrikt försvarat sig mot mångdubbelt överlägsna ryska styrkor på centrala delen av ryska fronten och det var den sortens talang som Führern behövde för tillfället. Till skillnad från Busse hade han fått ett öknamn som speglade hans lättantändliga humör: ”Giftblåsan”.

För den nya armégruppsbefälhavaren förklarade Busse varför anfallet hade misslyckats. De ryska trupperna hade låtit de tyska stridsvagnarna rulla över sina ställningar innan de reste sig upp och tog itu med det efterföljande infanteriet. De tyska infanteristerna tog betäckning och blev liggande i den ryska elden vilket medförde att de förlorade kontakten med pansaret som därefter måste dra sig tillbaka. Armébefälhavaren tvingades konstatera att hans hopskramlade trupper var alltför oerfarna. De var helt enkelt inte tillräckligt välutbildade för anfall och det hade de fått betala med mycket blod innan dagen var slut.[14]

Det här fick räcka, ansåg Busse, och Heinrici höll med om att de inte hade råd att offra fler soldater före det stora slaget. Inga fler dyrbara motanfall borde genomföras ”eftersom vi inte ville förlora trupperna vi byggt upp så omsorgsfullt [...]. Vi visste att det stora slaget skulle komma. Och det skulle äga rum på höjderna längre västerut.”[15]

Garnisonen i det belägrade Küstrin var därmed avskriven. Den skulle fortsätta att försvara sig till sista man, enligt Führerns befallning, och försena ryssarnas frammarsch så länge som möjligt. I fortsättningen ville Busse koncentrera sig på att utplåna ett mindre ryskt brohuvud norr om Kienitz, men han skulle inte få sin vilja igenom.

PÅ KVÄLLEN DEN 25 mars kallades Busse till telefonen av Heinrici, som hade återvänt till armégruppens högkvarter utanför Prenzlau efter en konferens hos Hitler i rikskansliet. Generalöversten hade en otrevlig sak att berätta: Führern hade befallt att ännu ett undsättningsanfall måste genomföras.

”Låt det vara som det är just nu. Ett nytt anfall skulle förorsaka ännu fler förluster”, vädjade Busse, men till ingen nytta.

”Hitler kräver det”, svarade Heinrici och tillade: ”Låt oss träffas och se vad som kan göras.”[16]

Snart anlände även en skriftlig order från führerhögkvarteret direkt till 9. armén, vilken inleddes med den karaktäristiska formulering som uteslöt allt ifrågasättande: ”Führern har befallt ...” Ett nytt motanfall måste utföras, hade Hitler bestämt och han understöddes av generalstabschefen Heinz Guderian.

Det enda positiva i den här situationen var att Heinrici lyckats få Hitler att avstå från den föga genomtänkta Bumerang till förmån för den nya operationen i Oderbruch. Förberedelserna satte igång genast eftersom det inte fanns någon tid att förlora. Nödropen från fästningen blev alltmer desperata samtidigt som nya ryska förband marscherade in i brohuvudet för att förstärka det. Eftersom det första anfallet misslyckats, trots ett relativt svagt ryskt försvar, måste ett andra undsättningsförsök ske med ännu större styrkor och från ett nytt håll för att lura de väntande ryska försvararna, ansåg Busse och Heinrici. De valde därför att sätta in stöten från en punkt något längre norrut. Fler artilleribatterier med större förråd av granater skulle också delta. Ett streck i räkningen var däremot att Luftwaffe inte heller den här gången kunde ge något understöd från luften på grund av bränslebrist.[17]

General Deckers kår skulle genomföra även det här anfallet och fick befälet över fyra pansar- och pansargrenadjärdivisioner samt stridsgruppen ”1001 Nacht”, vilken delvis bestod av handplockade elitsoldater som tidigare hade vaktat V-vapnens avfyringsramper.

ATTACKEN INLEDDES I gryningen den 27 mars när morgondimmorna lättat i Oderbruch. Det var en klar och fin vårdag, det skulle också bli den sista i många soldaters liv. I arméhögkvarteret på slottet i Freienwalde väntade Busse spänt på de första rapporterna från anfallsförbanden. Till en början såg det bra ut. Attacken blev oerhört våldsamt och bringade till en början de ryska försvararna ur balans.[18] Men sedan blev hela angreppet en repris av det första försöket. Marskalk Zjukovs mäktiga artilleri överöste området med en eldstorm av granater. Ryssarna hade befäst sina ställningar och även hunnit lägga ut betydande minfält. Det tyska infanteriet blev liggande i den intensiva ryska elden utan möjlighet att hitta något skydd och led fruktansvärda förluster. Det blev en regelrätt massaker. Stridsvagnarna kallades tillbaka och på eftermiddagen stod det klart att även det andra undsättningsförsöket hade misslyckats. Spaningsflyget kunde dessutom rapportera att omkring 1 000 ryska fordon var på väg från södra delen av brohuvudet till det omstridda frontavsnittet, sannolikt med förstärkningar.[19]

Efter en omgruppering av styrkorna fortsatte Decker anfallet på kvällen med ett par divisioner, men med lika lite framgång. Cirka 1 300 tyska soldater hade dödats eller sårats under dagen, vilket motsvarade flera bataljoner. Förlusterna bland officerarna hade varit synnerligen höga.[20]

Syndabock för fiaskot blev general Busse. Sannolikt fick han obehagliga föraningar när han sent på kvällen mottog den korthuggna ordern att infinna sig i führerbunkern klockan 14.00 nästa dag för att avlägga en fullständig rapport.

Bilresan in till Hitlers högkvarter i Berlin hade Busse gjort många gånger tidigare via gator som kantades av ruiner. Här och var möttes han av skyltar som varnade för odetonerade bomber, körde omvägar i ruinernas slingergångar, passerade de utbrända palatsen längs Unter den Linden och gjorde en vänstersväng in på Wilhelmstrasse till rikskansliet. Som regel hade den dagliga militära konferensen hållits i Hitlers arbetsrum i rikskansliet under de senaste månaderna, men den här gången hade den flyttats till bunkern under rikskansliets trädgård.

General Busse har inte efterlämnat någon beskrivning av hur nedstigningen i Hitlers dystra underjordiska värld kunde te sig, men det har generalöverste Heinrici, som vandrade samma väg några dagar senare:

> Via rikskansliets bottenvåning kom jag till trädgården och hade några minuter till godo att se mig omkring. Av dess tidigare vårdade skick fanns ingenting kvar längre. Inte en enda liten bit gräsmatta gick att se. Fällda träd låg runtomkring. Byggavfall och spillror täckte marken. Maskinerna som hade använts för att bygga bunkern stod delvis fortfarande kvar. Vid ingången till bunkern stod en SS-man på vakt, vilken tog emot de ankommande. Här under jorden bodde alltså mannen som tills helt nyligen behärskat största delen av Europa. Bomberna hade tvingat även honom under jord. Varenda natt sov han här nere, i sin egen grav. Jag väntade en stund utanför bunkeringången och såg

> besökarna komma. Det var samma personer som varje eftermiddag infann sig till lägeskonferensen. Bara Göring saknades, han kom alltid för sent.
>
> Strax innan konferensens början steg jag nedför den branta trappan till bunkern som låg ungefär åtta meter under jord. Jag kom in i ett förrum i vilket den vanliga ceremonin med visiteringen av konferensdeltagarna och deras portföljer. Sedan kom jag in i en smal längre korridor, i vilken konferensdeltagarna samlades. En sådan trängsel rådde att man bara med stort besvär kunde ta sig fram mellan personerna. Punktligt trädde Hitler in genom en dörr i andra änden av korridoren. Det var nästan besvärligt att bereda plats för honom i konferensrummet. Detta gränsade till korridoren och bestod av ett relativt litet rum; jag uppskattar att det inte var mycket större än tre gånger tre meter i kvadrat. På vänster hand stod det stora kartbordet vid vilket de båda stenograferna redan satt. [...] De övriga konferensdeltagarna skulle till en början vänta i korridoren på grund av rummets litenhet. Men en stor del av dem trängde sig in. Snart rådde en skrämmande trängsel i konferensrummet. Hitler tog plats vid skrivbordet och satte på sig sina gröna glasögon, Keitel stod till höger om honom.[21]

Busse gjorde entré i bunkern i sällskap med generalstabschefen Guderian, som av allt att döma hade varskott honom att det var en vredgad statschef som väntade på honom. När Führern hade nåtts av de dåliga nyheterna hade han farit ut i våldsamma beskyllningar mot Busse och hade anklagat soldaterna för att ha svikit.

Under blixtkrigets dagar hade generalöverste Guderian varit en legendarisk pansarchef som svept fram över Europas slätter med sina divisioner och nästan nått Moskva. Men sedan 20 juli-attentatet 1944 hade han varit generalstabschef för tyska armén och förgäves försökt få Hitler att lyssna på hans varningar om att östfronten var för svagt rustad för att kunna stå emot de sovjetiska offensiverna. Alla gräl med Hitler och den stora arbetsbördan hade tagit hårt på hans svaga hjärta, vilket Führern tänkte ta som förevändning att ersätta honom med en fogligare general.

I konferensrummet fanns som vanligt Hitlers närmaste rådgivare, fältmarskalk Wilhelm Keitel, generalöverste Jodl, Busses svåger Burgdorf samt alla adjutanterna. Atmosfären torde redan från första stund ha varit spänd och fientlig när Guderian och Busse anlände. Med upprörd och ovänlig röst bad Hitler Busse att avlägga rapport. Generalen började lugnt redogöra för hur anfallet lagts upp och hur styrkorna varit grupperade. Hitlers uppsyn blev alltmer irriterad. Plötsligt avbröt han Busse mitt i en mening.

”Varför misslyckades anfallet?” skrek han. ”På grund av inkompetens! På grund av försumlighet!” En skur av förolämpningar och ovett haglade över Busse, Guderian och generalstaben. Han anklagade dem för oduglighet på grund av att anfallet satts igång utan tillräckligt med artilleri. Så vände sig den ursinnige ledaren till Guderian: ”Om Busse inte hade tillräckligt med ammunition, som ni säger – varför skaffade ni honom inte mera?”

Efter ett ögonblicks tystnad började Guderian tala lugnt och stilla:

”Jag har redan förklarat för er ...”

”Förklaringar! Ursäkter! Det är allt ni har att komma med”, skrek Führern och fäktade med armarna. ”Ni, kan *ni* förklara vem som svek oss vid Küstrin – soldaterna eller Busse?”

”Nonsens!” kreverade Guderian illröd i ansiktet. ”Detta är nonsens! Det är inte Busses fel! Jag har sagt er det! Han lydde order! Han använde den ammunition som stod till förfogande! Allt som fanns!” Guderian var så rasande att rösten höll på att svika honom. ”Att påstå att soldaterna bär skulden – titta på förlustsiffrorna! Soldaterna gjorde sin plikt! Deras offer bevisar det!”

”De misslyckades!” vrålade Hitler tillbaka. ”De misslyckades!”

Generalstabschefens ansikte blev bara ännu rödare och med en röst som kunde höras genom flera stängda dörrar dundrade han:

”Jag måste be er ... jag måste be er att INTE anklaga Busse eller hans soldater i fortsättningen!”

Men Hitler fortsatte att beskylla generalstaben för att vara tjockskallar, idioter utan ryggrad, vilka misslett, felinformerat och lurat honom.

”Har [chefen för militära underrättelsetjänsten på östfronten] general Gehlen felinformerat er om ryssarnas styrka? Nej!” skrek Guderian.

”Gehlen är en idiot!” skrek Hitler tillbaka.

De 18 avskurna divisionerna i Kurland, vilka stod för fot gevär och inte tjänade något militärt syfte där de befann sig, var nästa punkt som den upprörde Guderian tog upp. ”Vem har misslett er beträffande dem? När ämnar ni evakuera armén i Kurland?”

”Aldrig!” skrek Hitler.

Den olycklige Busse var som paralyserad och fick inte fram ett ord. Uppträdet var så omskakande att varken han eller någon annan av konferensdeltagarna i detalj mindes vad som hade sagts eller i vilken ordning saker och ting hade hänt. Chefen för OKW:s (Oberkommando der Wehrmacht) operationsavdelning, generalöverste Alfred Jodl, var den förste av de förfärade konferensdeltagarna som återfick handlingskraften.

"Var snäll och lugna er", sa han till Guderian och tog honom i armen. Det var nästan som efter en boxningsrond. Guderian ställde sig avsides med Jodl, medan Hitler sjönk ned i en fåtölj och blev ompysslad av Keitel och Burgdorf, som om de vore hans tränare. Guderians adjutant major Freytag von Loringhoven var rädd för att hans chef skulle bli arresterad och skyndade ut ur rummet för att ta kontakt med dennes ställföreträdare, general Hans Krebs, vilken befann sig i OKH:s högkvarter i Zossen. När adjutanten redogjort för vad som hänt bad Krebs att få tala med Guderian under förevändning att det kommit viktiga nyheter från fronten.

Den hale Krebs, som var en mästare i att skaffa fram lämplig information för rätt tillfälle, lyckades hålla Guderian kvar vid telefonen i en kvart, vilket räckte för att denne skulle hinna lugna ned sig. Även Hitlers humör svalnade och när Guderian klev in igen hade lägeskonferensen återupptagits som om ingenting hade hänt. Men när Hitler fick se honom sa han: "Jag ber alla herrarna lämna konferensrummet utom fältmarskalken [Keitel] och generalöversten!"

Efter en stund släpptes Busse och de andra officerarna in i rummet igen och konferensen fortsatte. Guderian stod tigande vid sin plats. Stormen hade bedarrat.

HITLER KOM INTE med några fler påhopp på Busse. Några gånger tillfrågades Guderian om sin åsikt om de militära operationerna. Genomgången av situationen på de sammanstörtande fronterna varade i timmar. Den misslyckade tyska motoffensiven i Ungern hade avblåsts för några dagar sedan och den ryska ångvälten rullade återigen västerut i riktning mot Wien. Befälhavaren för den förfelade ungerska offensiven hade redan fått sparken av Hitler.

På västfronten hade fältmarskalk Bernard L. Montgomery korsat Rhen och var beredd att stöta fram igenom Nordtyskland. Amerikanerna hade skaffat sig brohuvuden vid Remagen och Oppenheim och hade börjat offensiven mot Elbe. De allierades arméer höll på att stöta fram på bägge sidor om Ruhrområdet och hotade att omringa fältmarskalk Walter Models armégrupp på en halv miljon man.

När konferensen avslutades sade Hitler till Guderian:

”Gör ert bästa för att bli frisk igen. Om sex veckor kommer situationen att vara kritisk. Då kommer jag att behöva er. Vart tänker ni fara?”

Keitel rådde honom att åka till Bad Liebenstein. ”Där är det vackert.”

”Där är redan amerikanerna”, svarade Guderian.

”Nå, Bad Sachsa i Harz då”, sa fältmarskalken.

Guderian svarade undvikande att han själv skulle välja en uppehållsort som inte riskerade att bli erövrad av fienden inom de närmaste 48 timmarna.

Vi känner inte till om Busse hörde denna konversation och på detta sätt slöt sig till att Guderian fått sparken. Men när han trädde ut ur bunkern visste han i alla fall med säkerhet att den sista bufferten mellan Hitler och de tyska frontbefälhavarna var borta. Att Guderian i praktiken blivit avsatt ”var det sista jag hade väntat mig”, menade han senare.[22]

Han ersattes av general Krebs, som bara blev en megafon för sin husbondes befallningar.

HUR BUSSE, SOM varit föremålet för Hitlers ilska, egentligen upplevde grälet mellan Hitler och Guderian har fram tills nu varit okänt för de flesta forskare som studerat dessa händelser.

Sin egen version av händelsen återgav han på 1960-talet för historikern John Toland, som dock aldrig publicerade den:

> Jag åkte till rikskansliet – jag tilläts säga några ord om varför anfall[et] hade misslyckats. Snart avbröts jag bryskt av H[itler]. Han sade: ”Jag för befälet. Ansvaret för order vilar hos mig!” [Han var] kategorisk.
>
> Saker sades – ganska oviktiga – brist på ammunition för vissa fordon – grundlösa saker. Jag fick inte intryck[et] att H[itler] ville skära halsen av mig – ens avlösa mig. När G[uderian] såg [detta] tog han genast till orda för att försvara mig. Eftersom [han] för ögonblicket [var] lika upprörd som H[itler] – orsakade korrigeringarna ett stort utbrott. På grund av detta skickade H[itler] ut oss allihop ur rummet och behöll endast G[uderian] där. Vi [övriga] stod i

> ett litet förrum. Dörren [var] tjock men kunde inte hålla ljud borta. Vi hörde [ett] kraftigt gräl men inga exakta ord. Vad mig beträffar var det över.[23]

De två intressantaste sakerna med Busses vittnesmål är för det första hans uppfattning om vad som sades i grälet mellan Hitler och Guderian, och för det andra hans åsikt om situationens allvar för hans egen del. Man kan fråga sig varför generalen ett par decennier senare använde ursäktande formuleringar som "oviktiga saker" och "korrigeringar" för att beskriva det våldsamma grälet i führerbunkern. Och inte heller informerade han sin närmaste överordnade, Heinrici, om vad som tilldragit sig – trots att denne bör ha varit mycket intresserad av att få veta att en av hans armébefälhavare hade kallats direkt till Hitler, fått en utskällning och möjligen varit nära att bli avskedad. Och att generalstabschefen Guderian fått sparken fick Heinrici veta först när han själv kontaktade OKH en tid senare. Ännu många år senare tyckte Busse uppenbarligen att grälet i führerhögkvarteret inte var så mycket att prata om – sannolikt kändes det genant för honom att ha varit ofrivillig huvudperson i ett så deprimerande spektakel.

NÄR KAMPEN OM brohuvudet avblåstes trängde det avlägsna stridslarmet från Küstrin på nytt fram till 9. arméns soldater i Oderbruch. Fästningens försvarare, som Hitler hade förbjudit att bryta sig ut, var definitivt dödsdömda. Resterna av garnisonen var ihopträngda innanför det brinnande Altstadts bastioner och i några artillerikaserner väster därom. Där utsatte artilleriet ur generalöverste Tjujkovs 8. gardesarmé dem för ett vansinnigt bombardemang med granater av alla kalibrar.

En av soldaterna som kurade i de gamla källarvalven under den brinnande gamla stadsdelen var Heinz Krüger, den enögde militärkocken som med nöd och näppe klarat sig undan att bli hängd i en lyktstolpe av den fruktade militärpolisen. Till sist beslutade sig fästningskommendanten, SS-generalen Reinefarth, för att bryta sig ut med de sista överlevande soldaterna under natten till den 31 mars. Utbrytningen blev en vild nattlig flykt västerut till de egna linjerna och de besköts inte bara av de ryska trupperna, utan även av de egna som inte blivit informerade om att de var på väg. Först sedan de sjungit "Deutschland über alles" för full hals i ingenmansland blev deras landsmän övertygade om att de var äkta tyskar och släppte fram dem.

Fastän Heinz Krüger årtionden senare hade trängt bort de gruvligaste detaljerna ur minnet och saknade överblicken över vad som hände, mindes han ändå delar av utbrytningen. Av allt att döma tillhörde han en liten grupp soldater som gav sig iväg före huvudstyrkan:

> Grupper av soldater drev runt planlöst i den brinnande fästningen. Allting låg i ruiner och det fanns inte längre några officerare som gav order. Vi var *vogelfrei*, och det var uttrycket ”rädde sig den som kan” som dominerade atmosfären. Den ene efter den andre stack. Jag gick och lade mig för att sova i en bunker, men när jag vaknade var jag ensam. Därefter hittade jag några andra att slå mig ihop med och vi bestämde oss för att det var dags att ge sig av.
>
> Det var sent på kvällen eller kanske tidigt på morgonen när vi smög oss ut från Küstrin i skydd av mörkret. Vi gick i kolonn – 10–20 man från olika vapenslag och trupper – hela tiden på vår vakt. Försiktigt tassade vi i buskagen för att inte bli upptäckta, men vi höll ändå på att gå fel.
>
> Plötsligt hörde vi ryska röster bara tio meter framför oss. Vi hade nästan sprungit rakt på en rysk postering. Ljudlöst backade vi, sedan smög och kröp vi runt ryssarna. När ryssarna upptäckt utbrytningen och skjutandet började blev en underofficer bredvid mig svårt skadad i benen. ”Hjälp! Hjälp!” skrek han, men vi var tvungna att lämna honom där. Jag sade att jag skulle skicka sjukvårdare att hämta honom, men det gällde bara att rädda sig den som kunde.
>
> Några timmar senare anropades vi av de tyska vaktposterna vid Seelowhöjderna. Något lösenord hade vi inte så vi ropade: ”Vi är tyskar! Skjut inte!” Som tur var trodde de på oss.
>
> Därefter inlemmades vi i försvarslinjen vid Seelow där det hade byggts fina ställningar, men egentligen var det ingen försvarslinje. Det fanns nästan inga skyttegravar alls där jag befann mig, utan trupperna försökte gömma sig bakom en järnvägsvall. Jag slogs av hur unga alla pojkar var som låg i försvarslinjen. Det var en salig blandning av soldater, Hitlerjugend, piloter, flygvapenpersonal som hade utrustats med gevär. Kriget var förlorat. Det fanns inte en chans att de här pojkarna skulle kunna hejda Röda armén här.
>
> Själv stannade jag inte så länge vid Seelow. Jag var ju ensam, en *Einzelgänger*, jag tillhörde ju inte något förband och hade inga kamrater. Ingen av oss kände någon av de andra sedan tidigare. Vi var ju bara hoprafsade

från alla möjliga håll. Vi låg under beskjutning nästan hela tiden. Ryssarna sköt granater över till Seelow från sitt brohuvud för att knäcka vår moral, men den var ju redan bruten.[24]

Julius Hinz, folkstormssoldat i Küstrin, var en av de soldater som inte klarade sig till de egna linjerna:

På kvällen den 28 mars kom ordern att i tysthet utrymma Altstadt. Jag delade ut pansarnävar till de infanterister som passerade posteringen. Slutligen gav jag mig iväg och släpade med mig en sårad kamrat. Berliner Strasse var översållad av spillror och dessutom knappt framkomlig till följd av hettan. Porten Berliner Tor hade träffats av en flygbomb. Örnen var oskadd. Framför posteringen befann sig två stora kratrar och spårvägens skenor hade böjts upp ända till andra våningen. Bildstoden av markgreven Hans hade genomborrats flera gånger, men stod fortfarande upprätt. Mariakyrkans torn hade rasat samman, slottet var svårt skadat, rådhuset en ruinhög. Såvitt jag kunde övertyga mig om hade enbart realskolan, på vilken fanan med Röda korset vajade, skonats. Annars såg jag inte ett enda oskadat hus.

I artillerikasernen omorganiserades resterna av garnisonen. En avsevärd del lyckades inte ta sig över järnvägsbron på grund av att denna sprängdes för tidigt. Vägbron var oframkomlig. Under natten skickades de omorganiserade grupperna i ställning. Ingen kände den andre. Bakom stridslinjen posterades en spärrkedja av officerare, vilka hade order att jaga tillbaka retirerande soldater till främsta linjen. Så var det åtminstone på sydavsnittet, där jag befann mig.

På morgonen inledde ryssarna ett bombardemang vars like jag aldrig upplevt i två världskrig. Under förmiddagen sårades jag för tredje gången i Küstrin, varvid jag förlorade ett öga. Återstoden av dagen tillbringade jag på artillerikasernens förbandsplats. På kvällen hörde jag att det skulle genomföras ett utbrytningsförsök under natten. Alla som kunde det skulle ansluta sig till försöket. På så vis samlades många och trängde ihop sig mellan broarna Kietzbrücke och Kuhbrücke. Tyvärr visste ingen så noga när och var stöten skulle äga rum. Den sista bron till Altstadt sprängdes. Efter midnatt blev det liv och rörelse. Vi försökte ta oss i riktning mot stridslarmet, men fastnade i den klibbiga jorden i sänkan. Flera diken låg

> i vägen för oss. De otaliga spårljuskulorna över den flacka terrängen gav ett fantastiskt intryck. Himlen var täckt av dem. Ingen annan vägledning än eldskenet bakom oss. Till slut gav vi upp. Gruppen som jag försökte slå mig igenom med skingrades och jag föll i ryssarnas händer.[25]

Endast cirka 700 av försvararna nådde de egna linjerna, däribland kommendanten Reinefarth som genast fördes till general Busse, vilken gav honom ett mycket avogt mottagande.

”Varifrån kommer ni?” undrade han upprört.

”Från Küstrin”, svarade Reinefarth korthugget.

”Har ni inte fått order att försvara Küstrin till sista man?”

”Ordern gällde att försvara Küstrin till sista patron. Det har jag gjort.”

”Jag skickade in ammunition via flygplan.”

”Det handlade bara om 400 gevärspatroner.”

”Just det”, sade Busse och avbröt samtalet.[26]

SS-generalen tilläts vila några timmar, sedan arresterades han av en av Busses stabsofficerare och fördes så småningom till Tredje rikets mest ökända militärfängelse, Torgau. Sammanbrottet räddade honom dock från döden.

Busses reaktion präglades troligen mer av förakt mot en officer som bröt mot en uttrycklig order, hur meningslös den än var, för att rädda sitt eget liv än av principiell motvilja mot en av Himmlers SS-hantlangare. En führerorder var fortfarande en führerorder för Busse, fastän den resulterade i att en hel stad gick under med alla sina försvarare. Belägringen av Küstrin kostade sammanlagt cirka 5 000 stupade och 9 000 sårade på den tyska sidan. Nästan 6 000 mestadels sårade tyska soldater hamnade i rysk krigsfångenskap. Röda arméns förluster uppskattas till 6 000 döda och 12 000 sårade.[27] Küstrin hade ödelagts till 98 procent.

Nederlaget hade också fått huvuden att rulla. Generalstabschefen Guderian hade avsatts och kommendanten för Küstrin placerats i fängelsecell och hotades med avrättning. General Busse klarade sig dock med blotta förskräckelsen.

Två ytterligare belägringar kan möjligen sätta Busses agerande i ett intressant perspektiv. I mitten av mars inleddes den vanvettiga och meningslösa kampen om den lilla obetydliga byn Klessin på Reitweinåsen, där cirka 300 tyska soldater blivit instängda av fienden. Prompt hade Hitler förklarat att byn var en fästning att försvara till siste man och enligt en av Busses divisionschefer ansåg 9. arméns stab denna order vara "helig".[28]

Slutligen bröt sig de sista 30–35 överlevande soldaterna igenom till de tyska linjerna under natten mot den 24 mars. Ingen av dem – och inte heller divisionschefen som godkände utbrytningen – verkar dock ha drabbats av några repressalier för att ha brutit mot Hitlers order.

Undergångsdramat i Klessin var till råga på allt bara en upprepning av belägringen av grannbyn Wuhden, vilken likaså hade klassats som en fästning av Hitler. Efter två veckors belägring lät emellertid chefen för pansargrenadjärdivisionen "Kurmark", överste Willy Langkeit, på eget bevåg de sista försvararna bryta sig ut den 12 mars. Bara 80 av de 400 soldater som befunnit sig i byn vid belägringens början nådde de egna linjerna. Inte heller i detta fall drabbades någon av de inblandade av påföljder för ordervägran.

Viktiga ledtrådar till Busses agerande återfinns i dessa tre belägringar. Den tyska armén hade tidigare rönt stora framgångar med sin *Auftragstaktik*, det vill säga den taktiska flexibilitet som lät befälhavaren på platsen lösa uppdraget utan detaljstyrning uppifrån, men våren 1945 var detta synsätt ett minne blott för de tyska befälhavarna. Hitler blandade sig ofta i krigföringen ända ned på bataljonsnivå på de olika krigsskådeplatserna med förödande resultat som följd. Soldaterna skulle blint lyda order, som maskiner, och vara beredda att offra sig själva enbart för att Führern befallt det.

I samtliga tre belägringar lät general Busse kasta betydande truppstyrkor i köttkvarnen för att uppfylla Führerns vilja och han vidhöll att dennes order måste följas till sista bokstav, trots protester från underordnade mot det gagnlösa slöseriet. Men på samma gång tycks Busse ha sett mellan fingrarna med underbefälhavare som på eget ansvar bröt mot dessa führerorder, så länge Führern just då inte kikade över hans axel. När Wuhden och Klessin föll i 8. gardesarméns händer överskuggades det följaktligen av händelserna i Küstrin. Möjligen var det därför som de ansvariga för dessa utbrytningar kunde undkomma ostraffade, medan Busse måste arrestera Reinefarth på order av Hitler personligen. Denna brist på konsekvens i de olika fallen kan föras tillbaka på Hitlers lynnighet, som medförde att en befälhavare kunde få sparken för olydnad medan en annan kom undan. Busse visade sig alltså vara helt rabiat i sin orderlydnad när han visste att han hade Führerns ögon på sig, men kunde kosta på sig lite ögontjäneri när omständigheterna tillät det. En något välvilligare tolkning torde vara att Busse och andra generaler som fanns i Hitlers omedelbara närhet inte hade något större handlingsutrymme när Führern direkt blandade sig i.

HANS-JOACHIM EILHARDT FRÅN pansardivisionen "Müncheberg" slapp uppleva de fruktansvärda striderna i Oderbruch, även om hans flykt till divisionsstaben uppe på Seelowhöjderna hade kunnat leda till att han avrättats som desertör. Emellertid lyckades han prata sig ur situationen med livet i behåll och duperade även en löjtnant i divisionsstaben att han led av ett hjärtfel som gjorde det omöjligt för honom att ligga direkt vid fronten. Under striderna hade han fått känningar av hjärtat och blivit helt stridsoduglig, påstod han.

I själva verket hade han helt enkelt fått nog av att tillhöra ett frontregemente och hade övat för sig själv i flera timmar på en övertygande bortförklaring. Löjtnanten misstänkte som tur var inget utan placerade honom som signalist i divisionsstaben i stället för att skicka tillbaka honom.[29]

Men fastän Eilhardt hade lyckats skaffa sig en relativt säker post hängde ändå ett damoklessvärd över hans huvud. Större delen av hans fältutrustning hade gått förlorad under flykten och han hade inte ens kvar sin automatkarbin. Och det innebar dödsstraff om något befäl uppdagade att han blivit av med sitt vapen. Efter ett desperat letande lyckades han slutligen lägga vantarna på en gammal, men fungerande kulsprutepistol, som han kunde byta in mot en ny automatkarbin. Därmed hade han återigen klarat livhanken.

Pansarsoldaterna vilade ut i tält och baracker i skogarna väster om Seelow, men Eilhardt visste att det bara var lugnet före stormen. "Det var varje soldat här klar över", mindes han senare.[30]

I Berlins ruinhav bakom deras ryggar ansträngde sig dock befolkningen att försöka leva som om fienden inte stod vid stadens portar.

KAPITEL 6

# Berlin – en frontstad

FEBRUARI–APRIL 1945

LISTAN PÅ VAD Busses armé behövde för att fungera kunde göras oändligt lång och det var kvartermästarnas uppgift att se till att allt fanns på plats: mat, ersättningsmanskap, bränsle, mediciner, hästfoder, reservdelar, stridsvagnar, pennor, taggtråd, hästskor och mycket, mycket mer. Men framför allt ammunition, massor av ammunition. Med tanke på att en enda armékår kunde förbruka tre fullastade godståg med granater under en enda dags hårda strider måste kvartermästarna och transportofficerarna se till att alla leveranser skedde så smidigt och punktligt som möjligt. Flera hundra ton varor av olika slag måste fram varje dag och det var dessa män med sina tidtabeller och rekvisitionslistor som utgjorde de betydelsefullaste kuggarna.

En livsviktig funktion i den här krigiska näringstillförseln hade den 49-årige kaptenen Max Meissner, som var förbindelseofficer mellan Busses armé och Berlins transportkommando, ett kontor som skötte alla militära transporter från den tyska huvudstaden till fronten. Meissner var därmed ansvarig för att alla leveranser av förnödenheter till 9. armén förlöpte väl. Kommandots högkvarter höll till i riksjärnvägarnas huvudkontor på Grossadmiral von Köster Ufer och där hade även kapten Meissner ett skrivbord från vilket han styrde 9. arméns numera svaga livsuppehållande funktioner.

> Vid Berlins transportkommando hade jag i uppdrag att se till att alla armétransporter avgick i god ordning, att övervaka och rapportera lastning och lossning och slutligen att skaffa fram de erforderliga järnvägsvagnarna och transportmedlen för all militär materiel som skickades från Berlinområdet.[1]

Berlinaren Meissner hade länge tillhört den militära transportorganisationen bakom östfronten. Där hade han först arbetat på transportkommandot i Poznan tills det hade evakuerats i sista stund under den ryska vinteroffensiven i Polen. Efter en månadslång irrfärd till Frankfurt an der Oder och trakten av Dresden hade han slutligen kommenderats till transportkommandot i Berlin i slutet av februari.

Hela tiden hade oron över hustruns och de två barnens öde tärt honom. De hade evakuerats till Schneidemühl i Pommern på grund av flygräderna, men nu befann sig den staden i ryska händer och han visste inte om de hade klarat sig. Glädjen och lättnaden var därför kolossal när han i början av mars återfann dem hemma i lägenheten på Ackerstrasse och fick höra deras berättelse om den skrämmande flykten undan Röda armén.

DE TYSKA TRUPPERNA vid Oder hade trots sitt vanskliga läge åtminstone en liten fördel framför ryssarna. Tyskarnas försörjningslinjer hade blivit extremt korta, medan Röda arméns rustningsindustrier och förrådsbaser låg långt österut. Till exempel kunde den stora stridsvagnsfabriken Alkett i Berlin låta sina montörer leverera de färdiga stridsvagnarna direkt till fronttrupperna. En soldat ur 712. infanteridivisionen mindes också att granaterna till divisionens artilleri kom med lastbil direkt från Magdeburg.[2] I praktiken omöjliggjorde dock de allierades totala luftherravälde över Tyskland nästan alla transporter på dagtid och de flesta rustningsindustrierna låg i ruiner.

För kapten Meissner var det följaktligen svårt att få tag på tillräckligt många oskadda järnvägsvagnar till följd av flygangreppen. Knappt en enda kväll passerade utan en flygräd och när Faran över blåsts gick han ofta upp på järnvägsdirektionens tak för att beskåda eldhavet runtomkring. ”Berlin var bara en stor ruinhög”, konstaterade han.

I mars fick han order att evakuera stora förråd av ammunition, vapen och livsmedel från Berlin till Danmark – förråd som var ämnade för Busses armé. Han ansåg att den militära situationen såg ”mycket illa ut” och han tyckte därför att det föreföll naturligt med en sådan evakuering eftersom ”amerikanerna var i närheten” och troligen skulle hinna före ryssarna till Berlin.[3]

EN MARSDAG KOM ett mycket ovälkommet samtal från Berlin till 9. arméns stab. Busses stabschef överste Hölz tog luren och i andra änden anmälde sig överste Hans Refior, som var stabschef hos Berlins nye kommendant, generallöjtnant Hellmuth Reymann. Berlins garnison lydde direkt under Hitler, som bara ytterst sällan utfärdade några klara order om stadens framtid. Och inget annat militärt högkvarter ville kännas vid staden. Refior hade tidigare ringt OKH och OKW samt armégrupp "Weichsels" stab för att få någon överordnad instans att ta ansvaret. Men han hade blivit avspisad överallt. Armégruppens stabschef, generallöjtnant Kinzel, ska till och med ha sagt: "Armégruppen har tillräckligt med bekymmer och är inte intresserad av er. Dårarna i Berlin borde kokas i sitt eget spad!" Och inte heller Busse och hans stabschef ville ta i miljonstaden med tång. "Den 9. armén står vid Oder! Om det är nödvändigt kommer vi också att falla där. Vi kan inte ge Berlin någonting!" Så löd överste Hölz melodramatiska besked till Reymann.[4] Vad Refior inte visste var att befälhavarna för armégrupp "Weichsel" och 9. armén i hemlighet planerade att undvika Berlin under en eventuell reträtt. Att slåss inne i en så stor stad saknade de inte bara tillräckliga resurser för – det skulle också få förödande konsekvenser för civilbefolkningen.

Och samtidigt som ingen general med förståndet i behåll frivilligt ville åta sig det fåfänga uppdraget att försvara Berlin, ville ingen myndighet i staden försörja fler civila än dem som redan befann sig där. "Förbjudet för flyktingar att vistas i Berlin", stod det på skyltar vid stadsgränsen. Ändå fortsatte metropolen att vara en magnet för många hemlösa människor från de förlorade städerna och byarna i öster.

"VAD VILL NI här? Det är bäst att ni försvinner meddetsamma, för här finns ingenting!" Mannen som sa detta till fru Munzel, sexåriga Ingrids mamma, lät uppriktigt förvånad över deras närvaro på den största gata Ingrid sett i hela sitt liv, men alla hus var trasiga. Precis som i Dresden som de nyligen hade tvingats lämna. Explosioner, flammande bränder, outhärdlig hetta och kväljande rök hade den gången förvandlat världen till en mardröm, vilken kanske var ännu mer skrämmande och obegriplig för ett barn än för en vuxen.

Potatishinkens handtag skavde i Ingrids hand. Det gjorde så ont och var så tungt. Potatisen var allt de hade fått när de köade för mat vid ett av flyktingköken. Och det föll på Ingrids lott att bära hinken eftersom mamma hade händerna fulla med väskor. De korsade en öppen plats framför resterna av en jättestor öde byggnad krönt av en takkupol som bara var ett rostande stålskelett. Först när Ingrid blev större skulle hon inse att den här byggnaden var själva symbolen för den demokratiska Weimarrepublikens undergång och det nazistiska Tusenårsrikets födelse – riksdagshuset som nazisterna brände ned 1933 och lät stå kvar som en gravsten över den stormiga tyska demokratin. Orden på ruinens portal, "Dem deutschen Volke" (Åt tyska folket), hade dock blivit en ironi riktad mot nazisterna själva.[5]

DEN TYSKA RIKSHUVUDSTADEN var en ogästvänlig plats för hemlösa i mars 1945 och det var denna förödda tegelöken som Busses försvarslinje skulle skydda till sista man. Före kriget räknades drygt 4,3 miljoner invånare, men i mars 1945 var antalet nere i 2,7 miljoner på grund av alla inkallelser och de stora evakueringarna undan flygräderna. Berlin hade blivit en kvinnostad – mer än två miljoner av de kvarvarande människorna var kvinnor. Av män i åldrarna 18–30 år fanns det bara 100 000. Utöver detta uppehöll sig gissningsvis en halv miljon flyktingar i staden. Flyktingarna med uttryckslösa ögon och skräckhistorier om flyktens fasor och ryska övergrepp hade gjort ett djupt intryck på berlinarna, även de minsta. Den sällsamma insikten drabbades den dansk-tyske journalisten Jakob Kronika av vid en spårvagn som ramponerats av en bomb.

> Två små flickor kravlar runt på fotstegen. En av dem håller en sliten docka i armen. Runt huvudet har hon knutit en duk, precis som kvinnorna i Ryssland och Polen brukar göra. Den andra flickan har fått tag på en bit av ett smutsigt lakan: nu är det ett förkläde som nästan räcker till tåspetsarna. Bägge uppvisade gravallvarliga miner. Alltför allvarliga. För de lekte ju bara. Men vad är det för lek?
>
> "Jag är flykting från öster och hon är från NSV [en nazistisk hjälporganisation]", förklarar den lilla dockmamman då jag tilltalar de båda.
>
> "Här inne i den här spårvagnen är matbespisningen för flyktingarna på järnvägsstationen; där får jag och mitt barn mat. Vi har inte ätit något på 22 dagar ... Och med den andra spårvagnen ska vi åka till Thüringen. Där får

vi ett nytt hus. Med trädgård. Och där finns det inget alarm. Och ryssarna kommer inte heller. Och sedan får vi tillbaka pappa från kriget ... "

"Då åker väl din mamma också med till Thüringen?" avbryter jag den lilla "flyktingen".

"Mamma?" frågar den lilla och drar på orden.

"Mamma gick ju förlorad på flyktingtransporten ..."

"Hennes mamma blev skjuten", förklarar väninnan.[6]

Glassplitter knastrade under Berlinflickan Inge Jensons fötter på paradgatan Unter den Linden och vårsolens späda strålar värmde behagligt hennes kinder denna söndagsmorgon. Faran över-signalen hade ljudit och tolvåriga Inge hade överlevt ännu en av de stora allierade tusenplansräderna. Ödeläggelsen av hennes hemstad hade pågått i flera år, men i början av mars 1945 hade de allierade intensifierat angreppen, vilket medförde att flyglarmet gick både dag och natt. I fullt dagsljus flög de silverglänsande amerikanska "Flygande fästningarna" in i väldiga formationer och fällde bomber från höjder ovanför luftvärnets räckvidd. Och på nätterna jagade strålkastarljusen britternas bombare. Det värsta angreppet inträffade den 3 februari 1945 då 950 amerikanska bombplan, eskorterade av 785 jaktplan, fällde 2 300 ton bomber över tätbefolkade stadsdelar som Kreuzberg, Mitte, Friedrichshain och Wedding. Cirka 2 500 personer dödades och tiotusentals blev hemlösa. Regeringskvarteren, kungliga slottet och Anhalter Bahnhof skadades svårt. Amerikanerna förlorade bara 23 bombplan och 17 jaktplan.

För de berlinare som tvingades leva i skyddsrummen var situationen oerhört pressande, men man försökte ändå göra det bästa av det, minns Inge Jenson:

> Vi fick aldrig sova en hel natt i sträck. Vi gick och lade oss tidigt – som barn måste jag vara i säng klockan 20. Det första larmet kunde komma klockan 21 eller 22, men det var mycket oregelbundet. Man visste aldrig exakt när det skulle komma. Det kunde komma larm tre eller fyra gånger per natt. På radion kunde man höra om fientliga bombflygplan som flög in över Braunschweig och Hannover mot Berlin. Sedan hördes ett för-alarm, jag tror att det var tre långa sirenstötar, sedan blev det tyst. Så kom tre långa igen. Då måste man förbereda sig, hoppa i kläderna, ta den

förberedda väskan som innehöll pengar, ransoneringskort och mat. Jag var bara i trettonårsåldern, men det var jag som hade hand om familjens saker i min skolväska. Och så måste vi bege oss till skyddsrummet. Fem minuter senare kom larmet och då var luftvärnet ibland redan igång. Vi gick aldrig till de offentliga skyddsrummen, utan sprang ned i vår egen källare som var en luftskyddskällare ("Luftschutzkeller"). Därnere hade vi järnsängar uppställda. Vi var tre familjer som satt därnere. Det var vi och så var det fru Wolf med sin dotter Helga och fru Wittstock med dottern Rose-Marie. Det var två års skillnad mellan oss flickor. Jag var äldst på tretton, de andra var elva och nio. Husets ägarinna och hennes son satt i rummet intill. De ville inte komma in till oss, men jag tror inte att hon var högfärdig på något sätt. Hennes son var lite förståndshandikappad och hon ville förmodligen hålla honom åtskild, fastän pappa sagt till henne att komma in.

Vår källare blev snart känd som "kaffekällaren". Fru Wolf hade sin man i Frankrike och han skickade hem paket med äkta kaffe, men hon drack det inte ensam utan tog med det ned i källaren. Och där satt de vuxna och drack äkta kaffe under flyglarmen. Vi barn spelade spel och det förekom mycket högläsning och handarbete. Det var ombonat och ett pysslande på alla sätt. Jag tror att varje källare hade sina egna sedvänjor.

Men det värsta var naturligtvis när bomberna föll. Vi hörde suset och var livrädda. Och när en bomb träffade något grannhus undrade vi om nästa bomb skulle slå ned hos oss. Jag var alltid krampaktigt spänd i mina händer under kriget och åren efteråt. Först när jag kom till Sverige 1963 eller -64 släppte spänningen. En läkare förklarade att krampen berodde på mina upplevelser under krigsåren och på problemen med svält, arbetslöshet, stress och storstadsliv i Tyskland under efterkrigstiden. Men om det smäller plötsligt eller någon tappar något så att det skramlar till, skriker jag rakt ut, precis som jag skrek när jag var barn och bomberna föll. Det är väl mitt undermedvetna som tagit skada. "Vad skriker du för?" undrar folk. De förstår inte att sådant sitter i.

En gång gick en mina ned i en närbelägen luftskyddsbunker och många dog. I en annan luftskyddskällare sprack vattenrören i taket när en bomb slog ned och alla därnere drunknade, för de kunde inte ta sig ut. När vi kom ut från vår källare på kvällen såg vi att det huset brann i ljusan låga, det brann alldeles förskräckligt. Byggnaden var helt jämnad med marken och det var bara källaren kvar, men det luktade så konstigt därifrån tyckte vi. När räddningspersonalen öppnade golvet för att komma ned i källaren såg de att de som tagit skydd där hade blivit kokta. Den lukten kommer jag ihåg än. Många av mina lekkamrater blev kvar därnere. [...] Pappa hade sagt till mig: ”Var du än är, om du är i skolan eller på väg, gå inte ned i ett offentligt skyddsrum. Kom hem i stället, här vet jag att vi klarar oss.” Och jag sprang för livet. De ville hålla mig kvar i skolan när larmet tjöt, men ingen kunde hålla fast mig utan jag sprang ända hem. Jag tror att pappa var synsk, han visste att vi skulle överleva i vår källare.[7]

FÖR INGE HADE kriget blivit ett normaltillstånd. Det hade pågått i halva hennes liv. Och även om det var så tidigt på året steg de välbekanta unkna dofterna av förmultning upp ur ruinhögarna när solen värmde. Förkolnade möbler och murknande trä, rostande järnledningar och krossat glas bidrog till att ge intrycket av Berlin som en gigantisk avskrädeshög. Gatorna kantades av tomma husskal och på en del håll hade de väldiga tegelhögarna förvandlat gatorna till smala stigar. Flera våningar upp på en naken vägg kunde en kakelugn eller ett badkar hänga till synes fritt i luften och minna om en utplånad våning. Vart tredje hus i Berlin hade totalförstörts av bomber, men trots detta spirade livet här och där bland ruinerna. När Faran över ljöd vidtog sisyfosarbetet att rensa gatorna från spillror och bråte. Affärerna höll öppet, enstaka teatrar som inte stängts av Goebbels ”totala krigsinsats” gav fortfarande pjäser och myndigheternas byråkrater arbetade oförtrutet vidare. Däremot hade bussarna slutat gå för länge sedan på grund av bränslebrist, men den elektrifierade spårvägen, *S-Bahn*, var ännu igång eftersom alla skador på nätet reparerades rekordsnabbt.

Berlinarna var dock hårt prövade och efter de värsta räderna ropades vissa ransoneringsnummer ut på radion, vilka motsvarade bestämda stadsdelar eller bostadsområden. Det numret gav extra bröd, socker, smör och till och med en chokladbit åt dem som drabbats hårdast, men de mest luttrade förstod att det bara var ett försök av regimen att hålla folks moral uppe. ”Våra murar sviktade, men inte vår tro”, blev ett slagord lika ihåligt som de sotiga väggar det målats på. Inge Jenson fortsätter:

Utkommenderade civila bygger stridsvagnshinder och barrikader på Berlins gator.

Folk bodde i källare eller skrymslen. Några hemlösa hade byggt plåtskjul åt sig själva eller samlade stenar och brädlappar i ruinerna. På husruinerna hängde lappar som ”Vi lever, bor hos tant Emma” eller bara ett desperat rop: ”Var är du? Eva”. Ibland hängde det en lapp därunder: ”Jag lever också, bor på den-och-den gatan.” Det var många hål i gatubeläggningen och vi barn brukade samla på splitter efter bomber och luftvärnsgranater. Bageriernas bakstugor låg för det mesta på bakgårdarna. Affärerna som vette mot gatan var ofta utbombade, men många bakstugor hade klarat sig och försökte hålla igång. Vid speciella träbänkar delades livsmedel ut till dem som hade ransoneringskort och så hade NSV soppkök.[8]

Varje söndagsförmiddag promenerade Inge hand i hand med sin pappa Kurt i centrum för att se vad som förstörts i det senaste flyganfallet. Söndagspromenaden hade blivit en ritual och varade i flera timmar. Den här söndagen hade de lämnat lägenheten vid Alexanderplatz och slagit in på Königstrasse förbi Berlins rådhus, det utbrända Kungliga Slottet, den kraterfyllda slottsträdgården Lustgarten och den likaledes bombskadade domkyrkan. Över Spreekanalen ledde sedan Slottsbron till östra änden av Unter den Linden och framför dem anades Berlins allra kändaste landmärke – Brandenburger Tor.

Unter den Linden kantades av mer eller mindre förstörda palats och gallerier. Där låg bland annat Zeughaus med anor från 1600-talet och operan där inga arior längre klingade. Berlin var en av Europas yngsta huvudstäder där pråliga wilhelminska praktbyggnader anlagts i blixtsnabb takt i slutet av 1800-talet för att tävla med övriga metropoler i prestige och storslagenhet. Det förekom rent av att berlinare suckade av lättnad över att slippa den "fula wilhelminska arkitekturen" och galghumoristiskt menade att de allierade bombplanen faktiskt gjorde dem en tjänst.

Brandenburger Tor var täckt av skråmor av granatsplitter men hade klarat sig förvånansvärt väl till skillnad från bebyggelsen runtomkring. Till vänster ledde Wilhelmstrasse ned till rikskansliet och regeringskvarteren, men dessa var avspärrade för vanligt folk. Bara en gång hade Inges pappa hastigt släpat henne förbi det stora luftfartsministeriet.

Snett bort till höger på andra sidan av Brandenburger Tor låg det ödsliga riksdagshuset vid Königsplatz och rakt fram bredde den väldiga Tiergarten ut sig, där de nakna träden stod knotiga och förvridna, svedda och sargade av bomberna.

Kurt och hans dotter fortsatte promenaden förbi Brandenburger Tor och ut på den breda pampiga Öst-Västaxeln som skar rakt igenom den väldiga parken. Längre bort på axeln höjde sig den 90 meter höga Siegessäule, pelaren som kröntes av den förgyllda segergudinnan och som nazisterna flyttat från hennes ursprungliga plats framför riksdagshuset. "På Öst-Västaxeln pågick en parad. Sådant kunde man se även under de sista veckorna av kriget. Det var Hitlerjugend som hade samlats ihop och fått varsin *Panzerfaust* som de marscherade med till trummor och trumpeter. Pappa drog med mig därifrån, för jag fick inte stå och glo på sådant för honom."[9]

Det var mycket lång väg att gå och på andra sidan Tiergarten såg de den svårt bombskadade Tekniska högskolan och korsade Charlottenbron till den västliga stadsdelen Charlottenburg. Även här syntes tecken på att Hitler tänkte försvara Berlin till sista kula: "En grupp folkstormsmän stod i en klunga vid ena brofästet medan en officer höll på att undervisa dem om något. 'Vi måste hålla bron!' hörde jag honom säga när vi gick förbi."

Överallt pågick förberedelser för den kommande striden. Vägspärrar byggdes av spårvagnar och högar av bråte. Spårvägsskenor kördes ned i marken som stridsvagnshinder och i Tiergarten övade folkstormssoldaterna krig.

Tre försvarslinjer upprättades för Berlins försvar, varav den yttersta löpte längs stadsgränsen medan den innersta ("Zitadelle") grovt räknat omfattade regeringskvarteren. Dessutom hade staden indelats i åtta tårtbitsformade försvarssektorer med skyttegravar, stödjepunkter, minor och pansarhinder. Men styrkorna som skulle försvara staden var helt otillräckliga. Den dåvarande kommendanten för Berlin uppskattade garnisonen till 125 000 man, men i verkligen bestod den troligen bara av 94 000 man, varav 60 000 tillhörde folkstormen.[10] Resten var en salig blandning av soldater med olika vapenslag och från olika nazistiska partiorganisationer. Folkstormens träning och beväpning var urusel. De hade bara handeldvapen med ett begränsat antal patroner.[11] Arsenalen bestod av 15 olika sorters gevär och tio kulsprutemodeller, vilka var krigsbyten från Europas besegrade arméer. Under de rådande omständigheterna var det omöjligt att skaffa fram tillräckligt med ammunition som passade alla dessa typer.

Många av de befästningar som byggdes var helt värdelösa eftersom de var felkonstruerade eller helt saknade trupper som kunde bemanna dem. Förvirrade befälsförhållanden i staden försvårade saken ytterligare. Folkstormen lydde till exempel inte under stadskommendanten utan direkt under riksminister Goebbels som också var Berlins lokale partiledare, *Gauleiter.* "Chefen för ett artilleribatteri som bemannades av lokala trupper erhöll en folkstormspluton som skulle betjäna kanonerna. Ändå hade han inte tillåtelse att ge dessa män order, förutom i strid, och således var han hänvisad till att använda övertalning."[12]

MEDAN FOLKSTORMSMÄNNEN FORTSATTE att öva började Kurt och Inge promenera hemåt förbi Berlins Zoo som också hemsökts svårt av bombräderna men som ändå hade kvar en del djur att visa upp. Strax intill låg berlinarnas klassiska flanörstråk Kurfürstendamm och där kunde man ännu se soldater arm i arm med uppsminkade fästmör eller tillfälliga bekantskaper som tog betalt för sina tjänster.

> Gatulivet var livligt på söndagarna när väl Faran över-signalen blåsts. Det var fullt av folk ute: både berlinare, flyktingar och militärer på permission – även under de sista krigsmånaderna. Och så militärpolisen, *Kettenhunde*, som kontrollerade soldaterna. Som barn blev man skraj när de gick förbi med sina glänsande brickor på bröstet. De såg väldigt barska ut.
>
> I gathörn och på tunnelbanestationer satt affischer med texter som ”Fienden tjuvlyssnar” eller ”Sieg Heil” eller ”Hjulen rullar för segern”. Det fanns också plakat med texten ”Slutsegern är nära”. För vem? undrade berlinarna. Även högtalarbilar körde runt och basunerade ut propaganda.[13]

Det fanns mycket som var svårbegripligt för en liten flicka i det vansinniga krigstida Berlin. Ett exempel var anslagen på tunnelbanestationerna om att en viss löjtnant Karl Ludwig, född 1920, hade arkebuserats som desertör eftersom han vägrat låta sig kontrolleras av en militärpolis. Ett annat plakat från Berlins kommendant kungjorde att en officer och tre soldater dömts till döden på grund av att de försökt komma undan fronttjänstgöringen med hjälp av falska papper. Otalig var den här typen av affischer och de gav de kvarvarande tryckerierna mycket att göra.

Svarta marknaden blomstrade också. Den som hade en bil eller bensin att sälja kunde snabbt göra sig en förmögenhet. En tjänsteman på tyska utrikesministeriet vid namn Hans-Georg von Studnitz noterade i sin dagbok att:

> medan trupperna inte har tillräckligt med drivmedel florerar den svarta bensinmarknaden i Berlin. Alltjämt rullar tusentals privata bilar omkring. För en liter svart bensin betalas 40 riksmark eller 20 cigaretter. Tjugo liter bensin kostar ett halvkilo kaffe eller ett kilo smör. Bildäck går att få på svarta marknaden för 2 000–3 000 riksmark. En liten släpvagn erbjöds för 20 000 riksmark. Inte ens gamla bilar går att få för mindre än 15 000–20 000 riksmark. Det handlas även med falska registreringsskyltar, diplomatskyltar osv. En komplett uppsättning falska papper, bestående av respass, militär inskrivningsbok, arbetsbok och krigsplaceringsorder för folkstormen kostar 80 000 riksmark. Alldeles nyligen greps en soldat som hade med sig en låda med förfalskade myndighetsstämplar. De var bättre än originalen och togs genast i bruk av den SS-myndighet som arresterat mannen. Även för judestjärnor erbjuds redan ännu större summor.”[14]

På hemvägen från söndagspromenaden drog Kurt Jenson ett långt bloss på sin Stambul och skrockade. Stambul var ett populärt cigarettmärke i krigstidens Tyskland.

”Just precis”, skrockade han för sig själv. ”Just precis.”

Inge tittade frågande på honom.

”Ser du, min flicka”, sa han när han förvissat sig om att ingen annan fanns inom hörhåll och pekade på cigarettpaketet, medan han med låg röst förklarade skämtet: ”Stambul – Stalin marschiert bald Unter’n Linden” (Stalin marscherar snart på Unter den Linden).[15]

EFTER EN AV de allra sista allierade flygräderna mot Berlin fick även Inge Jensons familj dela otaliga andra Berlinbors öde som utbombade och hemlösa:

> Det hördes inget susande, bara en smäll och allt blev mörkt i luftskyddskällaren. Då sade pappa: ”Nu är det vår tur.” När dammet hade lagt sig ville vi gå in till fru Busse, husets ägarinna, men då såg vi hur dörren och dörrkarmen buktade ut åt vårt håll. Bomben hade gått på tvären in i huset och slagit ned i det andra rummet. Pappa fick upp dörren och tittade in i det rummet och såg att fru Busse och hennes son var döda. Vi kunde inte göra något för dem.
>
> Där vi satt hade det varit en kolkällare innan det blev skyddsrum och strax under taket satt det källarfönster med galler, men de hade murats igen. Dörren till yttertrappan var också igenmurad, men det var en så kallad skyddsmur som man kunde slå ned om man behövde ta sig ut. Vi började försöka med dörren, men det var fullt med stenar där utanför så det gick inte att komma ut. Då ställdes ett bord och en stol under fönstret och pappa försökte slå oss ut den vägen, men det var lika omöjligt.
>
> Elektriciteten var borta så vi tände ett stearinljus då och då, men det gick flera timmar åt gången utan att vi såg ett dyft. Fast det blev aldrig någon panik, utan allt gick lugnt och sansat till. Vi visste att de däruppe skulle hjälpa oss, även om det drog ut på tiden. Mat hade vi. Det fanns konserver i skåpen och vi kokade kaffe och värmde konserver på ett litet spritkök.
>
> Räddningspersonalen knackade uppifrån och ville veta om vi var i livet. Vi knackade som svar och sedan hörde vi hur de skyfflade undan bråten

däruppe för att få ut oss i friska luften. Så kom det ett nytt flyglarm och de tvingades springa iväg för att ta skydd. När de återvände lyckades de gräva ett smalt schakt ända ned till oss, men då kom det ett nytt larm och de måste springa iväg igen, fast de lämnade kvar en bågfil så att vi skulle kunna såga oss ut genom järngallret.

När Faran över hade blåsts kom de tillbaka och hjälpte oss ut. Då hade vi suttit instängda i 72 timmar. Först hjälpte pappa de andra fruarna och flickorna ut. Därefter mamma och mig. Sedan skickade han upp sin verktygslåda och bagaget innan han kom själv. Precis när de lyfte upp pappa rasade hela huset ned i källaren. Pappa hade fortfarande vänster ben kvar i hålet och blev illa skadad på underbenet.

Ute i det fria såg vi att hela gatan var sönderbombad. Ruinhögarna låg i höjd med andra våningen, alltså i höjd med vår lägenhet. Vår lägenhet var den enda som hade klarat sig och vi stod och tittade in genom de urblåsta fönstren. Pappa sade att vi skulle fråga brandkåren om de kunde hjälpa oss att ta ut alla sakerna. Jag minns hur han stod däruppe på högen, slank, rak och ståtlig som alltid.

”Vad har du på din säng?” frågade han mig.

”Bara min hund”, sade jag.

Jag hade en pudel, men det här var ett fyrkantigt föremål.

”Är det en väska?” frågade pappa.

”Nej”, sade jag och i nästa ögonblick exploderade den där saken på min säng. Det var en brandbomb. Hela lägenheten stod i lågor och än idag har jag inga ögonfransar kvar under ögonen, för de sveddes bort av hettan.

Från den stunden sjönk pappa ihop. Han hade alltid gått stolt och rakryggad, men därefter sjönk axlarna ihop. Allt det spänstiga var borta efter att han hade förlorat allt. Hans liv var snart till ända, han visste hur sjuk han var. Han dog i december 1945.

Som totalt utbombad fick även jag en apelsin den här gången och jag var lyckligt trots allt. Jag var ju sex år när kriget började och jag hade glömt hur de smakade. Men till vilket pris hade jag fått den apelsinen![16]

Varje dag reste 16-åriga Ursula Grosser med spårvagn från hemmet i Spandau till en *Lehrerinnenausbildungsanstalt*, ett seminarium för kvinnliga lärare, på Knesebeck-Strasse 24 i Berlin-Charlottenburg. Det var en utbildning där unga flickor och pojkar snabbutbildades till lärare för att ersätta de lärare som kallats in i det militära.

När jag tänker tillbaka på det idag förundrar det mig hur vi alla låtsades att allting var bra, fastän vi hela tiden visste att ryssarna samlades vid floden Oder cirka 100 kilometer öster om oss för sista stormningen av staden. Alla sysslade med sitt som om allting var som vanligt. Flygräderna pågick fortfarande, på dagarna bombade amerikanerna staden och på nätterna släppte RAF sin dödliga last över Berlin. Vi tycktes alla befinna oss i något slags förtrollning. När sirenerna tjöt sin varning gick vi till skyddsrummen och väntade på Faran över-signalen. Sedan fortsatte vi som om inget hänt. Under en räd i dagsljus mot Spandau dödades min mors faster Frieda och hennes make Robert Lange. Det var en fullträff på Feldstrasse 41 och ingen överlevde. Vid den tidpunkten började jag oroa mig för min mor. Hon var otröstlig. Min halvsyster Irma befann sig i ett läger någonstans i Polen därför att hon hade spritt ett skämt om Hitler på radiostationen där hon hade arbetat i kafeterian. Min halvsyster Lucie och hennes dotter bodde nu hos oss i Spandau eftersom de hade blivit utbombade i Berlin-Schöneberg. Lucie och jag lyckades lugna vår mor och hålla ihop allting. Jag fortsatte att gå i skola i Charlottenburg.

Jag kommer ihåg hur jag en dag satt på S-Bahn på väg till skolan och hur jag såg ängsliga ögon som spanade mot himlen. Ingen sade någonting men jag förstod att alla letade efter samma sak: amerikanska fallskärmsjägare. Ingen trodde att de västallierade verkligen skulle låta Berlin falla i ryssarnas händer. När vi insåg att Eisenhower hade gjort halt vid Elbe väster om oss började många människor lämna Berlin. Vi lyssnade till propagandaminister Goebbels dagliga tirader på radion då han talade om för oss vad vi kunde förvänta oss om de röda horderna nådde staden. Ett par gånger hörde jag honom uppmana berlinarna att slåss med hjälp av vad de kunde hitta. Men ärligt talat måste jag säga att vi inte ägnade någon uppmärksamhet åt sådana galenskaper. Det fanns en tid då jag tjatat på min mor att vi skulle åka västerut även om vi inte kände någon där. Hon sade bara att vi skulle stanna här, vad som än hände.[17]

Deportation till Sibirien, ond bråd död och svält var sådant som berlinarna fruktade om Röda armén lyckades erövra staden först. Bland kvinnorna dominerade också skräcken för att bli våldtagna. Ursula Grosser minns att alla visste om det, men ingen vågade tala om det öppet. Inte ens i hennes närmaste vänners sällskap fördes saken på tal, trots alla historier som cirkulerade genom propagandan och flyktingarna. Endast med sin mor tordes hon prata om sin rädsla. ”Alla hörde om det på radion och vi var rädda allihop, men vi försökte ignorera verkligheten och uppträda normalt.”[18]

På andra håll diskuterades farorna öppet. Det till och med skämtades galghumoristiskt om att en våldtäkt var bättre än att riskera att bli dödad i ett bombangrepp: ”Bättre en ryss på magen än en amerikan i huvudet.”

Den som hade pengar eller rätt kontakter planerade att fly innan fienden kom. Självmord var en annan utväg som ofta diskuterades. Läkare skrev ut giftrecept till släktingar och bekanta eller till dem som kunde betala för sig. Ett favorittema var om pulsådrorna skulle skäras upp på längden eller tvären. En soldat som hälsade på sjuksköterskorna på ett sjukhus i Babelsberg blev ”verkligen chockad av att höra dem säga att de tänkte begå självmord när ryssarna kom. Allihop tycktes ha cyanidkapslar, [och] om vi hade frågat efter dem skulle vi också ha fått”.[19]

Lilla Inge Jenson tjuvlyssnade på de vuxnas lågmälda samtal när pappa trodde att hon hade somnat:

> Samtalen började nästan alltid med orden: ”När ryssen kommer ...” En del talade om att de hade lossat plankor i köksgolvet för att krypa ned i trossbottnen och dra plankorna över sig så att ryssarna inte skulle hitta dem. Andra berlinare som bodde längre ut från centrum grävde ned porslin och silver i sina trädgårdsland, men vi hade ingenting att gömma, särskilt inte efter att vi hade blivit utbombade.
>
> Det förekom att många soldater gömde sina uniformer eller brände upp dem. En del bekanta till pappa stympade sig själva genom att skjuta sig i foten och så vidare för att slippa bli utskickade i kriget. I folkstormsmännens ansikten kunde man tydligt utläsa att de visste vad som väntade dem. Många av dem hade varit med i första världskriget och visste hur det stod till.
>
> Några bruna partiuniformer såg man inte längre till. Partigubbarna hade bytt om antingen till militära uniformer eller civilkläder.

Jag själv var ju så ung på den tiden och aldrig särskilt bekymrad. Pappa var lugn och hade sagt till mig att det inte skulle hända oss någonting. Och jag litade på honom fullt och fast.[20]

Det gick att förnimma en attitydförändring till Tredje rikets paria. Soldater bjöd de fåtaliga överlevande människorna med judestjärnor på cigaretter. Tyska kvinnor tog krigsfångar under sitt beskydd. Arbetare protesterade öppet på Leipziger Strasse mot att tvångsdeporterade polska kvinnor tvingades bära tunga stenlass och fabriksägare började med ens ägna större intresse åt sina ryska slavarbetare genom att sticka till dem godsaker och så vidare.[21]

I den sovjetiska tidningen *Izvestija* den 17 april jämfördes tyska befolkningens öppna attitydförändring med en fickkniv: Snabbt fälldes den ihop och blev ofarlig, men inuti fanns fortfarande det vassa stålet.

Många tyskar hade vid det här laget lärt sig att ta allt vad propagandaministern Goebbels sade med en nypa salt och hade förstått att kriget inte längre gick att vinna. Men andra fortsatte envist att tro på Hitler och på en mirakulös upprepning av glansdagarnas framgångar. Fantastiska rykten om nya mirakelvapen cirkulerade. Ett rykte löd: ”Kriget tar snart slut. Det existerar nya vapen, bland annat ett flygplan utan bensinmotor. Det flyger rakt in i de fientliga flygförbanden med hjälp av raketmotor och exploderar sedan.” Ett annat rykte handlade om ”en granat som dödar allt levande inom 150 meters omkrets genom kyla.” Vidare pratades det om ubåtar med stratosfärgranater vilka kunde förvandla New York till en grushög samt om hemliga vapenstilleståndsförhandlingar med de västallierade, vilka när som helst kunde väntas vända vapnen mot ryssarna. Dessa önsketankar var helt enkelt ett sätt att dämpa existensångesten.[22]

Särskilt tydligt framstår detta hos den hushållerska som den norske Berlinkorrespondenten Theo Findahl kom i samspråk med på norska kolonins roddklubb i Wilmershagen.

”Jag står inte ut längre, livet är inte värt att leva”, beklagade sig klubbens hushållerska, ”värre kan det väl inte bli om ryssarna kommer? Bara kriget kunde ta slut.”

Hastigt och hoppfullt tillade hon:

”En dam som tjänstgör på AEG berättade för någon tid sedan att det nya försvarsvapnet snart är färdigt, den 27 mars ska det sättas in. De har hittat på några elektriska apparater som kan dra ned de amerikanska och engelska flygmaskinerna ur luften, kanske det kan göra slut på kriget ...?"

Sedan tillfogade hon humoristiskt:

"Jag vet inte vad jag ska tro, man har ju hört så många liknande historier. Bara kriget ville ta slut."[23]

OCH NAZIREGIMEN FORTSATTE att utstråla optimism, om än alltmer ansträngd, och lämnade befolkningen ensam med sin oro. Den 5 februari hade Goebbels kungjort för sina medarbetare: "Den tyska propagandans stora stund är här."[24] Och hans propagandister arbetade dag och natt i enlighet härmed. Agitationen bedrevs även via nazistpartiets egna lokala agitatorer och från Berlin kom det en flod av instruktioner till partikontoren ute i landet. Den 1 februari hade Martin Bormann exempelvis skickat ut flera direktiv som betonade att alla defaitistiska rykten måste slås ned utan pardon.

> Det tyska folket måste just i dessa dagar vara medvetet om att det leds av en stark och beslutsam hand, att sönderfallssymptom och godtyckliga handlingar hänsynslöst kvävs samt att underordnade organs slarv inte tolereras under några omständigheter.[25]

Goebbels höll obevekligt på att tappa greppet. I månadsskiftet mars–april vågade folket ge uttryck för sitt tvivel mer öppet och samtidigt bröt produktionen samman under de allierades bomber.[26] Men det var först under de allra sista dagarna som regimens makt över människomassorna svek.

KAPITEL 7

# Upptakten

1 APRIL–12 APRIL 1945

EDEN TILL HITLER hade soldaten Günther Dunsbachs bataljon svurit i facklornas sken på slottet Hubertusburgs innergård. På detta slott i närheten av Dresden hade fredsfördraget efter det blodiga sjuårskriget undertecknats 1763, men det var händelser ur den preussiska historien vilka var alltför avlägsna för att uppta en 17-årig pojkes tankar, även om de högsta naziledarna sökte tröst i historierna om just detta krig med dess mirakulösa vändning i krigslyckan för kungariket Preussen.

GÜNTHER KOM FRÅN en ort nära den tyska västgränsen som redan var i amerikanernas händer, och han hade anmält sig frivilligt till Luftwaffe för att förverkliga pojkdrömmen att bli pilot. Hos utbildningsbataljonen på en flygbas i Oschatz i Sachsen hade han ”hämtat ut kläder, grävt, varit hungrig, men alltid käckt, käckt slitit med gevärsgrepp för segerparaden, lärt sig gå och hälsa riktigt”. Men de enda flygplan han hade sett var de allierade bombplanen som lade Dresden i ruiner.

Eldskenet från den utplånade storstaden syntes fortfarande i fjärran när de unga soldaterna svor att lyda Hitler eller dö. ”Vår överste talade om mod, militär tapperhet och om – civilkurage. Idag vet jag att han med detta menade modet att överleva under dessa sista krigsdagar”, erinrade han sig många decennier senare.[1]

I BÖRJAN AV april lämnade en del av rekryterna Oschatz och fördes till Luftwaffes signalistkaserner i Bernau nordöst om Berlin. Men där fick de inte stanna så länge, utan sattes på ett godståg. Och snart insåg Dunsbach att flygdrömmarna buklandat i Oderbruchs sumpmark.

På godståget fick vi reda på att vi skulle sättas in vid fronten. Av utbildningsbataljonen bildas ett "stridsregemente" [...] alltså infanteri.

Utan tross, utan fältkök, delvis utrustade med finkalibriga gevär, flygplanskulsprutor 08/15 och pansarnävar – de sista "mirakelvapnen"? – och med handgranater marscherar vi iväg på påskmåndagen, två dagar genom Mark Brandenburg ända till herrgården Gottesgabe i Oderbruch, belägen vid vägen mellan Seelow och Wriezen, i närheten av ett kloster och orten Alt-Friedland. [...]

Ryggsäckar och tornistrar ska lämnas i en liten skog längre bak. Med lätt packning, som räcker för att strida och – dö (men på det tänker inte vi), bär det av "framåt".

Vi sjutton-, artonåringar vet inte, anar inte att vi ska utgöra det sista uppbådet för försvaret av rikshuvudstaden. Vi tror alltjämt på Slutsegern, hoppas på mirakelvapnen, vet inte, vill inte tro att detta krig sedan länge är förlorat. Lagda som en sista tribut framför Führerns fötter av den fete riksmarskalken, chefen för Luftwaffe, som nyss har hamnat i onåd.

Vi unga är moraliskt rustade av Zarah Leander: "Ich weiss, es wird einmal ein Wunder geschehn ..." ["Jag vet att det kommer ske ett under ..."] och "kommer därför att gå in i denna strid som i en gudstjänst ...", såsom den bockfotade doktorn [Goebbels] nyligen suggererade oss.

Jag själv också? Eller var jag feg, var jag rädd? Ville hellre överleva än dö hjältemodigt! Men kamraterna från preussiska, delvis adliga officersfamiljer, en del från Ostpreussen, Västpreussen, Hinterpommern var inställda på att återerövra den redan förlorade hembygden – och på hämnd för sina ihjälslagna och skändade familjer, de var kanske mer beslutna att slåss! För oss handlade det också om rädslan för Morgenthauplanen, enligt vilken alla unga tyskar skulle kastreras, ett tungt vägande motiv att hålla ut!

Vi vill ju fortfarande uppleva slutsegern! Själv var jag i varje fall fast besluten att överleva. Herrgården Gottesgabe [ordagrant: Gudagåva] – ska vi också bli en "gåva till Gud"?

Vi måste gräva skyttegravar, förstärka Hardenbergställningen, men stryker också omkring, letar efter något ätbart, rovor, gräver fram stinkande potatisar ur stukorna, tuggar på majskorn och jag biter sönder en tand. Vill äta ... och också få veta vad livet handlar om. Ödslar bort vår ammunition på lågflygande fientliga spaningsflygplan – och blir utskällda som småpojkar på grund av slöseriet.[2]

General Busse började som sagt genast känna av sin nye chefs närvaro. En ström av order om hur försvaret vid Oder skulle organiseras kom från armégruppens högkvarter. Medan Busse hade sett till att hans soldater grävde ned sig så gott det gick för att överleva den sovjetiska artillerielden, hade generalöverste Heinrici ett helt annat koncept i bakfickan: De skulle i stället helt och hållet undvika artilleriets mördande hammarslag och i sista ögonblicket före offensiven dra sig tillbaka till en försvarslinje längre bak. Det var en medicin han själv fått smaka på när han deltagit i ett anfall mot franska ställningar på västfronten 1918, och som han själv hade vidareutvecklat som armébefälhavare på östfronten. Endast mindre förband skulle lämnas kvar i den främsta linjen för att lura ryssarna. Genom den här taktiken skulle fienden slösa bort sina granater genom att bara ”slå på en tom säck” och därefter skulle de träffa på helt intakta försvarsstyrkor, menade han och frågade retoriskt sina tveksamma underbefälhavare: ”Varför stanna och bli träffad?”

Fast fiendens överväldigande truppmassor skulle bli svåra att stå emot även om det här knepet lyckades. Våg efter våg av pansar och infanteri väntades rulla fram mot 9. armén ända tills försvarslinjen bröts upp och smulades sönder. Anfallet måste därför fångas upp i ett försvarssystem som organiserats på mycket stort djup och som gjorde det möjligt att undanröja alla inbrytningar.

Generalöverste Heinricis första instruktioner om denna nya taktik kom redan 36 timmar efter att han hade tagit befälet.[3] Den 9. armén fick den 24 mars order att etablera en försvarslinje minst tre kilometer bakom den främsta skyttegraven – en så kallad fältslagslinje (*Grosskampf-Hauptkampflinie*) där fiendens offensiv skulle stoppas. På det mest hotade avsnittet – mitt emot Küstrinbrohuvudet – gick denna linje nere i Oderbruch vid foten av Seelowhöjderna. Det var dit fronttrupperna skulle dra sig tillbaka för att undkomma det inledande ryska artilleribombardemanget. Målet var att denna linje – vilken i likhet med främsta skyttegravslinjen också utgjorde en del av det som kallades ”första försvarsställningen” – fortfarande skulle vara i tyska händer när slaget var över. Alla inbrytningar måste undanröjas genom omedelbara motanfall av reserver som grupperats där bakom. Ett statiskt försvar var alltså det enda som general Busse kunde ägna sig åt till följd av bristen på egna styrkor och manöverutrymme, men terrängen var åtminstone på hans sida:

> Trots alla svårigheter på grund av bristen på skydd och begränsningarna för byggandet av försvarsställningar var en fördel i denna terräng att kanaler och sumpområden uteslöt en koncentrerad insats av pansarförband. Här kunde man bara anfalla om man disponerade stora infanterimassor, kraftigt artilleri med stora ammunitionsförråd och stora flygstridskrafter. [...] För försvaret gällde det därför att omintetgöra anfallen utan större terrängförluster. Men om sådana inträffade och om de inte kunde elimineras genom ett omedelbart lokalt motanfall, måste de tas med i beräkningen.[4]

Medveten om att slaget förmodligen inte skulle gå helt enligt ritningarna lät Heinrici och Busse upprätta fler försvarsställningar ännu längre bak. Väsentligast var den så kallade andra försvarsställningen, som bestod av två–tre skyttegravslinjer uppe på Seelowhöjderna 10–20 kilometer bakom främsta linjen. Den främsta av dessa skyttegravar ("Hardenbergställningen") hade anlagts på krönet och var en utmärkt försvarsposition. Däruppe på höjderna låg också huvuddelen av 9. arméns fältartilleri och längs krönet grupperades även hundratals luftvärnskanoner ur 23. luftvärnsdivisionen, framför allt de så kallade 88:orna. Detta var de av fienden så fruktade 8,8 centimeterskanonerna, vilka var lika dödliga mot flygplan som mot stridsvagnar. Avstånden till olika mål nere i Oderbruch blev noggrant uppmätta av artilleristerna så att inga fiender skulle kunna röra sig ostraffat på fälten och vägarna därnere. Eftersom sumpmarker och kanaler tvingade stora pansarförband att hålla sig till de få vägarna i Oderbruch blev målområdena mycket smala och välavgränsade.

Dessutom förvandlades de samhällen som låg på krönet till befästa stödjepunkter som kunde försvaras åt alla håll. Allra viktigast av dessa var den lilla staden Seelow som låg precis där riksväg 1 strävade upp för sluttningen och fortsatte mot Berlin. Riksväg 1 som började i Königsberg och slutade i Aachen var Tredje rikets mest berömda *Autobahn* och utgjorde det viktigaste trafikstråket genom Oderbruch, även om den just där bara var en tämligen smal stenlagd landsväg kantad av täta alléer. Att denna väg skulle bli livsnerven för den ryska framryckningen var tämligen givet. En hel tysk bataljon förskansades således i Seelow som kunde betraktas som korken i flaskan. Just här måste fienden ta sig fram, eftersom det var kortaste vägen till rikshuvudstaden. Här var följaktligen försvaret som starkast.

Den som var herre på täppan på Seelowhöjderna skulle vinna slaget, menade general Busse tio år senare:

> Ett motanfall med pansarförband lovade framgång först på höjderna väster om Oderbruch. Här måste det bära eller brista innan fienden eventuellt kunde bita sig fast, eftersom höjderna utgjorde utgångspunkten för de ryska pansarstyrkorna. Vem som hade kontrollen över dem avgjorde utgången av det kommande slaget, så som situationen och styrkeförhållandet såg ut. Armén var inställd på denna krigföring och hade med eftertryck även låtit högsta ort få kännedom om dess uppfattning.[5]

En tredje försvarsställning höll också på att anläggas ännu längre bak för att förhindra att de ryska pansarstyrkorna kunde bryta sig ut. Det var den så kallade Wotanställningen, som började cirka 25 kilometer bakom främsta linjen. Ett brett stridsvagnsdike skulle grävas framför ställningen i de öppna delarna av terrängen, medan fällda träd användes som pansarhinder i skogsområdena. Tiden räckte dock inte för att färdigställa hela Wotanställningen som därför i huvudsak kom att bestå av ett antal befästa orter – främst av dessa var staden Müncheberg vilken också låg vid riksväg 1.

Kanske hade den officer som döpte detta provisoriska försvarsverk till det tyska namnet på den fornnordiske överguden Oden egentligen något annat ur de germanska gudasagorna i tankarna: Ragnarök, eller världens undergång.

Ansträngningarna att åstadkomma alla dessa fältbefästningar var dock avsevärda. "Genom befälens, truppernas och befolkningens yttersta hängivenhet åstadkoms allt som var möjligt med den begränsade tiden och resurserna", kommenterade Busse efteråt.[6]

SNABBT BÖRJADE DET nya försvarssystemet sätta spår i terrängen mellan Oder och Berlin, men generalöverste Heinrici hade inte många skäl att känna sig tillfreds. Att rädda civilbefolkningen från att hamna i ryska händer var fortfarande ett skäl för många tyska soldater att fortsätta slåss i den här hopplösa situationen, men ett allvarligt problem var att många orter omedelbart bakom stridszonen ännu inte hade utrymts. Endast en 15 kilometer bred remsa bakom främsta linjen vid Oderfronten fick evakueras av militären i samarbete med de nazistiska partimyndigheterna.[7]

I de städer och byar som låg utanför denna zon pågick livet nästan som vanligt och man kunde rent av se lantbrukare som börjat med vårbruket på åkrarna, inte sällan med hjälp av franska och ryska krigsfångar. I de militära staberna visste man att så fort slaget började skulle befolkningen kasta sig ut på vägarna i vild flykt eller bli fast mitt i striderna.

Nazistpartiets *Gauleiter* i provinsen Brandenburg, Emil Stürz, hade emellertid inga planer på att godkänna ytterligare evakueringar, eftersom det kunde störa den officiella doktrinen att Tredje riket trots allt skulle vinna kriget på något sätt. Precis som de andra egensinniga nazistiska distriktsledarna vidtog han amatörmässiga förberedelser för att försvara sina domäner med hjälp av folkstormen utan att fråga yrkeskunniga militärer om råd. Sådana saker gjorde honom inte populär ens hos en general som Busse, vilken ännu flörtade med det nazistiska ledargarnityret.

När SS-översten Hans Kempin anlände till 9. armén hade han nyss sparkats från posten som kommendant för Schwedt efter att ha tvingat en lokal naziledare att evakuera befolkningen därifrån när ryska granater började falla över staden. Men i stället för att ge honom ett självmordsuppdrag i fästningen Frankfurt an der Oder, som det var bestämt, såg Busse till att han fick befälet över en nyuppställd SS-division med motiveringen:

”Ni kommer inte att stanna i Frankfurt. En officer som vågar säga emot en *Gauleiter* behövs vid fronten!”[8]

BYN SIEVERSDORF LÅG utanför den evakuerade zonen väster om Frankfurt an der Oder, och även om frontlinjen bara befann sig tolv kilometer bort hade nazistpartiet förbjudit byborna att lämna byn. Den unga flickan Britte von Bredow och de andra arbetsföra flickorna i trakten måste gräva färdigt skyttegravarna och stridsvagnsdikena i omgivningarna.

> Omkring den 1 mars kom militären och flyttade in i alla hus, den högre staben som hade funnits på morfars gods hade flyttat längre bak till Fürstenwalde. I deras ställe kom det vanliga militärer med fältväblar och sergeanter. De bosatte sig i källarna och ställde upp sina stridsvagnar överallt runt byn. Först den dagen fick vi tillåtelse att fly, men det var nog bara familjerna

Bredow och Stüntzner, godsägarna, som gjorde det. Vi vågade inte vara kvar, för alla hade hört vad ryssarna gjorde med "kapitalister". Alla andra stannade kvar, för de hade ingenstans att ta vägen.

Vi lämnade byn i en militärlastbil som vi hade fått tag på genom kontakter, eftersom far hade varit överstelöjtnant i armén innan han avled i början av kriget. (Han var ganska korpulent och klarade inte krigets påfrestningar.) Bilen var fullastad med ägodelar. Jag, mamma, lillasyster som var tio år gammal, mormor, tio hönor, en tupp samt en hund åkte med. Vi for till en tant i Potsdam. Om vi hade stannat i Sieversdorf hade ryssarna tagit oss, men i Potsdam var vi inte kända.[9]

Brittes mamma betraktade emellertid flykten som ett högst tillfälligt faktum.

Fyra gånger åkte mamma och jag tillbaka till Sieversdorf, eftersom mamma ville sköta om trädgården och vattna morötterna som hon precis hade planterat. Vi tog järnvägen till Briezen och därifrån fick vi följa med en militärbil, fastän det inte var tillåtet för civila. Där satt vi bland ammunitionslådorna på flaket medan det pågick ett ständigt skjutande runtomkring och vi kunde se frontens eldlinje vid horisonten. På kvällarna och nätterna var allt runtomkring upplyst av skjutandet och bombräderna mot Berlin. "Det är vansinne att åka österut, särskilt med en så ung flicka i sällskap. Har ni inte hört om de ryska soldaterna?" sade folk, men mor var bestämd. Hon ansåg att vi barn hade skyddsänglar. Sista gången vi besökte byn var i slutet av mars.[10]

Snart skulle Brandenburgs åkerjordar inte bara fåras av böndernas plogar. Granater och T-34:ors larvband skulle slita sönder fälten under Röda arméns frammarsch mot Berlin, vilken i detta ögonblick höll på att planläggas i en före detta tysk villa på östra sidan av Oder.

### "VAKNA, FÜHRERN VÄNTAR!"

Överste Biehler hade slumrat till när han satt i en korridor i führerbunkern och väntade på att få träffa Hitler på eftermiddagen den 6 april. Det var sällan han hade tid att sitta still och tröttheten tog genast ut sin rätt av frontofficeren, som blivit kommendant för "fästningen" Frankfurt an der Oder. Führern hade kallat på honom, men innan han åkte hade han tillsammans med Busse och Heinrici gått igenom vad han skulle säga, för att inte gå i några fällor. Generalöverste Heinricis ord genljöd i bakhuvudet när han yrvaket följde efter adjutanten som hade väckt honom: ”Var noga med att inte ändra era planer, annars kommer führerhögkvarteret att köra över er!” Brohuvudet på östra sidan av floden måste evakueras, ansåg kommendanten, eftersom det inte längre fyllde någon funktion på grund av de ryska brohuvudena som uppstått på bägge sidor om staden. Det var det han tänkte framföra.

SS-ledaren Himmler, generalstabschefen general Krebs och generalöverste Ritter von Greim från Luftwaffe fanns redan i rummet när översten kom in. Biehler erbjöds en stol vid bordet mittemot Hitler medan de andra dignitärerna stod upp runtomkring.

Biehler vecklade ut sin medhavda karta över fästningen och inledde sin rapport. Frankfurt an der Oders garnison hade växt från 8 000 man i slutet av januari till cirka 30 000 i början av april. Under tiden hade soldaterna formats till en beslutsam styrka. Främsta argumentet han hade använt för att få soldaterna att slåss var de ryska övergreppen mot tyska civila: ”Om ni inte stannar här kommer ryssarna att ta ert fosterland, era hustrur och era barn.”

För Hitler redogjorde Biehler för truppernas numerär, ammunitions- och livsmedelsförrådens omfattning och artilleriets storlek. Det var en brokig arsenal av kanoner som stod under hans befäl, bland annat erövrade jugoslaviska pjäser från Balkanfälttåget 1941. Något som var mer än bara en kuriositet var det trettiotal stridsvagnstorn från Pantherstridsvagnar som han hade låtit placera i betongfundament på olika håll runt om i staden som fast artilleri.

Förvissad om att han gjort allt som stod i hans makt att försvara staden fortsatte han:

”Jag kan hålla mina ställningar men grannförbanden är för svaga för att hålla sina och då är det omöjligt att försvara Frankfurt an der Oder. Så jag föreslår att utrymma brohuvudet och använda de styrkorna för att stärka grannavsnitten.”

”Det är en bra idé att stärka grannavsnitten, men icke desto mindre förblir Frankfurt an der Oder en fästning”, genmälde Hitler och befallde honom att fortsätta hålla brohuvudet i strid med all militär logik.

”Det går inte, *mein Führer*!” replikerade Biehler med en frontofficers rättframma öppenhet.

Det var som om en bomb briserat och han såg bara lika häpna som förskräckta ansiktsuttryck hos männen i Hitlers omgivning. Führern själv for upp som en vildkatt, pekade mot dörren och skrek åt den perplexe fästningskommendanten:

”Lämna rummet!”

Under tystnad rafsade han ihop sin karta och sina papper och gick ut. Biehler som inte hade någon tidigare personlig erfarenhet av Hitler var van vid att tala uppriktigt med överordnade. Det var det enklaste sättet att komma fram till de rätta lösningarna, ansåg han. Han härstammade dessutom från Württemberg där människor berömde sig själva för att säga vad de tänkte. ”Heinrici hade varnat mig, men jag hade *aldrig* väntat mig detta”, berättade han senare.[11]

General Krebs kom ut ur rummet och sade till honom:

”Ni är befriad från ert befäl. Ni åker till general Busse och där får ni veta vad som väntar er.”

Biehler kunde fortfarande inte tro vad han just varit med om och i stället för att åka direkt till 9. arméns högkvarter reste han till arméns överkommando, OKH, i Zossen för att få veta vad det var fråga om. Kanske hans gamle vän, generalmajor Erich Dethleffsen, i OKH:s operationsavdelning kunde upplysa honom, tänkte han.

Nyheten om scenen i führerbunkern hade redan färdats till Zossen när han kom dit efter mörkrets inbrott och många officerare undvek honom som en spetälsk. Dethleffsen gav honom ett stort glas konjak:

”Vad gör ni här? Ni borde vara hos 9. armén. Jag vet vad som har hänt. Vi har redan fått våra order och ni bör se upp med er egen välgång.”

Biehler anförtrodde honom vad han hade sagt till Hitler, varpå generalmajoren rådde honom:

”Var tyst och åk till 9. armén. Ni har inte varit särskilt diplomatisk.”

Förvirrad och djupt försjunken i tungsinta tankar anträdde han bilresan till Busses högkvarter i Bad Saarow. Och inte ens när hans ovetande adjutant försökte pumpa honom på vad som egentligen hänt inne i führerhögkvarteret bröt han tystnaden.

Någon timme efter midnatt anlände han till Bad Saarow och träffade

Busses stabschef, överste Hölz, som var en annan gammal bekant. Arthur Hölz var inte bara württembergare precis som Biehler, utan bägge männen hade också haft liknande karriärer som stabsofficerare i en rad högre staber på östfronten.

”Vad har ni ställt till med!” hälsade Hölz den olycklige vännen. I armé-högkvarteret var upphetsningen stor över de konsekvenser som Hitlers vredesutbrott hade fått, men Hölz tröstade honom:

”Var inte orolig. General Busse och generalöverste Heinrici står bakom er.”

Och när Biehler en stund senare själv fick tag på Heinrici på telefon sade denne:

”Biehler, ni kan vara förvissad om att allt kommer att gå bra. Åk tillbaka till Frankfurt och ta befälet. Jag uppskattar vad ni har gjort.”

Hur Heinrici förmådde Hitler att backa fick Biehler aldrig veta, men han förblev i alla fall kommendant och några dagar senare hade han både befordrats till generalmajor och dekorerats med en av de högsta militära utmärkelserna, riddarkorset.

Under tiden som kontroverser av det här slaget pågick i den tyska ledningen, samlades ett stort antal höga sovjetiska officerare till en viktig konferens i fiendeland på andra sidan Oder.

VÄNNERNA KALLADE HONOM bara för ”Armo”.

I seklets början hade han varit en fattig armenisk herdepojke i de kaukasiska bergen. Här hade han lärt sig bergfolkens enkla lagar att männen måste försvara sin hjord, sitt hus och sin hembygd för att bevara hedern. Även om hans armeniska hemby i Azerbajdzjan betraktades som en fredlig avkrok bar de vuxna männen av tradition alltid en dolk i bältet. Skämtsamt hette det dock i byn att de bar den förgäves.

Nya vindar blåste emellertid som för alltid skulle förändra detta samhälle. Ett par år efter ryska revolutionen nåddes byn av kommunismen via arbetare som återvänt hem från oljefälten vid Kaspiska havet. Och Armo var en av de småpojkar som anslöt sig till den kommunistiska ungdomsorganisationen, Komsomol, som lovade en bättre och rättvisare värld.

Om han hade kunnat se sig själv i framtiden hade han förmodligen inte trott sina ögon: Av den barfota herdepojken hade det i april 1945 blivit en ståtlig mörkhårig överste som ledde flera hundra moderna stridsvagnar i det stora kriget – ett krig vars kompromisslösa och grymma kamp mellan två ideologier ingen tidigare sett maken till i världshistorien.

”Den som ockuperar ett område inför också sitt eget samhällssystem i det. Alla inför sitt eget system så långt hans armé kan nå. Det kan inte vara på något annat sätt”, hade sovjetledaren Stalin en gång sagt till den jugoslaviske kommunisten Milovan Djilas.[12] Och det gjorde även denne överste och hans stridsvagnar till ett politiskt verktyg, ja, en ideologisk spjutspets i den här konflikten.

Amasasp Khatsjaturovitj Babadzjanjan förde befälet över 11. gardespansarkåren som i en skog öster om Oder rustade sig för den sista offensiven mot Berlin. Här kompletterades utrustning och manskap för att göra pansarkåren fulltalig igen efter de gångna striderna i Polen och Pommern. Sett till antalet män var en sovjetisk pansarkår mindre än eller jämnstark med en tysk pansardivision, men sett till teknik var den betydligt starkare. En sovjetisk pansarkår var följaktligen en formidabel stridsmaskin bestående av 11 700 man, 220 stridsvagnar, 40 stormkanoner och 152 artilleripjäser. Till följd av den här väl avvägda blandningen av vapen kunde den fungera både som en del av en pansararmé och på egen hand som en slags miniatyrarmé.

Babadzjanjan hade dock ingen självständig roll, utan tjänstgjorde under ett av Sovjetunionens främsta pansarbefäl, general Katukov, vilken i december 1941 fört befälet över den pansarbrigad som hejdat Guderians framryckning mot Moskva. Numera var Katukov befälhavare för 1. gardespansararmén, vilken förväntades spela en avgörande roll under den kommande Berlinoperationen.

Michail Jefimovitj Katukov, en slank officer med långsmalt ansikte och ständigt kisande ögon, hade fötts i en bondby i Moskvatrakten år 1900 och hade blivit menig soldat i Röda armén under ryska inbördeskriget 1919–21. Därefter utbildades han till officer och hade tjänstgjort i pansarförbanden ända sedan stridsvagnens intåg på de sovjetiska exercisfälten. Under mellankrigstiden hade det sovjetiska pansarvapnet varit ett av världens modernaste, men det taktiska nytänkandet hade försvunnit i samband med Stalins utrensningar. Och under de första åren av stora fosterländska kriget hade stora ryska pansarstyrkor mer än en gång förvandlats till högar av rykande stålskrot på grund av felaktig användning och missar i underhållstjänst och understöd. Ibland hade de gjort lyckade genombrottsanfall och i princip rullat tills bränsletankarna var tomma, för att därefter bli lätta byten för tyska kanoner.

Under detta stålbad var Katukov en av de befälhavare som klarade provet. På sommaren 1943 förde han befälet över en av de arméer som träffades allra hårdast av den tyska motoffensiven vid Kursk, men tack vare ett väl uttänkt försvarssystem kunde hans trupper tillfoga tyskarna stora förluster. Efter befrielsen av Ukraina på våren 1944 hade hans pansararmé fått lägga hedersbeteckningen "garde" till namnet, vilket också medförde konkreta fördelar. I likhet med stötarméernas manskap fick gardessoldaterna bättre sold och hade också förtur till den bästa utrustningen.

Under de sovjetiska offensiverna som hade fört Röda armén ända till Oder 1944–45 visade Katukov och de andra pansarcheferna att de skickligt kunde manövrera stora pansarstyrkor på slagfälten och långt in på fiendens territorium. Logistik och alla andra delar av stridsapparaten hade vid det laget utvecklats till ett välsmort maskineri. Och just under dessa dagar på förvåren 1945 rustades detta maskineri till tänderna för slutfasen av kriget.

PÅ MORGONEN DEN 5 april 1945 reste både Katukov och Babadzjanjan till den lilla polska staden Miedzychód, som hade kallats för Birnbaum under den tyska ockupationen. Första vitryska fronten hade inrättat sitt högkvarter där och alla högre befälhavare hade kallats dit för en viktig konferens: Medlemmarna av arméernas krigsråd och kårcheferna hade mangrant beordrats till genomgången av den kommande Berlinoperationen

Att möta befälhavaren för Första vitryska fronten, marskalk Georgij K. Zjukov, öga mot öga kunde ofta vara förenat med bävan och oro. Marskalkens hetsiga humör och skoningslöshet mot underordnade var ökänd, men i sina memoarer skrivna långt efter kriget tog Babadzjanjan ändå frontbefälhavaren i försvar.

> Alla kände till Zjukovs barska sätt och var lika nervösa. Inte allt som berättades om marskalken var gripet ur luften. Men det stämmer inte överens med sanningen att han blev otidig utan anledning och behandlade sina

> underordnade ovärdigt. Han älskade tappra, sakliga, energiska och oförvägna människor. Men ynkryggar och latmaskar hade det inte så lätt hos honom. Man bör inte förväxla stränghet och principfasthet med förolämpningar eller höga krav med ovettighet. Jag hörde i varje fall aldrig någon nedsättande kommentar till någon underordnad från hans mun, men upplevde hans stränghet mot ansvarslöshet och lättsinne.[13]

Vid mötet, som hölls i en större villa vars tyska ägare tagit till flykten, presiderade Zjukov tillsammans med sin stabschef Leonid Malinin och sin politiske kommissarie, general Konstantin Telegin. Marskalken inledde med att berätta att han precis kommit tillbaka från ett möte med Stalin med budskapet att erövringen av Berlin måste påskyndas på grund av den senaste händelseutvecklingen. Därför hade han sammankallat alla med så kort varsel.

Efter ett ögonblicks konstpaus gick han in på orsakerna. Den 24 mars hade de västallierade inlett en offensiv som fått den tyska fronten vid Rhen att bryta samman och den 1 april omringade amerikanska trupper en hel tysk armégrupp med 17 divisioner i Ruhrområdet innan de hastade österut mot Elbe med siktet inställt på Leipzig och Dresden. ”Vi måste anta att de vill nå Berlin före oss”, konstaterade Zjukov. Stavka, det sovjetiska överkommandot, hade också fått veta att två allierade luftlandsättningsdivisioner höll på att göras redo för att anfalla Berlin från luften. Till råga på allt mötte de västallierade bara svagt motstånd, medan de tyska trupperna på östfronten fortfarande försvarade sig hårdnackat.

”Det tvingar Stavka till brådska”, sammanfattade Zjukov. ”Det exakta datumet för offensiven får ni veta senare. Nu handlar det om att klargöra uppgiften för oss.”

Ett draperi hissades upp och avslöjade en karta på vilken de tyska försvarsställningarna ritats in. Nästa draperi drogs åt sidan och uppenbarade en detaljerad reliefkarta över Berlin där de församlade generalerna kunde se ”gator, hus, befästningar, spärrar, fasta eldställningar, till och med de förstörda stadsdelarna visades”.[14] På Berlinkartan fanns det också flera nummer som markerade de viktigaste målen.

”Var goda och rikta er uppmärksamhet mot objekt nummer 105”, sa Zjukov och visade med pekpinnen på en stor svart fyrkant. ”Det är riksdagshuset. Vem kommer att nå dit först? Katukov? Tjujkov? Kanske Bogdanov eller Berzarin?"

Utan att vänta på svar fortsatte han:

"Och det är nummer 106, rikskansliet."

Än idag är det oklart varför ryssarna utsåg riksdagshuset till symbolen för erövringen av "det fascistiska odjurets håla" medan rikskansliet, där den riktiga makten i Tredje riket bodde, hamnade först på andra plats i rangordningen. Hitlers marionettriksdag hade till råga på allt huserat i den vid det laget sönderbombade Krolloperan mittemot ruinen av det gamla riksdagshuset, som inte haft någon funktion i Nazityskland.

Men innan de sovjetiska trupperna stod på Berlins gator måste de slå sig igenom den tyska försvarslinjen vid Oder. Marskalk Zjukov väntade sig dock att det skulle bli en förhållandevis lätt match, jämfört med de ohyggliga gatustrider han förutspådde i Berlin. Detta trots att det tyska försvarssystemet längs floden hade ett djup på 20–40 kilometer.

Tyngdpunkten i anfallet mot Berlin låg vid Seelow där Första vitryska fronten skulle gå till anfall på ett 90 kilometer brett avsnitt.[15] Seelowhöjderna skulle erövras redan första dagen och därefter skulle Berlin ha fallit senast på operationens femtonde dag.

Allra största ryska truppkoncentrationerna fanns i en 30 kilometer bred sektor på båda sidor om riksväg 1 vid Seelow, där marskalk Zjukov planerade att bryta igenom först eftersom det var kortaste vägen till Berlin. Här skulle 8. gardesarmén och 5. stötarmén ta täten uppför Seelowhöjderna och röja väg för 1. och 2. gardespansararméerna, som skulle utnyttja genombrottet för att snabbt rassla vidare mot väster.

Första vitryska fronten var dock inte ensam om Berlinoperationen. Det var en oerhörd styrka som Stavka dragit samman vid Oder och Neisse för att utdela dödsstöten mot Hitlertyskland, närmare bestämt tre ryska fronter: Förutom marskalk Zjukovs trupper skulle Rokossovskijs Andra vitryska front vid Oders nedre lopp samt Första ukrainska fronten under marskalk Konjev vid Neisse spela viktiga roller. Sammanlagt handlade det om drygt 2,5 miljoner soldater, över 6 200 stridsvagnar och stormkanoner, samt mer än 42 000 artilleripjäser och granatkastare med 76 mm kaliber eller mer.

Första vitryska fronten, som utsetts till 9. arméns nemesis, förfogade förstås över lejonparten av dessa styrkor: 768 100 man med 1 795 stridsvagnar, 1 360 stormkanoner, 16 159 artilleripjäser, tunga granatkastare och stalinorglar (katjusjor), 1 665 luftvärnskanoner samt 44 332 lastbilar och andra motorfordon. Dessa markstyrkor understöddes av 3 188 flygplan.[16]

GENERAL BUSSES ARMÉ skulle möta denna väldiga numerära övermakt med allt vad det sönderfallande Tredje riket kunde erbjuda några veckor innan sitt sammanbrott.

I början av april förfogade 9. armén över sammanlagt tio divisioner. Numerären påstås ha uppgått till omkring 200 000 man, om man räknar in alla fristående bataljoner och etappenheter, men divisionernas effektiva stridsstyrka utgjordes av enbart 90 836 man. Manskapet i skyttegravarna var med andra ord beklämmande svagt, medan "svansen" av icke-stridande personal fortfarande tycks ha varit relativt orörd. De drakoniska åtgärder som genomfördes i det civila samhället under de sista krigsmånaderna för att få fram mer kanonmat till fronten hade följaktligen inte haft någon motsvarighet i det militära systemet – även om det sista uppbådet till stor del bestod av improviserade enheter.

Inte heller materiellt var Busses resurser annat än en bråkdel av fiendens. Bland annat förfogade han över 512 fungerande stridsvagnar och stormkanoner samt 396 artilleribatterier med 1 524 eldrör av olika kalibrar. Dessutom hade 23. luftvärnsdivisionens 32 tunga luftvärnsbatterier grupperats på Seelowhöjderna för att stoppa fiendens stridsvagnar.[17] Bristen på granater till kanonerna och på drivmedel till stridsvagnarna var knappast till fördel för tyskarna.

Luftwaffes 4. flygdivision hade cirka 300 maskiner som understödde Busses trupper, men flyget hade bara ammunition och bränsle för tre dagars effektivt flygunderstöd. Och Busse tänkte därför spara på flyget tills det absolut behövdes för att bekämpa den sovjetiska offensiven. Han skrev senare att "4. flygdivisionen förklarade att den antingen kunde verka mot anfallsförberedelserna eller gripa in i försvarsstriden med full insats under två–tre dagar under själva anfallet. Drivmedlet räckte inte till för båda uppgifterna. Med tungt hjärta beslöt sig arméstaben för att spara flygvapnet för den andra, viktigare uppgiften."[18]

Och vad betydde egentligen 300 plan och några hundra stridsvagnar när

Zjukovs numerära övertag var förkrossande? Första vitryska fronten kunde ställa upp sju gånger fler soldater än 9. armén, sex gånger fler stridsvagnar och stormkanoner, drygt elva gånger mer artilleri samt mer än tio gånger fler flygplan. I huvudstötriktningen på båda sidor om Seelow hade 8 983 artilleripjäser (61 procent) och 1 410 stalinorglar (91 procent) dragits samman på den ryska sidan. Tjujkovs och Berzarins arméer hade dessutom förstärkts med 731 stridsvagnar, vilket innebar 30 stycken per frontkilometer. Och bakom dem väntade ytterligare två pansararméer på sin tur.[19]

HUVUDANFALLET SKULLE SKE från Küstrinbrohuvudet med fem fältarméer (vars huvudsakliga beståndsdel var infanteri) och två pansararméer. Fältarméerna skulle bryta igenom det tyska försvaret och därefter skulle pansararméerna skickas fram och stöta djupt in på fiendens område. Berlin skulle omringas i samarbete med Konjevs Första ukrainska front. Medvetet hade Stalin kortat demarkationslinjen mellan de båda fronterna till staden Lübben som låg 50 kilometer sydöst om Berlin. Så fort Konjevs trupper hade tagit sig förbi denna punkt var det fritt fram för dem att svänga norrut mot den tyska huvudstaden.[20] Att Stalin utnyttjat sina främsta marskalkars äregirighet för att åstadkomma en kapplöpning till Berlin mellan Zjukov och hans ärkerival marskalk Konjev berättade Zjukov inte för sina generaler, men de skulle snart få smaka på hans otålighet att komma till Berlin så fort stridsvagnarnas larvband kunde snurra. Även Konjev tänkte göra allt som stod i hans makt för att kunna betitla sig Berlins erövrare.

Zjukov å sin sida planerade att låta sina båda gardespansararméer innesluta staden via en kniptångsmanöver, med det dubbla syftet att isolera Berlins försvarare och hindra Konjevs arméer från att nå dit först. Semjon Bogdanovs armé skulle tränga in till Berlins centrum från nordöst, medan 1. gardespansararmén skulle passera söder om Berlin i riktning mot Potsdam. Men general Bogdanov, befälhavaren för 2. gardespansararmén, var inte riktigt med på noterna vid konferensen utan försökte envist bevisa att hans armé behövde mer manöverutrymme för att kringgå Berlin från norr, men marskalken avspisade honom med kommentaren: ”Vill ni slåss om Berlin eller rulla norrut hela tiden?”[21]

På kartan genomfördes ett så kallat krigsspel, där några generaler fick sköta det sovjetiska anfallet och andra fick agera fiender. Allt för att få en teoretisk uppfattning om hur slaget skulle kunna avlöpa. Därefter fick generalerna sätta sig arméevis och börja skissa på anfallsplanerna.

Överste Babadzjanjan insåg att det inte skulle bli lätt för pansaret och infanteristerna. Sumpmarkerna och kanalerna skulle inte bara sakta ned framryckningen utan även splittra förbanden. Och Seelowhöjderna var också ett betydande hinder att korsa, även om marskalk Zjukovs insikter om hur försvaret på höjderna såg ut var mycket begränsade.

General Katukov ansåg att det skulle vara omöjligt att upprepa genombrottet vid Weichsel i januari. Då hade den tyska försvarslinjen krossats på bara några timmar och därefter hade pansararméerna satts i rullning. Men i Oderbruch saknades utrymme för stora pansaroperationer och det tyska motståndet väntades bli mycket hårt. Även om Katukov befarade att trupperna skulle tvingas kämpa sig fram bit för bit var alla officerare på konferensen överlag optimistiska. ”Ingen tvivlade på att vi skulle sopa undan alla befästningar vid Berlins tillfarter”, menade Katukov senare.[22]

Första vitryska fronten räknade med att rycka fram 35–37 kilometer om dagen och Zjukov förutspådde att hans trupper skulle nå Berlin två dygn efter offensivens start.[23]

AV EN SLUMP hade även de tyska generalerna samlats vid samma tidpunkt i sin egen ringhörna för att diskutera den stundande drabbningen. I 9. arméns högkvarter satt officerarna från arméstaben, kårcheferna och deras stabschefer samt ytterligare nyckelpersoner för att analysera situationen.

Busses underrättelseofficer Wilhelm von Seebach öppnade mötet med en översikt över de fientliga styrkor som stod framför dem. Han informerade om att ”marskalk Zjukovs trupper stod framför oss” och att två pansararméer flyttats till Oderfronten efter striderna i Hinterpommern. Enligt vad generallöjtnant Friedrich Bernhard, befälhavare för 9. arméns bakre område, kunde erinra sig hade underrättelseofficeren hävdat att ryssarna var tiofaldigt överlägsna i artilleri och pansar samt femfaldigt i infanteri.

Chefen för operationsavdelningen i arméns stab, överstelöjtnant Hoefer, redogjorde därefter för hur det egna försvarssystemet var uppbyggt. De bakre linjerna bemannades huvudsakligen av ytterst små styrkor, främst ingenjörstrupper och folkstorm. Men Hoefer tillade också att Hitler befallt att trupper från Berlinområdet skulle bemanna Wotanställningen.

Sedan tog general Busse själv till orda. Han förklarade att försvaret höll på att organiseras på ett sådant djup att hans bakersta ställning snuddade vid Berlins yttre försvarsring. Vidare såg han till att divisionerna i främsta linjen samt reserverna som skulle sättas in i motanfallen förstärktes så mycket som möjligt. För övrigt ställdes ett stort antal folkstormsbataljoner upp bakom 9. arméns front – både i och utanför Berlin.[24]

Generalen Friedrich Bernhard deltog i det här mötet men uppgifterna som han senare lämnade i rysk krigsfångenskap (och han är den enda källan) omtalar inte huruvida Busse yttrade något om framtidsutsikterna, vare sig slaget vanns eller förlorades. Det var dock denna fråga som låg i luften och genomsyrade funderingarna hos 9. arméns officerskår.

Kanske upprepade Busse bara sitt mantra att ”när de amerikanska och brittiska stridsvagnarna kör in i baken på oss medan vi förnekar ryssarna varje ytterligare steg framåt så har vi uppfyllt vår militära plikt och skyldighet inför vårt folk, vårt samvete och historien!”[25] Men å andra sidan var två av kårcheferna som deltog i konferensen, Friedrich Jeckeln och Matthias Kleinheisterkamp, fanatiska SS-generaler och om en armégeneral hade yttrat en så defaitistisk kommentar borde den ha nått Himmlers och därefter Hitlers öron med omedelbara konsekvenser för Busses karriär. Det troliga är därför att Busse enbart hänvisade till führerordern att hålla Oder eller gå under, vilket lämnade alla hans befälhavare ensamma med sina farhågor och tvivel.

Busses egen tillförsikt skakades inte desto mindre i grundvalarna under dagarna före slaget.

EN CHOCKERANDE OCH obegriplig nyhet som nådde 9. arméns högkvarter under någon av dessa dagar var Hitlers beslut att flytta en stor del av överkommandots reservdivisioner, vilka låg bakom Busses front, till armégrupp Center under Schörner.

Busse kunde inte tro sina öron. Hans egen armé försvarade Berlin, medan Schörners styrkor försvarade Prag. Vad som plötsligt fått Führern att tro att Prag var mer hotat än Berlin kunde han inte förstå. Beslutet föreföll orimligt ur alla synvinklar. Ett av de främsta skälen till Busses optimism om frontens hållfasthet hade varit de stora pansarstyrkor som funnits i Berlinområdet. Tio år senare menade Busse: ”Hitlers order att beröva Oderfronten och följaktligen Berlin på de effektivaste reserverna fem minuter innan det avgörande slaget förblir obegriplig än idag."[26] Ändå meddelade befälhavaren för armégrupp "Weichsel" den 4 april Hitler att 9. armén "ser fram emot det kommande slaget med tillförsikt".[27]

Även general Deckers kårstab, som skulle ha lett operation Bumerang, försvann – den skickades åt ett annat håll, till 12. armén, vilken var en helt ny armé som höll på att ställas upp vid Elbe under befäl av Busses gamle vän general Walther Wenck. De båda hade lärt känna varandra när de tjänstgjorde under von Manstein på östfronten och de skulle snart få mycket med varandra att göra igen.

De enda större reserver som Busse hade kvar efter detta var pansardivisionen "Müncheberg" och 25. pansargrenadjärdivisionen, men detta skulle inte förslå långt. Bakom Manteuffels 3. pansararmé låg dock de båda SS-pansargrenadjärdivisionerna "Nordland" och "Nederland", samt 18. pansargrenadjärdivisionen. Och Busse begärde genast att Heinrici skulle skicka dem till Münchebergtrakten bakom hans egen front, men Heinrici sade nej eftersom han också var oroad för 3. pansararméns extremt tunna försvarslinje. "Senare bifölls begäran under situationens tvång, men då kunde divisionerna inte sättas in i rätt tid", skrev Busse.[28]

TYNGD AV BEKYMMER anlände generalöverste Heinrici till Busses nya högkvarter som flyttat till Bad Saarow en av de allra första aprildagarna. Bad Saarow var en liten exklusiv rekreationsort för burgna Berlinbor vid den skogskantade Scharmützelsjön, där storheter som Winston Churchill och Maksim Gorkij hade kopplat av före kriget. Våren 1945 fanns det emellertid ingen möjlighet till förströelse och nöjen i denna idylliska trakt, där varje skrymsle verkade fyllas av militära staber och etappenheter.

Efter några dagar vid Oderfronten hade Heinrici drabbats av samma tvivel som Busse hade brottats med: Vad var över huvud taget meningen med att fortsätta slåss? Med sin stab hade Heinrici diskuterat hur Hitler skulle reagera om någon förde fredsförhandlingar på tal, men stabsofficerarna hade inte varit honom till stor hjälp. De hade bara ryckt på axlarna och rått honom att söka upp general Busse som såg ljust på situationen.

Just Busses optimism hade redan visat sig vara ett problem för Heinrici när han träffade Hitler och försökte diskutera de militära utsikterna. Som ett mantra upprepade Busse ständigt för alla som hörde på att hans armé skulle klara att försvara Oder så länge som det behövdes, vilket Heinrici var tveksam till. Att de båda generalerna hade så olika uppfattningar om situationen riskerade att urholka Heinricis auktoritet i führerhögkvarteret:

”Busse är optimistisk och ni är pessimistisk. Vad är det för fel på Heinrici?” brukade Hitler säga. Följaktligen behövde ett och annat rätas ut mellan dem för att undvika klyftor som Führern kunde utnyttja, ansåg generalöversten. Han anförtrodde också Busse sina tvivel på att kriget skulle sluta lyckligt för Tyskland. Diskussionen blev långvarig.

”Vi måste hålla Oder tills amerikanerna kör in i baken på oss”, slog Busse fast, men Heinrici var oroad.

”Kommer amerikanerna att komma?”

Det var Busse säker på.

”Har ni aldrig hört talas om operation Ecplise?” snäste Heinrici.

Det hade Busse inte. Då berättade Heinrici om den topphemliga allierade planen som underrättelsetjänsten lagt vantarna på ett par månader tidigare. Det var ett dokument som bara Hitler och några till hade tagit del av, men vars innehåll hade blivit en officiell hemlighet bland de högsta militära ledarna. Generalöversten hade sett planen på Guderians tjänsterum i Zossen. Eclipse (Solförmörkelse) innehöll bland annat kartor med allierade demarkationslinjer och ockupationszoner. Nordvästra Tyskland skulle tillfalla britterna, Bayern och de södra delarna skulle bli amerikanskt och hela östra Tyskland en sovjetisk zon. Berlin låg i den sovjetiska zonen och var helt uppenbart reserverad åt Stalin.

”Jag tvivlar på att amerikanerna ens går över Elbe”, slutade Heinrici.

Men Busse vägrade ge upp sin övertygelse, eftersom den framstod som det enda rimliga skälet för honom att fortsätta sända soldater i döden under de rådande omständigheterna.

”USA har stort intresse av att hålla ryssarna borta från Berlin”, ansåg han.

Och Oderlinjen skulle hålla fram tills dess var Busse förvissad om, men Heinrici genmälde att han tänkte söka upp Führern, eftersom han ansåg att det var nödvändigt att tala allvar med någon som hade överblick över hela situationen.

”Vem vill ni träffa? Hitler är svår”, menade Busse.

”Jag går till Keitel.”

”Om ni träffar Keitel kommer ni att få höra samma sak som från Hitler”, ansåg Busse.

Då beslutade sig generalöversten för att närma sig den nye generalstabschefen Hans Krebs, som tagit över efter Guderian. Men Busse hörde aldrig något om ett sådant möte – det mötet blev aldrig av.[29]

HELT ENSAMMA PROMENERADE de båda generalerna runt i den stora trädgården som omgav arméhögkvarteret i Bad Saarow. Vad Heinrici hade att säga till Busse var inte ämnat för andra öron. Det var det onämnbara som fördes på tal: Berlin. Vad skulle hända om Oderförsvaret bröt samman och en reträtt blev oundviklig? Hitlers order till 9. armén att hålla ställningarna kunde inte missförstås. Men hur skulle de göra med huvudstaden och dess miljonbefolkning när den sista försvarslinjen blev omöjlig att hålla? Heinrici ville att Busses armé i så fall skulle dra sig tillbaka på båda sidor om Berlin och sedan svänga norrut mot Mecklenburg.

Själv påstod Busse efteråt att 9. armén ”hade hyst betänkligheter för hur den skulle göra med Berlin vid en reträtt till Mecklenburg” varvid Heinrici skulle ha gett order att ”inte slåss om staden”.[30] Men Busse hade en annan minnesbild av hur det förtroliga samtalet hade förlöpt. ”Vi diskuterade om vi inte skulle handla i strid med alla order som förbjöd oss att dra oss tillbaka. Jag sade till Heinrici att jag inte kunde göra detta. Min högra granne, 4. pansararmén i Schörners armégrupp, skulle bli helt blottad”, påstod generalen många år senare.[31]

Oavsett hur de resonerade skulle rikshuvudstaden fortsätta att kasta en lång skugga över deras planer. Heinrici skulle helt enkelt ha kunnat ge Busse en hemlig muntlig order att lämna Berlin åt sitt öde, men det tycks han inte ha gjort. Det var ”inte fråga om någon order, bara [en] diskussion”, hävdade Busse senare.[32] Och de båda generalerna enades inte heller om någon gemensam strategi, även om Heinrici helt uppenbart lät Busse förstå vilka avsikter han hade.

PÅ ODERS ÖSTRA strand samlades rödarmisterna som skulle fylla luckorna hos arméerna i Küstrinbrohuvudet. Veteraner som precis skrivits ut från något fältsjukhus och färskingar direkt från utbildningslägren väntade på sina kommenderingar.

Ett tyskt granatsplitter var skälet till att Vladimir Abyzov, en 21-årig rödarmist som studerat till flygingenjör vid Moskvas universitet, stod och väntade tillsammans med andra nyanlända. Han hade blivit sårad under den ryska vinteroffensiven i januari och tillbringat två månader i sjuksängen. Nu var det början av april och han var på benen igen.

"Du kommer till ett berömt regemente, soldat", sade skrivaren som gav honom marschordern.

På ordern stod det 236. gardesskytteregementet, men ingen klocka ringde hos Abyzov. Först när han kommit till sitt förband på andra sidan Oder förstod han vad skrivaren hade menat. Det var det så kallade "Bogunskiregementet" med traditioner ända från det blodiga inbördeskriget och som hade kämpat sig fram ända från Volga till Oder. För Abyzov innebar det att han med ens blivit gardessoldat och skulle delta i offensiven mot Berlin i 8. gardesarméns led, ett av Röda arméns ärorikaste förband.

Koncentrationen av ryska trupper vid Oder var av så väldiga dimensioner att den inte gick att dölja, även om alla vägar dit låg tomma och öde dagtid för att inte förråda något för fiendens spaningsflyg. Men på nätterna rullade till synes ändlösa kolonner av stridsvagnar, dragbilar med artilleripjäser samt lastbilar med flaken fulla av exempelvis trupper, ammunition och avfyrningsramper för katjusjaraketer fram till fronten. Enskilda artilleribatterier sköt för att dölja motorbullret för fienden och under morgontimmarna lades konstgjord dimma ut för att hindra insyn.

Många gånger hade överstelöjtnant Venjamin Mironov, befälhavare för ett regemente tunga stormkanoner, upplevt hur det var när trupper koncentrerades för en stor offensiv, "men vad som utspelade sig på vägarna till Küstrin överträffade allt annat. I en oändlig ström ryckte infanteri, stridsvagnar, artilleri och pionjärer fram. I denna flod tycktes vårt regemente bara vara en droppe i havet. Och sedan i skogen vid Küstrin! Här stod trupperna ännu tätare än på frammarschvägarna. Vart man än såg stod det bara stridsvagnar, kanoner och lastbilar."[33] Soldaterna skämtade om saken: "Låter man en knappnål falla träffar den antingen en soldat eller en stridsvagn!"[34]

Mironovs stormkanoner tillhörde inte första anfallsvågen och släpptes därför inte in i Küstrinbrohuvudet där trängseln växte för varje dag. "Trots kamouflage gick det inte att överblicka hur bestyckad den egentligen lilla

Ryska ingenjörssoldater bygger provisoriska broar över Oder. De tyska försöken att förstöra dessa broar kröntes bara delvis med framgång, men broarna reparerades blixtsnabbt.

landremsan var med stridsvagnar, artilleri och andra vapen", mindes propagandaofficeren Stefan Doernberg i 8. gardesarmén.[35] På varje kvadratkilometer gick det snart i genomsnitt 1 282 man, 28 artilleripjäser och granatkastare, sju pansarfordon, fyra katjusjor och 85 andra motorfordon.[36] Den 21-årige gardeslöjtnanten Vladimir "Vovka" Rozanov minns att "det var en skog av kanoner, alla kamouflerade, och det såg ut som detta, en skog".[37] Och det krävdes naturligtvis en gigantisk apparat för att föra fram och hysa trupperna samt deras förråd. Sammanlagt byggde ryska ingenjörssoldater 25 broar över Oder och organiserade 40 färjeställen. I brohuvudet grävdes totalt 636 kilometer skyttegravar, 9 116 eldställningar för kulsprutor och granatkastare samt 4 500 batteriplatser för artilleriet. Där anlades även 25 marschvägar, 7 000 provisoriska skyddsrum, över 5 000 splitterskydd för stridsvagnar och andra fordon samt 4 000–5 000 observationspunkter och stridsledningsplatser.[38] Rader av små flaggor eller pinnar markerade vägar som absolut inte fick blockeras. Det var de planerade marschvägarna för de båda gardespansararméerna, men dessa såg man ännu inte röken av.

Krigskorrespondenten Vasilij Subbotin i 3. stötarmén hade ännu inte besökt brohuvudet utan hade bara sett det från en utsiktspunkt på andra stranden. Då hade allt verkat så översiktligt ”som på en karta”, men när han själv kom in i brohuvudet gick han snabbt vilse i den söndergrävda terrängen.[39]

TROTS DEN OMFATTANDE maskeringen var den fientliga uppladdningen påtaglig för de tyska trupperna i Oderbruch. ”Ständigt hörde vi stridsvagnsbuller, lastbilar och sång. Ryssen måste dra samman jättelika mängder av trupper. Det var uppenbart att han tog sats för sista stöten till Berlin”, enligt Gerhard Tillery.[40]

Fänriken Hans Jansen mindes att det cirkulerade utdrag ur en erövrad rysk anfallsplan bland officerarna. Enligt denna skulle spaningsanfall inledas två dagar före huvudanfallet, därefter artillerield nästa dag och slutligen huvudanfallet av infanteri beväpnat med automatvapen understött av stridsvagnar. Jansen fick höra att på det avsnitt som hans division försvarade hade det egna artilleriet 260 pjäser och fienden 2 800.[41]

Vissa soldater påstod sig rent av via kikare eller med blotta ögat ha observerat hur det sovjetiska artilleriet ställdes upp hjul vid hjul med staplar av granater vid sidan om, utan att ryssarna gjorde något försök att dölja sina förehavanden. Men knappt en enda granat eller bomb föll över brohuvudet, för det tyska artilleriet måste spara på granaterna och Luftwaffes bränsleförråd hade nästan sinat. Och Busse var frustrerad: ”Batterierna stod eldrör vid eldrör, ett villigt offer för koncentrerade flygangrepp, om dessa hade kunnat bli av, och för störningseld av artilleri om eldrören och framför allt ammunitionen hade funnits till hands!”[42]

Fastän de sovjetiska truppkoncentrationerna följaktligen lämnades i fred utsatte de sista långskjutande tyska kanonerna de sovjetiska broarna över Oder för upprepad störningseld. Dessutom försökte 9. armén förstöra broarna bland annat genom att släppa ut drivminor i närheten av Frankfurt an der Oder, vilka fördes av strömmen till broställena. Broar förstördes och skadades på det här sättet, men ryssarna satte snabbt in motmedel i form av skyddsnät som hindrade minorna från att nå sina mål. Och sprängda och skadade broar sattes i stånd igen på rekordtid av en hord ingenjörssoldater.

PANSARDIVISIONEN ”MÜNCHEBERG”, SOM låg utspridd i skogarna väster om Seelow, höll på att förbereda sig för en ny frontinsats. Divisionsstabens signalister, däribland Hans-Joachim Eilhardt, tvingades sålunda byta ut de förhållandevis komfortabla barackerna mot tält i en skog närmare fronten. Divisionen skulle ligga beredd att rycka in som en brandkår för att släcka eldhärdar. De kunde höra hur "alla" talade om de jättelika ryska truppkoncentrationerna som väntade på att kasta sig över dem.

En av underofficerarna hade tjuvlyssnat på en rysk propagandasändare som påstod "att ryssarna hade samlat ihop tusentals stridsvagnar på detta frontavsnitt och det syntes oss inte heller alls så omöjligt, så som vi lärt känna brodern".[43]

Inte heller bidrog skvallret kring divisionschefen, generalmajor Werner Mummert, till att inge någon tillförsikt. Det sades att han dessförinnan hade fört befälet över en pansarbrigad som blivit fullständigt uppriven och bara han själv samt ett fåtal officerare och soldater hade lyckats ta sig tillbaka till de egna linjerna. Och Eilhardts egna intryck av Mummert tycktes bekräfta bilden av honom som fullständigt likgiltig inför de egna soldaternas liv. En gång när generalen inspekterade signalisterna i skogen hörde Eilhardt honom säga till chefen för signalkompaniet: "Ställningen och hela fronten måste hållas under alla omständigheter, kosta vad det kosta vill! Vi har inte fått vårt divisionstecken med orätt."[44]

Mummerts ansikte förvreds i ett rabiat uttryck och hans röst var full av fanatism, tyckte sig Eilhardt uppfatta.

OM DEN ENKLE signalisten Eilhardt fruktade att hans general skulle kasta ut soldaterna i vansinniga dödslekar, visste redan fänriken Karl-Hermann Tams att den uppgift han hade tilldelats var ett potentiellt självmordsuppdrag. Från en officerskurs i Hamburg hade han återvänt till sin gamla enhet, 20. pansargrenadjärdivisionen, som hade sina skyttegravar på båda sidor om riksväg 1 i Oderbruch, just där marskalk Zjukov tänkte sätta in huvudstöten.

Tams hamnade dock inte i främsta linjen utan betydligt längre bak: Den 6 april övertog han ett av de fyra kompanier som försvarade staden Seelow. Hans kompani på 136 man skyddade den nordöstra "tårtbiten" av staden och hade cirka 700 meter skyttegravar som vette mot norr och mot Oderbruch. Uppdraget var enkelt. De skulle stanna där de var även om de blev omringade av fienden och hålla staden till sista man. Ändå var de rätt optimistiska om att det skulle gå att hejda ryssarna, vilket berodde på att de inte var lika välunderrättade som signalisterna och de högre officerarna. ”Men den gången kunde vi inte ens ana styrkeförhållandet hos de trupper som låg mittemot oss. Då hade vi ögonblickligen förlorat vår sista blygsamma optimism.”[45]

Tills vidare kände sig Seelows försvarare alltså överlägsna eftersom de låg i gynnsamma positioner uppe på höjderna medan fienden måste anfalla från ett brohuvud.

Lugnet före stormen utnyttjades också till att ställa till med en fest i Seelow för officerare och underbefäl ur det pansargrenadjärregemente som Tams tillhörde. Det blev en lyckad tillställning. Runt ett hästskoformat bord med vita dukar och finporslin sorlade 30–50 officerare till långt in på natten och samtalen kom oundvikligen in på Tysklands bekymmersamma läge och det förestående slaget. Hur länge skulle de kunna hejda ryssarna vid Oder, undrade man och då förkunnade regementschefen, Reinhold ”Papa” Stammerjohann: ”Här står vi och här stannar vi, om så krävs tills de amerikanska stridsvagnarna kör in i arslet på oss! Förstått?”[46]

Det var general Busses egna ord som ekade nedåt i den militära hierarkin.

Plötsligt tystnade alla diskussionerna när detonationerna av ryska artillerigranater hördes i närheten. Men maten och alkoholen hade gjort dem för avtrubbade, för nästan ingen orkade resa sig från stolen. Elektriciteten försvann, men utan brådska tändes ljusstakarna och festen fortsatte, likaså spekulationerna om hur slaget och kriget skulle sluta.

Följande dag skulle dock Tams och många andra soldater bevittna ett av de sista desperata försöken att stoppa fiendens uppladdning.

HEINZ KRÜGER SOM befann sig på Seelowhöjderna undrade vad det var för märkliga flygande ekipage som likt en handfull drumliga humlor flög rakt in över Küstrinbrohuvudet. Det var ganska sent på eftermiddagen under en av de allra sista dagarna före slaget och trots att det röda flygvapnet behärskade luftrummet totalt vid den här tidpunkten förstod han att detta rörde sig om tyska maskiner.

Varje ekipage utgjordes av ett tvåmotorigt bombplan av modell Ju 88 på vars rygg ett jaktplan, antingen en Messerschmitt 109 eller en Focke-Wulf 190, hade monterats fast med stänger och stag. Med vrålande motorer satte tingestarna fart genom den sovjetiska luftvärnselden, och den första av dem gick i dykning. Plötsligt frigjorde sig jaktplanet från bombplanet, vilket fortsatte dykningen tills det försvann ur sikte bakom en skogsridå och en väldig explosion följde. Därefter upprepade de övriga planen samma procedur. Krüger hade blivit åskådare till ett av Luftwaffes sista anfall med "Mistel" – obemannade bombplan lastade med ungefär ett par ton sprängmedel, vilka styrdes av ett tandemkopplat jaktplan som kopplade loss sig när missilen var på rätt kurs mot målet. De hade tagits fram för att angripa stora örlogsfartyg, men sattes under de sista krigsveckorna in mot de ryska pontonbroarna vid Küstrin.[47] Karl-Hermann Tams såg också angreppen men trodde att de riktade sig direkt mot trupperna i det ryska brohuvudet: "Varje gång uppstod en fruktansvärd detonation med ett jättelikt eldklot. Dessa förstörda vapen och maskiner kunde inte längre skada oss. Varje träff var en tillfredsställelse för oss."[48]

Soldaterna kallade dessa Mistelbombare för "far och son", men angreppen hade lika lite framgång som alla andra försök att stoppa trafiken till brohuvudet. De förstörda broarna byggdes upp rekordsnabbt utan att uppladdningen inför offensiven stördes nämnvärt.

EFTER FÖRSTA APRILVECKAN verkade den sovjetiska frammarschen ha nått slutfasen. Därför trodde Busse och det tyska överkommandot att offensiven kunde komma vilken dag som helst. Varje tillgänglig soldat behövdes vid fronten.

Fram till mitten av mars hade 9. armén inte fått mer än ett fåtal förband utifrån utan tvingats organisera resten av styrkorna på plats. Infanteriets numerär hade dock krympt betänkligt på grund av de blodiga striderna om brohuvudena och i slutet av månaden förstärktes arméns infanteri med två divisioner från andra skådeplatser, dels 9. fallskärmsjägardivisionen, dels 5. jägardivisionen.

Den sistnämnda divisionen klassades som mycket pålitlig, trots att den lidit svåra förluster under tidigare strider på östfronten. Men annat var det med fallskärmsjägardivisionen. Även om det var den till numerär och utrustning starkaste divisionen i 9. armén – den var till och med starkare än vad en division normalt skulle vara – väntade sig inte Busse mycket av den. Soldaterna som hade klätts i fallskärmsjägaruniform utgjordes till stor del av tidigare piloter och markpersonal ur Luftwaffe vilka inte hade någon vana av att slåss som infanteri, än mindre som elitsoldater. Göring kallade den för sin bästa division men Busse skulle få sina tvivel på dess värde besannade när slaget började.

Löjtnant Hans-Werner Arnold i 9. fallskärmsjägardivisionen erinrade sig att stridsmoralen var tveksam. ”Mannarna hoppades på något slags mirakel som skulle vända vågskålarna till deras fördel men de trodde egentligen inte riktigt på det. Allihop var mer eller mindre skräckslagna för ryssarna.”[49]

Förstärkningarna var helt otillräckliga inför den avgörande striden, men trots det faktum att Busse skrek efter förstärkningar fanns det soldater som han absolut inte ville ha i sina led – general Andrej Vlassovs ryska överlöpare. På general Heinricis order måste han dock låta en av Vlassovs divisioner visa vad den gick för.

Busse satte in divisionen som leddes av generalen Bunjatjenko för att genomföra ett anfall på ett mindre viktigt avsnitt söder om Frankfurt an der Oder. Trupperna ur sovjetiska 33. armén fattade omedelbart vilka de hade framför sig och överöste dem med högtalarpropaganda.

Anfallet inleddes den 13 april men efter två och en halv timme hade Vlassovdivisionen bara lyckats rycka fram 500 meter innan soldaterna måste pressa sig mot marken på grund av den intensiva fientliga elden. Busse hade lovat artilleriunderstöd och flyg – så hade Bunjatjenko åtminstone uppfattat det – men ingenting av detta syntes till. Därför drog han sig tillbaka trots att Busse hade förbjudit det. Vlassovs förluster uppgick till 370 man varav fyra var officerare.[50]

När Busse fick höra talas om misslyckandet var han ursinnig och betraktade det som ordervägran från Vlassovtruppernas sida. De hade knappt ens lämnat sina utgångsställningar förrän de hade avbrutit anfallet och de hade visat sig vara synnerligen opålitliga i strider med sina landsmän, ansåg han. Därför rekommenderade han att de skulle förflyttas från hans armé och avväpnas eftersom överlöparnas vapen kunde komma ”till bättre användning” i andra händer. Så skedde också.

Förmodligen sparade det tyska artilleriet sina sista granater och flyget sina sista liter flygbränsle till det sovjetiska storanfallet. Men Busse kan också medvetet ha skaffat sig en förevändning att bli av med en division som han säkerligen betraktade som ett stort säkerhetsproblem. Misstanken att överlöparna mycket lätt kunde byta sida igen bör ha legat mycket nära till hands hos generalen.

Vlassovs trupper försvann till Prag där de hamnade mitt i det tjeckiska upproret under de allra sista krigsdagarna, men i historien om 9. arméns sista strid hade de bara varit ett litet intermezzo innan den stora kraftmätningen.

DET VAR INTE bara i 9. armén som misstänkta desertörer jagades utan misskund under de sista krigsveckorna. Även om ryssarna och deras allierade stod på tröskeln till segern i början av april 1945 var ordningen inte helt återställd i de sovjetiska frontförbanden, trots drakoniska åtgärder. Deserteringarna fortsatte och ökade rent av.[51]

Moralen i Röda armén varierade av allt att döma oerhört från förband till förband, trots det gynnsamma krigsläget. I en del enheter var stridsviljan på topp, på andra håll var den närmast obefintlig och soldaterna var mer intresserade av att genast njuta segerns frukter än av att säkra segern. För vem visste om man fick uppleva krigsslutet?

Ett massivt indoktrineringsarbete pågick därför bland trupperna under veckorna före anfallet. Dessa ideologiska förberedelser har med säkerhet överdrivits i den sovjetiska litteraturen, men betydelsen får ändå inte underskattas. Röda armén var ett genompolitiserat verktyg i likhet med resten av sovjetsamhället och kommunismen hade en bred folklig förankring, om än inte överallt.

Indoktrineringen skedde genom kurser, seminarier, politiska möten och flygblad, vilka syftade till att höja moralen. ”Under dessa dagar förvandlades 1. pansararmén till en intensiv skola”, mindes arméns högste kommissarie Nikolaj Popjel.[52] Kommissarierna hade inte bara uppdraget att hamra in Lenins läror utan även att förbereda soldaterna mentalt på de förestående striderna.

I exempelvis Tjujkovs och Katukovs förband bildades särskilda stormgrupper för erövringen av Berlin. Varje stormgrupp bestod av ett skyttekompani förstärkt av stridsvagnar, artilleri och ingenjörssoldater för att snabbt kunna lösa de mest invecklade problem under de skrämmande gatustriderna.

En viktig åtgärd för att återställa disciplinen i förbanden var den abrupta officiella övergången från antitysk hatpropaganda till en mer differentierad, som tog sikte på att skilja det tyska ”folket” från de brottsliga ”fascisterna”. Utan tvivel hade vissa politiska kommissarier i Röda armén tidigare fört ut det budskapet till sina förband för att hindra övergrepp mot civilbefolkningen, men den artikel som publicerades i *Pravda* den 14 april 1945 var den första officiella signalen från centralt håll om en absolut kursändring.

Artikeln hade skrivits av kommunistpartiets chefsideolog Alexandrov och var en bredsida mot författaren och propagandisten Ilja Ehrenburg, som varit den fränaste rösten i den antityska hatkören under hela kriget. Under rubriken ”Kamrat Ehrenburg förenklar för mycket” gav chefsideologen en näsknäpp åt Ehrenburg. Det måste göras skillnad mellan det oskyldiga tyska folket och ”fascisterna” deklarerade Alexandrov. En onyanserad hatkampanj där alla tyskar drogs över en kam som ondskefulla varelser var inte längre opportun för sovjetledningen när krigsslutet föreföll så gripbart nära. Andra politiska mål skymtade bortom Tredje rikets hädanfärd. Om Sovjetunionen skulle skaffa sig fotfäste i Centraleuropa måste man även vinna tyska befolkningens sympatier så gott det gick. Kursändringen hann dock bli föga mer än en pappersprodukt.

KAPITEL 8

# Stormen före stormen

14–15 APRIL 1945

I BÖRJAN AV 1762, den femte krigsvintern under sjuårskriget, satt preusserkungen Fredrik II i Breslau och var dyster. Allting gick emot honom och hans kungarike såg ut att duka under inför den övermäktiga fiendekoalitionen som bestod av framför allt Ryssland och Österrike. Han hade bestämt sig för att sätta punkt för sitt eget liv, men någon gång i mitten av januari nåddes han av ett rykte från Sankt Petersburg om den ryske tsarevnan Elisabets död. "Den obeskrivliga härskarkvinnan, är hon sannerligen död ...?" lät den viktorianske historieskrivaren Thomas Carlyle kungen utbrista.[1]

Ryktet visade sig tala sanning och Carlyle undervisade läsarna: "Fromma människor säger att den mörkaste timman oftast kommer närmast gryningen. Och en gryning visade detta sig vara för Fredrik."[2] En ny tsar, Peter III, trädde till, och han fick leva tillräckligt länge för att hinna säga upp Rysslands allians med Österrike och sluta förbund med Preussen. Fiendemakternas koalition hade därmed fallit samman och krigslyckan vände för Fredrik som så småningom kunde avsluta kriget med en tursam fred.

Föga förvånande fann Hitler mot slutet av andra världskriget nöje i att läsa Carlyles verk om vändpunkten för kung Fredrik. Och propagandaminister Goebbels ansåg att det var en uppbygglig historia han gärna påminde sin Führer om. Men det var inte bara Hitler som skulle uppmuntras av den, ansåg den lille ministern.

SITUATIONEN FÖR TYSKLAND var tröstlös och general Busse ansåg att hans soldater behövde någonting mer att slåss för. "Vi hade hört rykten om [freds]förhandlingar och vi ville få höra mer om dem för att kunna berätta för trupperna", uppgav han efter kriget. Han ansatte därför Goebbels adjutant om att riksministerns planerade besök hos armén måste bli av. Och Goebbels kom verkligen.

På kvällen den 12 april talade han inför en grupp officerare ur 9. armén på en regementsmäss i Fürstenwalde.[3] Jobsposterna kastade långa skuggor även över denna torsdag och det största olycksbudet var att amerikanska trupper hade nått fram till motorvägen mellan Dessau och Berlin varvid Tysklands båda sista ammunitionsfabriker hamnade i farozonen och måste sprängas. Hädanefter måste den tyska krigsmakten klara sig med den ammunition som fanns kvar.

Busse försäkrade dock Goebbels om att ingen ryss skulle kunna bryta igenom hans försvarslinje och den sistnämnde gjorde sitt bästa för att ingjuta mod och kampvilja hos sin publik. Generalen blev dock besviken på framträdandet: ”Han sade ingenting positivt. Nämnde ingenting om pågående förhandlingar.”[4] I stället använde ministern sin ”oerhörda talarförmåga” för att övertyga åhörarna, men han var inte grov i munnen utan visade sin intellektuella sida, mindes Busse senare.

Visst såg det mörkt ut men Fredrik den store hade belönats av historien för att ha hållit ut i en hopplös situation, betonade propagandaministern och drog slutsatsen att man ”aldrig ska ge upp i den allra värsta situationen. Det inträffar saker som räddar slutsegern.”

En av Busses stabsofficerare dristade sig att ställa den både skeptiska och ironiska frågan vilken tsarevna som skulle dö den här gången.

”Jag vet inte”, svarade Goebbels på fullt allvar, ”men ödet håller alla eventualiteter i beredskap.”

Även om befälhavaren för 9. armén personligen inte var överväldigad, påstod han efter kriget att Goebbels besök ändå inte gick spårlöst förbi: ”Jag var inte övertygad. Men hans tal vann fotfäste hos officerarna som hade återvänt från fronten och tände en gnista av hopp.”[5]

Historien om hur Goebbels därefter återvände till Berlin och hälsades av nyheten om Roosevelts död har berättats många gånger. Det ingav många tyskar hopp – en gnista av hopp så krampaktigt svag att den slocknade i nästan samma ögonblick som den tänts.

NÄR BUSSE INFORMERADES om den amerikanske presidentens död ringde han genast upp Goebbels och frågade om det var denna händelse som ministern hade syftat på. ”Min känsla av skepsis tvingade mig att ringa upp Goebbels. Jag trodde inte att Roosevelts död var en ny Elisabeth, [utan det var] en annan situation.”[6]

Goebbels svar stillade inte Busses tvivel:

”Åh, vi vet inte – vi får se.”

Senare sade Busse om Goebbels kommentar: ”Det var [en] monumental anmärkning – inte alls entusiastisk. Jag tror inte att han var tillräckligt korkad att tro att det skulle göra någon stor skillnad.”[7]

Så påstod Busse långt efter kriget att det hade gått till. Men det kan också ha varit annorlunda om man ska sätta tilltro till vad propagandaminister Goebbels berättade för finansministern Lutz von Schwerin-Krosigk: När Goebbels återvände till Berlin hälsades han av en medarbetare med nyheten om Roosevelts död och ringde då genast upp Busse för att berätta: ”Tsarevnan är död!” Då ska Busse ha svarat att detta gjort stort intryck på hans soldater och att de nu såg en andra chans, medan Goebbels sade sig ha betonat att den här nyheten skulle ingjuta en ny anda hos soldaterna och hela folket.[8]

Officerarna spred nyheten om Roosevelts död bland soldaterna och påstod att det innebar att amerikanerna skulle byta sida och börja slåss mot ryssarna. Och de som inte lät sig övertygas om detta påmindes om mirakelvapnen som snart skulle sättas in, kanske redan på Hitlers födelsedag den 20 april.

LJUDLÖST SAMLADES 37 sovjetiska infanteribataljoner i de främsta skyttegravarna i brohuvudet och väntade på signalen. Om några minuter skulle de senaste veckornas lugn på Oderfronten brytas av våldsamma spaningsanfall mot de tyska försvarsställningarna. Bataljonerna skulle storma genom ingenmansland, förstärkta av stridsvagnar, stormkanoner och artilleri, för att ta pulsen på det tyska försvaret.[9]

Generallöjtnant Bokov, 5. stötarméns politiske kommissarie, befann sig hos general Berzarin på arméstabens observationsplats. Stämningen var spänd, som alltid inför en större strid. Bokov och Berzarin var medvetna om att marskalk Zjukovs stab hoppades mycket på dessa spaningsanfall. Trots intensiv flygspaning var den ryska underrättelsetjänsten inte säker på huruvida de främsta tyska ställningarna var helt bemannade, eller om det bara fanns svaga styrkor och enstaka artilleripjäser där som flyttades runt hela tiden för att lura ryssarna.

Till skillnad från all annan spaning, som innebar att smyga fram med små patruller som höll sig dolda när de kartlade fiendens försvar, innebar den ryska taktiken fullskaliga attacker med hela bataljoner eller regementen. Spaningstruppernas uppgift var att bita sig fast i de främsta tyska skyttegravarna för att dra på sig fiendens eld så att man kunde kartlägga okända stödjepunkter och var det tyska artilleriet höll hus. Likaså skulle de identifiera svaga punkter i Busses försvarslinje. Men Zjukov hoppades framför allt på att 9. armén skulle förledas att tro att det var huvudanfallet som började och lockas att föra fram så stora truppstyrkor som möjligt till främsta linjen, där de sedan skulle träffas av artilleriets förintande bombardemang.

När tiden var inne trädde Berzarin, Bokov och de andra stabsofficerarna ut från den provisoriska bunkern till artillerikikarna som var uppställda under ett "tak" av kamouflagenät för att betrakta skådespelet. Vid klockan 5.40 startade angreppen med en kvartslång artilleriförberedelse. Generallöjtnant Bokov berättar:

> Eldsvansar susade över ställningarna – gardesgranatkastarna [stalinorglar] "talade". En lätt vind förde bort rökmolnen. Oavbrutet bävade jorden under nedslagen, spillror virvlade genom luften. Plötsligt sköt en rökpelare upp mot himlen till höger om oss, gula flammor fladdrade fram ur den. Vårt artilleri hade nog träffat ett drivmedelslager.
>
> Pansar- och stormkanonförband rasslade förbi vår observationsplats. Vagncheferna stod i de öppna luckorna. Först nu kunde de rycka fram till de främsta linjerna för att inte väcka fienden genom motorlarmet. Nu överröstade artilleridånet alla andra ljud. På en stridsvagns sida räknade jag fem målade stjärnor: besättningens segerkonto.
>
> Röken drog så småningom bort, men nära markytan låg den ännu kvar länge. Den efterlämnade en bitande smak i munnen och gjorde det svårt att andas. I fältkikare iakttog vi våra soldater som korsade ingenmansland.
>
> Fienden gav eld från djupet och flankerna. Jordfontäner steg upp mellan angriparna. Men då dök våra stridsvagnar och stormkanoner upp i infanteriets slagordning. De körde förbi skyttesoldaterna och gav eld samtidigt som de rullade fram.

Vid den framskjutna ställningen stockades de förstärkta bataljonerna, minfält spärrade deras väg. Våra stridsvagnar som var utrustade med minröjningsutrustning samt pionjärerna skred till verket, därefter kunde anfallet fortsätta.[10]

Gerhard Tillery i divisionen "Berlin" hörde de första ploppen från de ryska granatkastarna och strax därefter bröt eldstormen ut.

Det ven och smällde, splitter surrade genom luften. Sårade skrek, däremellan [hördes] pansarvärnskanonernas ratsch-bom, luftvärnskanonernas skällande och kulsprutornas hamrande – det var som om helvetet öppnade sig. Efter några sekunder kunde vi inte ens se fem meter framför oss. Rök- och krutröksmoln berövade oss sikten. Jag satt i gropen, pressad mot väggen och väntade på att beskjutningen skulle sluta. Infernot varade bara tio minuter, men det som ramlat ned över skyttegraven under ett par ögonblick trotsade varje beskrivning. Man måste bara förundra sig över att man inte hade träffats. Där det nyss hade funnits ett utbyggt skyttegravssystem befann sig nu blott en flack sänka.

Granaterna hade totalt fyllt igen skyttegraven. Men nu kom den andra delen. Den fientliga gevärs-, kulsprute- och kpistelden satte in och tilltog alltmer i styrka. Hårt pressade mot marken väntade vi på fienden. För nu skulle han komma, det visste vi. Plötsligt avmattades infanterielden och en brun massa välde bokstavligt talat upp ur den ryska skyttegraven. I samma ögonblick började vår eld, men även om ack så många av ryssarna stupade kom ständigt nya ut ur skyttegraven. Redan hade de första under höga "Urrah"-vrål nått vår skyttegrav till höger om oss och bröt in i förbindelsegraven. Nu började ryssarna rulla upp graven åt alla sidor. Ungefär 50 man trängde fram i förbindelsegraven. Gång på gång kom ryssarna fram; vi måste dra oss tillbaka. Men vägen till kompaniets stridsledningsplats var avskuren. Därför gick vi till att börja med tillbaka åt vänster och därefter genom den andra förbindelsegraven. Men då även denna nästan helt hade rasat ihop erbjöd den knappt något skydd för oss och ryssarna besköt oss. Därvid stupade min andre kulspruteskytt, Sepp Wieser.[11]

För Heinz Krüger blev det här anfallet droppen:

> Vid Seelow upplevde jag ett stort pansaranfall, som vi slog tillbaka. Vi hade bara kulsprutor och pansarnävar. Å, vi hade så stora förluster! Jag hade en pansarnäve. Och dom bara kom och kom. Ena gången kom dom där borta och när dom inte kom fram där kom de från andra sidan, och vår styrka kastades hit och dit för att skydda ställningarna. Vi hoppade upp och sköt med våra pansarnävar. Vid ett tillfälle tog jag skydd i en krater, så kikade jag försiktigt upp över kanten. BOM! Där gick pansarskottet.
>
> Jag ville inte slåss längre, så jag gick helt enkelt därifrån till Berlin–Strausberg i början av april. Emaljögat hade jag krossat mot marken, för jag ville inte slåss. Nu begav jag mig till Berlin för att skaffa ett nytt – det fanns en bra protestillverkare där. Några problem med militärpolisen eller SS hade jag inte när jag tog mig dit. Giltiga papper saknade jag, men alla kunde ju se att ögat var borta. Militärpolisen, eller bandhundarna, som de kallades, hade varit verksamma på andra sidan Oder, men jag såg inte till några på vägen till Berlin. Det var värre i Küstrin, där hade de härjat överallt.[12]

Spaningsanfallen åstadkom i allmänhet bara små inbrytningar i de tyska ställningarna. Oftast återställde tyska motanfall linjen igen, men i huvudriktningen på båda sidor om riksväg 1 blev det besvärligt för 9. arméns trupper, fast linjen höll. Vid middagstid började den försvagade 20. pansargrenadjärdivisionen i denna sektor ge vika och norr därom förlorade även 9. fallskärmsjägardivisionen terräng under eftermiddagen och måste överge samhället Zechin. På eftermiddagen blev general Busse övertygad om att marskalk Zjukovs stora offensiv skulle sättas igång följande dag och han beordrade därför trupperna på ett cirka 15 kilometer brett avsnitt i Oderbruch att dra sig tillbaka till ”fältslagsställningen” för att undgå den fruktade ryska artillerielden. Han befallde också att pansardivisionen ”Müncheberg” skulle ta 20. pansargrenadjärdivisionens plats i stridslinjen, eftersom SS-generalen Kleinheisterkamp meddelat honom att den inte skulle kunna stå emot en fientlig storoffensiv.[13] Den här avlösningen hann dock inte fullbordas före den 16 april vilket medförde att den illa tilltygade pansargrenadjärdivisionen fortfarande befann sig på det hetaste avsnittet när Berlinoffensiven tog sin början. På kvällen ska Busse dessutom återigen ha bett armégruppen om att få 18. pansargrenadjärdivisionen samt SS-divisionerna ”Nordland” och ”Nederland”, vilket avslogs på nytt.[14]

Tillbakadragandet skulle dock visa sig vara en felbedömning. Storoffensiven uteblev och Busses trupper överlämnade i praktiken välbefäst terräng i fiendens händer utan strid.

MEDAN MAN I 9. arméns högkvarter kliade sig i huvudet och undrade huruvida huvudanfallet skulle komma nästa dag eller inte, kunde general Bokov på betryggande avstånd höra hur stridslarmet avlägsnade sig. Efter en halvtimme kom de första rapporterna om att bataljonerna trängt in i tyskarnas främre försvarssystem och tagit 60 fångar, däribland två majorer.[15] Eldledarna som hade följt med bataljonerna gav artilleriet nya målkoordinater och striden fortsatte. Mot slutet av dagen avmattades striderna, rödarmisterna bet sig fast, organiserade försvaret, lade ut telefonledningar till staberna, förde fram förråd och transporterade de sårade bakåt.

TILLERY OCH HANS soldater kunde inte dra sig tillbaka till sitt kompanis stridsledningsplats eftersom den fallit i fiendens händer utan de tog sig tillbaka till samhället Solikante, dit kompanichefen också retirerat. Så småningom samlades ett fyrtiotal man där med en kulsprutegrupp. De överlevande var redan utmattade och traumatiserade av de hårda striderna.

> Helt utpumpad gick jag i ställning i diket. På andra sidan vägen låg fältväbel Buchal. Han ropade över till mig: ”Tillery, har du en cigarett till?” Men jag hade bara tobak och papper. Min tobaksdosa kastade jag över till honom men han klarade helt enkelt inte av att rulla sig en cigarett. Med möda och nöd gjorde jag en och slängde den till honom.[16]

Ryssarna hade inte följt efter dem, utan var fullt sysselsatta med att plundra kompaniets stridsledningsplats vilket gav resterna av Tillerys kompani en chans att smyga sig på dem.

Löjtnant Rifferscheidt gav order om motanfall och de gick i ställning ett par hundra meter därifrån för att göra sig redo. För sig själv tänkte Tillery att rödarmisterna var så många och de själva så få men ”order är order”. Borta vid bondgården sprang ryssarna helt aningslöst omkring.

Plötsligt reste sig de tyska soldaterna med ett vildsint ”Hurra” och sköt ur alla pipor medan de sprang. Nu var det för sent att vända om. Inte ett enda skott kom emellertid ur Tillerys kulspruta, eftersom han plötsligt fått eldavbrott. Frenetiskt drog han i spännaren men inget hände. Hjälplös fortsatte han att delta i stormanfallet men vrålade desto högre, i hopp om att det skulle hjälpa. Själv befann han sig långt till vänster, medan en del av kompaniet gick runt bondgården från höger.

I tron att ryssarna hade flytt sin kos sprang han in i trädgården där det första han fick se var en gödselkärra. Plötsligt slog en hel kulsprutesalva in i vagnen så att flisorna rök och han fann sig stå öga mot öga med en grupp på tolv ryssar bara ett tiotal meter framför sig. I samma ögonblick pekade en av dem på Tillery och röt något varefter en rad handgranater flög genom luften i riktning mot honom.

Reflexmässigt ryckte han återigen i spännaren och nu gick hela patronbandet med 50 skott av rakt in i gruppen av rödarmister. Sex sjönk ihop direkt, ytterligare två föll strax därefter och resten tog till flykten. Han lade i ett nytt patronband men inte ett enda skott till avlossades.

Under tiden hade kamraterna på högra kanten hunnit fram till Tillery. Kompaniet fortsatte sedan förfölja ryssarna genom förbindelsegraven och det kunde besätta sina gamla positioner, medan ryssarna fortsatte tillbaka till sina egna.

Fiendens inbrytningsförsök var över. Det hade kostat ryssarna ett åttiotal döda och de tyska trupperna erövrade flera vapen. Tillery tog en rysk kpist som trofé. På tyska sidan hade också många dödats eller sårats, men kompaniet som Tillery tillhörde räknade fortfarande 48 man. En av plutoncheferna hade fått en kula i underlivet och vrålade fruktansvärt av smärta.

Resten av dagen avlöpte lugnt och under natten fick de besked om att de skulle bli avlösta av ett annat kompani. Det lät som ljuv musik i Tillerys öron.

MARSKALK ZJUKOV VAR inte nöjd med framstegen utan beordrade att den våldsamma spaningen skulle fortsätta i ännu större omfattning under följande dag, den 15 april. General Bokov minns exempelvis att 5. stötarmén fick en direkt order av Zjukov att kasta in förstärkningar för att utvidga framgången och erövra hela första linjen.[17] Innan dagen var slut hade de även erövrat delar av andra skyttegravslinjen i Berzarins sektor.

På det centrala avsnittet i Oderbruch lyckades ryssarna pressa sig fram ytterligare 2–5 kilometer, men i övrigt höll försvaret samman. Inte heller hade de viktigaste målen med spaningen uppnåtts. Fortfarande hade Zjukov inte lyckats skaffa sig en så bra bild av det tyska försvarssystemet som han hoppats på och han hade inte heller lyckats lura Busse att kasta in alla reserver i främsta linjen.

På morgonen den 15 april måste Busse konstatera att det beordrade tillbakadragandet inte hade gått som planerat. Varken besättandet av ”fältslagsställningen” eller avlösningen av 20. pansargrenadjärdivisionen hade fullbordats och det var bara ren tur att de sovjetiska trupperna inte upptäckt det.[18] Om ryssarna hade inlett storanfallet just då skulle det med säkerhet ha lett till en stor katastrof för Busses styrkor vilka delvis befann sig i rörelse mellan olika försvarsställningar.

En av Busses sista åtgärder före offensiven var att sätta in en ny kårstab som skulle ta ansvaret för avsnittet på båda sidor om riksväg 1, där han förstod att striden skulle stå som hetast. General Helmut Weidlings LVI. pansarkår, en stab som anlänt till Oder bara några dagar tidigare med helt otillräckliga signalmedel tog under eftermiddagen befälet över pansardivision ”Müncheberg”, 9. fallskärmsjägardivisionen och 20. pansargrenadjärdivisionen. Weidling, en erfaren general med många års erfarenhet av östfronten, fick inte många timmar på sig för att göra sig redo inför det stora slaget.

På eftermiddagen den 15 april läste general Busse också Hitlers dagorder till soldaterna på östfronten och den lämnade inga tvivel på att Hitler tänkte låta trupperna vid Oder slåss till siste man:

> Soldater på tyska östfronten!
>
> För sista gången har den judisk-bolsjevikiska dödsfienden gått till anfall med sina horder. Han försöker krossa Tyskland och utrota vårt folk. Ni soldater på östfronten vet redan i hög grad själva vilket öde som hotar de tyska kvinnorna, flickorna och barnen. Medan de gamla männen och barnen mördas förnedras kvinnorna och flickorna till att bli kasernhoror. Resten marscherar till Sibirien.
>
> Vi har förutsett den här offensiven och sedan januari i år har vi gjort allt för att bygga upp en stark front. Ett jättelikt artilleri hälsar fienden välkommen. Förlusterna bland vårt infanteri har ersatts av otaliga nya enheter. Alarmenheter, nyuppställda förband och folkstorm förstärker vår front.

Bolsjeviken kommer den här gången att uppleva Asiens gamla öde, dvs. han måste och kommer att förblöda framför det tyska rikets huvudstad.

Den som inte gör sin plikt i detta ögonblick uppträder som förrädare mot vårt folk. Regementet eller divisionen som överger sin ställning agerar så föraktligt att det måste skämmas inför kvinnorna och barnen som håller stånd mot bombterrorn i våra städer. Se framför allt upp med de få förrädiska officerare och soldater som kommer att kämpa mot oss i rysk sold, kanske rent av i tysk uniform, för att rädda sina eländiga liv. Den som ger er order om återtåg utan att ni känner dem väl ska genast arresteras och om nödvändigt också ögonblickligen avrättas – oavsett vilken rang han har. Om varje soldat på östfronten gör sin plikt under de kommande dagarna och veckorna kommer Asiens sista anstormning att brytas sönder, precis som våra fienders inbrytning i väster trots allt kommer att misslyckas när allt kommer omkring.

Berlin förblir tyskt, Wien blir åter tyskt och Europa blir aldrig ryskt.

Bilda en edsvuren gemenskap för att försvara inte det tomma begreppet fosterland utan er hembygd, era kvinnor, barn och därmed vår framtid.

I denna stund blickar hela det tyska folket mot er, mina kämpar i öst, och hoppas bara på att den bolsjevikiska anstormningen kvävs i ett blodbad genom er ståndaktighet, er fanatism, era vapen och er ledning. I det ögonblick då ödet har avlägsnat tidernas störste krigsförbrytare [dvs. Roosevelt, som dog den 12 april] från jorden kommer kriget att avgöras.

Adolf Hitler[19]

Den här dagordern skulle spridas ända ned till kompanicheferna, men fick inte publiceras i tidningarna. Busse påstods ha blivit rasande över att läsa Führerns uttalanden om en "stark front", ett "jättelikt artilleri" och "otaliga nya förband".[20] Busse behövde mer än stora ord för att stoppa den ryska offensiven.

I SAMMA STUND kände Gerhard Tillery sig som en kung. Hans kompani hade blivit avlöst och marscherat till en plats långt bakom fronten. "Vi var inte avundsjuka på vår avlösning, men vi visste inte att den ryska ångvälten skulle rulla över dem inom 24 timmar."[21]

Marschen slutade vid en bakre ställning tre kilometer bakom fronten. Det var i närheten av byn Klein Neuendorf, där det fortfarande fanns civila.

> Först gjordes vapnen i ordning, sedan kunde vi tänka på oss själva. Vi kände oss som pånyttfödda när vi äntligen hade tvättat oss riktigt igen. Vi bemannade en ställning som löpte framför ett gods, men behövde inte alltid kura i skyttegraven, utan bodde i husen och skulle bara bemanna graven vid alarm. Äntligen hade vi tiden igen att skriva hem. Visserligen hade många kamraters hemtrakter redan ockuperats av ryssarna eller amerikanerna, men nyheterna från fronterna trängde bara mycket sparsamt fram till oss. Under några dagar hade jag bara läst krigsmaktens officiella kommunikéer. Där hette det att det utkämpades häftiga strider utanför Bremen, men jag hoppades att brevet ännu skulle nå fram till mina föräldrar. Från mina föräldrar hade det bara sparsamt kommit post på senare tid, men på grund av de många flygangreppen nådde många brev inte sin destinationsort.[22]

Klockan var 20.45 den 15 april när general Busse läste dokumentet som precis dekrypterats av stabens signalavdelning. Ordern som kom från generalöverste Heinrici bestod bara av en enda rad: ”Gå tillbaka och besätt fältslagsställningen.”

Söder om Küstrin hade tyska trupper den dagen lagt beslag på en rysk fånge som avslöjade att storoffensiven skulle inledas nästa dag. I armégrupp ”Weichsels” högkvarter antog man att denna ”tunga” hade talat sanning och satte allt på ett kort. Om de hade fel skulle fler försvarsställningar ha getts upp i onödan och försvarstaktiken ha avslöjats för fienden.

Busse hade haft fel förut, men var liksom Heinrici övertygad om att Tredje rikets sista strid stundade nästa morgon, och nu gällde det att dra tillbaka trupperna vid Seelowavsnittet från de främsta skyttegravslinjerna för att rädda dem undan den sovjetiska artillerielden. Ändå var inte Busse överens med armégruppen om att ett taktiskt tillbakadragande var den bästa lösningen i det här läget, trots att de ryska artillerimassorna hotade att förinta 9. armén redan i det inledande bombardemanget. Men Busse var orolig för hur hans trupper skulle reagera på en reträtt. Att utan ett skott tvingas överge de ställningar som de dittills försvarat så hårdnackat skulle kunna knäcka deras redan bräckliga stridsvilja. ”Om de måste dra sig tillbaka på natten kan de komma att gå tillbaka ända till Berlin [utan att vi kan stoppa dem]”, befarade han.[23]

Men det fick bli som Heinrici hade bestämt och han var inte Busse svaret skyldig: ”Har det inte gått upp för er att det inte kommer att finnas något kvar av era fina fältbefästningar eller av ert folk när ryssarna har utlöst sin spärreld? Om ni befinner er i ett stålverk så går ni inte och lägger huvudet under en stångjärnshammare, eller hur? Ni drar i stället undan det i tid. Det är just vad vi gör nu.”

Busse fogade sig i detta men hans soldater hade ingen tid att grubbla över rätt och fel på avgrundens rand.

UTAN ATT EXAKT förstå vad som pågick kunde 18-årige Gerhard Cordes iaktta hur generalöverste Heinricis sistaminutenknep sattes i verket. Cordes låg i den bakre skyttegravslinje som löpte bakom en vägbank vid foten av höjderna, precis nedanför samhället Seelow. Timmarna innan anfallet drog sig pansargrenadjärerna tillbaka och bemannade skyttegraven norr och söder om Cordes regemente, vilket också ingick i 20. pansargrenadjärdivisionen. Cordes tillhörde samma kontingent gröna flygvapensoldater från Oschatz som Günther Dunsbach, vilka fördelats på frontförbanden vid Seelow för att ersätta en del av divisionens förluster. Utan att ha den blekaste aning om det hade Cordes haft oturen att skickas till det som skulle bli den värsta brännpunkten under slaget.

Under de få dagar som han hade varit på plats hade förberedelserna pågått för fullt runtomkring honom. Han hade sett hur en hel luftvärnsbataljon med 88:or intog sin ställning på höjdernas krön bakom dem och en officer hade pekat mot kanonerna och sagt: ”Oroa er inte för stridsvagnar, låt dem passera. De där stora kanonerna kommer att ta hand om dem.”

Och han mindes senare att det fick dem att känna sig tryggare: ”Vi trodde på det – [och det] gav oss självförtroende.”[24]

DE HADE BLIVIT tillsagda att gräva färdigt skyttegraven som sicksackade fram över åkrarna, men det fanns ingen erfaren officer som övervakade de ovana soldaternas arbete. Därför gick de runt och visade sig helt öppet under arbetet och förde oväsen, helt omedvetna om de faror de utsatte sig för. Snart var det dags att ta skydd:

> Vi befann oss under ständig artillerield. I början [var vi] inte roade men [det] blev bättre. På kvällen den 15 april[25] hade de siktat in sig. Vi stannade

> i sicksack-skyttegravar[na] – [och] gjorde skyttevärn i vinkel så att vi hade två flankerande kulsprutor [...] i vinklade skyttevärn.
>
> Vårt uppdrag [var] att slå ut [fiendens] infanteri. Oroa er inte för stridsvagnar, låt dem passera [sade man till oss]. Den kvällen besköt artilleriet oss och vi måste stanna i skyttegravarna – [vi hade] lätta förluster under hela dagen. Min första erfarenhet av strid.
>
> [Vi] kunde inte ge oss av. Vi visste att de som greps bakom [linjerna] genast skulle skickas tillbaka till fronten. [Men det var] bara rykten att de arkebuserade oss. Vi fick folk som blivit arresterade [av militärpolisen] och skickade tillbaka [till fronten].[26]

Liksom tusentals andra pojkar i Oderbruch var Cordes rädd och upphetsad inför det som väntade – han hade aldrig varit i strid förut. De två föregående dagarna hade inneburit hårda strider för de tyska trupperna i Oderbruch, men vad som komma skulle överträffade deras fattningsförmåga.

STEFAN DOERNBERG, EN sovjetisk kapten som hade fötts i Berlin av judiska föräldrar som hade gått i landsflykt i Sovjetunionen efter Hitlers maktövertagande, visste dock att det fanns tillräckligt många tyska soldater som skulle kämpa fanatiskt för att hindra honom och de andra rödarmisterna från att nå Berlin. Antalet tyska krigsfångar var fortfarande betydligt färre än de stupade, eftersom tyskarna slogs till det yttersta. En tillfångatagen fältväbel förhördes av Doernberg:

”Vad vill ni egentligen?” sade fången till Doernberg. ”För tre och ett halvt år sedan stod vi utanför Moskva. Nu står Röda armén framför Berlin. Det är så i krig att bladet vänds igen och avgörandet har inte fallit på länge än.”

”Ni kan inte vara riktigt klok. Nu kan det blott handla om några veckor innan allt är över. Ryssarna står 70 kilometer utanför Berlin och amerikanerna befinner sig vid Magdeburg vid Elbe.”

Men fången var inte imponerad.

”Jaha, och? Führern har fortfarande ett mirakelvapen färdigt och dessutom har Roosevelt dött. Nu kommer amerikanerna att göra gemensam sak med de tyska trupperna mot Röda armén.”

Några tvivel om att de tyska trupperna skulle fortsätta kämpa hårt fanns inte, ansåg Doernberg efter att ha lyssnat till mannens ord.[27]

FÖR MÅNGA RÖDARMISTER i brohuvudet kändes natten mellan den 15 och 16 april som krigets längsta. Först ett par timmar före anfallet informerades bataljonscheferna och deras officerare om vad som förestod. På samma gång samlade kommissarierna soldaterna i skyttegravarna och avslöjade för dem att det var dags. Men de flesta hade redan förstått att det låg i luften, enligt Vladimir Abyzov:

> För soldaterna talar man inte om när en offensiv ska börja. Men trots hemlighållandet vet de. På nätterna rullar stridsvagnar och artilleripjäser till fronten. Kompanierna kompletteras. Fanjunkaren delar generöst ut ammunition och snålar inte med fettet till gröten.[28]

Ett upprop från marskalk Zjukov lästes upp för dem och spreds som flygblad till dem som inte kunnat delta i samlingarna:

> Motståndaren ska krossas på kortaste vägen till Berlin. Det fascistiska Tysklands huvudstad ska erövras och den röda segerfanan hissas över den![29]

Efteråt tog kommissarierna fram det de haft med sig till skyttegravarna – de röda fanorna som skulle vaja över Berlins ruiner och användas vid segerceremonierna.

Bland anfallsförbanden var moralen hög. Soldaterna såg över lag fram emot den kommande dagen med en blandning av glädje och entusiasm. Krigskorrespondenten Sergej Golbov berättade senare:

> Dagen innan [...] såg jag Zjukov när han besökte fronten. Han satt i en jeep och bar en vanlig soldatrock utan några dekorationer, men hade sin marskalkshatt. Det fanns så mycket spänning och iver i luften att jag hoppades att Zjukov skulle ge anfallsordern omedelbart.[30]

Alla rödarmister var medvetna om att vägen hem gick genom Berlin, men på många håll märktes också en tryckt och dämpad stämning bland manskapet, trots att krigsslutet tycktes så nära. En känd frontpoet summerade soldaternas bekymmer med att ”ingen vill dö på sista sidan”.[31]

Abyzov och ett par dussin andra soldater tillbringade de sista timmarna i en sönderskjuten bondgårds råfuktiga källare, en källare som tills för ett par veckor sedan varit vattenfylld på grund av översvämningarna i Oder. ”Från alla håll kröp fukten inpå oss. [...] Det ruttna höet som hade tjänat som sovplats för oss under de där oroliga dagarna och nätterna spred en obehaglig lukt.”[32] Källarutrymmet genljöd av tunga snarkningar, men några kunde inte sova. Abyzov väntade på att en kamrat skulle avsluta ett brev till familjen så att han själv kunde få lov att skriva några rader hem, men kamraten tycktes aldrig bli färdig.

Tiden förflöt med småprat och skojande med några andra soldater som kommit ned i källaren, men plötsligt slets källardörren loss från gångjärnen av en kraftig tryckvåg. Källaren skakades av en explosion och därefter hördes någon skrika på hjälp. En enstaka tysk granat hade varit en hårsmån från att utplåna dem allihop. Två av kamraterna var döda och ytterligare två sårade bars iväg av sjukvårdare. Offensiven hade inte ens börjat och det krävdes redan människooffer, tänkte Abyzov. Bombardemanget mot fiendens linjer skulle inledas om bara några minuter.

STRIDSVAGNARNA VILKA NIKOLAJ Popjel och Michail Katukov passerade när de körde in i Küstrinbrohuvudet med sin stabsbil dagen före anfallet var täckta med graffiti som talade om det kommande uppdraget: ”Till Berlin!” ”Framför oss ligger Berlin!”

”Här handlar det inte om stridsvagnar utan om en utställning av moderna plakat”, skämtade Katukov.

De båda officerarna hade inbjudits att beskåda inledningen av den historiska offensiven från generalöverste Tjujkovs observationsplats på Reitweinåsen i södra delen av brohuvudet. Tjujkovs högkvarter låg helt nedgrävt i den sandiga åsens västra sluttning inte långt från byn Reitwein och imponerade stort på de båda besökarna. ”Här hade hela småhus inrättats under jord, rymliga arbetsplatser, platser att koppla av och en restaurang!” Den här gången hade Tjujkov överträffat sig själv, ansåg de.

”Så väl ingenjörssoldaterna arbetar hos er, Vasillij Ivanovitj! Också den här gången är vi överraskade.”

”Vi visar gärna vad vi kan, ärade kamrater pansarsoldater!”[33]

Observationsplatsen strax intill låg väl skyddad under kamouflagenät och gick varken att upptäcka från luften eller på hundra meters håll, me-

Tyska soldater väntar på den ryska offensiven vid foten av Seelowhöjderna.

nade Popjel. Här befann de sig på första parkett när krigets sista kapitel skrevs. Några kilometer norrut gick den bekanta riksväg 1 rakt västerut från Küstrin till Berlin. På andra sidan Oderbruch väntade Seelowhöjderna, den starkaste delen av det tyska försvarssystemet, på att stormas redan första dagen av hans gardessoldater, så att Katukovs pansartrupper kunde skrida till verket.

"Nå, hur blir det med genombrottet? Kommer ni att kunna uppnå det vid rätt tidpunkt?" förhörde sig Katukov hos Tjujkov som ängsligt vankade av och an.

"Genombrott hit och genombrott dit. Att inta dessa förbaskade höjder i ett enda svep är nästan omöjligt. Titta bara vad tyskarna har byggt upp." Tjujkov bet sig i läppen och visade flera flygfotografier på vilka det omfattande nätet av skyttegravar, förbindelsegravar och stridsvagnsdiken syntes. Katukov höll med honom:

”Ja, det kommer inte att vara lätt att erövra de här höjderna. Innan infanteristerna har nått höjdkammen har stridsvagnarna inte där att göra.”

”Särskilt illa är det att vi inte har någon insyn i ställningarna här nedifrån. Vårt artilleri kommer alltså inte att kunna skjuta någon riktad eld. Och att förstöra ställningarna med enbart flack eld kommer att vara besvärligt.”[34]

En som inte var oroad för det tyska försvaret på höjderna var deras frontbefälhavare, marskalk Zjukov, som egentligen bara hade studerat anfallsterrängen på flygfoton och hade underskattat vilket geografiskt hinder höjderna egentligen utgjorde.[35] Anfallsplanerna förutsåg en upprepning av det snabba genombrottet av den tyska försvarslinjen i Polen tre månader tidigare.

Några timmar innan offensivens inledning uppenbarade sig marskalk Zjukov på Tjujkovs observationsplats i sällskap med den politiske kommissarien Telegin och sin artilleribefälhavare, general Kazakov, som hade planerat det inledande bombardemanget. Förutom Tjujkov själv fanns det redan en rad höga officerare på plats, vilka ville iaktta skådespelet som skulle ta sin början klockan 5.00 Moskvatid (klockan 3.00 lokal tid). En och en halv timme dessförinnan var alla förberedelser avslutade.

Alla var nervösa och inte ens marskalken lyckades dölja sin upphetsning:

”Har tätbataljonerna förberett allt, Vassilij Ivanovitj?”

Tjujkov, som inte gillade Zjukov efter att denne enligt hans uppfattning tagit åt sig för mycket av äran för kampen om Stalingrad, redogjorde för resultaten av spaningsanfallen, vilka hade medfört vissa terrängvinster. Men de hade inte gett några nya informationer om det tyska försvaret utan bara bekräftat vad de redan visste.

”Och ni har inte avslöjat er anfallsplan i och med detta?” förhörde sig marskalken.

”Det ni har befallt, kamrat marskalk, har vi också genomfört! Och vad kan man över huvud taget förråda här?” svarade han och slog ut med armarna. Tyskarna väntade på dem, det var helt uppenbart för alla och hade också bekräftats genom förhör med krigsfångar.[36]

Segervisst hade Zjukov ändå inte gjort några större ansträngningar för att dölja sina anfallsavsikter. Tvärtom fick kapten Stefan Doernberg en mycket ovanlig order av Första vitryska frontens kommissarie, general Telegin: Tidpunkten för anfallet skulle basuneras ut för fienden! Så säkra var ryssarna på en snabb framgång. I ett par timmar skränade Doernbergs högtalare ut i det kompakta mörkret:

> Ställ in det meningslösa motståndet! Hjälp till att snabbt göra slut på kriget!! Rädda era liv, för er egen, för era anhörigas och för ert folks skull! I Första vitryska frontens namn kommer detta upprop i sista stund. I gryningen kan det redan vara för sent. Marskalk Zjukov garanterar era liv och återkomsten till hemmet efter kriget.[37]

Officerarna på observationsplatsen fördrev väntetiden med att dricka te under allvarlig tystnad. Prick tre minuter innan artillerielden skulle börja gick officerarna ut och ställde sig vid bröstvärnet. Dagtid hade man utsikt över hela Oderdalen och Seelowhöjderna härifrån, men nu var hela landskapet ännu höljt i ett ogenomträngligt mörker.

När vakthavande signalisten Tenejev överräckte papperslappen med lösenordet "siren" från divisionsstaben visste major Alexander Bessarab att stunden var kommen. Klockan var 4.57 Moskvatid och om tre minuter skulle den allmänna eldförberedelsen inledas. Även hans självständiga pansarvärnsbataljon i 3. stötarmén skulle delta i bombardemanget.

"Till alla: Ladda!" beordrade han sina batterichefer och tittade på klockan. Nu var det dags.

Solen skulle gå upp runt 5.30.

KAPITEL 9

# Seelow – första dagen

16 APRIL 1945

PRICK KLOCKAN 5.00 Moskvatid började artilleriet dåna i den mest helvetiska konsert som Nikolaj Svisjtjev eller någon annan av de ryska artilleristerna kunnat föreställa sig. Med en mäktig salva ur alla eldrör inledde marskalk Zjukovs 14 628 artilleripjäser och granatkastare samt 1 531 katjusjor bombardemanget mot 9. armén. Innan dagen var över skulle 1 216 000 projektiler ha avlossats mot fienden, vilket var lika med 98 000 ton obarmhärtig metall och trotyl.[1]

> Det var det mäktigaste från stort till smått. Blodet rann ur öronen på dem som inte var vana vid oljudet, därför höll vi våra munnar öppna medan vi sköt.[2]

Artillerielden var den kraftigaste som skådats under bägge världskrigen. ”Vovka” Rozanov och hundratusentals andra rödarmister var förvissade om att de lyssnade till krigets slutmusik:

> I min själ var jag övertygad om och tillfreds med att artilleriförberedelsen avlöpte väl. Vi kände förberedelsens rytm. Vi kände våra styrkors överlägsenhet över tyskarna. Vi hade gjort väldiga förberedelser; vi hade erövrat dokument; vi hade information. Jag hade slagits vid Kursk och i Warszawa och jag hade en känsla av stolthet över vår samfällda ansträngning att organisera detta. Vi kände att vi skulle utkämpa detta slag och vi skulle avsluta det.[3]

Likt en jordbävning åtföljd av åska och vulkanmuller rasade detta inferno, som tycktes förinta allt i sin väg. Över huvudet på major Bessarab och hans pansarvärnssoldater tjöt katjusjaraketerna med sina eldsvansar mot målen, medan hans egna pansarvärnskanoner hamrade in projektil efter projektil mot de tyska försvarspositionerna i främsta linjen.

Hela 8 983 artilleripjäser ur Första vitryska frontens artilleriarsenal hade satts in på de avsnitt där man planerade att bryta igenom de tyska linjerna först, vilket innebar i genomsnitt en artilleripjäs på var fjärde meter.

En ohygglig syn var det och alla som inte deltog i eldgivningen på ett eller annat sätt kom ut ur skyddsrummen för att titta på. Abyzov och hans kamrater struntade i rökförbudet, tände sina cigaretter och log belåtet. ”Detta var inget skadeglatt leende. Vi firade vår seger. Det verkade som om hela vår smärta och vårt hat mot fascisterna urladdades i de dödliga explosionerna.”[4] Även soldater som upplevt de mäktiga kanonaderna framför exempelvis Moskva och Stalingrad måste erkänna att de aldrig sett något liknande. Överste Michail Kalasjnik, den högste politofficeren i 47. armén, mindes att ”allting smälte samman till ett jättelikt, ständigt växande dån. Att inte ett enda skott föll från fiendens sida var förståeligt. Nu hade han annat att göra”.[5] Kapten Sergej Golbov stod på Oders östra strand och tänkte på sin farmors berättelser om hur ”jorden skulle brinna vid världens undergång och de onda bli uppslukade av elden”. För Golbov framstod detta som ”världens undergång för tyskarna”.[6]

På den tyska sidan var många beredda att hålla med.

SAMTIDIGT BÖRJADE INFANTERIET arbeta sig fram mot fiendens linjer och grupperade sig 150 meter från de främsta fientliga värnen för att gå till anfall när bombardemanget slutat. Efter 20–30 minuter gjorde artilleriet en kort paus och den som fortfarande hade ett uns av hörsel i behåll kunde förnimma det dova brummandet av de 743 bombplan som var på väg mot sina mål uppe på höjderna. Under sina inflygningar skulle de sammanlagt fälla 884 ton bomber mot de tyska bakre ställningarna samtidigt som artilleriet dundrade i Oderbruch.[7]

Ingen av officerarna på Tjujkovs observationsplats hade någon aning om hur länge telefonerna stått och ringt. Bara några enstaka kulsprutesalvor hördes från fiendesidan, sedan blev det helt stilla. Det verkade inte finnas en själ kvar där borta, ansåg frontbefälhavaren Zjukov och de andra officerarna och tolkade det som att tyskarna krossats fullständigt. Marskalken gav därför order om att avbryta den allmänna stormelden tidigare än planerat och inleda anfallet. Otaliga röda, gröna och vita signalraketer steg upp på den ryska sidan och i ett trollslag tändes de 143 luftvärnsstrålkastarna som rullats fram till de främsta linjerna. Ljuskäglorna riktades rakt mot fiendens positioner för att blända de tyska soldaterna och underlätta den egna framryckningen. Här och där ska även lastbilsstrålkastare och stridsvagnslyktor ha stämt in i ljuskonserten. ”Över 100 miljarder watt starkt ljus lyste upp slagfältet”, enligt Zjukov. Detta var hans hemliga vapen som han smusslat med i största hemlighet. Kapten Golbov erinrade sig att det var ”nästan som om marken hade börjat brinna, som om jättelika vulkaner hade fått ett utbrott på en och samma gång. Och ljusen darrade så starkt och flimrande på grund av dynamorna.”[8] Ljuschocken var en stor överraskning också på den ryska sidan, där bara ett fåtal personer hade känt till syftet med strålkastarna i förväg. Trots att major Bessarab var en av de invigda kurade även han chockad ihop sig när de tändes. Sedan hörde han en av sina förbluffade soldater ropa till en kamrat: ”Försvinner vi?”[9]

”FRAMÅT!” RÖT PLUTONCHEFEN löjtnant Kisseljov och höjde armen. Abyzov och de andra soldaterna hävde sig upp över bröstvärnet och stormade fram. Det var ljust som mitt på dagen.

Strålkastarna och ljusraketerna var signalen till hundratusentals ryska soldater att börja röra sig ut ur brohuvudet, understödda av hundratals stridsvagnar. Ömsom tysta, ömsom högljutt svärande klafsade rödarmisterna fram över den sönderplöjda åkermarken, vadade över kalla bäckar och bevattningskanaler, forcerade taggtråd och minfält och hamnade i strid med enstaka tyska kulsprutenästen och säkringsstyrkor som överlevt stormelden.

”Där är de!” ropade någon alldeles intill Abyzovs öra. Panik utbröt bland de tyska soldaterna när gardessoldaterna stormade skyttegraven. Närstrid utbröt med kpistar, gevärskolvar och skarpslipade fältspadar. De få tyska soldater de mötte hade inte en chans. Stormningen fortsatte.

Rödarmisterna korsade de första hoprasade tyska skyttegravarna – kanske under stigande misstankar om att allt inte stod rätt till. De tyska liken var alldeles för få och motståndet alldeles för svagt. Granaterna verkade ha landat på fel ställe – på övergivna försvarspositioner. Heinricis försvarstaktik hade i stort sett fungerat.

På samma gång som de sovjetiska stormtrupperna kom i rörelse satte artilleriet igång igen. Soldater, stridsvagnar och stormkanoner ryckte fram bakom en tät vägg av explosioner, på artillerispråk handlade det om en så kallad "dubbel eldvals", det vill säga två ridåer av artillerield som flyttades fram över anfallsterrängen och som de framryckande soldaterna måste hålla jämna steg med.

Det ena bombardemanget gick alltså över i nästa, så att de tyska försvararna upplevde det som en oavbruten eldorkan som varade i flera timmar. Av bevarade vittnesberättelser att döma hade en del av de chockade försvararna mitt i helvetet svårt att hålla reda på om det var artillerigranater eller flygbomber de bombarderades med. Så småningom gick även artillerielden över på höjderna men med begränsad framgång.

Vid Fürstenwalde flög dock ett helt ammunitionståg med 17 vagnar och 7 000 ton haubitsgranater i luften, vilket förvärrade det tyska artilleriets akuta ammunitionsbrist ytterligare. Dessutom förstördes det tyska pansartåget med 28-centimeterskanoner i Seelow-Münchebergområdet av elden.

"Första positionen är erövrad!" rapporterade Tjujkov till frontbefälhavaren som förtjust gnuggade händerna och vankade fram och tillbaka på observationsposten på Reitweinåsen. "Bra, bra! Mycket bra!"

Snart kunde Tjujkov meddela att gardessoldaterna passerat även den andra skyttegravslinjen. Allt verkade gå som planerat, ansåg general Popjel som lyssnade till strömmen av framgångsrapporter.

HUVUDDELEN AV DET ryska bombardemanget hade hamnat på nästan tomma skyttegravar och marskalk Zjukovs levnadstecknare, William Spahr, avfärdar hela inledningen av offensiven som en "enorm ljud- och ljusshow" vilken visserligen chockade fienden men var till mer skada för de egna anfallstyrkorna.[10] Dammet minskade deras sikt, strålkastarna bländade dem och alla kratrar gjorde den fuktiga terrängen ännu mindre bärkraftig för stora pansarstyrkor.

Det flimrande strålkastarljuset verkade "spökaktigt [...] lysa upp de vita dammolnen", mindes den 18-årige tyske pansargrenadjären Martin Kleint i XI. SS-pansarkåren.[11] Men strålkastarna visade sig på många platser vara ryssarnas egen största fiende. Enligt generalöverste Tjujkov fick de inte avsedd verkan:

> På 8. gardesarméns avsnitt var skenet från artillerielden så skarpt att vi från min stridsledningsplats missade ögonblicket då sökarljusen slogs på. Frontbefälhavaren [Zjukov] och jag frågade till och med vad som hänt, och blev överraskade av att höra att sökarljusen redan var påslagna.
>
> Jag måste säga att fastän vi beundrade sökarljusens effekt på testfältet kunde vi inte förutse hur påhittet skulle fungera i praktiken, på slagfältet. Jag såg de starka strålarna lysa upp den virvlande ridån av rök, damm och dunster som piskats upp över fiendeställningarna. Sökarljusen trängde inte igenom denna ridå och det var besvärligt för oss att iaktta striden. Vad värre var: det rådde stark motvind. Som resultat höljde snart ett ogenomträngligt moln av damm in Höjd 81.5 där jag hade min stridsledningsplats. Sikten var lika med noll och vi måste lita till radio- och telefonkommunikationer och kurirer när vi ledde trupperna.[12]

Ljuset trängde inte igenom de tjocka dammolnen utan reflekterades tillbaka i ögonen på de framstormande soldaterna så att deras mörkerseende förstördes. Dessutom gjorde skenet anfallstrupperna till perfekta måltavlor för tyskarna uppe på höjderna och frontförbandens upprepade böner om att strålkastarna skulle släckas klingade ohörda hos de högre staberna. I vissa sektorer valde anfallstrupperna helt enkelt att invänta gryningsljuset innan de fortsatte framåt.

Men efter kriget fanns det fortfarande befälhavare som ansåg att strålkastarna ändå varit till stor hjälp. Den åsikten tycks främst ha omfattats av politofficerarna vars främsta kunskaper låg på andra områden än det militära. Politofficeren Bokov vidhöll att de 36 strålkastarna på 5. stötarméns avsnitt verkligen hade bländat de tyska försvararna, demoraliserat dem och hjälpt de egna trupperna att snabbare ta sig igenom minfälten.[13] Den allt annat än pjoskige marskalk Zjukov hade inga skrupler om att sända sina trupper rakt igenom fiendens minfält och så att säga låta deras fötter stå för minröjningen.

Politofficeren Michail Kalasjnik höll efter kriget med Bokov om att strålkastarna fyllt sin funktion väl, men många andra sovjetiska befälhavare vid Seelow var kritiska.[14] En del tyska fångar trodde att det hade handlat om ett nytt hemligt strålvapen.

PÅ 47. ARMÉNS frontavsnitt där krigsreportern Sergej Golbov befann sig, norr om Küstrinbrohuvudet, hade de sovjetiska trupperna inte lyckats erövra något brohuvud och tvingades korsa floden i det första anfallet. Och det var en mäktig syn när tusentals rödarmister vällde ut ur skogen släpande på flytetyg av alla sorter. Överallt hurrades och tjoades det för Stalin och fosterlandet, precis som i en käck propagandafilm. Men det här handlade om spontan entusiasm.

> Jag såg soldater som simmade de 600 meterna över den översvämmade floden, på tomma bensintunnor, trästockar, trädstammar, tomma lådor – jag såg rent av min vän läkaren, som egentligen skulle stanna i sjukhuset bakom linjerna, släpande en jätteliten roddbåt ned till floden. Hans namn var Nikolajev, en jättelik man. Han satte sig i den lilla båten och rodde utav bara helvete över floden. Det fanns väldigt få gummibåtar. Floden var plötsligt full av liv med guppande huvuden, båtar av alla slag, utrustning – det såg ut som en väldig armé av myror som korsade det översvämmade vattnet. Ingen höll tillbaka någon – alla ville ta sig över.[15]

Vid denna anblick bestämde sig Golbov för att inte utsätta sig för några risker. ”Det här är ingen tid att dö. Det finns så många saker jag måste skriva om nu. Det vore fruktansvärt om jag tog det med mig i graven”, tänkte han.[16] Förlusterna blev dock skyhöga på grund av den tyska försvarselden och av en bataljon kom bara åtta man över floden.[17] Panik tycks också ha utbrutit på vissa håll bland de ryska trupperna under flodövergången.

Hur det alls kunde vara möjligt att missa denna otroliga inledning på offensiven är svårt att förstå, men det var precis vad en annan korrespondent hade gjort. Den 24-årige Vasilij Subbotin, som var redaktör för en divisionstidning i 3. stötarmén, hade försovit sig och inte ens det öronbedövande mullret hade lyckats väcka honom. Runtomkring honom var allt öde eftersom divisionen för länge sedan inlett anfallet. Yrvaken och irriterad över att ingen hade tänkt på att informera divisionstidningens medarbetare kastade han reporterväskan över axeln och skyndade i riktning mot fronten. Irritationen mildrades av insikten att det äntligen var dags och av den vårfriska morgonluften. Även om hans division redan hade hunnit långt skulle det inte vara så svårt att hitta den ansåg han och gick i riktning mot kanondundret. Gryningen randades redan när han nådde fram till Oder och blickade ut över brohuvudet i den ”sönderplöjda och vanställda” sänkan på andra sidan.[18] Ett par dagar tidigare hade någon visat honom brohuvudet från den här sidan och han hade tyckt att allt verkade så ”klart och översiktlig” att det inte skulle vara några problem att hitta vägen. Snart skulle han ha hunnit ikapp trupperna, tänkte han.

STRAX INNAN BOMBARDEMANGET utbröt hade Gerd Wagner, gruppchef i ett regemente ur 9. fallskärmsjägardivisionen, enligt order utrymt främsta linjen och gått tillbaka en kilometer med sina soldater för att invänta granaterna på betryggande avstånd, men det stod strax klart att någon gjort en felbedömning och artillerielden träffade dem med full kraft:

> Inom några sekunder hade alla mina tio kamrater i gruppen stupat. Jag själv kom till medvetande i en rykande krevadgrop. Sårad – ett faktum som jag märkte först när jag nådde andra linjen. Så långt ögat nådde fanns det bara brinnande gårdar, byar, rök och väggar av damm.[19]

Fänrik Tams upplevde artillerielden i ett bombskadat hus i själva Seelow:

> Hela Oders dalgång skakade. [...] I brohuvudet blev det ljust som mitt på dagen. Eldorkanen gick över på Seelowhöjderna. Det verkade som om jorden reste sig mot himlen som en tjock vägg. Runtomkring oss började allting dansa och gunga. Det som inte var fastspikat föll ned från borden, hyllorna och skåpen. Bilderna rasade ned från väggarna och gick i kras mot golven. Samtliga rutor lossnade ur fönsterramarna. Efter en liten stund tuggade vi allihop på sand, smuts och glassplitter. Något liknande hade vi dittills aldrig upplevt och inte heller ansett vara möjligt. Det fanns ingen utväg.[20]

Gerhard Cordes tyckte att det kändes som om det föll ”ungefär en granat på varenda kvadratmeter” och att natten blev lika ljus som dagen.[21] När ryssarnas ”eldvals” rullade över de ställningar där hans regemente låg såg han något märkligt: kryssande mellan detonationerna och kratrarna rullade en halvbandvagn med en fyrpipig luftvärnskanon i full karriär i riktning mot fienden. Även vissa artilleripjäser baxades åt samma håll. Först efteråt förstod han att de flyttats fram för att komma undan artillerielden.

Gerhard Tillery hade precis gått av sitt vaktpass och tänkte krypa ned i halmen igen, men innan han hunnit ned i källaren där kompaniet hade sin inkvartering hörde han det ihåliga ljudet när fienden avfyrade sina granatkastare i fjärran: flupp, flupp, flupp. Först trodde han att det bara var den vanliga "morgonkonserten" som skulle drabba soldaterna i främsta linjen, tre kilometer bort, men han tvingades snabbt ändra uppfattning när ridån av krevader snabbt närmade sig. Snart regnade granater av olika kalibrar rakt på deras ställning och huset de sov i fick flera fullträffar. Elden var oerhörd och Tillery tyckte sig urskilja inte bara artilleri, utan även de torra knallarna av luftvärn och pansarvärnskanoner. Ryssarna sköt med allt de hade.

En ordonnans från kompanistaben kom instormande i källaren och beordrade: "Alarm, inta era positioner!"

Medan granaterna föll runtomkring hoppade soldaterna ur Tillerys kompani från krater till krater för att ta sig fram till värnen. Ofta behövde de inte göra så långa språng, för kratrarna överlappade inte sällan varandra. När de kom fram fann de att värnen och skyttegraven hade fått flera träffar och rasat samman.

Här inväntade de under djupaste fasa granaternas nedslag, medan ropen på sjukvårdare åt de sårade klingade ohörda i oväsendet och de ännu oskadda likt mullvadar försökte gräva sig ned mot jordens mittpunkt med fingertoppar och naglar.

INTE HELLER LÅNGT bakom fronten hos pansarreserverna, staberna, trossen och artilleristerna kunde någon undgå att andra världskrigets häftigaste artilleribombardemang hade inletts. SS-fanjunkaren Ernst Streng, plutonchef i tunga SS-pansarbataljonen 502, hade tillbringat natten med sin stridsvagnsbesättning i halmen på botten av en skyddsgrop alldeles intill stridsvagnen, en nästan 70 ton tung "Kungstiger" vilken var den mäktigaste stridsvagnstyp som dittills skådats på slagfälten. Även om de befann sig i ett skogsparti vid Lietzen, flera kilometer väster om Seelowhöjderna, väcktes allihop genast av att marken vibrerade under dem av det ryska artilleriets första salva. När de yrvakna famlade sig upp ur gropen för att nå vagnens skyddande innandöme hörde de redan nästa salva och nästa. Släpande sina filtar efter sig märkte de inte nattkylan när de andtrutet slet upp stålluckorna och dråsade ned på sina platser. Streng satte ögonen till vagnens periskop och såg ”himlen i öster i lågor”.[22]

Automatiskt gjorde sig besättningen stridsklar: Uniformsknapparna knäpptes, hörlurar och strupmikrofoner sattes på, filtar och tvättbylten stuvades in i ett hörn, vapenmekanismerna kontrollerades och första spränggranaten laddades, radioapparat och motor slogs på. Samma hektiska aktivitet pågick samtidigt i bataljonens övriga vagnar.

Hans-Joachim Eilhardt och de andra signalisterna vid pansardivisionen ”Münchebergs” stabsplats uppe på höjderna darrade ofrivilligt ikapp vid åsynen av den väldiga eldstormen nere i Oderbruch. Själva var de lyckligare lottade i ett provisoriskt läger i en skog flera kilometer väster om Seelow, dit inga artillerigranater nådde. Blixtarna och det spöklika skenet av bombardemanget lyste också upp molnen och de armador av ryska bombplan som fällde sin last över viktiga punkter i det bakre tyska försvarssystemet. Men snart föll bomblasterna även över ”deras” skog som systematiskt maldes sönder bit för bit. På botten av sina mer än mansdjupa skyddsgropar lyssnade de modlöst till bombernas ankomst och hoppades på att få bli omgrupperade till en säkrare plats.

Borta i sitt högkvarter i Bad Saarow var också general Busse förfärad över beskjutningen och kallade den för ”det värsta han varit med om”.[23] Sedan lämnade han ansvaret till sin stabschef överste Hölz och begav sig ut till fronten för att med egna ögon följa stridernas förlopp, sannolikt i full förtröstan inför att hans krigsmaskin, den 9. armén, skulle fungera klanderfritt. Det var detta ögonblick som den hade förberetts för under de gångna sex veckorna.

FÖRSTA VITRYSKA FRONTENS offensiv träffade Busses hela försvarslinje men allra hårdast de trupper som låg i Oderbruch. På norra flygeln anfölls CI. armékåren av generallöjtnant Perkhorovitjs 47. armé och av 1. polska armén. Norr om riksväg 1 mellan Küstrin och Seelow gick generalöverste Kuznetsovs 3. stötarmé och general Berzarins 5. stötarmé till storms mot LVI. pansarkåren, vilken i sista ögonblicket satts in av Busse för att ta befälet över försvarsstyrkorna på den avgörande sektorn vid Seelow. På båda sidor om riksvägen träffades pansarkåren också av delar av Tjujkovs 8. gardesarmé, medan andra delar av Tjujkovs armé tillsammans med generalöverste Kolpaktjis 69. armé attackerade XI. SS-pansarkåren i södra delen av Oderbruch och vid Lebus. På Busses södra flygel höll V. SS-bergsjägarkåren och "fästningen" Frankfurt stånd mot svagare anfall av general Tsvetajevs 33. armé. Men det var de tyska trupperna i Oderbruch – Kleinheisterkamps, Weidlings och Berlins soldater – som utsattes för det ryska huvudanfallet. Och allra hårdast pressade ryssarna på mot Seelow – det var där marskalk Zjukov ansåg att det var lättast att forcera höjderna. Fram till gryningen ryckte de fram mellan en och en halv och fem kilometer samt tog flera tomma tyska skyttegravar. Därefter hårdnade motståndet – och det allra mest hos Weidlings kår på båda sidor om riksväg 1.

FRAM TILL GRYNINGEN hade Abyzovs pluton avancerat uppemot åtta kilometer och korsat tre eller fyra skyttegravar, men bara förlorat tre man. Då stötte de på det första stora hindret, en kanal som visserligen inte var särskilt bred, men som de ändå inte kunde korsa utan ingenjörssoldaternas hjälp. De tog betäckning och väntade på bromaterielen medan tyska granater slog ned runtomkring dem.

"En bro!" ropade någon plötsligt, varvid kompanichefen Gorbunov reste sig, lerig i ansiktet, och höjde sin kpist till signal att fortsätta framryckningen.

Alla sprang som bedövade mot bron. De märkte varken av tröttheten eller ens att dagen grytt.

NÄR GRANATERNA SLUTAT falla hade redan gryningen randats och i Seelow vågade sig Tams bort till en utsiktsplats vid krönet, där en skrämmande syn mötte honom nere i Oderbruch:

> Det vi såg fick blodet att frysa till is; en enda våg av tunga stridsvagnar så långt vi kunde se i det gråa gryningsljuset. Luften fylldes av motorernas dån och larvbandsrasslet. När den första vågen kommit närmare upptäckte vi en andra bakom den och sedan svärmar av springande infanterister.[24]

I dagningen fick det kringyrande dammet solen att se ut som en "koppartallrik", tyckte major Bessarab som sett till att hans bataljon häktade på sina pansarvärnspjäser efter de amerikanska Dodgebilarna och rullade i riktning mot höjderna.[25] Skyttebataljonerna och stridsvagnarna ur första

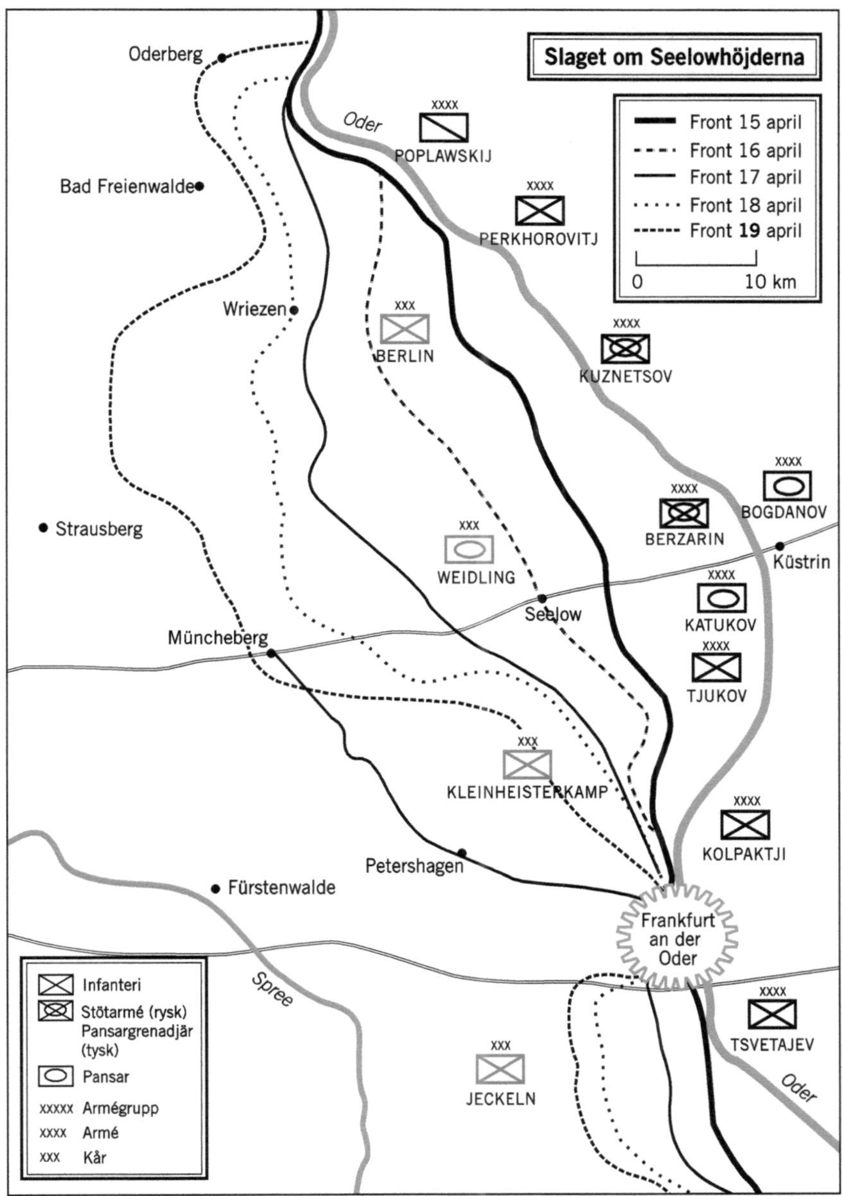


anfallsvågen var redan långt framför dem. På väg åt andra hållet kom först mindre grupper krigsfångar och därefter allt större.

Trängseln på vägen var stor. Stridsvagnar spydde moln av avgaser, och stormkanoner, lastbilar och andra dragfordon hade artilleripjäser på släp.

Artilleristerna måste använda småvägar för att inte hindra pansaret, vilket utsatte dem för risken att köra in i minfält.

En järnvägsdamm hindrade plötsligt deras frammarsch och förbipasserande skyttesoldater fick hjälpa till att knuffa när dragbilarna försökte få pansarvärnspjäserna över spåret. På grund av alla minor måste de vara noga med att hålla sig exakt i spåren från 45 mm-kanonerna som rullat fram här före dem, men en av kanonerna föll och rullade ned för banvallen rakt på en stridsvagnsmina, vilket resulterade i flera döda och sårade soldater.

Efter att sjukvårdare tagit hand om de sårade fortsatte batteriet framryckningen och när de korsade de första tyska skyttegravarna stannade de några minuter för att begrunda resultatet av bombardemanget. En fänrik bad Bessarab om tillstånd att gå avsides och titta på ett hus som legat i hans batteris målområde. En stund senare kom fänriken tillbaka med 17 fångar – en kompanichef, en sergeant och några soldater – vilka hade kapitulerat för den ensamme rödarmisten. Det var tydligt att de hade blivit mycket medtagna av artillerielden.

”Många av mina kamrater väntade otåligt på att kriget och lidandet skulle ta slut”, sade en av soldaterna. Strålkastarljuset hade utlöst panik, berättade den tyske kaptenen som inte kunde begripa var ljuset hade kommit ifrån. Klentrogen upplystes han om att det varit vanliga strålkastare.

”Bland soldaterna i mitt kompani spred sig genast ryktet att det handlade om ett nytt ryskt strålvapen. Kompaniet skingrades sedan åt alla håll och kunde inte längre ledas”, sade han.[26]

ETT PAR TIMMAR efter bombardemanget hade det mesta av dammet lagt sig och en ljusblå vårhimmel uppenbarade sig. Nu kunde de tusentals soldaterna som ryckte fram se flera kilometer åt alla håll i Oderbruch, minns Bessarab:

> Och runtomkring bara stridsvagnar, stridsvagnar, stridsvagnar och våren! Med långa spetsiga små tungor spirade här och där det ljusgröna färska gräset. På de av splitter förkrympta träden svällde knoppar – inte länge kvar tills popplarnas glänsande klistriga blad bryter igenom. Våren kommer tidigare här än hos oss. På dagen var det redan ganska varmt.[27]

Överallt såg han förstörd krigsmateriel. En frän stank stack i näsan på de ryska soldaterna när gummibeläggningen på förstörda tyska kanoners lavetthjul brann upp. Tomma ammunitionslådor och vapen med krokiga eldrör låg kringströdda. Alla möjliga utrustningsdetaljer och döda soldater från båda sidor vittnade om striderna.

UTAN APTIT OCH med nerverna på helspänn pressade Streng och hans besättning ned smörgåsarna som signalisten brett. Hela tiden spanade de efter fientliga stridsvagnar.

Blodröd hade solen stigit över landskapet några timmar tidigare och långsamt börjat tränga igenom dis, damm och rök. Uppmärksamt försökte Streng och hans besättning följa stridens förlopp. SS-pansarbataljonen stod fortfarande i beredskap. Timmarna gick men från divisionen ”Kurmark” som deras bataljon lydde under kom fortfarande ingen order att gå i strid. Klockan hann bli 8.00. ”Sedan en halvtimma kan man höra infanterivapnens stridslarm bölja fram och tillbaka.”[28] Striden verkade rasa bara två–tre kilometer framför dem. En halvtimma senare mattades artillerielden äntligen av.

Humöret steg sakta. ”Vi är ganska optimistiska och tror att vi har klarat att hålla samman fronten mot en övermäktig anstormning.”[29] Klockan 9.00 kom slutligen ordern att förflytta sig och maskeringen som dolt de stora stålkolosserna föll av när de rasslade i väg.

SEELOWHÖJDERNA RESTE SIG som en mäktig mur i de framryckande rödarmisternas väg, men ett par kilometer framför höjderna låg ett annat hinder som måste korsas på vägen dit, närmare bestämt Alte Oder och Hauptgrabenkanalen, vilka var de största vattendragen i det sumpiga landskapet.

På 8. gardesarméns avsnitt hade rödarmisterna övervunnit detta hinder vid tiotiden på förmiddagen och inledde därefter stormningen av höjderna, men vid deras fot låg Gerhard Cordes och tiotusentals andra tyska soldater och väntade på dem. På höjderna bakom dem bidade också generallöjtnant Kurt Kruses kanoner sin tid.

När det ljusnade såg Cordes retirerande soldater 500–600 meter framför sig. Det var förmodligen en del av säkringsstyrkorna som haft det föga avundsvärda uppdraget att stanna i främsta linjen för att lura ryssarna, men det kunde Cordes och hans kamrater inte heller veta. De kände bara till att det fanns en egen

En rysk T-34/85-stridsvagn under framryckningen från Seelow till Berlin. En del av Röda arméns underhåll transporterades på amerikanskbyggda Studebakerlastbilar (till vänster), men häst och vagn dominerade ännu 1945 i den ryska trossen.

försvarslinje någon kilometer framför dem, men att den nu övergavs. När de springande männen var inom hörhåll ropade de: "Ryssarna kommer!"

Sanningens minut närmade sig.

MENIGE HANS HANSEN, som var kanonjär vid ett luftvärnsbatteri inte långt från Cordes ställning i Oderbruch, såg också de springande soldaterna men kunde inte avgöra om de drog sig tillbaka enligt order eller bara flydde sin kos.

En stund senare stod luftvärnskanonerna ensamma kvar ute på fältet som en "framskjuten stödjepunkt" för att bekämpa ryskt pansar. Men några stridsvagnar dök inte upp just där, enbart framryckande rödarmister.

> Det ryska infanteriet följde snabbt efter. Framför oss i en rad buskar började ryska kulsprutor att hamra. Alltihop ser vanskligt ut. Sedan får även vi order att dra oss tillbaka. Pjäserna måste vi lämna kvar eftersom det inte fanns någon möjlighet att transportera dem.[30]

En kilometer längre bak samlades resterna av de krossade enheterna i en ny försvarslinje – även Hansen och de andra luftvärnssoldaterna som inte hade några kanoner kvar att skjuta med. De grupperade sig bakom en järnvägsvall som låg i branten.

> Knappt hade vi inrättat oss provisoriskt förrän det ryska infanteriet dök upp med granatkastare. Till höger om oss trängde täten fram till järnvägsstationen i Dolgelin men kunde stoppas där. Vi sköt allt vad karbinerna och maskingevären höll för, understödda av de tre pjäserna i vår första pluton, som stod alldeles bakom banvallen och ingrep direkt i markstriden med vågrätt sänkta eldrör. Det ryska anfallet körde fast. Men ryssarna nöjde sig naturligtvis inte med det. Ryskt attackflyg flög fram och tillbaka längs banvallen och överöste allting med järnhagel.[31]

På andra sidan kanalen noterade Vladimir Abyzov att det spirade vintergrödor mellan kratrarna. Framför dem tornade Seelowhöjderna upp sig, de var ”inte höga, men branta” och han kunde skönja kyrktorn avteckna sig mot himlen i fjärran.[32] De fortsatte springa över fälten i riktning mot höjderna tills de med ens utsattes för en helvetisk eld och tvingades kasta sig platt på marken.

Soldaterna började snabbt gräva ned sig medan kulor och splitter ven tätt över huvudena. Abyzov visste att de var utmärkta måltavlor för skyttarna på höjderna.

”Om de anfaller nu är det slut med oss”, ropade en av hans kamrater som låg några meter längre bort.[33]

Att skjuta tillbaka med kulsprutepistolerna var ingen större idé. Fienden var för långt borta. Medan de låg där i leran märkte Abyzov att det hade blivit varmt. Det var den första riktiga vårdagen.

NÄR GRANATERNA SLUTAT falla över skyttegraven där Gerhard Cordes låg röt plutonchefen att allihop måste upp på benen och göra sig redo vid sina kulsprutor. Från öster hördes dånet från hundratals ryska stridsvagnsmotorer och det plågade gnisslet av larvband. Snart syntes även silhuetterna genom röken. Det var en syn som kunde skrämma de flesta från vettet. Överallt ryckte fientliga stridsvagnar fram sida vid sida med bara några meters mellanrum, med uppsuttet infanteri på bakpansaret.

Anblicken av det som följde var infernalisk. Med ens öppnade luftvärnskanonerna på Seelowhöjdernas krön eld och projektilerna for över huvudena på Cordes och hans kamrater mot sina mål längre bort i sänkan. Det var ”mer luftvärn än vi någonsin hade sett”, mindes han.

Varenda granat tycktes träffa en stridsvagn som började brinna och soldaterna som satt på dem sopades bort som trasdockor. Cordes och de andra kulspruteskyttarna sköt för allt vad tygen höll mot de framryckande rödarmisterna.

> När stridsvagnar träffades stannade några, andra tog skydd bakom varandra – infanteriet hoppade [av] och fortsatte rycka fram. De var 80–100 meter från mig. Jag kunde se dem falla huller om buller. De vrålade när de kom. [Det var ett] bra beslutsamt anfall.
>
> Några av stridsvagnarna tog sig igenom i flank[en], [fast] de sköts sönder innan de nådde fram till höjderna. En del ryska infanterister kom igenom, men dödades – åtminstone 80 procent – och resten föll tillbaka under förvirring. Detta varade i två–tre timmar.
>
> Vi hade få förluster på grund av anfallet. Vi kände oss ganska självsäkra. ”Detta är inte så illa”, tänkte jag.[34]

Fänrik Tams betraktade samma drama uppifrån krönet nästan rakt ovanför Cordes position:

> Det dröjde bara några minuter tills de första egna granaterna vrålade över våra huvuden. Från höjdkedjans rand öppnade de nedgrävda luftvärnskanonerna med rören sänkta så långt det gick en förintande eld mot ryssarna. Stridsvagn efter stridsvagn gick upp i lågor, det uppsuttna infanteriet sopades bort. De överlevande fortsatte storma framåt med gälla rop. Flygvapensoldaterna sköt rakt in i massorna av rödarmister och anfallet började köra fast framför våra ögon. Några T-34:or hade visserligen

> brutit igenom, men de sköts i brand av våra mannar när de försökte att köra upp för sluttningen till Seelow längs riksväg 1. När det blev riktigt ljust hade anfallet avvärjts med stora ryska förluster.[35]

Överallt var resultatet detsamma för ryssarna.

Framgången kunde Busse tacka sin artillerichef, generallöjtnant Kruse, för, vilken ledde artilleriets strid från en egen stridsledningsplats på höjderna. De två folkartillerikårerna vid Seelow, en annan kår vid Wriezen samt de hundratals luftvärnskanonerna från Berlins luftförsvar hade kämpat väl. De noggranna förberedelserna hade gett utdelning: Kruse hade samordnat allt tyskt artilleri och kunde dirigera det mot vilka mål som helst nere i låglandet. Med noggrant uppmätta målområden kunde artilleristerna bete sig som på en skjutbana.

Ryssarnas anstormning hade stoppats på Seelowavsnittet där Tjujkov och Berzarin räknat med ett snabbt genombrott, men Busse visste lika väl som Kruse och varenda östfrontsveteran i skyttegravarna att detta bara var första försöket. Snart skulle ryssarna komma tillbaka.

Även på andra håll i Oderbruch hade de ryska trupperna märkt att motståndet hårdnade drastiskt ju närmare höjderna de kom. Via en artillerikikare observerade politofficeren Kalasjnik soldaternas framryckning och tvingades konstatera att det var ett ”oförglömligt grymt skådespel”.[36] Blodiga närstrider och rena handgemäng uppstod på de platser där de tyska fältbefästningarna fortfarande var oskadda och bemannade. Rapporterna som strömmade in från frontofficerare och kommissarier till arméstaben visade att motståndet tilltog för varje timme. ”Men alla rapporter slutade med den optimistiska försäkran att uppgiften skulle verkställas och motståndet brytas. Truppernas anfallsgeist förlamades inte.”[37]

Men marskalk Zjukov hade utan tvekan fått en näsbränna som han inte hade räknat med, fast det som för den sovjetiske marskalken bara var ett förargligt streck i räkningen innebar död, svåra plågor och livslånga men för tusentals rödarmister. Av den bataljon från sin egen division som krigskorrespondenten Subbotin till slut hittade i en erövrad skyttegrav ett stenkast från höjderna återstod bara 15 man. När han rutschade ned i diket där de låg undgick han med nöd och näppe en tysk kulsprutesalva – fienden befann sig bara några tiotal meter bort. Högeligen förvånad över att Subbotin tagit sig fram ända dit berättade bataljonschefen Tverdokhleb att hans soldater hittills hade erövrat två skyttegravslinjer och en by – men av hans trupper fanns inte längre mycket kvar.[38]

Mycket hade dock gått fel under anfallets första dag. Hos 5. stötarmén var en del befälhavare till exempel alldeles för defensiva. ”I stället för att kringgå stödjepunkterna med huvudstyrkorna och överlämna likvideringen till andra anfallsvågen, påbörjade de ofta långdragna frontala strider och försenade därigenom sitt anfallstempo.”[39]

Hela det tyska försvarssystemet hade inte utforskats. En del förband tvingades anfalla utan tillräckligt artilleriunderstöd medan andra besköts av sina egna, vilket delvis förklarades med att befälhavare ”tämligen ofta är [...] oförmögna att handskas med olika tekniska apparater”.[40] Oundvikligen medförde en så stor operation missgrepp som att befälhavare förlorade kontakten med sina förband, eller att trupper kom vilse eftersom de dirigerats till fel platser. I vissa fall lämnade befälhavare medvetet falska rapporter om sina framsteg på slagfältet för att stå i bättre dager hos sina överordnade, och i 5. stötarmén bröt signalsystemet samman därför att det skickades så många meddelanden att signalisterna inte han dechiffrera dem. Viktiga order och rapporter nådde därför sina adressater för sent för att påverka slaget.[41] Pressen från Zjukov på sina underordnade att fortsätta framryckningen utan hänsyn till förlusterna var emellertid obeveklig.

En utredning av alla misstag på den ryska sidan gjordes efteråt och den understryker att slaget om Seelowhöjderna definitivt inte var marskalk Zjukovs eller Röda arméns stoltaste ögonblick, fast rapporten besvarar inte frågan om den här operationen drabbades av större problem än någon annan sovjetisk anfallsoperation. Men kombinationen av brist på manöverutrymme för den ryska sidan, det väl förberedda tyska försvaret och de sovjetiska befälhavarnas misstag ledde till att de ryska förlusterna i slaget blev tre gånger högre än de tyska.

FRAMFÖR STADEN WRIEZEN på Busses norra flygel började dock det tyska försvarssystemet i Oderbruch nästan genast falla samman. Att höjderna på denna del av fronten inte föll i första anloppet berodde sannolikt enbart på att den sovjetiska framryckningen gick långsammare här än hos Tjujkov och Berzarin – inte på det tyska motståndet.

När artillerielden upphörde visste Gerhard Tillery att ryssarna var på väg, men nu kunde han åtminstone skjuta tillbaka. Ur röken och dammet frigjorde sig springande gestalter på väg rakt mot honom. Det var de soldater från främsta linjen som överlevt artillerielden och panikslagna flydde med söndertrasade uniformer, utan vapen.

”Ivan kommer!” ropade de när de passerade förbi.

De överlevande var så få, noterade Tillery. Det gick bara att se ett tiotal meter framför sig i röken och ryssarna syntes inte, men de hördes.

Fiendens stridsvrål växte i styrka. Tillery stod där utan sin kulspruta som han hade lämnat på reparation kvällen före eftersom den hela tiden fick eldavbrott. Hans befäl, fältväbel Buchal, skickade honom därför till kompaniets stridsledningsplats, där vapenmästaren också befann sig, för att hämta vapnet, men när han kommit fram till huset hörde han redan ryska röster på oroande nära håll i dimman och röken. Huset där kompanichefen skulle hålla till var övergivet, men kulsprutan hittade han i ett hörn.

Rödarmisternas stridsrop hördes nu så nära att fienden redan måste ha passerat skyttegraven där hans kamrater låg. Därför bestämde han sig för att fortsätta västerut så fort benen bar, men all fältutrustning tyngde ned honom. Förutom kulsprutan och allt annat som tillhörde en fullt utrustad infanterists mundering bar han på en låda ammunition, en rysk kulsprutepistol, flera handgranater och en pistol. Medan han försökte springa kastade han den ena prylen efter den andra, men de ryska rösterna kom allt närmare. Snart skulle de hinna ifatt honom, tänkte han.

”Stoi! Ruki verkh! [Halt! Upp med händerna!]” hördes det plötsligt bakifrån. Då gjorde även kulsprutan en flygtur ned i leran och han slet förgäves med hölstret för att få upp pistolen. När han kastade en blick bakåt såg han till sin fasa att hans förföljare redan siktade på honom med ett gevär, men plötsligt sänkte gestalten det:

”För Guds skull Tillery. Ta med kulsprutan!” Det var en kamrat från plutonen, Hans Kaldekowitz, som stod där med ett blödande sår i huvudet. Han kunde berätta vad som nyss hade hänt: Kompaniet hade börjat dra sig tillbaka, men ryssarna var snabbare och hann ifatt dem och i den dåliga sikten sprang ryssar och tyskar om vartannat åt samma håll, tills tyskarna slutligen lyckats få ett visst försprång i röken.

Vid nästa försvarslinje i Oderbruch, vid byn Sietzing, återsamlades en stor del av kompaniet. Ställningarna låg bakom en fyra meter bred stridsvagnsgrav med 400 meter öppet fält framför sig. Ryssarna var under tiden upptagna med att erövra samhället Gross Neuendorf understödda av stridsvagnar. Bara några flyende civila med sina tillhörigheter hastigt nedpackade i små knyten lyckades fly därifrån.

När dimman lättade kunde luftvärnsbatterierna som låg bakom Tillerys kompani skjuta flera av de ryska stridsvagnarna i brand. Därefter var det lugnt på deras avsnitt, förutom det faktum att himlen kryllade av flygplan med röda stjärnor på vingspetsarna.

Grannregementet i norr hade inte haft samma tur. Tillery kunde se hur ryssarna brutit igenom ställningarna där och ryckte fram med stridsvagnar och andra fordon medan deras infanteri följde efter i vad som såg ut som stora svärmar.

VID MIDDAGSTID HADE belåtenheten försvunnit ur Tjujkovs ansikte och han tvingades rapportera till marskalk Zjukov att hans gardestrupper kört fast vid foten av höjderna eftersom fiendens försvarseld förstärkts. General Katukovs politiske kommissarie, Nikolaj Popjel, bevittnade ordväxlingen:

”Vad menas – 'förstärkts'?! Varför har trupperna kört fast?”, undrade marskalken misslynt. ”De måste rycka fram!”

”Motståndet på Seelowhöjderna har förstärkts. En stor mängd artilleri kämpar. Infanteriet har förlorat stridsvagnsunderstödet. En del har brunnit upp, andra har fastnat i sumpmarkerna och kanalerna.”

Marskalken såg klentrogen ut. Trots spaning hade han inte lyckats skaffa sig tillräckliga underrättelser om hur det tyska försvarssystemet på höjderna såg ut, eller om Heinricis försvarstaktik, som han låtit sig luras av.[42] Men frontbefälhavaren var inte på humör för självrannsakan:

”Anfallet har kört fast? Det säger ni?” fräste han till Tjujkov.

Säkerligen sades en hel del annat också för Zjukov lät sitt hiskeliga humör gå ut över sin omgivning. Tjujkov skällde han ut inför dennes stabsofficerare och andra underordnade hotades med enkel biljett till en straffbataljon om de inte fick fart på den avstannade offensiven igen.

”Kört fast eller inte, kamrat marskalk, vi kommer att anfalla”, försäkrade Tjujkov och skakade dystert på huvudet och gav genast order om ett nytt stormningsförsök.[43]

Han omgrupperade sina trupper, flyttade fram artilleriet och inledde klockan 14.00 ett nytt 20–30 minuter långt bombardemang för att ta sig upp på krönet innan dagens slut.[44]

UPPE I STADEN Seelow var fänrik Tams inte beredd på det nya eldöverfallet på eftermiddagen, vilket träffade orten och försvarsställningarna mycket hårt. Omedelbart när sista granaten fallit kom rödarmisterna stormande, denna gång direkt mot Tams kompani som försvarade nordöstra delen av staden. När striden var över hade den ryska framstöten stoppats men ”var femte av mina mannar var stupad, saknad eller sårad”, tvingades han konstatera.[45]

Artillerielden var mer välriktad den här gången, slog Hans Hansen fast, och granaterna koncentrerades framför allt mot de tyska stödjepunkterna på höjderna.

> Den här gången var förlusterna större än vid morgonens trumeld, även bland flygvapensoldaterna. Försvarslinjen blev farligt tunn. Några stridsvagnar körde fram bakom banvallen för att understödja oss. [...] Någon gång avbröts artillerielden och ur röken, vilken liksom precis som på morgonen låg över terrängen, dök de ryska stormtrupperna upp helt nära vår banvall. Dit hade de arbetat sig fram under skydd av bombardemanget. Nu anföll de med hesa ”Urrah! Urrah!” Handgranater flög mot vårt avsnitt. Vi satte oss segt och förbittrat till motvärn och lyckades faktiskt också hejda detta anfall, även om det skedde under stora egna förluster.[46]

På Abyzovs avsnitt kom gardessoldaterna ingen vart, utan låg kvar i sina grunda gropar nedanför höjderna och väntade på mörkrets inbrott, då förstärkningar kunde föras fram. Det egna flyget och artilleriet började bombardera höjderna, vilket innebar en liten lättnad. Men den tyska beskjutningen fortsatte ändå och anrättade ytterligare förluster, bland annat slet en granat från en granatkastare sönder benen på kompanichefen Gorbunov. Ett par soldater förband honom så gott det gick, men det var osäkert om han skulle överleva till kvällen då sjukvårdarna kunde föra bort honom.

När det mörknade och stridslarmet lugnade ned sig kom förstärkningarna – fler soldater, granatkastare och artilleripjäser. Artilleriet grupperades vid kanalen med mynningarna riktade mot höjdernas krön.

Vid samma tidpunkt på fiendesidan fick menige Hansen och de andra soldaterna vid banvallen order att dra sig tillbaka till den närliggande byn Friedersdorf på krönet söder om Seelow. I skenet av brinnande hus återsamlades drygt 30 flygvapensoldater samt några äldre soldater ur Hansens batteri. Ungefär tio–tolv man ur plutonen hade stupat och lika många sårats.

Överlevarna marscherade genom natten till en annan försvarslinje sex kilometer längre bak vid byn Lietzen. Där fick de äntligen sova några timmar i en provisorisk bunker, men det var många på båda sidor som inte kunde unna sig den lyxen.[47]

PÅ KVÄLLEN HADE ryssarna satt sig fast i de första husen i Seelow, vilket Tams fick erfara när han gav sig ut på jakt efter en av sina plutoner som det inte gick att få kontakt med. Först arbetade han sig fram till riksväg 1 som skar igenom staden, tog ett språng över vägen och stannade vid en husvägg för att hämta andan. Till sin förskräckelse hörde han ryska röster inifrån huset och i nästa ögonblick landade en ägghandgranat vid hans fötter. Instinktivt sparkade han iväg den innan den exploderade och sprang sedan iväg tillsammans med den underofficer som var hans följeslagare, med kulorna vinande kring öronen. Några meter längre bort träffade han på sin egen försvunna pluton, en vaktpost frågade efter lösenord. Plutonen visade sig vara intakt, men soldaterna var oerhört förvånade över Tams uppdykande. Från det hållet hade de bara väntat sig ryssar och inte sin egen kompanichef. Tams gav genast order till plutonchefen att rensa husen vid huvudgatan, Küstriner Strasse, till gryningen, men det gick snabbare än väntat, för ryssarna drog sig tillbaka utan att göra allvarligt motstånd.

FRÅN OBSERVATIONSPOSTEN SÅG general Katukov under eftermiddagen katjusjaraketerna från 8. gardesarmén ”jaga som pilar” mot Seelowhöjderna.[48] Och omedelbart därefter gick gardessoldaterna och stridsvagnarna till aktion igen medan bombplan och attackplan gjorde nya inflygningar över de tyska ställningarna. Katukov väntade fortfarande på att Tjujkovs trupper skulle röja väg åt hans pansararmé och återvände från observationsplatsen på Reitweinåsen till sin egen stabsplats. Rapporterna från anfallsförbanden var emellertid inte tillfredsställande. Överallt fortsatte tyskarna att hårdnackat försvara sig. Efter nio timmars anfall hade Tjujkov bara gjort några obetydliga inbrytningar i den tyska försvarslinjen på höjderna.

”Otroligt. Fienden för in reserver i striden”, sade Katukovs stabschef Sjalin. ”Titta här”, fortsatte han och visade Katukov ett upprop från chefen för en av SS-kårerna i Busses armé (sannolikt rörde det sig om Kleinheisterkamp). I uppropet som riktades till soldaterna hette det att Tyskland hade den bästa chansen någonsin att stoppa den ryska framryckningen eftersom de tyska trupperna förfogade över väldiga mängder artilleri och stridsvagnar som skulle vända krigslyckan.[49] Det var varken första eller sista gången de tyska generalerna ljög för sina soldater för att få dem att fortsätta slåss.

Ett radioanrop från marskalk Zjukov avbröt de båda officerarnas diskussion. Mycket överraskad fick Katukov order att sätta in 1. gardespansararmén i striden så fort som möjligt – innan något genombrott åstadkommits.[50] En likadan anfallsorder hade general Bogdanovs 2. gardespansararmé fått i 5. stötarméns sektor. Pansararméerna skulle hjälpa fältarméerna att fullborda genombrottet i stället för tvärtom.

Tjujkovs förnyade anfall mot Seelowhöjderna pågick för fullt när Zjukov blandade sig i striden på det här sättet klockan 14.30 lokal tid, men orsaken till marskalkens otålighet fick generalerna inte reda på. Redan på morgonen hade officerarna på Tjujkovs observationsplats nåtts av underrättelsen att marskalk Konjevs Första ukrainska front brutit igenom den tyska 4. pansararmén vid Neisse på bara några timmar, och han hade redan kunnat skicka fram sina pansarkolonner genom bräschen. Enligt Nikolaj Popjel var detta ”en glädjande nyhet” som skulle bidra till att förkorta kriget.[51] Men om han i stället hade ägnat en stund åt att försöka utröna frontbefälhavarens reaktion på denna bulletin skulle kommissarien förmodligen varken ha upptäckt glädje eller tillfredsställelse i dennes ansiktsuttryck.

En framgång för den bittre rivalen Konjev kunde betyda mindre ära åt Zjukov. På eftermiddagen meddelade Stalin Zjukov att han var missnöjd med Första vitryska frontens brist på framgångar och att han därför tänkte beordra Konjevs båda pansararméer, 3. gardespansararmén under Pavel Rybalko och 4. gardespansararmén under Dimitrij Leljusjenko, att svänga norrut mot Berlin. Han hotade även med att låta marskalk Rokossovskijs Andra vitryska front gå över nedre Oder och svänga söderut mot Berlin.[52] Dylika hot från Stalin var effektiva för att få den äregirige sovjetiske marskalken att kasta in sina trupper ännu mer hänsynslöst för att åstadkomma ett snabbt genombrott. Hotet att bli snuvad på krigets främsta byte avslöjade Zjukov uppenbarligen inte för sina arméбefälhavare, men han lät dem ständigt känna på sin vresiga otålighet.

I ett försök att tolka sin frontbefälhavares agerande välvilligt förmodade Katukov i sina memoarer att Zjukov antagligen inte hade kunnat handla på annat sätt eftersom hela operationen riskerade att gå i stöpet, men med en rejäl underdrift uppgav han efteråt att han var "föga begeistrad" över att sätta in sitt pansar mot en fientlig försvarslinje som ännu inte slagits ut. Förlusterna skulle bli mycket stora. Fast en order var en order och Katukov befallde genast sina kårchefer Babadzjanjan, Jusjtjuk och Dremov att låta sina styrkor börja rulla.

På den mjuka, sönderskjutna åkermarken som var översållad med minfält och kanaler var möjligheterna att manövrera stora pansarkolonner mycket begränsade. Pansararméerna fick därför hålla sig till de få större vägarna och trängas med infanteriarméerna. De fastnade därför i trafikstockningar utan att kunna ingripa i striderna. "Den 1. gardespansararméns stridsvagnar körde bokstavligt talat in i baken på dragfordonen som bogserade vårt artilleri, och hindrade därigenom rörelsefriheten för våra kårers och divisioners andra echelong", menade Tjujkov.[53]

Återigen skred generallöjnant Kruses kanoner till verket från höjderna och sköt den ena vagnen efter den andra sönder och samman. Inga glädjande nyheter nådde Katukov under resten av eftermiddagen:

> Från min observationspost såg jag Babadzjanjans stridsvagnar raskt rycka fram för att anfalla, manövrerande mellan granatnedslag och gravar. Men då de inte kunde klättra uppför Seelowhöjdernas branter måste de leta efter smala öppningar under ständig beskjutning.[54]

Hos Bogdanovs 2. gardespansararmé såg det lika bekymmersamt ut. Även där rådde det totalt kaos på vägarna och det tyska artilleriet tog sin tull när tättrupperna kom inom räckhåll. Tiden rann som sand mellan Zjukovs fingrar.

På eftermiddagen och kvällen kunde Tjujkov äntligen rapportera en liten framgång när en av hans gardesdivisioner kom upp på höjderna norr om riksväg 1 och nådde vägen från Seelow norrut mot Wriezen. Därmed var de i en position att kunna hota Seelow norrifrån. En annan av hans divisioner slog sig under stora förluster fram rakt uppför den ytterst välförsvarade riksväg 1 och nådde järnvägsstationen i sluttningen strax nedanför staden, där hårda strider rasade till mörkrets inbrott.

Längre norrut hotades Wriezen, där den andra stora uppfarten från Oderbruch låg, från tre håll. Sydöst om staden stod 3. stötarmén, som trängt fram nästan fem kilometer i Oderbruch första dagen och tillfogat infanteridivisionen ”Berlin” svåra förluster – i ryska källor hävdas att divisionen led 60-procentiga förluster och upphörde att fungera som ett stridande förband.[55] Rakt öster om staden tvingades tyska 606. infanteridivisionen dra sig tillbaka över en halvmil närmare staden. I nordöst ansattes det tyska försvaret hårt av ryska och polska styrkor, och den enda ljuspunkten för Busse var att hans allra nordligaste division, 5. jägardivisionen, lyckades hålla sina ställningar intakta under första dagen.

Utvecklingen följdes spänt av 9. arméns högre staber och tre stora sprickor i försvarslinjen började snabbt avteckna sig: söder om Frankfurt, vid Seelow och öster om Wriezen. Förutom det extremt hårda ryska trycket mot 9. fallskärmsjägardivisionen och 20. pansargrenadjärdivisionen vid Seelow, utvecklades en svår kris hos 606. infanteridivisionen som försvarade Wriezen samt hos 286. infanteridivisionen som inte klarade att hålla stånd mot ryska 33. armén söder om Frankfurt. Den ryske armébefälhavaren Tsvetajev dirigerade sina styrkor så att de nästan lyckades innesluta fästningen genom att tränga fram norrut ända till motorvägen mellan Frankfurt och Berlin. Men detta var bara de största krishärdarna.

Regements- och divisionscheferna överöste de högre staberna med desperata nödrop om förstärkningar och artilleriunderstöd. Hårda strider rasade också vid brohuvudet Lebus, där en infanteridivision tvingats lämna samhället Schönfliess som var en nyckelposition på det avsnittet.

KRISLÄGEN UPPSTOD ÖVERALLT på den tyska sidan och de små reserverna måste kastas in redan under de första timmarna för att stabilisera situationen. Hos exempelvis infanteridivisionen ”Döberitz” i XI. SS-pansarkåren lyckades ryska stridsvagnar tränga fram ända till divisionens stabsplats och divisionschefen, överste Walter Scheunemann, blev allvarligt sårad under evakueringen. Den hårt pressade kårchefen Kleinheisterkamp övervakade personligen när hans sista pansarreserver, Kungstigrarna ur Ernst Strengs kompani, rullade till fronten. SS-generalen önskade dem alla lycka till, minns Streng.[56]

Efter fyra timmar nådde kolonnen av stålkolosser fram till ”Kurmarks” avsnitt söder om Seelow och fick order att tillsammans med en bataljon officerskadetter gå till motanfall och återerövra samhället Schönfliess. Den ursprungliga försvarslinjen skulle återställas genom att kasta ut ryssarna ur byn och rycka fram till banvallen halvannan kilometer längre österut. På båda sidor om bräschen i försvaret vid banvallen bet sig fortfarande rester av tyska infanteribataljoner fast för att hindra ryssarna från att utvidga sin framgång.

Streng minns att pansarkolonnen rullade förbi den ena tyska skyttegraven efter den andra, varifrån folkstormssoldater glatt vinkade åt dem. I skogen utanför Schönfliess väntade en infanteribataljon bestående av officerskadetter som skulle delta i anfallet. En stöttrupp från denna bataljon avdelades för att eskortera stridsvagnarna.

Streng förmodade att stridsvagnarnas ankomst inte gått ryssarna obemärkt förbi eftersom kolonnen rörde upp en rökpelare av damm som steg en kilometer upp mot himlen. Via en djup hålväg där stridsvagnarna bara kunde fara i kolonn bröt de snabbt in i samhället och rullade fram över omkullvälta telegrafstolpar och husspillror. Granat efter granat skickades in i husruiner och trädgårdar, där ryssarna förskansat sig. Via vagnens smala siktspringor skymtade Streng figurerna i jordbruna uniformer som satte sig till motvärn med automateld, handgranater och erövrade pansarnävar. Den eskorterande stöttruppen avvärjde alla försök att förstöra Kungstigrarna med hjälp av sina kulsprutepistoler och skurar av handgranater.

Jorden sprutade efter larvbanden när stridsvagnarna gasade på och kom ut på andra sidan byn, medan officerskadetterna fortsatte att rensa upp i husen bakom dem.

På åkermarken där gröna skott börjat spira svängde pansarkolonnen vant ut på linje och började mullra fram i sluttningen upp mot banvallen, men efter några hundra meter hejdades framryckningen av häftig eld från en tidigare tysk skyttegrav som spärrade deras väg. Infanterieskortens kulsprutepistoler knattrade för fullt till svar för att hindra ryssarna från att kunna sikta in sig med erövrade pansarnävar, vilket lyckades med nöd och näppe. De ryska soldaterna hade ingen möjlighet att retirera i den öppna terrängen och försvarade sig därför med förtvivlans mod. Ideligen försökte små tyska stöttrupper kasta sig ned i skyttegraven för att rensa upp med automatvapen och handgranater, men de blev snabbt dödade av försvararna.

Under den häftiga striden rullade en av Kungstigrarna fram och använde sina larvband som en kombination av jordfräs och köttkvarn för att mala ned ett stycke av skyttegraven och dess försvarare. Men striden fortsatte. Till vänster om dem såg Streng dessutom hur den fruktansvärda ryska trumelden återupptogs och ryssarna ryckte fram i nya anfallsvågor.

Vid midnatt var striden vid Schönfliess till sist över. Den gamla försvarslinjen vid banvallen hade då återvunnits av infanteribataljonen till priset av oerhörda förluster. Ingen av Kungstigrarna hade gått förlorad i anfallet, så när som på några vagnar som tvingats återvända till verkstäderna med diverse tekniska problem. Däribland Strengs vagn. Av infanteristerna fick Streng och besättning dock höra att skyttegraven som så envist hindrat deras framryckning var fylld till brädden med liken av ryska soldater. Streng och de andra pansarsoldaterna var vid gott mod på grund av det framgångsrika motanfallet. ”Om fronten hade hållit stånd överallt som hos oss, då kommer ryssarna inte fram någonstans så när som på sina inledningsframgångar”, tänkte de.[57]

Men elitförbanden kunde inte möta den fientliga anstormningen överallt. Den svåraste krisen längs hela Busses front inträdde förmodligen hos 9. fallskärmsjägardivisionen som genast började ge vika. Bara en del av divisionens trupper hade lyckats undvika den ryska artillerielden. Och när offensiven sattes in flydde de hårt manglade fallskärmsjägarna i riktning mot höjderna. Det var i skarven mellan denna division och 20. pansargrenadjärdivisionen som Tjujkovs gardestrupper hade fått sitt första fotfäste på höjderna innan dagen var över.

Fallskärmsjägardivisionens luftvärnsbataljon hade grupperats vid en banvall en bit bakom frontlinjen för att ta hand om fientligt flyg och stridsvagnar som brutit igenom. Men när den ryska offensiven började och den 25-årige fänriken Hans Jansen försökte sikta in sina halvbandvagnar med fyrpipiga 20 mm luftvärnskanoner mot fiendens framstormande infanteri, hindrades hans pjäsmanskap gång på gång av det egna infanteriet ”som sprang nervöst fram och tillbaka” i deras skottfält. Helt oväntat upptäckte han att det egna infanteriet hade dragit sig tillbaka och nu befann sig bakom deras position, utan att någon hade underrättat luftvärnsbataljonen.[58]

Försvarslinjen hade blivit genombruten och luftvärnssoldaterna började därför också slå till reträtt efter att ha sprängt de kanoner som inte gick att flytta. Jansens närmaste överordnade, batterichefen löjtnant Hans-Werner Arnold, blev lika överraskad av soldaternas reträtt och fann sig plötsligt stå helt ensam på ett fält bredvid en halvbandvagn med en fyrpipig luftvärnskanon. Lyckligtvis hade han lyckats ”organisera” lite extra drivmedel för att kunna ta sig därifrån.[59]

Mitt under reträtten såg fänrik Jansen hur de ryska stridsvagnarna hade nått fram till banvallen, men i stället för att ta upp jakten svängde de norrut mot Wriezen.

> Det var typiskt ryskt – de kunde ha slagit till mot alla de tyska trupperna som drog sig tillbaka över det öppna fältet. Men de hade uppenbarligen blivit tillsagda att fortsätta mot Wriezen och således svängde de och körde iväg.[60]

Striderna om den livsviktiga uppfarten vid Seelow avmattades inte trots att det sovjetiska anfallet kört fast och slutat i kaos. På eftermiddagen fick Cordes och hans kamrater order att retirera upp på höjderna för att möta nästa anfallsvåg därifrån. De gick i ställning på krönet rakt öster om Seelow, där det fanns alla typer av fältbefästningar med enastående utsikt över låglandet.

Med egna ögon såg de hur välbefäst krönet var och att det kryllade av luftvärnskanoner vars eldrör sänkts så mycket det gick för att skjuta mot framryckande stridsvagnar. Strax söder om Seelow urskilde de åtta stycken 10,5 cm luftvärnskanoner som grupperats i värn på ett öppet fält 200–300 meter bakom deras rygg. På vänster hand stod ett batteri med sex stycken 88:or i positioner utmed krönet.

Vid 16–17-tiden såg de ett tiotal tunga Tigerstridsvagnar rulla ned för sluttningen och öppna eld mot ryssarna som bitit sig fast vid kanalen. Efter 30 minuters strid kom de upp igen med förrättat värv. Någon timme senare fick soldaterna höra att en stor fientlig styrka bestående av infanteri och pansar hade samlats vid foten av höjderna, precis där Cordes regemente tidigare hade haft sina försvarspositioner. En rysk stridsvagn nosade sig försiktigt fram uppför vägen och först när den befann sig 60 meter från hans värn sköt en av de ovan nämnda 88:orna sönder ett av dess larvband, varefter besättningen hoppade ur och tog betäckning i skogen som fortfarande klädde sluttningen här.

Omkring 20 minuter senare återvände de med ett bärgningsfordon, men Cordes och hans kamrater fick order att hålla sig lugna och inte avfyra ett skott medan ryssarna släpade bort den skadade vagnen. De ville inte röja sina positioner i onödan.

Att striderna bedarrade när det led mot kväll märktes emellertid inte på detta avgörande avsnitt, där ryssarna gång på gång försökte erövra krönet. På höger sida, drygt en kilometer bort, iakttog Cordes i skymningsljuset silhuetterna av tre T-34:or som rullade i kolonn rakt västerut över ett öppet fält nere i Oderbruch, men en 88:a avfyrade en granat som exploderade rakt över kolonnen, vilken stannade tvärt. Tydligen stod de så långt borta att batterichefen inte ville riskera den knappa ammunitionen i onödan, men de här stridsvagnarna skulle snart ställa till besvär för dem.

Under de två följande timmarna var det ganska lugnt hos Cordes, som delade grop med en kamrat han inte kände så väl, men det blev snart mycket hett om öronen igen. Vid 20.30 hade mörkret fallit och då hördes åter det massiva mullret av en stor pansarstyrka på väg åt deras håll. Någon räknade till minst 42 stridsvagnar vilka kom genom skogen från vänster i riktning mot riksväg 1 och 88:orna. Tyskarna höll emellertid inne elden för att inte avslöja sina exakta positioner. Cirka 18 av stridsvagnarna nådde vägen och vände sedan mot Seelow längs vägens sydsida. De rörde sig sakta genom mörkret, men det gick inte att upptäcka något infanteri på vagnarna. Inte heller åtföljdes de av något infanteri till fots.

Chefen för 88:orna var en ung officer i 25-årsåldern, som dock höll huvudet kallt. Cordes hörde honom ryta till pjäsmanskapet: ”Jag vill ha de där djävlarna framför mina kanoner innan den första granaten avfyras!”

Batterichefen kunde sin sak, konstaterade Cordes imponerad.[61]

SAMTIDIGT RULLADE TVÅ bepansrade pansarvärnsvagnar, så kallade *Jagdpanzer*, upp på södra sidan av Seelow och lade sig i bakhåll. Under tiden befallde Cordes befäl: ”Håll ett öga på gruppen som kommer upp på södra sidan av vägen!” Någon hjälp av 10,5 cm-kanonerna kunde de inte räkna med eftersom fiendepansaret väntades komma i deras döda vinkel.

Bandrasslet växte i styrka. Slutligen uppenbarade sig sex av de ryska stridsvagnarna rakt framför de välkamouflerade 88:ornas mynningar. Cordes skakade i hela kroppen av skräck och någon – förmodligen frontveteranen som skulle kompensera kompaniets brist på erfarenhet – försökte lugna honom:

"Oroa dig inte. Var bara försiktig. Ni kan ingenting göra än, såvida de inte kommer rakt upp för vägen – då använder du din pansarnäve."

Men han hann inte tänka mer på den saken för helt plötsligt "bröt helvetet löst" när 88:orna öppnade eld mot de sex tätstridsvagnarna som befann sig bara några tiotal meter bort. Nästa ögonblick stod alla sex vagnarna i lågor, men de bakomvarande bara ökade farten och fortsatte komma mot dem. Lågorna från de första stridsvagnsvraken lyste dock upp dem väl och gjorde dem till ett "vackert mål" på samma gång som en bataljon ryskt infanteri kom ut ur skogen rakt emot dem "skrikande som galningar". Infanteri avancerade också uppför vägen.

Över 30 fientliga stridsvagnar slogs ut på bara 30 meters håll och en av 88:orna gick förlorad. "Vi öppnade eld mot infanteri[et med] tunga vapen och gevär. Under skottväxling[en] körde en *Jagdpanzer* upp framför oss och sköt sönder en av de retirerande stridsvagnarna – svängde sedan runt och gav eld mot [de] 18 stridsvagnar[na] i s[öder]."[62]

Efter att ha avfyrat tre salvor och träffat en eller flera av de ryska stridsvagnarna drog den sig tillbaka. Eldskenet hjälpte dock Cordes och de andra kulspruteskyttarna att finna sina mål.

De tre T-34:orna i söder besköt dem med så att splittren ven runt deras huvuden och en del av det ryska infanteriet nådde upp till krönet norr om dem och började arbeta sig fram mot de kvarvarande 88:orna. Ställd inför detta nya hot tvingades Cordes tömma patronband efter patronband mot dem.

En halvbandvagn med fyrpipig luftvärnskanon sköt på samma gång skurar av projektiler över hans huvud mot infanteristerna och även en *Jagdpanzer* rullade fram och avfyrade sina granater mot dem.

Av de 18 stridsvagnarna på södra sidan om vägen stod tre i brand och resten började klättra uppför höjderna. Då öppnade 10,5 cm-pjäserna eld mot dem och slog ut allihop. Emellertid blev också alla kanonerna träffade eller obrukbara på andra sätt under den här striden. "Vi visste bara att det var ett inferno överallt runtomkring oss. Vi blev beordrade att strunta i allt annat och ta hand om infanteriet. Några av oss fick order att lämna värnen och jaga ned ryssarna från höjderna med bajonett. Jag stannade i mitt värn [och] avfyrade flera pansarnävar."

De tre T-34:orna i söder hade under tiden klättrat över åsen och befann sig plötsligt bakom dem, men Cordes hann inte ägna så mycket uppmärksamhet åt dem för plötsligt dråsade en rysk sergeant med vilda ögon ned bredvid honom i gropen. Han hade fått hakan avsliten och den förskräckte Cordes räckte honom sitt förstaförband. Men när ryssen upptäckte att han delade grop med en tysk soldat kastade han sig över kanten och sprang som en galning utför sluttningen. ”Låt honom vara! Han kommer inte vara till mer besvär! Han kommer inte klara sig!” skallade någons rop.

Vid det laget hade var tredje man i Cordes kompani dödats eller sårats och bara två oskadda 88:or fanns kvar på deras avsnitt. Men vansinnet fortsatte. På höger sida om riksvägen stretade fyra ryska stridsvagnar upp för sluttningen i en kolonn och Cordes upptäckte dem först när de var 80 meter ifrån honom.

”Helvete, det är fyra stycken”, utbrast en av hans kamrater.

Plötsligt bedövades han av en kraftig explosion när den första ryska stridsvagnen fick in en fullträff med första skottet på halvbandvagnen med den fyrpipiga luftvärnskanonen. Den hade stått bara några meter från Cordes grop och när han kom till sans var han täckt av grus, men oskadd.

Tillsammans med några kamrater ålade han bort till resterna av lavetten för att se om det var något han kunde göra, men hela besättningen var död, inklusive den erfarne infanteristen som hade ingjutit mod i de oerfarna flygvapensoldaterna.

”Skjut de där förbannade stridsvagnarna med en pansarnäve!” vrålade någon bakom dem.

Som om de hade fått en elektrisk stöt satte de genast igång och började krypa på bägge sidorna om vägen ned mot de ryska kolosserna – Cordes och en annan soldat på ena sidan och några andra på den motsatta. Något fientligt infanteri såg de inte till.

Långsamt fortsatte vagnarna mot dem och silhuetterna växte sig större och större. När de kommit tillräckligt nära reste sig en av soldaterna på andra sidan vägen och avfyrade sin pansarnäve rakt i tornkransen på den första vagnen, som slets i bitar när vagnens ammunition exploderade. Då satte Cordes och hans kamrat full fart nedför sluttningen och slog snabbt ut de båda följande stridsvagnarna genom att sätta sina projektiler i sidan av tornen.

På den sista vagnen som ännu var oskadd såg Cordes att vagnchefen hade klättrat halvvägs ur tornluckan för att kunna se bättre. Just som vagnchefen beordrade vagnen att svänga höger och vända dödade Cordes honom med en salva från sin automatkarbin, modell Sturmgewehr 44. Den ryske officeren föll ur och ned på marken men vagnen fortsatte bakåt utan honom.

En halvtimme före midnatt var striden över för den här gången. Tyskarna hade behållit sina positioner och räknade in förlusterna. Kompaniet hade bara 30–40 man kvar och de två 88:orna vilka fortfarande hade ammunition kvar.[63]

OM SEELOW VAR viktigast för ryssarna, kom den andra staden i Oderbruch, Wriezen, som god tvåa, för där låg den andra stora uppfarten till höjderna. Gerhard Tillery kunde med lätthet följa den ryska framryckningen, ”för överallt där de drog fram stod det rökmoln på himlen”.[64]

Gång på gång tvingades de retirera i riktning mot höjderna för att inte bli omringade och på husväggarna i de små samhällen de uttröttade soldaterna marscherade igenom kunde de läsa Goebbels slagord att ”Berlin förblir tyskt!” Men de började undra hur länge rikshuvudstaden skulle förbli det, för de hann knappt gräva skyttevärn på ett ställe förrän de fick order att dra sig tillbaka igen under ständig artilleribeskjutning.

En som inte tvivlade på slagorden var den tillfångatagne tyske stabsofficer som fördes till general Katukovs högkvarter den kvällen. I sin portfölj hade han bland annat haft Hitlers bombastiska upprop till soldaterna på östfronten.

”Han har kommit till fronten direkt från Berlin”, meddelade den sovjetiske officer som vaktade honom.

”Tror ni på det som står skrivet här?” frågade general Popjel tysken.

”Den som tror på Führern tror på segern!”

”Men vi står utanför Berlin ...”

”Vi var också utanför Moskva!”

”Men först då hade vi samlat våra styrkor och ni har nu förbrukat era styrkor totalt. Vad hoppas ni på?”

Officeren tittade lugnt på Popjel med sitt ”magra plågade ansikte” och svarade lakoniskt:

”Ett mirakel.”[65]

GENERAL BUSSE HADE varit på väg hela dagen. Ända sedan det ryska bombardemanget slutade hade han flängt mellan kårstaber, divisioner och regementen för att kontrollera hur försvarslinjen klarade att stå emot.

När han på kvällen skakade av sig resdammet i högkvarteret hade han dock ingen aning om hur striden hade förlöpt i stort. Det hade inte heller generalöverste Heinrici, som också hade varit ute vid fronten under dagen. Någon gång mellan klockan 17.00 och 18.00 sammanstrålade de båda befälhavarna i Bad Saarow för att försöka lägga ihop pusselbitarna, men de kunde inte få mycket hjälp från 9. arméns stab, som ännu inte hade några säkra rapporter om hur det stod till framme vid fronten.

Heinrici hade dock redan på förmiddagen kunnat konstatera att situationen såg mycket oroande ut hos CI. kåren. Signalförbindelserna till alla kårens divisioner var avbrutna och general Berlin hade inga reserver kvar att sätta in. Det stod klart att ryssarna vunnit framgångar, men det var ännu okänt hur stora. Den enda order Heinrici hade kunnat ge till kårchefen var att koncentrera artilleriet mot de punkter där striderna verkade stå som hårdast.[66]

Men innan Heinrici och Busse hann börja diskutera sina intryck från fronten kallades Busse till telefonen. Det var en av de högsta officerarna i OKH, generalmajor Dethleffsen, som hade ett budskap direkt från Hitler: Den 25. pansargrenadjärdivisionen skulle sättas in i ett motanfall vid Wriezen på CI. kårens avsnitt för att stoppa de ryska styrkor som brutit igenom där. Führerordern gick direkt till Busse och inte via armégruppen för att undvika att en massa tid gick till spillo, förklarade Dethleffsen.

Då greppade generalöverste Heinrici luren, mycket irriterad över att Hitler förbigått honom:

> Det är en nyhet för mig att fienden har brutit igenom vid Wriezen. Om detta faktiskt har skett är vi själva – utan führerorder – karlar nog att sätta in 25. pansargrenadjärdivisionen i ett motanfall. Men den är för närvarande den enda reserven i 9. arméns område. Innan den sätts in begär jag att den 18. pansargrenadjärdivisionen – nu OKH-reserv – ställs till armégruppens förfogande.[67]

Generalöversten fick vänta en kort stund vid luren medan Dethleffsen diskuterade med generalstabschefen Krebs. Därefter meddelade Dethleffsen att armégrupp ”Weichsel” kunde få den aktuella divisionen. Men Heinrici ville också gärna veta hur Hitler kunde anse sig vara så välunderrättad om striderna vid Oder, och efter samtalet återgav han sannolikt för Busse vad Dethleffsen hade svarat på det:

> Führern är fullständigt underrättad om situationen vid Wriezen genom sina framskjutna observationspunkter från OKH och OKW som på hans order posterats i stridszonen. Han kräver att divisionen sätts in genast, eftersom han vill förhindra i rätt tid att fronten bryter samman någonstans.[68]

Eftersom Hitler inte längre litade på sina armégeneraler hade han placerat ut spioner med egna radiosändare vid Oder.

När Heinrici lagt på vände han sig till Busse och gav honom 25. pansargrenadjärdivisionen, men med reservationen att han måste kontrollera om den verkligen behövdes och därefter meddela Heinrici sitt beslut, vilket Busse lovade att göra. Men var 9. armén valde att sätta in divisionen var Busses ensak, tillade generalöversten.

Därefter lutade de sig över kartorna och diskuterade olika möjligheter för motanfall. Vattendikena i Oderbruch skulle ställa till stora svårigheter, visste de genom tidigare erfarenheter. Avslutningsvis meddelade Heinrici att även 18. pansargrenadjärdivisionen ur armégruppens reserv härmed var underställd 9. armén. Allt Busse behövde göra var att meddela det önskade marschmålet.

Eftersom 9. fallskärmsjägardivisionen hos general Weidlings kår var illa ute bad han därför att 18. pansargrenadjärdivisionen skulle förflyttas till en plats i närheten av Müncheberg, i Weidlings rygg.[69]

VID MIDNATT KUNDE Busse äntligen andas ut tillfälligt. Först då kunde han slutgiltigt förvissa sig om att hans front hade hållit och att marskalk Zjukov inte lyckats åstadkomma något genombrott. Armén hade klarat prövningen.

Hans artilleriofficer uppskattade att ryssarna under dagen avfyrat 400 000 projektiler ur 2 000 eldrör vilket i och för sig var en förfärande mängd, men ändå en grav underskattning. Det tyska artilleriet hade bara kunnat svara med 30 000 projektiler. Sex arméer och delar av en sjunde hade gått till anfall mot hans försvarslinje, vilket utgjorde en oerhörd numerär övermakt.

Dagsrapporten till armégruppens högkvarter kryddades med snirklig militär retorik för att understryka att det handlade om en stor försvarsseger: ”I hjältemodigt motvärn och under uppoffringar, ofta till siste man, höll de egna trupperna samman fronten i växlingsrika, förbittrade strider, [och] hindrade fienden från att fritt breda ut sig på höjderna, men kunde inte förhindra djupa inbrytningar. De hårda striderna rasar ännu längs hela fronten. De egna förlusterna är avsevärda."[70] Både han och Heinrici visste mycket väl att förlusterna var oersättliga.

Mer öppet pessimistisk hade Busses stabschef, Hölz, låtit när han pratade med en stabsofficer i armégruppens högkvarter tidigare på kvällen. Han hade konstaterat att det varit en "ytterst svår dag" och att "fienden inte uppnått alltför mycket, men de egna styrkorna har avtagit kraftigt".[71] Trupperna hade blivit illa tilltygade och alla reserver var insatta i striden.

De stora ryska pansarstyrkor som hade observerats i Küstrinbrohuvudet (Katukovs och Bogdanovs arméer) fick Busse att förmoda att Zjukov skulle sätta in den avgörande stöten mot Berlin redan under natten eller tidigt nästa morgon.

MEDAN MARKEN SKAKADE på grund av den fortsatta sovjetiska kanonaden mot Seelowhöjderna utvecklade Armo Babadzjanjan sin plan. Det var sent på kvällen och Katukov hade infunnit sig på överstens stabsplats i sällskap med Popjel, för att analysera varför anfallet gått snett.

"Att inta Seelowhöjderna rakt framifrån är alltför svårt. Vi kan sätta in hela kåren där, men det kommer trots det att vara till ingen nytta."

"Och vad beslutar ni då?" frågade Katukov.

Med en rödpenna ritade översten en pil norrut på kartan utmed järnvägslinjen, som klättrade diagonalt upp mot höjdkrönet ungefär fem kilometer norr om Seelow. De närvarande officerarna förstod direkt vad Babadzjanjan hade i tankarna. Det var därifrån de skulle rulla upp mot det tyska försvaret. Där hade en av general Tjujkovs gardesdivisioner tagit sig upp under kvällen och Babadzjanjan tänkte låta en del av sitt pansar följa i deras spår.

"Med huvudstyrkorna drar jag på mig uppmärksamheten och Gusakovskij skickar jag längs banvallen. Här finns det inga sluttningar och vägarna är öppna. Och när vi lyckas tränga in i fiendens slagordning ..."[72]

Med fingrarna knep han ihop kring höjdavsnittet – sitt byte. Seelow skulle falla imorgon den 17 april, men dess försvarare visste inte om det än.

KAPITEL 10

# Seelow – andra dagen

17 APRIL 1945

FÄNRIK TAMS i Seelow hade fortfarande alla tyglar i sin hand när tisdagen den 17 april grydde. Det skulle bli en kylig men molnfri vårdag.

> Förbindelserna fungerade åt alla håll, mitt kompanis aktuella stridsstyrka var cirka 80 soldater och detta antal kunde jag också meddela "uppåt". Vad skulle den nya dagen innebära för oss? Situationen för våra trupper, som redan hade tre–fyra stridsdagar bakom sig, var kritisk. Förlusterna av människor och vapen kunde inte längre ersättas. Det var omöjligt att avlösa mannarna.[1]

Om man utgår från antalet stridsdugliga soldater i Tams kompani bör de fyra kompanier som försvarade Seelow ännu ha förfogat över sammanlagt 250–350 soldater. Under natten hade en viss omorganisation skett i och med att en bataljonschef ur 76. pansargrenadjärregementet, kapten Rosenke, hade utsetts till stridskommendant för Seelow och Tams kompani ingick därmed i vad som döptes till "stridsgrupp Rosenke".

Denna morgon ansåg general Busse fortfarande att han hade många skäl att vara nöjd med hur hans armé klarat gårdagens strider. Trots att underrättelserapporterna uppgav att 9. armén hade attackerats av sju sovjetiska fältarméer och två pansararméer hade försvarslinjen i stort hållit samman och de tyska trupperna inrapporterade 211 förstörda fiendestridsvagnar. Det innebar att totalt 350 fientliga stridsvagnar hade förvandlats till skrot under de senaste två dagarna.[2] Han väntade sig att Zjukov skulle försöka avgöra slaget innan solen gick ned, vilket sannolikt skulle bli en större pärs för de tyska trupperna än den första stridsdagen.

För att stärka soldaternas stridsvilja lät han denna dag sprida ett upprop med ungefär följande ordalydelse:

> Tyska soldater, håll ut ytterligare några dagar! På västfronten tiger vapnen. Det pågår förhandlingar och de västallierades trupper kommer att skynda till vår hjälp. Gemensamt kommer vi att jaga det bolsjevikiska packet tillbaka över Ural.
>
> Busse, befälhavare för 9. armén.[3]

Om Busse själv trodde på vad han skrev eller om han medvetet spred en lögn för att få trupperna att slåss till slutet är omöjligt att säga.[4] Sådana upprop fungerade dock som ett sista halmstrå för de soldater som ännu hade krafter kvar men som tvivlade på det meningsfulla i det fortsatta dödandet.

Men fiendens stormning av höjderna vid Seelow gick inte längre att hejda. Det var här Tjujkovs, Katukovs och Berzarins soldater måste slå sig igenom, och efter att 8. gardesarmén hade lyckats skaffa sig ett litet fotfäste norr om riksvägen var Hardenbergställningens öde beseglat. Under natten hade de ryska trupperna bringats i ordning igen och artilleriet hade förts fram för att leverera ett nytt koncentrerat slag – på Tjujkovs avsnitt handlade det om otroliga 200 artilleripjäser och granatkastare per frontkilometer.[5]

Anfallet inleddes denna gång i dagsljus klockan 10.30 Moskvatid för att kunna koordineras lättare och underlätta för soldaterna att orientera sig i terrängen. Vladimir Abyzov mindes:

> Vi [...] angrep höjderna i gryningen, understödda av grannförband och artilleri. Den dagen försvann solen bakom låga mörka moln. Trots det täckte våra flygare höjderna med bomber. Seelow sveptes in i ett täcke av damm och rök.
>
> Vi ryckte fram långsamt. Tyskarna bjöd förtvivlat motstånd. Under häftig beskjutning kämpade vi oss fram från en krater till en annan och utnyttjade varje ojämnhet i marken. Seelow var så nära att man kunde ta på staden![6]

Abyzovs kompani skulle dock inte delta i erövringen av själva Seelow. Just där han befann sig lyckades de tyska försvararna fortfarande hindra gardessoldaterna från att ta sig upp för höjderna.

MITTFÖR SEELOW BÖRJADE dock striderna innan det blivit ljust igen. Gerhard Cordes såg dussintals fientliga stridsvagnar komma från norr, andra kravlade uppför riksvägen framför dem och några till höger om den, allihop med infanteri liftande på pansaret. Det var "horder av dem – även från söder. Så många att vi inte kunde räkna dem. De två 88:orna slog ut flera – några slogs ut av infanteri med pansarnävar. Jag avfyrade mina båda pansarnävar i luften i riktning mot stridsvagnarna – visste inte om jag träffade något."[7] De två *Jagdpanzer*-vagnarna ingrep i striden med stor framgång, men efter en stund meddelade de: "Vi måste ge oss av – ammunitionen är slut."

"Sedan bröt helvetet löst", enligt Cordes. När det ljusnade upptäckte han oöverskådliga massor av stridsvagnar och infanteri på väg mot dem. Panik utbröt bland de få kvarvarande tyska soldaterna som lämnade sina värn och började springa bakåt över ett öppet fält i riktning mot en skog medan ryssarna skickade skurar av kulor och stridsvagnsgranater efter dem. Många av de panikslagna soldaterna nådde aldrig andra sidan av fältet. Cordes slängde ifrån sig allt som sinkade honom: hjälmen, patronbältet och även automatkarbinen. Han passerade söder om Seelow som tycktes vara helt övergivet och vek därefter av mot norr där han såg massor av döda soldater ligga utspridda. Till sist hamnade han i ett skogsområde någon kilometer väster om staden, där även andra flyende soldater samlades.

"Det finns ingenting kvar", sa någon och de andra kunde inte annat än instämma.

FÄNRIK TAMS UPPLEVDE hur den fientliga artillerielden åter började hamra mot hans ställningar inne i Seelow. Källaren där han hade sin stridsledningsplats skakade som en ubåt under sjunkbombsanfall och en väldig explosion skapade en krater alldeles intill huset, så stor att hela huset kunde ha fått plats i den.

När elden upphörde rusade alla ut till sina värn och spanade mot huvudgatan Küstrinerstrasse och uppfarten från Oderbruch där stridslarmet som vanligt utbröt. Sedan begav han sig till sina ställningar i norr för att kontrollera hur det stod till där, eftersom han anade oråd. Där upptäckte han att värnen och skyttegravarna där var tomma. En grupp SS-soldater som han tagit befälet över och placerat där under gårdagen hade i tysthet avlägsnat sig från platsen och satt sig i säkerhet. Och hans egen tredje pluton som också skulle ha legat där var helt utplånad. Norra flanken var därmed helt öppen och Tams hade inte längre någon kontakt med det folkstormskompani som låg norr om staden.

Här gällde det att handla snabbt, insåg han och gav sig av i sällskap med en underofficer, som kommenderats från flottan till infanteriet för att söka upp bataljonschefen och be om lov att sätta in en reservpluton för att täcka norra flanken. Det innebar en språngmarsch till en herrgård någon kilometer längre västerut, där bataljonsstaben låg. När de korsade landsvägen som ledde norrut mot Gusow överraskades de av välriktad eld och såg några T-34:or på väg mot dem. Han hade inte väntat sig ett anfall norrifrån så snabbt.

Fänriken sökte skydd bakom en lång vit tegelmur som var så hög att de kunde springa raklånga bakom den. Pansarbesättningarna hade emellertid sett dem dyka in bakom den och muren fick inom kort en "bredsida" från flera stridsvagnskanoner och störtade samman. Då hade Tams precis hunnit ut på andra sidan, men flottisten som var några steg efter honom blev krossad under rasmassorna.

Bedrövad fortsatte han längs riksvägen till herrgården och hamnade på en stor fyrkantig gårdsplan omgiven av ekonomibyggnader och lastramper. I källaren till en av magasinsbyggnaderna skulle bataljonsstaben finnas och där störtade Tams in med andan i halsen och skrek: "Ut allihop – ryssarna står för dörren!"

Men han möttes endast av apatiska och nedslagna miner. Bataljonsstaben hade redan flyttat någon annanstans och soldaterna som satt i källaren hade bara råkat söka skydd där undan artillerielden. De berättade att regementschefen, överste Stammerjohann, hade stupat, och ingen visste vad de skulle ta sig till. Tams rop väckte dock liv i soldaterna igen och när de första kom ut på lastrampen stod redan två ryska stridsvagnar med brummande motorer på gårdsplanen. En rysk officer som hoppat ur den ena vagnen fälldes med ett enda skott av en tysk underofficer. Chocken bland ryssarna varade tillräckligt länge för att få ut alla soldater ur byggnaden och därefter utbröt en förvirrad och ojämn strid, eftersom de tyska soldaterna inte hade några vapen som bet på pansar. Paniken låg nära till hands och många av soldaterna flydde sin kos när en tredje stridsvagn svängde in på gården.

Med en underofficer vid sin sida slank Tams ut bakvägen till ett järnvägsspår och insåg att det var just där han hade hoppat av tåget från Hamburg 17 dagar tidigare. På spåret mötte han genom en slump också tre av sina soldater, vilka bara kunde berätta att resterna av kompaniet brutit samman under det ryska anfallet och att de själva lyckats ta sig ut på egen hand.

Ett par hundra meter längre söderut längs banan låg en höjd där han träffade på bataljonschefen kapten Rosenke som på behörigt avstånd observerade striderna i Seelow.

> I själva verket kringgicks och inneslöts Seelow från norr. För oss liknade det ett dödligt skadat fartyg som oundvikligen gick under. Vi såg hur massvis av jordbruna gestalter omfattade och angrep orten från väster. Stridslarmet blossade än en gång upp rätt våldsamt i södra delen av orten – och sedan blev det lugnt efter en stund.[8]

Seelow hade fallit. Hardenbergställningen var därmed genombruten på det mest avgörande stället. Ett dygn försenad hade Tjujkovs manskap öppnat låset till Berlin för Första vitryska fronten, men det var fortfarande flera blodiga mil kvar till slutmålet.

CORDES OCH NÅGRA andra soldater försökte ta sig så långt bort från Seelow som möjligt och efter två–tre kilometer kom de ut ur skogen och rakt i famnen på fyra militärpoliser beväpnade med kulsprutepistoler – ett möte som ofta kunde innebära döden för den soldat som befann sig på fel plats utan godkända papper. Men inte ens de hårdföra och ofta hatade militärpoliserna hade denna gång något att invända mot deras flykt.

”Var kommer er grupp ifrån?” frågade de.

”Seelow. Ni ser hur vi ser ut – ni vet vad vi har gått igenom”, svarade Cordes sturskt.

”Tala inte om det. Vi hörde det. Har Seelow fallit?”

”Det finns ingenting kvar utom lik.”

Innan militärpoliserna lämnade platsen befallde de Cordes att föra hopen tillbaka till nästa uppsamlingsplats. Där skulle de organiseras i nya förband.[9]

TRÄNGSELN I BROHUVUDET var fortfarande enorm, konstaterade överstelöjtnant Venjamin Borissovitj Mironov, befälhavare för ett regemente tunga stormkanoner som rullade över Oder under andra dagen. Hans regemente följde en pansarbrigad i hälarna genom röran, men han beslutade sig snart för att lämna stabsbilen och kliva in i sin stormkanonvagn i stället, eftersom den lilla jeepen lätt kunde bli sönderklämd mellan lastbilar och pansarfordon. Med stormkanonen kom han däremot fram överallt enligt devisen att störst går först.

> Fordonsförarna fruktade dem och beredde alltid väg för dem. Pansarsoldaterna var de enda som de inte gjorde något intryck på och de rullade orubbligt vidare med sina ”tjockisar”.[10]

Bogdanovs pansararmé anföll höjderna norr om Seelow och Mironov kunde i sin kikare se hur sluttningarna genomkorsades av skyttegravar, taggtråd, och där ovanför kanoner och stormkanoner på krönet. Hans regemente skyddade en skyttebrigads övergång över vattenhindret Alte Oder, men kom inte i direkt strid med fienden, förutom med ett ensamt kulsprutenäste och några pansarfordon som slogs ut med välriktad eld. Något senare råkade en erfaren soldat förväxla några förskrämda getter med fientligt infanteri, vilket utlöste en hel del munterhet på skyttens bekostnad men allra gladast var regementskocken Sljujev som följaktligen kunde laga borsjtj med getkött i.

Mironov längtade efter att få kasta sig in i striden med sina stålkolosser men tvingades följa 5. stötarméns stormning av höjderna norr om Seelow via kikare.

> Skyttesoldaterna klättrade uppför Seelowhöjdernas sluttningar, högt vrålade stridsvagnarnas och stormkanonernas motorer, dragfordon med granatkastare plågade sig uppför branterna, artilleriet följde efter. Efter ett nytt artillerislag gick anfallet snabbare framåt och fienden måste ge upp höjderna.[11]

General Weidlings hårt ansatta LVI. pansarkår pressades tillbaka flera kilometer och de allra hårdaste striderna fortsatte att rasa på ömse sidor om riksväg 1. Hans trupper smälte hastigt bort.

Karl-Hermann Tams fick order att gå i ställning på höjderna öster om Diedersdorf drygt en halvmil väster om Seelow med den handfull män han hade kvar.

Diedersdorf var en liten by med några hundra själar, direkt vid riksväg 1, men också en av de främsta stödjepunkterna i den så kallade Steinställningen, en av de bakre linjer där fientliga genombrott skulle hejdas. Bara ytterligare åtta soldater från Tams gamla kompani dök så småningom upp där, men med en numerär på 13 man var det ändå det starkaste kompaniet i stridsgruppen. ”Bara var tionde soldat hade överlevt de senaste 37 timmarna med liv och lem i behåll.”[12]

Några kilometer längre norrut, i närheten av byn Görlsdorf, bemannade även andra trupper ur 20. pansargrenadjärdivisionen samma försvarslinje. Resterna av Averdiecks regemente drog sig tillbaka i fullständig oordning, men skyddades av några stridsvagnar och stormkanoner som råkade befinna sig i deras sektor.

> När vi anlände till ”Steinställningen” vid middagstid med resterna av regementet låg den redan under granatbeskjutning och ryssarna samlade stridsvagnar och infanteri mittemot. Av vår första och andra bataljon hade bara spridda grupper kommit tillbaka och dessa reorganiserades nu till en enda svag bataljon. Stridsledningsplatsen inrättades på sluttningen bakom försvarsställningen. Under tiden som befälhavarna fastställde sektorsgränserna ökade den fientliga artilleri- och granatkastarelden stadigt. Granatkastargranater och raketsalvor slog ned runtomkring oss och det blev mer och mer obehagligt. Helmut Melzer dödades av denna eld när han försökte ta sig igenom skogen på cykel till trossen för att skaffa en ny radio.
>
> Plötsligt kom det ett nytt alarm. På något sätt hade ryssarna tagit sig igenom våra linjer och befann sig bakom oss. Staben gjorde en frenetisk insats att samla ihop soldater och återställa vår ställning genom ett motanfall. Snart kom det kulsprute- och stridsvagnseld från vartenda håll. I skymningen gick vi till anfall med understöd av några 20 mm luftvärnskanoner och stridsvagnar, även om dessa tunga fordon inte kunde manövrera särskilt mycket i skogen. Vi bildade en spärrställning i utkanten av en skog med vårt pansarskyttefordon. Striden pågick ända in på natten men den gamla ställningen återerövrades inte.[13]

Hos pansargrenadjärdivisionens vänstra granne, 9. fallskärmsjägardivisionen, sviktade motståndet igen. En av de fallskärmsjägare som alltid var först med att gå tillbaka var fänrik Hans Rein, adjutant åt en bataljonschef. Han åkte alltid i förväg och letade efter ett passande högkvarter åt bataljonsstaben. Och under dessa dagar innebar det att finna en ny inkvartering för varje natt.

En gång råkade han komma till en stor vacker kvarn som verkade vara idealisk som stabsplats, eftersom den låg så nära vägen. Efter att ha inspekterat byggnaden träffade han kvarnägaren som precis höll på att packa det lilla han kunde ta med sig på flykten.

”Fänrik, tror ni att jag verkligen borde åka? Tror ni att ryssarna kommer ända hit?” frågade han Rein, som inte tvekade en sekund:

”Ja, det är mycket bättre om ni ger er av.”

Med dyster uppsyn verkade kvarnägaren förlika sig med sitt öde:

”Jag förmodar att ni har rätt, fänrik. Snart kommer min kvarn att vara borta ändå. Ingenjörsbataljonen som slagit läger på andra sidan vägen har redan minerat den och tänker spränga den i luften i vilket ögonblick som helst. Farväl då.”

När kvarnägaren flytt promenerade den kolugne Rein över till ingenjörssoldaterna och bad hövligt deras befälhavare:

”Skulle ni vilja vara vänlig och låta mig få veta lite i förväg när ni tänker spränga kvarnen i luften? Det råkar vara så att vårt högkvarter befinner sig där. Tack.”[14]

ÖVERSTE BABADZJANJANS STRIDSVAGNAR hade kämpat oavbrutet hela natten och förmiddagen den 17 april för att komma upp på höjderna, i samarbete med Rysjovs gardessoldater. På ett några kilometer brett avsnitt vid Seelow hade ryssarna tagit kontrollen över krönet och innan skymningen besteg general Popjel den branta sluttningen i sällskap med överste Babadzjanjan och brigadchefen Gusakovskij för att själv beskåda framgången. Medan Popjel beundrade den vida utsikten över Oderbruch vände Gusakovskij aldrig blicken från de tyska ställningarna.

Norr om Seelow upptäckte Babadzjanjan en hel kyrkogård av militärt skrot – dussintals förstörda tyska stridsvagnar, stormkanoner och granatkastare.

”Vad är det? Genombrottsstället?” frågade han Gusakovskij, som gav en nick till svar.

”Ja, jag tänkte att det här blir slutet för oss!”

”Och vems arbete är det?”

”Huvudsakligen stormkanonernas. Det var en nattlig strid, ett fruktansvärt virrvarr, mörker och rök. Och då anföll Nikolaj Polivodas stormkanonbatteri ur bakhåll och bjöd stridsvagnarna motstånd. Och man uppnådde ett gott resultat: Åtta ’Tigrar’ förstördes!”[15]

På kvällen stod hans kår flera kilometer väster om Seelow, men dagen hade förlöpt ännu bättre för generalmajor Jusjtjuks självständiga pansarkår som lyckades rycka fram tio kilometer västerut på hans högra sida.[16] Även Berzarins 5. stötarmé lyckades avancera ungefär lika långt.

Men något avgörande genombrott var det fortfarande inte tal om. Än höll det tyska försvaret samman och så fort Katukovs och Tjujkovs soldater kom upp på krönet utsattes de för ett beslutsamt motanfall av pansargrenadjärdivisionen ”Kurmark”. Under natten till den 18 april kallades Babadzjanjan tillbaka till Seelow för en konferens med Zjukovs politiske kommissarie, general Telegin. Han kryssade fram mellan ruinerna och hittade till sist ett oskadat hus i utkanten av staden, där den 1. gardespansararmén slagit upp sitt högkvarter. Konferensen hölls i skenet av gravlyktor och Telegin såg mycket bister ut, ”men kunde inte dölja sin nedslagenhet”, enligt pansaröversten.

Babadzjanjan drog slutsatsen att även Telegin ”hade fått utstå en del på grund av förseningen framför Seelowhöjderna”.[17] Marskalk Zjukovs hiskeliga humör var beryktat. Dessutom var det nästan bara pansarofficerare som deltog i mötet och Babadzjanjan trodde därför att det var pansartrupperna som hade fått skulden för att genombrottet misslyckats, men Telegin nämnde ingenting om detta.

Men det var precis som pansaröversten misstänkte. När andra dagen var slut hade Första vitryska fronten fortfarande inte nått de anfallsmål som skulle ha intagits under första dagen och tiden blev allt dyrbarare för Stalin som lät Zjukov känna piskan vina över huvudet. Stalin befarade alltjämt att de västallierade skulle försöka ta Berlin framför näsan på honom och hetsade sin främste marskalk med hotet att låta rivalen Konjev få erövra Berlin. Zjukov reagerade med sin karaktäristiska hänsynslöshet och offrade ännu fler soldater i blodiga massanfall. ”De sämsta insatserna står 69. armén samt 1. och 2. gardespansararméerna för. Dessa förband har en kolossal styrka men i två dagar har de kämpat klumpigt och obeslutsamt. Armébefälhavarna uppmärksammar inte vad som pågår – de smyger omkring tio kilometer bakom fronten", domderade han i ett cirkulär till sina arméбefälhavare.[18] Alla högre staber måste flytta närmare fronten, beordrade han och hotade att sparka alla officerare som inte klarade att fullfölja sina uppdrag.

När första anfallet hade misslyckats lät Zjukov sina arméer stånga gång på gång mot det tyska försvaret som en "klumpig murbräcka", som den brittiske militärhistorikern Max Hastings träffande kallar det. Av taktisk briljans syntes inte längre ett spår i de sovjetiska operationerna under slaget om Seelowhöjderna.[19]

STÖRRE DELEN AV Seelowhöjderna var trots allt ännu i tyska händer och utgjorde ett svårt hinder för de övriga sovjetiska arméerna som fortfarande kämpade sig fram över slätten. Vissa avsnitt av höjderna försvarades rent av ytterligare ett par dygn av Busses trupper. Men det ryska anfallet fortsatte.

Fast det var inte bara hos Weidlings pansarkår, där det sovjetiska huvudanfallet sattes in, som situationen var katastrofal. Hela CI. kårens avsnitt var också en krishärd förutom hos 5. jägardivisionen längst i norr, som envist fortsatte att försvara sina ställningar. General Berlins övriga två divisioner kämpade fortfarande i Oders lågland men trängdes tillbaka mot höjderna som inte var så höga och branta på detta avsnitt.

Inte heller de tillskyndande förstärkningarna – 25. och 18. pansargrenadjärdivisionerna – vars enheter sattes in i striden i den ordning de anlände till fronten, kunde rädda situationen på Busses vänstra flygel.

GÜNTHER DUNSBACHS KOMPANI vid byn Gottesgabe hade klarat sig helskinnat under måndagen eftersom det legat långt bakom fronten, alldeles vid foten av höjderna.

> I gryningen den 17 april hör vi ett muller genom dimman, kraftigt motordån ... Stridsvagnar: Ivan kommer!
>
> De gamla Rysslandsveteranernas skräckrop. Nu är det vår tur!
>
> Morgondimman lyfter, vi ser de första monstren, de rullar fram över

fältet mot oss. Ännu inget skott, direkt kusligt. Några ska ha räknat till 40, 50 stridsvagnar. Bredvid mig, inte ens tio meter bort, står kompanichefen (är han också skraj?) med kikaren för ögonen. Jag blir förskräckt, första skottet har fallit, en första pansargranat eller något sådant sliter sönder kompanichefen. Fullträff. Pojkarna råkar i panik, nu bryter elden ut ordentligt, ur stridsvagnskanoner och infanterivapen, granatkastare, de har oss på kornet, vi sticker näsan i jorden.

Bara de allra modigaste sticker ännu upp huvudet över bröstvärnet, skjuter med sina gevär, provar de dubbelpipiga flygplanskulsprutorna med trummagasin som är odugliga här i leran, skjuter mer i det blå. Även de båda tvillingbröderna bredvid mig, söner till en flygvapenöverste, vill vara med.

En av tvillingarna sjunker plötsligt ihop, ligger där på botten av skyttegraven, ögonen stelt öppna, hål i hjälmen, hål i pannan, död! Skriken från hans bror som ligger över honom kommer jag aldrig att glömma. Därefter eld från granatkastare, artilleri och stalinorglar, marken vibrerar och gång på gång regnet av ”ryska smällare” mot skyttegravens krön.

Fiendens stridsvagnar och tunga fordon fastnar nog i moraset, kommer inte fram. Tur för oss, men inte för alla.

Solen går upp, stiger, det blir middagstid. Flygplan, Iljusjins och Ratas, cirklar runt, tar fart, trakasserar oss med kulsprutor. Var är Messerschmittarna och Junkrarna? Åh, där är en kedja av våra jaktplan. Ville ju också sitta i ett av dem. För sent.

Bara en kedja. Det är för lite här.

Vi tror fortfarande på Görings ”mirakelvapen”, hoppas på undsättning. Paroll: Roosevelt är död! Amerikanerna och Tommiesarna står vid Elbe för fot gevär, vill gå mot ryssarna tillsammans med oss. Alltså: Håll ut! Flygblad fladdrar ned i skyttegravarna: ”Tyskar, kasta era vapen, kom till oss, kriget är förlorat för er!” Även likalydande röster ur högtalaren där borta … tro inte … det är Seydlitzförrädare! Vi tänker inte ge oss.[20]

När resterna av Gerhard Tillerys regemente – ur infanteridivisionen ”Berlin” – på morgonen återsamlades vid samhället Neutrebbin vid foten av höjderna var det bara en ynklig skara kvar, endast 34 man hade klarat sig. Resten var stupade, sårade eller saknade. Tillerys kompani var det starkaste med ett tiotal man.[21]

De grävde ned sig i utkanten av samhället och försvarade sig mot ett rasande anfall som de lyckades stoppa bara några meter från de egna värnen med hjälp av fyra stormkanoner. En rysk soldat lyckades de rent av ta till fånga.

Plötsligt var emellertid stormkanonerna försvunna. Infanteristerna insåg att de inte kunde försvara sig där de var med så få soldater och utan hjälp av tunga vapen, så de drog sig tillbaka igen tills de kom till en bred bäck eller kanal där de åter gick i ställning. Bittert konstaterade Tillery senare:

> Vi infanterister var återigen de dumma. Vi skulle hejda den ryska framryckningen. Alla andra vapengrenar drog vidare mot väster. Artillerister som hade övergivit sina pjäser, staber, underhållsenheter, kort sagt alla som hade smitit undan i etappen. När allt kom omkring var ju infanteriet till för att slåss. Vi hörde till och med: "Ni har ju låtit dem bryta igenom, se nu till att stoppa dem!" Var det då ett under att en del infanterister blandade sig med de flyende? Skulle vi som redan i flera veckor hade legat i leran offra våra liv så att dessa typer kom hem helskinnade?[22]

Disciplinen och sammanhållningen började krackelera, men hoppet levde i alla fall om att få komma hem snart. Ändå fortsatte många att slåss på grund av de fantastiska rykten som cirkulerade om att de västallierade skulle sluta fred med Tyskland och börja kämpa mot Röda armén.

Vid kanalen påträffade soldaterna återigen stormkanonerna som hjälpt dem tidigare, men dessa måste överges och sprängas eftersom de inte kunde ta sig över vattnet. Tillery vadade över i midjehögt kallt vatten med kulspruta och ammunitionslåda på axlarna.

Överdragsbyxorna av bomull hade han slängt av sig för att inte tyngas ned i onödan. Det var ju ändå vår. Med ens började granatkastargranater falla bland de vadande och elden verkade vara otäckt välriktad. När Tillery kommit upp på andra sidan sprang han så fort han kunde. En soldat med ett skadat ben bönade och bad honom att få komma med, men Tillery stålsatte sig och sprang vidare. Det var omöjligt för honom att även bära en sårad.

Strax därefter stötte de på militärpolisen som beordrade alla soldater med vapen att bilda en ny försvarslinje medan staber och underhållsenheter kunde fortsätta bakåt. Moralen sjönk till nollpunkten bland infanteristerna vid åsynen av denna exodus.

Och då Tillery såg sig omkring utan att hitta ett enda bekant ansikte insåg han att han blivit en *Versprengter* – en soldat som kommit ifrån sitt förband. Han var ensam.

Någon gav honom befälet över en grupp som gick i ställning vid en allé i närheten av samhället Gottesgabe i skuggan av höjderna. Enda förbindelsen bakåt till befälhavaren utgjordes av en rapportkarl, för några radioapparater existerade inte längre. På kvällen skickade han rapportkarlen med ett meddelande till befälhavaren, men mannen kom aldrig tillbaka, så han skickade ut en ny soldat som inte heller återvände.

Då gick han själv tillbaka för att leta upp staben men påträffade inte en själ. Alla hade dragit sig tillbaka, men glömt bort Tillerys grupp. När de på natten återigen hörde fientligt stridsvagnsmuller i närheten beslöt sig Tillery för att lämna ställningen på eget bevåg.

TROTS ALLT LYCKADES spillrorna av "Berlin" och de andra divisionerna fördröja ryssarnas framryckning på Busses vänsterflygel så pass mycket att de inte heller denna dag lyckades erövra höjderna. Först sent på kvällen kunde major Bessarab se hur skyttesoldaterna korsade det sista vattenhindret framför höjderna, Friedländerkanalen, under hård eldgivning från fiendens sida. Bessarab hade tillfälligt utnämnts till befälhavare för ett artilleriregemente som understödde anfallet över kanalen. Anfallstrupperna tvingades avvärja tre tyska motanfall innan de kom vidare och kunde erövra byn Kunersdorf söder om Wriezen, sista hållpunkten innan de kunde ta itu med höjderna.

HELA DAGEN TRASKADE Cordes och hans olyckskamrater bort från stridslarmet. Först framåt kvällen nådde de en uppsamlingsplats tio kilometer väster om Seelow dit soldater från alla vapenslag skockades – det var de överlevande från det ryska genombrottet. Ett regemente skulle formeras igen och under några dagar flyttades skocken av soldater från den ena orten till den andra utan att se några fiender. Apatiskt konstaterade Cordes att de unga luftvärnssoldater som fortfarande var i livet inlemmades i ett SS-förband. "Jag brydde mig inte alls längre", mindes han senare.[23] Müncheberg, Strausberg och Werneuchen hette hållplatserna på deras färd, men snart skulle de hamna ur askan i elden.

En kamouflerad tysk 8,8-centimeterskanon i en försvarsställning vid Seelowhöjderna. Luftvärnskanoner hade också visat sig vara andra världskrigets effektivaste pansarvärnskanoner. Vid Seelow väntade flera hundra av dessa pjäser på den ryska offensiven.

VASS OCH ANNAN vegetation brann för fullt runt Günther Dunsbach när solen gick ned i väster. När soldaterna räknades in visade det sig att bara 20 av dem fortfarande kunde gå. De stapplade ut ur skyttegravarna bärande sina sårade, ett sällsamt skådespel när gestalterna lystes upp av det flimrande eldskenet. I flera timmar gick de på sandiga småvägar och under de korta pauserna föll de i en nästan komaliknande dvala, tills någon lyckades ruska liv i dem igen.

Nästa morgon hade Dunsbach kommit till en skog vid Buckow, men han såg inte till någon från sitt gamla kompani utan befann sig bland helt främmande soldater. Han hade kommit ifrån de andra i nattmörkret.[24]

PÅ EFTERMIDDAGEN DEN 17 april nåddes Tams av en ny reträttorder. Hans regemente, 76. pansargrenadjärerna, hade under tiden fått en ny chef efter deras stupade överste, major Wandmaker, även om regementet numera endast fanns kvar till namnet.

”Alla 76:or till Diedersdorf!” löd parollen.

Striderna hade satt sina spår hos dem. Allihop var nedslagna och fysiskt utmattade. De var psykiskt knäckta av den ryska övermakten och hade förlorat självförtroendet. Maktlösheten inför ”ångvälten från öster” vilade blytung på deras sinnen.

Under återtåget passerade de en eldställning i skogen där det fortfarande stod två välkamouflerade 88:or med eldrören pekande mot öster. Träd och vegetation hade fällts i 30–50 meter breda skogsgator för att ge dem skottfält.

”Vad väntar ni på? Vi är de sista infanteristerna – om 30 minuter är Ivan här!” sade Tams till pjäsbesättningarna.

”Vi har fortfarande fem pansargranater per pjäs – med dem skjuter vi sönder åtta stridsvagnar och med den sista granaten spränger vi våra pjäser – sedan kommer vi efter!”

En halv kilometer längre fram kom Tams och hans lilla trupp ut ur skogen och efter 100 meter nådde de en ny ställning där han grupperade soldaterna. Ytterligare några soldater anslöt och tre Tigerstridsvagnar från Waffen-SS rullade fram för att ge dem understöd. Vad skulle detta hjälpa mot hundra T-34:or, kunde han inte låta bli att tänka. Hur många fiendestridsvagnar de än slog ut verkade ryssarna alltid kunna fylla leden snabbt igen.

För första gången på två dagar kunde mat delas ut. Alla åt under tystnad, försjunkna i sina egna dystra tankar.

I kvällsljuset hörde de 88:orna ge eld borta i skogen och sedan blev det tyst lika plötsligt igen. Tams skickade bort en spaningstrupp för att se vad som hänt och halvannan timme senare återvände de med följande rapport: Pjäserna hade skjutit sju T-34:or i brand och ytterligare 20 hade retirerat. Luftvärnssoldaterna förberedde sig i lugn och ro på att spränga pjäserna.

Först nu kände sig Tams lugnare, ryssarna skulle nog hålla sig lugna ett tag, trodde han och kröp ned på botten av en skyddsgrop för att unna sig lite sömn. Det var första gången på 45 timmar.

KLOCKAN 17.50 FÖRKLARADE Busse på telefon för armégrupp ”Weichsels” stabschef, generallöjtnant Kinzel, att de ryska inbrytningarna på höjderna vid Seelow och Neuhardenberg norr därom var ”farliga” eftersom de egna divisionerna i området var ”helt förbrukade”. Det var ett militärt uttryck som betydde att de lidit så stora förluster att de upphört att vara fungerande förband.

Han vädjade därför om förstärkningar till Seelow och till avsnittet söder om Frankfurt an der Oder, där en rysk inbrytning också bekämpades. Då informerade Kinzel honom om att Heinrici funderade på att låta honom få SS-divisionerna ”Nordland” och ”Nederland” från armégruppens reserv, vilket skulle kunna innebära en viss avlastning.

I slutet av samtalet sade Busse enligt de bevarade anteckningarna att ”hans armé idag befinner [sig] i den allra svåraste kris, men han hoppades ha genomlidit det allra värsta om han lyckades klara dagen och morgondagen”.[25]

Trots allt som hänt visade Busse att han underskattat de sovjetiska resurserna och Zjukovs beslutsamhet, fastän han hade tillgång till tämligen exakta underrättelsedata. En rapport fastslog att Zjukov satt in sju arméer med tillsammans 50 divisioner, varav 30 hittills var direkt involverade i striderna. Dessutom väntade åtminstone en hel armé bakom fronten som reserv. Framför Busses linje förmodades Zjukov ha samlat 2 000 stridsvagnar varav 1 200 inte hade satts in ännu.[26] Och vad gällde målmedvetenheten piskades rödarmisterna obarmhärtigt på för att till varje pris tränga fram mot Berlin. Enligt en underrättelserapport ”ska varje [soldat] som inte vill lyda order eller inte går framåt, skjutas [...] Fienden kommer att fortsätta striden under hänsynslös insats av sina styrkor.”[27]

Knappt en timme senare anlände Heinrici till Busses högkvarter efter att ha besökt fronten vid Seelow. Återigen visade sig Busse från sin mest sangviniska sida, dock med vissa reservationer. Hans armé hade ännu en gång lyckats förhindra ett fientligt genombrott och hoppades även kunna klara följande dag. ”Ytterligare åtgärder fanns inte att diskutera”, slog Heinrici fast och återvände till sin framskjutna stabsplats i Dammsmühle.[28]

Under dagen hade enheter ur 18. och 25. pansargrenadjärdivisionerna nödtorftigt kunnat täppa till luckorna i försvarslinjen, men styrkorna räckte inte till för att genomföra ett beslutsamt motanfall vilket Busse ansåg kunde ha hejdat fiendens offensiv.

Vid 19-tiden på kvällen – alltså under eller strax efter generalöverstens besök – underrättades Busse på telefon av Heinricis stabschef att han fått klartecken att sätta in divisionerna ”Nordland” och ”Nederland”.[29] Dessa divisioner var dock inte starkare än brigader på grund av tidigare förluster. Huvudsakligen bestod de av utländska SS-frivilliga vars vilja att slåss för Tredje riket Busse starkt tvivlade på: ”Nederland” utgjordes av frivilliga holländare och ”Nordland” till stor del av danskar och norrmän, samt några tiotal svenskar. De båda förbanden sattes genast i marsch men hade ännu lång väg till fronten – de skulle komma för sent till den avgörande striden, precis som Busse tidigare hade förutspått.[30]

Han fick också tillstånd att dra bort fyra bataljoner från brohuvudet vid Frankfurt och sätta in dem på andra avsnitt, men staden skulle fortsätta att vara en fästning.

NÄR 9. ARMÉNS stab summerade dagens strider konstaterades att trupperna förstört nästan exakt hälften så många stridsvagnar som under den första anfallsdagen – 106 stycken – men försvarslinjen bågnade och knakade betänkligt: ”De egna förlusterna är återigen avsevärda och därigenom håller infanteriets stridsstyrka även i fortsättningen på att avta betänkligt, i synnerhet beträffande befälhavare och officerare hos alla divisioner och fästningen Frankfurt.”[31] Endast på ett fåtal avsnitt var de tyska trupperna ännu herrar över Seelowhöjdernas krön. Situationen hos LVI. och CI. kårerna var på kvällen ”mycket oöverskådlig”, enligt samma rapport, och med stigande oro såg Busse även hotet växa mot hans högra flank, där marskalk Konjev under gårdagen brutit igenom grannarmén. Snart riskerade flankhotet att bli ett hot även mot hans armés rygg, förutsade han. Därför vädjade Busse enligt egen uppgift till Heinrici om att få dra sig tillbaka från Oder innan hans front bröts sönder, men denna vädjan besvarades med Hitlers order att hålla ställningarna och gå till motanfall.[32]

KAPITEL 11

# Seelow – tredje dagen

18 APRIL 1945

UNDER TREDJE DYGNET, den 18 april, som var en mulen och blåsig onsdag tycktes slaget om Seelowhöjderna kulminera i intensitet.[1] De ryska styrkorna hade anfallit oavbrutet under hela natten, men Busses sammansmältande kårer lyckades gång på gång täta luckorna som uppstod även om försvarslinjen blev allt tunnare. Offensiven fortsatte oförtrutet på morgonen och Första vitryska fronten tuggade sig obevekligt igenom det tyska försvarssystemet, trots att det fortfarande gick långsammare än marskalk Zjukov räknat med. I söder fanns det ingenting som kunde hejda Konjevs framryckning mot Dresden och Berlin, samtidigt som Zjukov fortfarande kämpade för att bryta igenom.

De sovjetiska befälhavarna visste dock att 9. arméns krafter höll på att sina och Zjukov beordrade sina trupper att under hela onsdagen inrikta sig på att "mala ned fiendens manskap och materiel på slagfältet" i stället för att erövra terräng.[2] Och detta gick enligt ritningarna, för Busse kunde konstatera att hans divisioner på det viktigaste avsnittet mellan Seelow och Neuhardenberg effektivt pulvriserades av fiendens övermakt.

För signalisten Hans-Joachim Eilhardt i pansardivision "Müncheberg" som befann sig mitt i detta gehenna, flöt de olidliga dagarna ihop till ett töcken, för samma sak verkade utspela sig om och om igen: "Under detta återtåg befann vi oss hela tiden hos divisionsstaben ända till sammanbrottet. Ofta hände det att ryska stridsvagnar av typ T-34 eller typ Stalin hade ryckt fram till en punkt 200–300 meter från divisionsstaben och bokstavligt talat överöste oss med granater, tills vi långsamt fann för gott att hellre riva våra tält för att ta till flykten – varje ställningsväxling innebar panik."[3]

Under slaget stod general Busse ständigt i telefonkontakt med propagandaminister Goebbels som tillika var Berlins nazistiske riksförsvarskommissarie och hade ”lovat honom varje möjligt understöd och hjälper till där han kan”.[4] Och Busse behövde hela tiden fler soldater. Under den gångna natten hade generalen meddelat ministern att han var i trängande behov av några bataljoner som befann sig i rikshuvudstaden. Järnvägstransport skulle ta för lång tid på grund av de sovjetiska flygangreppen, så Goebbels samlade ihop ett antal stadsbussar och såg till att soldaterna var på plats vid fronten några timmar senare. Det var dock bara en droppe i havet.[5]

Styrkor som var betydligt större än dessa ynka marschbataljoner var också på väg till 9. armén, men inte heller dessa förstärkningar räckte långt inför den sovjetiska numerära överlägsenheten. Äntligen hade också 18. pansargrenadjärdivisionen anlänt i sin helhet, men den kom för sent för att göra ett motanfall och tvingades vid middagstid gå i försvar vid Müncheberg där den i samarbete med en ”pansarjaktbrigad” temporärt lyckades hejda den ryska framryckningen norr om staden. De utlovade SS-divisionerna ”Nordland” och ”Nederland” lät dock fortfarande vänta på sig.

ÄNTLIGEN HADE VLADIMIR Abyzov kommit upp på Seelowhöjderna, men det blev inte någon rast och vila.

> Vi åt lite, fick ammunition och lämnade det av våra bomber och granater delvis förstörda Seelow. Uppsuttna på stridsvagnar ryckte vi fram ytterligare ett stycke närmare Berlin utan att träffa på allvarligt motstånd.[6]

Offensiven gick långsammare och var mycket besvärligare än Abyzov ville minnas. Gång på gång bevisade de sönderslagna tyska förbanden sin förmåga att omorganisera sig och fortsätta striden. Utnötningen av 9. armén skedde till priset av stora sovjetiska förluster och väckte ingen entusiasm hos Första vitryska frontens pansarofficerare. Katukovs och Bogdanovs gardespansararméer tvingades fortfarande slåss som direkt understöd åt gardesinfanteriet, i stället för att kunna härja fritt i fiendens bakre områden. Inget avgörande genombrott kunde åstadkommas denna dag heller på grund av det ihärdiga tyska motståndet. Frustrerad konstaterade general Katukov att pansarsoldaterna bokstavligt talat måste ”dra upp fienden ur hans djupa skyttegravar”.[7] Det taktiska samarbetet med flyget fungerade dock mycket väl och befälhavaren för en flygkår, general Kurpskij, uppehöll sig ständigt i Katukovs högkvarter. Så fort pansaret stötte på en större tysk stödjepunkt kunde attackflyget därför snabbt kallas in.

Överste Babadzjanjan, som ledde en av Katukovs spjutspetsar, ansåg dock att framryckningen gick mycket lättare sedan de kommit upp på höjderna och hans stridsvagnar manövrerade hela tiden mellan tyska motståndsnästen och sjöar. Men han var också tvungen att medge att 1. gardespansararmén lidit "avsevärda förluster".[8]

MAJOR BESSARAB ANDADES ut. Efter nattens och morgonens upprepade anfall hade trupperna även på hans avsnitt kommit uppför krönet och lämnat det sumpiga Oderbruch bakom sig. Framför dem bredde ett lätt böljande jordbrukslandskap med öppna fält, skogspartier och små samhällen ut sig.

Efter stormningen av krönet hade den skyttedivision som hans artilleribatterier understött blivit avlöst och hans egen division – 207. skyttedivisionen – kastats in i striden. Skytteregementet som skulle gå i täten och vilket Bessarabs kanoner hädanefter skulle ge understöd åt leddes av överstelöjtnant Vosnessenskij, en kort och oansenlig officer som var "svart som en zigenare".

"Lite eld, Bessarabusjka, lite eld", hälsade han honom leende.[9]

Det tänkte majoren också ge honom. Hans artilleri ryckte hela tiden fram tätt bakom infanteriet och genomförde ideligen korta, men häftiga eldöverfall mot fienden från nya eldställningar. På kvällen denna varma soliga dag hade de ryckt fram 20 km närmare Berlin.

På kvällen kom ytterligare två av Zjukovs fältarméer – 3. stötarmén och 47. armén – upp på Seelowhöjderna, tre dagar försenade. Hardenbergställningen på krönet var därmed genombruten på de flesta håll. Flera sovjetiska fältarméer och stora pansarstyrkor pressade sig redan fram mot Berlin parallellt med riksväg 1 ett bra stycke väster om denna försvarslinje under synnerligen häftiga strider. "Huvud- och bivägar var igenkorkade med fordon, stridsvagnar och stormkanoner. Alltjämt besköt fiendens artilleri staden, [och] det utkämpades luftstrider. Men Seelow var i våra händer", slog Katukov belåtet fast.[10]

Men trots att det gick trögt för de ryska trupperna hade förutsättningarna skapats för ett slutgiltigt genombrott. Busses försvarslinje var nära bristningsgränsen och Berlins förorter började fyllas av flyktingar från städerna och byarna vid Oder.

TIDIGT PÅ MORGONEN hade Busse nåtts av en positiv nyhet, även om det var i senaste laget: Hitler gav honom tillåtelse att evakuera Frankfurtbrohuvudet och sätta in de styrkor som då blev lediga i sektorn omedelbart söder om fästningen för att förhindra att den blev innesluten.[11]

Telefonerna gick varma mellan befälhavarna på den tyska sidan i takt med att situationen försämrades. Överste Hölz dryftade med armégrupp "Weichsels" stabschef Kinzel var SS-divisionen "Nederland" skulle sättas in – antingen vid Frankfurt eller Wriezen – och armén tänkte meddela armégruppen när den fattat beslut om saken, uppgav Hölz. Systerdivisionen "Nordlands" marsch till fronten hade emellertid blivit försenad och den hade fastnat långt bakom fronten på grund av bränslebrist.

När generalöverste Heinrici lite senare ringde Busse präglades samtalet av den accelererande krisen. Fiendens största truppkoncentrationer avtecknades tydligt väster om Seelow och sydväst om Wriezen och det gick inte att förutse huruvida fronten kunde hållas "med egna medel", var de båda generalerna ense om. En reträtt från Oder fördes på tal, sannolikt av Heinrici, men Busse fick "enligt egen åsikt inte dra sig bort från Berlin".[12]

Även om han ville justera sina truppdispositioner för att bemöta ett sovjetiskt genombrott på Seelowavsnittet och skydda sig mot det växande hotet från marskalk Konjev i söder, hade han följaktligen ännu ingen tanke på att överge rikshuvudstaden.

LVI. PANSARKÅREN FICK bära huvudbördan av den sovjetiska offensiven eftersom den stod i vägen för den koncentrerade ryska framstöten på och parallellt med riksväg 1, vilken ledde rakt till Berlin. Krisen förvärrades för varje timme och klockan 9.40 på förmiddagen nåddes armégrupp "Weichsel" av ett nödrop från 9. armén att fientliga pansarstyrkor hade brutit igenom väster om Seelow i riktning mot Jahnsfelde. Armégruppen sökte förtvivlat efter reserver som kunde kastas in för att stoppa dem.[13]

Det var redan ljust när omilda händer ruskade liv i en av pansarkårens lägre officerare, fänrik Tams. Han hade sovit så tungt att han inte ens vaknat av de artilleriöverfall som drabbat hans ställning. Hans soldater hade först trott att han var dödligt sårad eftersom det varit stört omöjligt att väcka honom, berättade de. Efter att Tams kommit till sans igen förstod han att det blåsts alarm, att fienden var nära. Soldaternas nerver var spända till det yttersta.

I undervegetationen i skogsranden framför dem upptäckte de ryssarna som ryckte fram mot dem. När de var 60–80 meter bort gav Tams order om fri eldgivning och soldaterna sköt med sina automatvapen för allt vad de var värda.

Efter ett par eldstötar hördes rop på tyska från gestalterna på väg mot dem: ”Kamrater, skjut inte. Vi är tyskar!” Eftersom Tams hade sovit kunde han inte veta att pjäsbesättningarna hos 88:orna inte hade kommit tillbaka under natten och mellan de ryska soldaterna syntes också soldater i tyska hjälmar.

Åsynen av de tyska hjälmarna verkade förlamande på Tams och hans soldater så pass länge att rödarmisterna hann kasta sig över dem, samtidigt som det ryska artilleriet började skjuta spärreld i deras rygg och hindrade en reträtt. Ett ursinnigt handgemäng med bajonetter utbröt i värnen ”som på medeltiden”, enligt Tams.[14]

Själv drabbades fänriken av panik och tappade huvudet. Frenetiskt började han springa bakåt över det öppna fältet rakt mot väggen av artillerikrevader. Någon följde honom tätt i hälarna men han vågade inte se efter om det var en vän eller fiende. Efter 50 meter nådde han en banvall och började klättra över den när två granatsplitter träffade honom som pisksnärtar i benen.

När han kommit till sans igen höll en underofficer på att undersöka honom – det ena splittret hade gått rakt igenom höger underben, medan det andra satt fast i vänster fot. Hans räddare släpade honom sedan över till andra sidan av banvallen och där låg det av en slump en cykel. Den sårade fänriken lastades upp på ekipaget och underofficeren började trampa i riktning mot en skogsdunge i nordväst, där han hårdhänt satte på honom ett första förband. Omplåstringen var precis klar när de hörde larvbandsrasslet från en ”stridsvagnsarmada” som utan brådska var på väg åt deras håll och knäckte alla unga träd i sin väg.

I ren panik fick Tams kraft att springa igen. Liksom tidigare bar det rakt över öppna fältet och innan han visste ordet av hade de nått nästa skogsparti. Från en åsrygg iakttog de hur de första tunga ryska stridsvagnarna rullade ut från skogsbrynet. På åsens baksida löpte en landsväg på vilken återstoden av det egna regementets tross, både motorfordon och hästkärror, retirerade. Med sina sista krafter kastade sig Tams och hans nye kamrat upp på en hästkärra medan de ryska stridsvagnarna sköt granater i trädkronorna, men skurarna av trä- och stålsplitter förorsakade inga allvarligare förluster.

Trossvagnen släppte av dem på en förbandsplats i Heinersdorf, där Tams med tungt hjärta skildes från underofficeren. Allt han visste var att han hette Schröder och de återsåg aldrig varandra. Efter att han fått skadorna omsedda bars Tams ut på en bår och lades på ett fält vilket var lika stort som en fotbollsplan och helt fullt med sårade soldater. Inte bara vädrets nycker var dessa olyckliga utlämnade åt, utan även åt fiendens. Två gånger gjorde sovjetiska flygplan anfall från låg höjd med kulsprutor. ”Man kan inte alls föreställa sig de träffade soldaternas skrik”, mindes Tams.[15]

Längre bort upptäckte han fyra militärambulanser som vardera bara kunde transportera bort 4–8 personer åt gången, men Tams hade ingen avsikt att stanna längre än nödvändigt på denna förtvivlans plats. Han släpade sig bort till den ambulans som stod närmast och satte sig på ena fotsteget, med ryggen mot främre stänkskärmen och ett stadigt tag om en backspegel med vänster hand.

Föraren hade inget emot att han åkte med på det sättet, men varnade för att det var en lång resa. Efter fyra–sex timmars skumpande förbi kolonner av militärer och civila samt ödelagda städer slutade färden vid ett fältsjukhus i Königswusterhausen, men Tams kunde inte få någon ro i kroppen på grund av sin erfarenhet av Röda arméns förmåga att rycka fram snabbt och han beslutade sig för att försöka ta sig hem på egen hand.

Fyra dagar senare stod han utanför föräldrahemmet i Hamburg. När systern öppnade dörren kände hon först inte igen den smutsiga och bandagerade gestalten. Hans mor sprang fram för att krama om honom, men hans far var reserverad, eftersom han hade hört den officiella militära kommunikén på radion att Seelow fallit.

Förläget frågade han: ”Har du deserterat?”

”Nej, jag är sårad.”

”Då får du komma in.”

ÄVEN PÅ SIGNALISTEN Fritz-Rudolf Averdiecks avsnitt tvingades de tyska trupperna lämna ”Steinställningen” på morgonen sedan ryska stridsvagnar brutit igenom och anföll dem i flanken. Regementsstaben återsamlades några kilometer längre västerut i den lilla övergivna byn Worin. Men de hade knappt inrättat sig i den fridfulla byn förrän de överöstes med ryska stridsvagnsgranater.

Pansargrenadjärerna som hade legat framför dem drog sig tillbaka till själva byn och regementsstaben låg därmed plötsligt mitt i stridslinjen. Och divisionsstaben var bara några hundra meter bakom dem. Det var hög tid för regementsstaben att dra sig tillbaka till en säkrare position med sina signalister, men Averdieck var inte säker på att de skulle kunna ta sig därifrån över huvud taget med sin utrustning. För deras bepansrade signalfordon hade av misstag tankats med både bensin och diesel, vilket gjorde att motorn gick grötigt och stannade hela tiden.

Chefen för signalplutonen, som hade förlorat 17 man under de senaste två dagarna, ansåg att vagnen nog skulle klara sig därifrån, eftersom det var nedförsbacke och den skulle kunna rulla av sig själv om den fick motorstopp. Genom en hagelskur av granater lyckades de ta sig nedför sluttningen på det viset till baksidan av en lada där en stor samling fordon fanns, vilka obegripligt nog inte hade attackerats av fiendens flyg.

När det återigen började bli alltför hett om öronen och ryska stridsvagnar började rulla in i byn, beslutade Averdieck att på egen hand försöka pressa sig uppför nästa sluttning med den krånglande pansarvagnen och in i skogen. Trots att vagnen nästan inte ville flytta sig lyckades de otroligt nog nå skogen utan en skråma och passerade en rad luftvärnskanoner som väntade i skogsbrynet på det ryska pansaret, men Averdiecks fordon drog sig ännu längre in mellan träden på grund av alla kringyrande träsplitter.

Signalfordonet försökte hålla jämna steg med kolonnen av pansarskyttefordon som rullade söderut genom skogarna i riktning mot Jahnsfelde väster om Seelow, där det var meningen att de skulle svänga till höger på riksväg 1 och fortsätta till Müncheberg. Där skulle resterna av 20. pansargrenadjärdivisionen bemanna nya försvarspositioner.

Men plötsligt kom vagnarna framför dem tillbaka och uppgav att vägen var spärrad. Ryssarna stod redan i Jahnsfelde och divisionschefens eget signalfordon hade fallit i fiendens händer så fort det kom ut ur skogen. Averdieck trodde emellertid inte att deras protesterande motor skulle klara ett strapatsrikt utbrytningsförsök och besättningen riktade kulsprutan åt det håll de väntade sig att ryssarna skulle komma från och förberedde sig för att spränga fordonet.

Mot alla odds kunde pansargrenadjärerna slinka ut ur fiendens grepp i skydd av mörkret. Grupperna av fordon, pansarfordon och lastbilar navigerade sig fram genom skogen och hittade en väg som ryssarna inte kände till. En Tigerstridsvagn hade tagit Averdiecks vagn på släp och i ryggen hörde de hårda eldstrider rasa. Ryssarna hade förföljt dem sedan Worin och eftertruppen var fullt upptagen med att hålla dem stången. När det blivit tillräckligt mörkt vågade de sig ut ur skogen utan att möta något motstånd, rullade genom det brinnande Jahnsfelde och nådde utan missöden de egna linjerna i närheten av Müncheberg. Averdieck och hans besättning lade sig genast i ett värn med vapnen riktade mot öster, medan deras fordon bogserades bort till underhållsbataljonen för att få bränsletanken rengjord.

Kårens svagaste länk – den 9. fallskärmsjägardivisionen – bröt samman och soldaterna flydde. ”Min division lämnar slagfältet. Jag har inga medel att förhindra det”, meddelade den förtvivlade divisionschefen, general Bruno Bräuer. Kort tid efteråt blev han avsatt av Busse och ersatt av sin stabschef, efter att Bräuer föreslagit att divisionen skulle dras ut ur striden under 48 timmar, vilket var helt omöjligt i den desperata situationen.

Busses stabschef meddelade armégruppen att trupperna i Seelowområdet nu var så svaga att de inte längre hade kontroll över situationen. Bräscherna i Hardenbergställningen utvidgades ännu mer då ytterligare samhällen och stödjepunkter på krönet erövrades av ryssarna på båda sidor om Dolgelin. Endast några mindre avsnitt av höjdernas krön försvarades ännu av tyska trupper. Armén väntade otåligt på SS-divisionen ”Nordlands” ankomst.[16]

FÖRST DENNA MORGON bemannade Tillery och hans brokiga grupp Seelowhöjdernas krön mellan Gottesgabe och Ihlow söder om Wriezen, varifrån de hade fin utsikt över sänkan som numera nästan helt var i fiendens hand. Det var ett av de sista avsnitten av höjderna som ryssarna inte erövrat. Då solen började stiga upp skönjde de husen i byn Gottesgabe nedanför dem och möttes av en skräckinjagande syn:

> Stridsvagn och åter stridsvagn stod i och omkring Gottesgabe, däremellan tusentals ryssar. Och vi var knappt 100 man. Långsamt satte sig stridsvagnarna i rörelse, soldaterna likaså. När de var 200 meter bort öppnade vi eld från höjderna. Ryssarna grävde genast ned sig som om de utsattes för ett

> våldsamt bombardemang. Sedan tog stridsvagnarna oss på kornet, senare även granatkastare och pansarvärnskanoner. När elden blev allt starkare drog vi oss tillbaka eftersom ryssarna redan kommit upp på höjderna vid sidan av oss. Därmed var Oderbruch i rysk hand.[17]

Än en gång kom Tillery bort från sin enhet i virrvarret, men senare träffade han på fem man från sitt gamla kompani. Några organiserade förband existerade inte längre. De sex soldaterna anmälde sig hos chefen för ett luftvärnsbatteri öster om Ihlow och började gräva skyttevärn cirka 100 meter framför batteriet.

Endast några timmar tidigare hade ortens civila evakuerats och bara några meter från Tillerys värn låg en kolonialvaruhandel – ett tillfälle som soldaterna utnyttjade till fullo. Det var längesen de hade kunnat äta sig så proppmätta.

När ryssarna närmade sig drog de sig tillbaka till andra sidan av orten och gick i ställning längs muren kring en herrgård under ständig beskjutning av granatkastare och attackflyg. Så småningom kom ryska stridsvagnar inom synhåll och det rapporterades att ryssarna skurit av deras reträttväg. Då sprängdes kanonerna och i skydd av mörkret drog sig alla soldaterna (de var nu cirka 60 man) tillbaka genom en skog och sökte en väg tillbaka till de egna linjerna.

Några kilometer längre fram kom de ut på en väg som de slog in på. Tillery och hans lilla grupp infanterister gick tillsammans med batterichefen medan de sysslolösa pjäsbesättningarna följde efter. Officeren sa att detta var deras reträttväg. Och det var fullt med lastbilar som rullade på vägen genom natten med släckta strålkastare. Plötsligt visste Tillery att det var något som inte stämde – lastbilarna hade tvärställda kylare, vilket de tyska inte hade, men då han påpekade det för officeren röt denne att han var befälhavare och minsann visste bäst.

Inombords steg oron hos Tillery som viskade sina misstankar till kamraterna från regementet och saktade diskret farten tills de befann sig i slutet av kolonnen. Barrskogen stod tät på bägge sidor om vägen och oförmodat hördes ryssar skrika framför dem, enbart överröstade av batterichefens order till sina soldater: ”Skjut inte!”

Som oljade blixtar dök Tillery och de andra infanteristerna in i den täta vegetationen. Deras ”batterichef” var förvisso tysk och hade kommit till batteriet först dagen före, när den ordinarie chefen sårats. Nu ansåg de att den nye officeren utan tvivel hade varit utsänd av ryssarna för att utså förvirring. Men det kan också ha rört sig om en officer som insett att kriget var meningslöst och ville rädda några landsmän från en säker död. Två man från batteriet kom snart och anslöt sig till dem och den lilla gruppen på åtta man drog vidare genom den mörka skogen mot okända mål.

Slutligen nådde de en övergiven by i närheten av Müncheberg. Försiktigt genomsökte de orten, som de trodde var ockuperad av ryssarna. Under tiden som de höll på med det hörde de en bil starta och rulla iväg – det var en tysk lastbil med en artilleripjäs på släp. I andra änden av byn såg de också en militärambulans försvinna i fjärran. Ett provisoriskt fältsjukhus i en skola hade precis evakuerats, men efter en stund kom sjuktransporten oförmodat tillbaka. En av soldaterna, Karl Meinhardt, kunde nätt och jämt kasta sig upp på bilen och dra ombord Tillery innan bilen satte fart. Resten av gruppen blev kvar och Tillery återsåg dem aldrig.

DEN UTMATTADE GÜNTHER Dunsbach kände inte längre någon av soldaterna som han lunkade västerut tillsammans med. På morgonen kom de till en liten skogsdunge norr om Buckowskogen. Återigen utspelades samma procedur – indelning av soldaterna i nya stridsgrupper med nya befäl och okända kamrater. På kvällen skickades han och en handfull andra soldater till en höjd där en av artilleriets eldledare hade sin ställning.

Tre stora ekar krönte höjden och soldaterna fick order att gräva värn runtom för att skydda eldledaren. Marken var stenig och svårgrävd och soldaterna hade bara en enda spade att dela på. ”Jag sover hellre, är för trött, gör ingen grop åt mig”, bestämde sig Dunsbach för. Några timmar senare skulle han få anledning att ångra det beslutet.

Framför dem stod flera batterier luftvärnskanoner grupperade och manskapet bar riksarbetstjänstens uniformer. De här kanonerna kommer att bli en obehaglig överraskning för ryssarna, tänkte han. ”Natten är lugn, bara komiskt knattrande [ryska] flygplan, 'kaffekvarnar' på soldatjargong, flyger omkring och skickar girlander av spårljusprojektiler mot marken, kraftigt artillerimuller – i söder vid Seelow.”[18]

ÄVEN OM TILLSTÅNDET var mycket kritiskt vid Seelow var situationen ännu svårare hos CI. kåren, sade Busse till Heinrici på telefon vid 12-tiden. Där, på arméns vänstra flygel, hade Bogdanovs 2. gardespansararmé plötsligt dykt upp efter att Zjukov omdirigerat den från Berzarins sektor. Nordväst om samhället Hardenberg stod fortfarande tyska trupper, men 150 ryska stridsvagnar hade brutit igenom på avsnittet bredvid. De hade klättrat upp för det skogklädda krönet och vid middagstid börjat anfalla Wriezen medan andra fortsatte västerut på bred front. Fiendetrupper befann sig redan i södra delen av Wriezen.

”Den CI. armékåren kan inte hålla dagen ut med sina nuvarande styrkor”, meddelade Busse generalöversten.[19]

Dessutom var bekymren hos Kleinheisterkamps kår så stora att 9. armén skickade dit SS-divisionen ”Nederland” som varit avsedd för Jeckelns kår vid Frankfurt.

Läget var allvarligt, betonade Busse, men upprepade att ”9. armén låter sig inte trängas bort från Berlin”.[20]

VID UNGEFÄR 17.15 meddelade överste Hölz armégruppen att det varit den hårdaste dagen sedan slagets inledning. Återigen hade armén drabbats av svåra förluster, liksom artilleriet som hamnade direkt i stridslinjen när infanteriet inte längre kunde stå emot. Hos Kleinheisterkamp hade ett stort antal artilleripjäser gått förlorade i närstrid.[21] Översten meddelade också att fem folkstormsbataljoner från Berlin hade anlänt under natten och att de skulle sättas in i bakre ställningar. Han aviserade också att evakueringen av Frankfurtbrohuvudet skulle ske redan under den kommande natten.

Halvannan timme senare ringde Hölz upp Heinricis högkvarter igen med en principiell fråga: Vad var egentligen viktigast för armégruppen, sektorn norr eller söder om Berlin? ”Frågan måste besvaras utifall armén klyvs i två delar genom [ett ryskt] genombrott vid Müncheberg”, betonade Hölz.[22] Att frågan alls ställdes visade att general Busses optimism nu var borta och att han tvingats inse att frontlinjen öster om Berlin oåterkalleligen höll på att smulas sönder.

Men Heinrici gav inget svar. Det var onödigt, ansåg han, eftersom Busse och han hade diskuterat detta redan före slaget.[23] Och den gången hade de kommit fram till att området norr om Berlin var viktigast, eftersom det var mot norr han önskade att hela armégruppen skulle svänga tillbaka – förbi Berlin – om ryssarna skulle lyckas bryta igenom Oderförsvaret. Att Heinrici inte svarade kan dessutom ha berott på att Hitlers militära staber lätt kunde övervaka armégruppens radiotrafik och få reda på den här icke-sanktionerade planen att lämna rikshuvudstaden åt sitt öde. Det var också tydligt att Heinrici ännu inte ville ta det direkta ansvaret för en reträtt från Oder utan ville lämna avgörandet åt underordnade.

Huruvida Busse förstod generalöverstens tystnad på rätt sätt vet vi inte. Den ryska offensiven och generalens vägran att lämna Oder utan en uttrycklig order från Hitler skulle snart besegla 9. arméns öde.

Förutom führerordern ansåg sig general Busse ha ytterligare två anledningar att fortsätta klamra sig fast vid Oder, trots risken att bli omringad. Dels ville han inte överge garnisonen i Frankfurt an der Oder, dels hade hela V. armékåren blivit avskuren från 4. pansararmén genom det ryska genombrottet vid Neisse och fältmarskalk Schörner hade beordrat den att hålla sina ställningar till varje pris. Om 9. armén gick tillbaka från Oder skulle dessa soldater "lämnas i sticket", vilket Busse inte ville vara orsaken till.[24]

SENT PÅ KVÄLLEN rasade fortfarande ett pansarslag för fullt i hela området mellan Wriezen och Müncheberg – och Zjukovs arméer hade tillryggalagt ytterligare åtta kilometer på vägen till Berlin. På flera ställen var fronten uppriven och situationen "ytterst allvarlig", med Busses egna ord.

"Ryssarna äter just nu upp vår kvällsmat!" flämtade exempelvis två andfådda mathämtare som återvänt till Martin Kleints granatkastarpluton. Så tyst som möjligt skruvade de isär sina granatkastare och började söka sig en väg genom kolmörkret, förbi de ryska trupper som på något sätt dykt upp i deras rygg. Men helt ljudlöst gick det inte för då och då skramlade det till när "ett gevär träffade en av granatkastarens metalldelar eller någon snubblade".[25]

På många håll hade frontlinjen börjat lösas upp på grund av de ryska inbrytningarna och striderna var mycket förvirrade. "Morgondagen kommer att ställa 9. arméns ledning och trupper inför fler allvarliga kriser", betonade Busse i en rapport.[26]

Han hade inte tagit till i underkant.

KAPITEL 12

# Seelow – fjärde dagen

19 APRIL 1945

MAN HADE BERÄTTAT för krigskorrespondenten Vasilij Subbotin att rödarmisterna skulle möta ”draktänder” och en ”försvarsvall av betong” när de försökte erövra Seelowhöjderna.[1] Men han såg ingenting sådant när redaktionsbilen studsade fram över den sönderkörda vägen i kön efter de framryckande anfallsvågorna ur 3. stötarmén. Han såg bara döda tyska soldater men de låg inte ens i en skyttegrav, utan på sluttningarna. Sannolikt var marken även översållad av stupade landsmän, men det skrev han aldrig något om.

Stående på bilens fotsteg åkte han upp till krönet medan en blodröd sol steg upp bakom honom. Branterna var täckta av torrt söndertrampat fjolårsgräs och kråkvicker vilket påminde honom om kullarna därhemma i Ural.

I tre dagar hade slaget om Seelowhöjderna dittills rasat när den 19 april randades – eller i hela fem dagar, om man räknar in de våldsamma spaningsanfallen. Många soldater på båda sidor hade varit igång oavbrutet under hela tiden, men denna lite kyliga och blåsiga torsdag skulle det definitiva avgörandet falla.

På morgonen såg Subbotin en grupp tyska fångar i närheten av det hus där han hade sovit några timmar. Det var barnsoldater. ”Hur sällsamt rockarna hängde på dem! Och så tunna deras halsar var som stack upp ur de stora kragarna!”[2] Att Tyskland samvetslöst kastade in så unga pojkar i kriget visade att deras reserver var slut, förstod han.

Att bottenskrapa grytorna var just vad 9. arméns stab höll på med när krafterna var på upphällningen. På morgonen bad överste Hölz på telefon att Goebbels skulle skicka fyra folkstormsbataljoner ur Berlins försvarsstyrkor för att rädda situationen vid Buckow, som var en av platserna där ryska styrkor höll på att slå en bräsch. Goebbels var tvungen att tänka på saken, men på eftermiddagen fick 9. armén bataljonerna efter att Hitler personligen hade konsulterats.[3] Bataljonerna skulle dock inte hinna anlända till fronten i tid för att göra den minsta skillnad, men Busse gjorde fortfarande allt han kunde för att stärka sin front öster om Berlin.

SAMTIDIGT SATTE MARSKALK Zjukov in ett nytt storanfall med pansar, infanteri, artilleri och flyg vilket i synnerhet drabbade LVI. pansarkåren och CI. kåren. Särskilt hårda rasade striderna i markerna kring Müncheberg, som låg vid riksväg 1 halvvägs mellan Seelow och Berlin. Där beredde sig 8. gardesarmén under morgontimmarna på att bryta igenom fiendens tredje försvarslinje. Överste Babadzjanjans gardespansarkår skulle bistå en av Tjujkovs gardeskårer vid det förnyade anfallet och han hittade kårchefen, general Sjemenkov, i en pampig herrgård där rödarmisterna även påträffat ett helt bibliotek med ovärderliga böcker. En grånande överstelöjtnant – förmodligen medlem av en sovjetisk ”trofékommission” – hade sänts ut direkt från Leningrad för att skydda biblioteket från vandalisering. Det berättade han själv för Babadzjanjan när denne beträdde de pråliga salarna.

Anfallet skulle börja klockan 9.00, men Sjemenkov informerade Babadzjanjan om att han på eget initiativ uppskjutit det en timma, eftersom hans trupper ännu inte var redo.

”Men det måste rapporteras till Tjujkov!” protesterade pansaröversten, fast Sjemenkov ville inte lyssna på det örat. Så småningom anlände dock Tjujkov och Katukov personligen för att inspektera anfallsförberedelserna.

”Är trupperna redo för anfall?” frågade Tjujkov, men när Sjemenkov försökte förklara varför han självsvåldigt flyttat fram tidpunkten för anfallet mörknade Tjujkov.

”Vad menas, flyttat fram?” röt han.

Hur Tjujkovs verbala kölhalning av sin kårchef utvecklades fick Babadzjanjan dock inte tillfälle att uppleva, för Katukov tog honom åt sidan och viskade: ”Här finns inget mer för dig att göra. Åk tillbaka till dina mannar så snabbt som möjligt. Ordern måste verkställas enligt planen!”

Att Tjujkovs ilska inte bara utlösts av en underordnads egenmäktiga agerande utan lika mycket var ett symptom på Zjukovs retliga otålighet gentemot sina armébefälhavare vilka riskerade att komma på efterkälken i kapplöpningen om Berlin, hade Babadzjanjan förmodligen ingen aning om när han återvände till sin egen kår så fort hjulen bar. Där utfärdade han de order som behövdes och en liten stund senare gav hans stridsvagnar eld medan Sjemenkovs gardessoldater ryckte fram vid den tidpunkt som Tjujkov ursprungligen bestämt. Inget fick sinka offensiven. ”Det dröjde inte länge förrän försvarslinjen var genombruten”, slog översten senare fast.[4]

Genombrottet vid Müncheberg fick det vacklande tyska korthuset att slutgiltigt rasa samman.

SIGNALISTEN FRITZ-RUDOLF AVERDIECK väcktes efter bara några timmars sömn av en order från regementsstaben att det var dags att flytta på sig igen eftersom ryskt pansar återigen hade brutit igenom någonstans. Och Günther Dunsbach, som inte orkat gräva någon skyddsgrop under gårdagen, fick genast anledning att ångra det:

> När morgonen gryr vaknar jag, hör dånet av fordon i fjärran. Gryningsdimman lyfter, vi ser dem rulla ... mot Berlin. Vår kulle ligger mellan två vägar. Alléer, genomfartsvägar som leder västerut. [...] Sedan bryter bombardemanget löst. ”Fri eldgivning” för luftvärnskanonerna framför oss – och för de ryska stridsvagnarna där borta på vägarna. Ur alla eldrör dånar det hit och dit.
>
> En av de första granaterna träffar eken som jag ligger under, även om den är manstjock är den plötsligt borta.
>
> Det träffar mig som en hammare i korsryggen. Vad är det? Känner efter, det är vått, blod på handen. Jag är sårad! Första tanken: Stick iväg! Meddelar löjtnanten, hoppar upp, springer nedför sluttningen över fältet mot skogen ett par hundra meter längre bort.
>
> Ständigt ylande och detonationer av granatnedslag runtomkring mig. Bara inte se sig om, springa som en hare, kasta sig ned, upp, som övat ... Brödpåse, gasmask, patronväska hindrar, lossa livremmen, bort med det hindrande skräpet. Jag når vägen vid skogen, där startar precis en bärgningsstridsvagn, hoppar upp, klänger mig fast där bak, det bär iväg. Jag snappar efter luft, flämtar, spottar blod, strunt samma bara bort därifrån! Så bra att jag hade så tjocka kläder på mig, mindre för springandet, tältduk, rock, vapenrock, tjock pullover och så vidare, annars hade det kunnat gå mycket värre. Snart når vi ett samhälle (Grunow? Bollersdorf?). Vägarna [är] igenkorkade med motor- och hästdragna fordon, människor, militär, civila... alla springer, räddar sig, flyr ... Ivan kommer!

> Över alltihop cirklar ryska flygplan, skjuter med kulsprutor, fäller splitterbomber, jord sprutar och kroppar, [jag vill] bara bort härifrån.[5]

De nya kriser Busse fruktade lät inte vänta på sig.

Solen hade precis börjat värma när general Busse hittade general Weidlings stabsplats i några provisoriska bunkrar i en skog utanför Waldsieversdorf. LVI. pansarkåren utkämpade en rasande försvarsstrid på båda sidor om riksväg 1 i trakten av Müncheberg där ryssarna hela tiden pressade sig framåt.

Med bland annat den nyanlända SS-divisionen "Nordland" och 18. pansargrenadjärdivisionen planerade Weidling att genomföra ett motanfall för att täppa till luckorna. Busse godkände genast åtgärderna och skyndade därefter vidare.[6] Det var sista gången de båda generalerna träffades. Bara några dygn senare skulle Busse hota Weidling med arkebusering.

Av LVI. pansarkårens planerade motattack blev dock intet, utan anfallsstyrkorna uppslukades av försvarsstriderna. Hans krossade divisioner drog sig i stället tillbaka till skogsområdet norr om Strausberg-Bad Freienwalde. På kvällen hade även den brinnande staden Müncheberg fallit i ryska händer. Därmed hade Zjukovs spjutspetsar lagt mer än halva vägen mellan Oder och Berlin bakom sig.

Under hela dagen hade Stefan Doernberg ur 8. gardesarmén bearbetat den tyske fienden med hjälp av högtalare och flygblad för att få dem att lägga ned vapnen. Via småvägar hade han kört fram högtalarbilen ända till norra utkanten av Müncheberg för att komma så nära inpå stadens försvarare som möjligt när stridslarmet under korta stunder sjönk undan.

Efter stadens fall kunde han visserligen med egna ögon se att en stor skara tyska officerare och soldater hade gett upp, men antalet motsvarade inte på långt när förhoppningarna på den sovjetiska sidan. Doernberg erkände långt efter kriget att propagandans "effekt inte skulle övervärderas". Fortfarande fortsatte det tyska militära maskineriet att fungera och slåss ursinnigt. Motståndsviljan hos de tyska armeförbanden, men även hos folkstormen, var större än Doernberg hade räknat med. "Även 1945 ansåg inte få tyska soldater det vara sin plikt att försvara fosterlandet, att inte lämna kamraterna i sticket. Och de fruktade förståeligt nog en oviss framtid som krigsfångar", ansåg han.[7]

Weidlings trupper hade således lyckats tillfoga ryssarna oerhörda förluster under genombrottsstriderna vid Müncheberg. Av de 226 fientliga stridsvagnar som 9. armén förstörde denna dag stod 118 på LVI. pansarkårens konto.[8] Men situationen var katastrofal på den tyska sidan där hela försvarslinjen på Busses norra flygel till sist rämnade fullständigt i Första vitryska frontens väg.[9] Vägen till Berlin låg öppen.

SVENSKE SS-MANNEN STEN Eriksson, krigskorrespondent i SS-divisionen ”Nordland”, minns hur de förgäves försökte hejda den sovjetiska stormfloden:

> Fram till mitten av april låg vi i reserv bakom 3. pansararmén och den 15 april försattes vi i *Alarmbereitschaft*, det vill säga högsta beredskap. Den 16–17 april började transporterna nedåt till Oderfronten. Då visste vi bara att ryssarna hade anfallit, men vi hade inget klart besked om våldsamheten i den ryska offensiven. Det hette bara att vi skulle kasta tillbaka ryssarna.
>
> Personligen trodde jag inte på seger sedan lång tid tillbaka. Jag var helt klar över hur det skulle bli när vi gick tillbaka från Narva [i september 1944]. Men även om man betraktade kriget som förlorat hyste man ändå alltid en gnutta av hopp.
>
> Vårt mål var Seelow, men så långt kom vi aldrig. Bränslebrist gjorde att transporterna gick dåligt. Stridsvagnarna och de andra fordonen fick ideligen motorstopp. Alla kom inte ens med. Andra bataljonen ur regementet ”Danmark” blev kvar i grupperingsområdet, mer på grund av fordonsbrist än bränslebrist. Den skulle hämtas senare, men då hade ryssarna skurit av dem och de slöt sig till stridsgrupp ”Steiner”.
>
> Själv hade jag varit med Sörensens 8. kompani i andra bataljonen innan jag kom över till tredje bataljonen och jag hörde följaktligen till dem som drogs in i slaget om Berlin.
>
> Vi kom till färdiggrävda försvarsställningar öster om Buckow. Där låg vi på de skogklädda höjderna och framför oss bredde fält ut sig och ännu längre bort skogar. Det rasade mycket hårda strider. Ryssarna trummade på oss med sitt artilleri och granaterna som slog ned i trädkronorna orsakade skurar av dödliga splitter.
>
> Granne med oss låg en styrka ur Hitlerjugend som någon dåre hade

> satt in där. Det var tragiskt. De var mycket tappra, men de fick ta emot de fientliga stridsvagnarna och blev överkörda.
>
> Efter bara något dygn jagades vi bort från våra ställningar, för ryssarna hade skjutit skogen i brand och vi höll på att bli innebrända. På kvällen eller natten drog vi oss bort därifrån i skydd av mörkret och gick till fots runt sjön, Buckowsjön. Fordonen hade vi nämligen lämnat i Strausberg.
>
> Vid det laget hade tredje bataljonen förmodligen bara 300–400 man kvar. Man tänkte inte så mycket på krigets slut och så, för jag trodde inte att jag skulle överleva slutet.
>
> På andra sidan sjön samlades vi i en by och där var vi tillsammans med fallskärmsjägare. Regementet "Norge" var också där, de hade tagit sig runt norr om sjön.
>
> Om igen lade vi oss i ställning och då fick jag ett skott i skuldran. Såret var inte så farligt, men jag fördes bort från stridslinjen och blev omplåstrad. Härefter blir minnesbilderna otydliga och jag är osäker på vad som hände. Jag var nog utmattad, psykiskt färdig, men jag tog mig till Strausberg på en "Sankra" [militärambulans] tillsammans med andra sårade. Det enda jag vet är att jag absolut inte ville bli inlagd på något sjukhus som sedan skulle bli övertaget av ryssarna.[10]

Enstaka hårdföra tyska elitförband kämpade fanatiskt och förorsakade fienden stora förluster, men de kunde inte avvärja sammanbrottet. De tillskyndande Kungstigrarna ur tunga SS-pansarbataljonen 503. hade i likhet med många andra enheter kommit fram för sent för att hindra Seelowhöjdernas fall. Efter två dagars marsch gick fyra av bataljonens vagnar under ledning av SS-löjtnanten Müller i ställning öster om "svarta bergen" nordöst om Strausberg i Weidlings sektor. Vid tiotiden på förmiddagen observerade en av vagncheferna, SS-furiren Georg Diers, hur ryska stridsvagnar följda av infanteri närmade sig på bred front:

> Vi öppnade eld på 400 meters håll med framgång och sköt på kort tid sönder omkring 40–50 ryska stridsvagnar, huvudsakligen T-34:or. Den lätt kuperade terrängen gav fienden visst skydd att samla sig i sänkorna, som vi inte kunde se. Försvarsstriden blev också svårare för oss då röken från de brinnande stridsvagnarna som låg framför oss skymde sikten.

Det efterföljande ryska infanteriet drog sig tillbaka, förmodligen på grund av våra framgångar. Våra stridsvagnskulsprutor höll dem nere (här var förlusterna mycket höga, enligt senare utsago av vittnen som måste bära de döda ryssarna).

Efter den första vågen av pansar anföll ryssen om igen massivt på bred front med stridsvagnar, mellan klockan 14 och 16 körde ryssarnas anfall fast. Med fyra Kungstigrar hade vi utan egna förluster kunnat förinta 105 fientliga stridsvagnar av över 400 (sifferuppgift av vittnen från Reichenberg och Alt-Friedland [...]). Vid 16-tiden kom underhållsfordon med ammunition och bensin till oss.

Två stridsvagnar rullade tillbaka cirka 800 meter till skogen och två stridsvagnar stannade för att fortsätta försvara ställningen. Efter en kort stund slog ett stort antal ryska raketer ned i skogen bakom oss. Som vi senare fick veta stupade besättningarna på bägge stridsvagnarna, på grund av trädkrevader, så när som på förare och laddare. En [av de stupade] var befälhavaren löjtnant Müller.

Fältväbel Körner och jag hade stannat kvar som pansarskydd med lite ammunition. Långt bort, cirka 1 800 meter [...] på en höjd stod i början av striden tre hässjor och då ser jag en fjärde hässja. I röken av de bolmande stridsvagnarna kan jag inte identifiera den riktigt. När jag sitter och tittar i min kikare kommer ett eldklot ur den fjärde hässjan, jag känner också igen silhuetten av en Josef Stalin [stridsvagn] och kan iaktta granatens väg mot min stridsvagn mycket väl. Strax innan träffen i stridsvagnstornet kastar jag mig ned, granaten sliter bort vinkelspegeln, tornluckan och delar av tornet. Tyvärr slogs också siktet som var fäst vid tornets tak ut. Utan optik kunde vi inte längre slåss. Vi rullade tillbaka till verkstaden på en herrgård vid Altlandsberg.[11]

Stridsvagnen skickades vidare till en verkstad i Berlin vilket skulle bli ödesdigert för Diers och hans besättning

Jättestaden Berlin fungerade som en magnet för många av de retirerande truppspillrorna och soldaterna ur 9. armén. En av dem var Averdieck vars radiofordon vid lunchtid hade hunnit ikapp trossen som sökt en ny tillflyktsort i en tallskog. Stor förvirring rådde och de hade förlorat kontakten med regementsstaben i röran. Plötsligt spred det sig att de måste fortsätta reträtten eftersom ryska stridsvagnar stod endast en kilometer därifrån. ”Tydligen

En rysk dragbil med pansarvärnskanon på släp i närheten av Wriezen i samband med marskalk Zjukovs genombrott på Seelowhöjderna.

mötte ryssarna inte längre något motstånd, vår enorma tross befann sig i full flykt utan tanke på att sätta sig till motvärn", mindes Averdieck.[12] Först tidigt nästa morgon slutade deras reträtt i Erkner i Berlins sydöstra utkanter.

VART VASILIJ SUBBOTIN än vände blicken såg han bara marscherande soldater. Kolonnerna av trötta män hade dock tänjts ut till tunna pärlband och ingen marscherade längre i formering. Det gick sakta framåt med ena foten nätt och jämt före den andra i vägkanten. Vapnen blev en allt besvärligare börda att bära för de utmattade soldaterna.

I botten av en dalsänka vadade de över en bäck och på andra sidan stod de framför en erövrad tysk skyttegrav. Fortfarande befann sig Subbotins division långt bakom spjutspetsarna och en utbränd rysk stridsvagn "av engelskt fabrikat" vittnade om striderna som rasat här. Bredvid vraket låg en nygrävd grav, som pryddes av en enkel brädbit med inbrända bokstäver: "Han var en av de första vid anfallet mot Berlin."[13]

Ingen sade det högt, men det kunde inte vara långt kvar till huvudstaden.

SITUATIONEN VAR KATASTROFAL, insåg Busse när han såg de breda rödmålade ryska anfallspilarna täcka alltfler avsnitt av hans försvarslinje på stabskartorna. På morgonen hade slutligen Wriezen fallit, den största tyska staden i Oderbruch, men vid det laget återstod bara en rykande ruinhög av den. Hela det tyska försvaret på höjderna var utraderat.

Rakt öster om Berlin hade fienden lyckats bryta igenom den tredje och sista försvarslinjen, Wotanställningen, och innan dagens slut hade armén splittrats i tre delar. I norr hade CI kåren blivit isolerad och började falla tillbaka mot Eberswalde vid Hohenzollernkanalen, medan LVI. pansarkåren hängde ”fritt” i centern. I söder bildade XI. SS-pansarkåren, V. SS-kåren och fästningen Frankfurt den tredje (och största) gruppen vilken ännu hade fotfäste vid Oder. Med undantag för den hårt trängda XI. SS-pansarkåren var denna grupp ännu relativt oantastad av fienden.

Folkstormsbataljonerna som anlänt från Berlin under gårdagen samt tre bataljoner ur en lettisk SS-division kastades in i striderna, men kunde inte göra någon skillnad.

På samma gång hade spjutspetsarna ur marskalk Konjevs front haft fritt spelrum i Busses sydflank och rygg sedan flera dagar tillbaka. Hans pansarspjutspetsar rullade redan mot nordväst i riktning mot Berlins södra utkanter och lyckades tillryggalägga mellan 30 och 50 kilometer denna dag.

UPPLÖSNINGEN FORTSKRED I de tyska divisionerna framför Berlin och otaliga tyska soldater satte den egna överlevnaden främst när fronten föll samman. Den lätt sårade Günther Dunsbach färdades till exempel bort från stridslarmet fastklamrad på utsidan av ett av artilleriets ekipage.

> Jag fortsätter hänga fast vid lavetten tills vi stannar. Stopp! En korsning. Där blockerar tre ”bandhundar”, ”hjälteklor”*, militärpolis, Waffen-SS, vägen för de flyende. Alla som ännu verkar vara stridsdugliga hämtar de från fordonen, bara en chaufför och sårade får åka vidare. Jag måste gå till

* *Kettenhunde* (bandhundar) och *Heldenklau* (hjälteklo) var vanliga öknamn i tyska armén på militärpolisen. ”Bandhundar” på grund av metallbrickan som hängde i en kedja runt halsen likt ett hundkoppel, och ”hjälteklo” därför att de aldrig var i strid själva men grep soldater som kommit från frontlinjen.

> en grupp som står vid sidan om. Där borta, på andra sidan vägen, ligger tre döda i slänten. Man säger att de hade arkebuserats på grund av feghet, som avskräckande exempel. Men de kan också "bara" ha varit stupade.
>
> Jag sorteras ut tillsammans med andra, får sitta upp bredvid kusken på en förbipasserande hästvagn. Där framme [är] två vackra bruna hästar, ytterligare fyra fastbundna där bak, de kommer från Trakehnerstuteriet [i Ostpreussen] förklarar kusken för mig. Långt borta!
>
> Vi travar genom skogen i riktning mot Strausberg. Blir omplåstrad på en förbandsplats, vid vägkanten i skogen: stora kompresser på såret under högra skulderbladet, splittret blir kvar därinne. Ytterst viktigt för de följande dagarna är att man hänger på mig en papperslapp som intygar att jag är sårad.[14]

Många andra hade inte den turen.

Vasilij Subbotin fick något hårt i huvudet när redaktionsbilen rullade genom ett erövrat tyskt samhälle på kvällen. Han stod fortfarande på fotsteget och höll sig fast när föremålen träffade honom – det var någons ben. I nästa ögonblick upptäckte han att de tillhörde en död tysk soldat som dinglade i en snara över en bro. Mannens ansikte uppfattade han aldrig. "Fascisterna hade hängt honom", konstaterade han.[15]

SLAGET OM SEELOW var förlorat och viktiga beslut måste fattas. Någon gång vid 17–18-tiden fick överste Hölz tag på Busse på en stabsplats ute vid fronten. Per telefon underrättade han generalen om att armégruppens befälhavare Heinrici ville diskutera en reträtt från de ännu försvarade delarna av Oder eftersom resterna av 9. armén hotades av inringning. Och det brådskade utifall de ännu intakta delarna av armén skulle kunna dra sig tillbaka i ordnad formering till Wotanlinjen. Det måste i så fall ske redan samma kväll.

Men först kände Heinrici uppenbarligen att han måste veta var han hade 9. arméns befälhavare innan han vände sig till Hitler med en begäran. Kanske var det irritationen över Busses ständiga tillförsikt som spökade samt rädslan för att han skulle komma med motstridiga budskap till führerhögkvarteret.

När generalöversten fått veta av Hölz att Busse inte fanns till hands krävde han att stabschefen skulle ge sin bedömning av situationen, särskilt beträffande den oroande utvecklingen hos 9. arméns högra granne, där Konjevs offensiv verkade omöjlig att hejda.

Hölz hade då meddelat att den enda egna framgången var återerövringen av en liten ort vid riksväg 1 – Jahnsfelde – men att det fanns stora luckor i fronten vid Müncheberg. Likaså fanns det stora ryska pansarstyrkor sydväst om Wriezen, men där var situationen annars mycket oklar för honom.

Hur det såg ut hos 4. pansararmén visste Heinrici inte, men han hade frågat Hölz om det var möjligt för 9. arméns högra flygel, som ännu stod kvar vid Oder, att retirera i två steg till en bakre försvarslinje i höjd med de stora sjöarna öster om Berlin. Hölz hade svarat ja, varefter Heinrici hade frågat om en sådan reträtt var nödvändig just nu.

Det hade Hölz också svarat ja på. ”Annars har vi en alltför långt uttänjd högerflank, dessutom ger förflyttningen möjlighet att frigöra styrkor.”[16]

Busse skulle snart vara tillbaka och själv kunna avgöra saken, meddelade Hölz slutligen.

DÅ HÖLZ RINGDE upp armégruppens högkvarter igen klockan 18.20 hade Busse välsignat planerna på ett återtåg, men under tiden hade situationen förvärrats ytterligare. Arméns signalförbindelser till LVI. pansarkåren och CI. kåren var helt utslagna på grund av striderna och det var omöjligt att säga hur illa situationen tedde sig där. Heinrici, som hade tillgång till rapporter från Luftwaffes spaningsflyg, kunde informera honom om att ryssarna redan stod öster om Strausberg och att flera andra orter gått förlorade under dagen, troligtvis även Harnekop, där general Berlin haft sitt högkvarter. Sydöst om Wriezen rapporterades 2 000 fientliga fordon av olika slag och ytterligare 500 lastbilar med artilleripjäser på släp. Söder om Müncheberg hade ryskt pansar trängt fram ända till Buchholz och Tempelberg.

På detta kunde Hölz bara svara att armén skickat en bataljon Tigerstridsvagnar mot de sistnämnda spjutspetsarna. Några andra reserver fanns inte att tillgå.

Heinrici upprepade sedan frågan huruvida armén uttryckligen bad om att få dra tillbaka de trupper som ännu var stationerade vid Oder. Men Hölz kunde inte förmå sig att uttala en sådan begäran, utan genmälde enbart att han varit i kontakt med Busse som ”var av samma åsikt som han själv uttryckte klockan 16.40”.[17]

Översten ville sannolikt inte vara den förste som satte ord på det alla tänkte: Att slaget vid Oder var förlorat och därmed hela kriget. Den heta potatisen bollades mellan olika händer, och när Busse en liten stund senare anlände till arméhögkvarteret ringde han genast upp Heinrici för att meddela att han ställde ett absolut villkor för att gå med på en reträtt från Oder. Han tänkte låta armén stanna där den var tills han fick tillstånd att utrymma Frankfurt an der Oder, annars måste han lämna 15 bataljoner åt sitt öde i staden.[18]

General Busse naglade fast hela sin armés öde vid fästningen Frankfurt, dels för att han inte ville överge dessa soldater, dels för att Hitler fortfarande krävde att han skulle stanna där. Visserligen hade evakueringen av Frankfurtbrohuvudet under natten till den 19 april gått enligt planen, men fortfarande var staden en fästning. Gång på gång upprepade generalen därför sin begäran att Frankfurts fästningsstatus skulle upphävas. Att fortsätta försvara staden till varje pris var meningslöst eftersom ryssarna redan hade flera broar över floden och garnisonen inte heller lyckades binda några betydande fiendestyrkor, ansåg Busse. Förvisso ville han fortsätta att försvara staden, sade han, men ville också ha möjlighet att dra bort styrkor därifrån för att vid någon senare tidpunkt kunna gå till reträtt.[19]

Tio år efter kriget skrev han:

> Det var hopplöst att stänga dessa luckor [i frontlinjen]. Armégruppens och arméstabens kamp att få tillstånd att retirera fortsatte utan framgång. Inte heller gick det att få Hitler att ge tillstånd att ge upp den så kallade fästningen Frankfurt för att rädda den modiga garnisonen från omringning.[20]

Klockan 20.50 pratade Heinrici och Busse återigen med varandra på telefon. Heinrici meddelade att Goebbels hade skickat alla folkstormsbataljoner och 24 luftvärnsstridsgrupper från Berlins försvarsområde till Busses front för att hejda de ryska genombrotten. ”Allt som skulle ingå i Berlins försvar har skickats”, uppgav generalöversten och uppmanade Busse att tala med Berlins kommendant, generallöjtnant Reymann, så snabbt som möjligt om detaljerna.

Därefter tillade Heinrici att han skulle be führerhögkvarteret om att få tillgång till 7. pansardivisionen som ännu låg i reserv bakom 3. pansararméns front. Divisionen ”Nordland” kom också på tapeten under samtalet och av allt att döma uttryckte Busse tvivel på dess stridsvärde, varvid Heinrici påpekade att divisionen hade 11 000 man. Men Busse svarade att "Nordland" hade lidit stora förluster under de föregående striderna i Pommern och bara hade stridsvagnar av modell Panzer IV med korta eldrör, vilka inte kunde uträtta särskilt mycket mot de modernaste T-34:orna och Stalinstridsvagnarna.

"Stridsviljan har sjunkit. Det totala bortfallet av 9. fallskärmsjägardivisionen har haft avgörande effekt, den saknas [i striden] sedan två dagar tillbaka", avslutade Busse.[21]

BALANSRÄKNINGEN EFTER SLAGET om Seelowhöjderna såg mycket mörk ut för 9. armén. Efter sex dagars strider hade Busses trupper tvingats tillbaka 30 kilometer närmare Berlin på ett 70 kilometer brett avsnitt. Första vitryska fronten var med andra ord mer än halvvägs till den tyska rikshuvudstaden.

Eftersom Hitlers order tvingade 9. armén att fortsätta slåss vid Oder fattade Busse beslutet att dra tillbaka spillrorna av LVI. pansarkåren mot söder, bakom Spree, för att tillsammans med XI. SS-pansarkåren bilda en öst-västlig försvarslinje mellan Frankfurt an der Oder och Berlin. På så vis skulle de båda kårerna skydda norra flanken åt de trupper som fortfarande befann sig vid Oder – Frankfurts garnison, V. SS-bergsjägarkåren samt V. armékåren ur 4. pansararmén. Den här manövern visade att Busse var fast besluten att undvika strider inne i själva Berlin, utan i stället redan ställde in sig på att retirera söder om Berlin med alla trupper utom CI. kåren som höll på att trängas bort mot nordväst. Ännu hade dock beslutet att dra sig tillbaka inte mognat riktigt, utan fortfarande lydde han Hitlers order att låta armén slåss till siste man.

Planen att på detta vis undvika Berlin och skydda återtåget misslyckades därför att Hitler utan Busses vetskap en kort tid efteråt omdirigerade Weidlings pansarkår till sydöstra Berlin, eftersom han ansåg att den behövdes i försvaret av staden. Pansarkåren underställdes OKH och hade endast sporadisk kontakt med 9. armén under de kommande dygnen på grund av att signalförbindelserna brutit samman. Detta skulle få ödesdigra konsekvenser för general Weidling och hans återstående soldater. Misstankarna om att Weidling struntade i en direkt order skulle därför snart slå rot hos Busse.

PRISET FÖR ATT bryta igenom 9. arméns försvarslinje hade varit mycket högt för marskalk Zjukov. Kvar i terrängen runt Seelow, det blodigaste slagfältet på tysk mark under andra världskriget, låg det 33 000 stupade ryska soldater, enligt officiella siffror. Antalet dödade rödarmister kan dock i verkligheten ha varit det dubbla. Om man lägger till alla sårade och saknade (vars numerär vi inte känner till) bör Första vitryska frontens arméer ha blivit mycket illa tilltygade och utmattade redan innan gatustriderna om Berlin tog sin början.

Även materiellt hade kostnaden varit avsevärd – sammanlagt hade 743 ryska stridsvagnar och stormkanoner blivit till skrot. Det motsvarade var fjärde pansarfordon eller en hel pansararmé.[22]

Förlusterna för 9. armén uppgick till 12 000 stupade samt huvuddelen av tre kårers artilleri, pansar och annan tung materiel. Enligt sovjetiska källor (några tyska finns inte) förlorade 9. armén totalt 80 000 man i stupade, sårade och saknade, samt nästan 500 stridsvagnar och stormkanoner.[23]

Ändå hade Busses soldater under oerhörda uppoffringar åstadkommit det nästan omöjliga under de fyra dagar det sovjetiska huvudanfallet pågått. De hade omintetgjort marskalk Zjukovs planerade blixtkrigsoffensiv mot Berlin och tvingat hans arméer till ett mördande utnötningskrig varvid alla tidtabeller kastats på sophögen. Först på fjärde dagen stod Första vitryska fronten där den enligt planen skulle ha befunnit sig på operationens andra dag.

Oderfronten hade fallit, men det innebar långt ifrån slutet på striderna.

KAPITEL 13

# Fångade vid Oder

20–23 APRIL 1945

NÅGRA DAGAR TIDIGARE hade rödarmisterna som marscherade bakom de första anfallsvågorna fäst blicken mot solen, men när slaget om Seelowhöjderna var avslutat stirrade alla stint i marken av trötthet och för att undvika vattenpölarna som bildats när stridsvagnarna hade kört sönder vägarna. Uniformerna var dyngsura på grund av regnet och uniformsrockarna kändes lika "tunga som kyrkklockor" av allt vatten de sugit åt sig.[1] En stund såg det ut som om vädret skulle bli bättre, men snart fylldes himlen åter av tunga moln och det regnade hela natten.

Den likaledes genomblöte korrespondenten Vasilij Subbotin var medveten om att hundratusentals ryska soldater i det ögonblicket marscherade åt samma håll och det fick honom att känna sig som en "droppe i floden".[2] En flod som inom kort skulle välla in i Berlin.

PÅ HITLERS SISTA födelsedag, den 20 april, avlöste regnskurarna varandra och sikten var dålig, men Första vitryska fronten smulade till sist sönder allt tyskt motstånd mellan Müncheberg och Wriezen varefter den nådde fram till Bernau, 22 kilometer nordöst om rikshuvudstaden. Där möttes de dock till en början av ett ursinnigt motstånd, det var det sista organiserade försvaret framför Berlin. Men striden blev kortvarig och förvirrad.

För Günter Graffenberger hade äntligen "hjältarnas tid" kommit, men allt han kände var en stor klump i halsen. Händerna som kramade runt pansarnäven darrade okontrollerat, men han kunde inte avgöra om det berodde på eufori eller ren skräck.

> Det var infernaliskt när ryssarna sköt med sina stalinorglar [det vill säga katjusjor]. Så kom de ryska stridsvagnarna. Vi var oerhört rädda, men

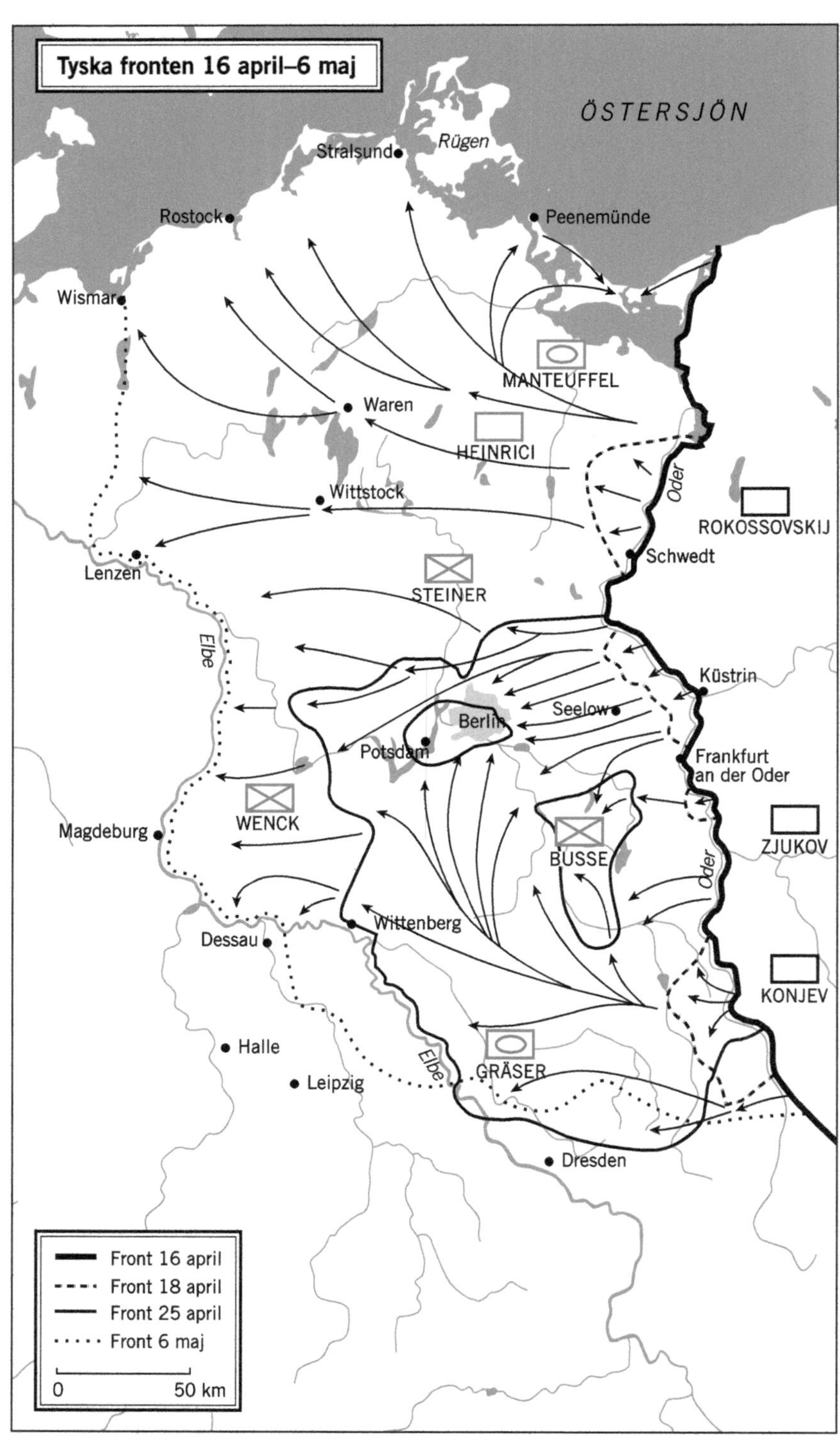
Tyska fronten 16 april–6 maj
ÖSTERSJÖN
Rügen
Stralsund
Rostock
Peenemünde
Wismar
MANTEUFFEL
Waren
HEINRICI
Oder
Wittstock
ROKOSSOVSKIJ
Schwedt
Lenzen
STEINER
Elbe
Küstrin
Seelow
Berlin
Potsdam
Frankfurt
an der Oder
WENCK
ZJUKOV
Magdeburg
BUSSE
Oder
Wittenberg
Dessau
KONJEV
Halle
Elbe
GRÄSER
Leipzig
Dresden
Front 16 april
Front 18 april
Front 25 april
Front 6 maj
0
50 km

rädslan försvann när vi såg att våra egna vapen fungerade och vi märkte att vi hade framgång med våra små motattacker. Stämningen pendlade hela tiden mellan bävan och förhoppning. Vi lyckades faktiskt hejda dem, men det fanns inga planer på att driva dem tillbaka.

Gång på gång rullade det ryska pansaret över fälten och vi stack upp huvudena och avfyrade våra pansarnävar när de var tillräckligt nära. Stridsvagn efter stridsvagn sattes i brand och stoppades, men många av mina kamrater fanns inte mer. Så långt efteråt sviker orden fortfarande mig när jag försöker tala om det. Ändå var stämningen hög bland oss pojkar, för vi hade lyckats stoppa ryssarna. Men det dröjde inte länge förrän nästa anfallsvåg kom. Och nästa ...[3]

Berlin var dödsdömt och den sovjetiska gripklon kring staden avtecknades tydligt på de militära lägeskartorna. På kvällen rasade striderna vid Bernau med oförminskad styrka medan Zjukovs arméer närmade sig stadsgränsen. Från sydöst pressade sig dessutom marskalk Konjevs Första ukrainska front fram med jättekliv mot Berlin från Cottbus. Hans ena spjutspets, general Leljusjenkos 4. gardespansararmé, tillryggalade så mycket som 46 kilometer och nådde Luckenwalde bara 35 kilometer söder om staden. Rybalkos 3. gardespansararmé på hans högra sida hotade samtidigt OKH:s högkvarter i Zossen, som i största hast evakuerade.

Det tyska motståndet Rybalko och Leljusjenko mötte på väg mot Berlin var nästan obefintligt.

I NÄRHETEN AV Luckenwalde hade den nioårige Berlinpojken Eike Jünke och hans mor hittat en tillflyktsort som de trodde var säker.

Vi bodde hos en ungdomskamrat till min mamma. Det var en villa vid en sjö med roddbåt och så vidare. Det var rena paradiset för oss. [...] Ägarna till huset hade planerat att ge sig av västerut, men det visste inte vi. De hade grävt ned alla sina tillhörigheter, kläder, vinförrådet och så vidare – och täckt över. Under den uppochnedvända roddbåten låg en väska med kläder. De trodde i sin enfald att när ryssarna kommer tittar de bara sig omkring och går sin väg. Så enkelt var det ju inte. När vi förstod att vi skulle bli ensamma i den där kåken flyttade vi till ett annat hus alldeles intill skogsbrynet.

I slutet av april kom tyska soldater och byggde upp en artilleriställning alldeles intill huset. Redan samma dag var ryssarna ute med spaningsflyg och på natten angrep ryssarna de tyska ställningarna, men då hade tyskarna redan fått order att ge sig av. Hur de hade fått med sig kanonen när de försvann har jag ingen aning om, för de hade lämnat förspannet till kanonen efter sig. Men ryssarna såg att det fanns något på marken och det bombade de, men det var ju ingenting.

Då tyckte vi att det började dra ihop sig. Medan morsan funderade på vad vi skulle ta oss till så hade vi barn lekt skyttegravar i skogen och grävt en rejäl grop som man kunde sitta i. Den hade vi täckt över med stockar, en presenning och jord. När vi förstod att ryssarna var på gång smet vi ut i skogen där vi hade lekt, och där gömde vi oss i gropen ett dygn och inväntade dem. Vi hörde när de körde igenom och sedan blev det kväll. Då sade morsan: ”Vi ger oss av härifrån.” Sedan kom vi till ett hus och det slumpade sig så att hela befolkningen i den där lilla byn hade samlats just i det huset, så vi var sammanlagt ett tjugofemtal personer i den där kåken.

Då ryssarna anlände kom först elitförbanden som sköt och kollade läget. Sedan kom panjevagnarna, det vill säga deras små täckta hästvagnar med lite halm och ammunition i. Det var själva trossen. De soldaterna var medtagna. Visserligen var de på gott humör, men de levde på brännvin, fulla som … Idag kan jag förstå dem, att vara 2 000 kilometer hemifrån. Det enda de tänkte på var brännvin och kvinnor. En gång skulle de haffa en flicka i kåken, men hon skrek så in i vassen och ut ur varenda rum kom det folk – och det hade ryssarna inte räknat med. Det var två–tre överraskade ryssar med kulsprutepistoler som plötsligt ställdes inför hela byns befolkning.

Därefter plockade de ut oss ur huset och ställde upp oss på linje. Då var det på vippen att min bror som var 13 år gammal hade blivit skjuten, men han klarade sig. Han såg äldre ut än han var och ryssarna misstänkte att han var soldat. Sedan muddrade de allas fickor. Klockor var eftertraktade, ”uri, uri” skulle de ha. Min mamma hade ett armbandsur och ett arvegods från min pappas fosterfar, ett fickur. Den klockan tyckte hon inte att de skulle ha, så hon skrapade diskret upp ett hål i backen, stoppade ned klockan och täckte över med foten. Efter det grävde hon fram allt hon hade i fickorna och gav ryssarna, även karameller och armbandsuret. Det de tyckte om behöll de och det de inte gillade slängde de i backen. De tog vad de ville ha, sedan fortsatte de.[4]

Trots de framgångsrika sovjetiska genombrotten stod en betydande portion av Busses armé fortfarande kvar vid Oder öster och sydöst om Berlin och hotades av omringning. ”Berlin är förlorat om vi inte kan hålla Oder” hade Busse sagt till Hitler nästan två månader tidigare, men detta faktum fick ingen effekt på den tyska krigföringen. När Oderlinjen genombrutits av fienden befallde Hitler att 9. armén skulle fortsätta att hålla ställningarna och skydda sina flanker på något sätt.[5] Under de följande tre dagarna efter slaget om Seelowhöjderna rasade hårda strider i Berlins utkanter, samtidigt som generalöverste Heinrici försökte rädda armégrupp ”Weichsels” ena armé från att bli innesluten. Men Hitler var orubblig och general Busse tycks, trots vad han påstod efter kriget, inte på eget initiativ ha försökt rädda sina soldater från att bli omringade.

Några förstärkningar kunde Busse inte vänta sig från andra delar av östfronten, dels på grund av att marskalk Rokossovskijs offensiv mot den vänstra grannen, general von Manteuffels 3. pansararmé, redan var i full gång mellan Stettin och Schwedt, dels på grund av att högra grannarmén, 4. pansararmén, hade brutits sönder i flera delar av Konjevs attacker.

SAMTIDIGT NÄRMADE SIG Första vitryska frontens ärrade och utmattade arméer Berlin från öst och nordöst. I de ändlösa marschkolonnerna syntes amerikanskbyggda lastbilar, leriga stridsvagnar, erövrade tyska fordon, primitiva hästvagnar samt en nymodighet för rödarmisterna – cyklar. Löjtnant Igor Mikajov i 5. stötarmén övergav sin hästdragna kärra då han hittade en motorcykel i en lada.

> Jag hade aldrig kört en förut, men snart kom jag på hur, och det sparade verkligen mina fötter. Jag hade en kamrat som var stabsofficer [och] som påträffade ett helt tåg lastat med flyktingar. Föraren och eldaren hade sjappat och till flyktingarnas fasa började han köra tåget fram och tillbaka. Flyktingarna var från vettet av skräck. Min kamrat var fruktansvärt lycklig över att han kunde köra ett tåg.[6]

Otaliga ryska skyttesoldater nötte dock skosulorna även de sista kilometrarna till Berlin. Marschkolonnerna som korrespondenten Vasilij Subbotin följde använde telegraf- och kraftledningarna som vägvisare. Det lantliga landskapet förrådde inte att en miljonstad fanns i närheten, men stolparna och ledningarna "blev fler, tätare, ledde från alla olika riktningar åt ett enda håll ..."[7]

I utkanten av ett större samhälle tog framryckningen stopp för stridsvagnarna som gardessoldaten Vladimir Abyzov och hans svårt decimerade pluton åkte på. Trupperna kom knappt ett steg framåt under hela dagen på grund av det hårda tyska motståndet. Han räknade till uppemot 20 fientliga stridsvagnar som hade grävts ned i försvarsställningar så att bara tornen var synliga. Det gick inte att komma dem in på livet förrän det blev mörkt, så gardessoldaterna väntade på att dagen skulle ha sin gång.

Men plötsligt utbröt en vild eldstrid där framme i de tyska ställningarna. Handgranater detonerade och automatvapen knattrade. Det var några bataljoner ur granndivisionen som hade gått runt den tyska ställningen och anfallit den i ryggen. Striden var snabbt över och Abyzov befann sig därefter vid motorvägsringen som Hitler låtit bygga runt Berlin.

FÖR KAPTEN STEFAN Doernberg förbyttes glädjen över 8. gardesarméns framgångar i missmod när han anlände till sin nya inkvartering i Jahnsfelde på vägen mellan Seelow och Müncheberg.

Misslynt läste han om och om igen ordern som sade att han måste anmäla sig i gardesarméns reservregemente långt bakom fronten och stanna där i avvaktan på nya direktiv. Av säkerhetsskäl kunde inte en person av tysk börd tillåtas vara officer i 8. gardesarméns politavdelning och därmed få delta i stormningen av Berlin, hade en politisk kommission kommit fram till. "Det innebar naturligtvis ingenting annat än att sitta i någon by och syssla med någon långtråkig, enformig uppgift ända till Berlin befriats."[8] Han tänkte göra allt som stod i hans makt för att få den ordern upphävd.

Chefen för gardesarméns politavdelning gick inte att få tag på, för han befann sig någonstans vid fronten, men hans närmaste man, överste Jelisarov, tillät honom att bege sig direkt till marskalk Zjukovs högkvarter i Landsberg bortom Oder för att "pröva lyckan".

Liftande lyckades han samma kväll ta sig till frontens politavdelning, där han till sin oförställda glädje stötte på sin gamle skolkamrat och vän Jan Vogeler, som var adjutant hos högste chefen för Röda arméns politiska förvaltningar, generalmajor Burtsev. Och det var Burtsev som hade godkänt

Ett av de ryska vapen som de tyska soldaterna på östfronten fruktade mest: katjusjorna eller stalinorglarna, som de populärt kallades av tyskarna. De tjutande raketerna spred död och förintelse över ett stort område.

att Doernberg och en rad andra tyska kommunister fick åka till fronten och tjänstgöra i Röda armén ett par år tidigare. Om Vogeler befann sig i frontstaben kunde Burtsev följaktligen inte vara långt borta.

Generalmajor Burtsev annullerade på stående fot ordern om förflyttning till reservregementet och Doernberg kunde lycklig återvända till fronten, förvissad om att han skulle få uppleva krigsslutet i sin hemstad, Berlin. Även om fronttjänst alltid innebar risk att bli dödad, gick det så småningom upp för honom vilken tur han haft som sluppit hamna i reserven, eftersom detta ”med stor sannolikhet hade kunnat betyda att jag skickats till ett arbetsläger eller något liknande. Denna reella fara som jag inte var medveten om på den tiden, undgick mig. Kanske genom slumpen att rätt man var på rätt plats och att jag hade träffat honom.”[9]

TJUJKOVS OCH KATUKOVS arméer hamrade på mot Berlin rakt österifrån och förbittrade strider utkämpades runt städer och byar omedelbart öster om rikshuvudstaden. Efter genombrottet vid Müncheberg hade Katukovs stridsvagnar bara kunnat lämna infanteriet bakom sig en kortare sträcka innan det tog stopp igen. Sankmarker, sjöar, vattendrag och skogar fulla av tyska bakhåll hindrade pansaret från att operera självständigt, och därför fick 1. gardespansararmén order att återgå i Tjukovs slagformering som understöd åt infanteriet.[10]

Marskalk Zjukov var missnöjd och lät sina pansarbefälhavare känna hans svavelosande andedräkt. ”Infanteriet har ryckt fram 27 kilometer på tre dagar och hela den här tiden har stridsvagnarna harvat sig fram bakom dem”, dundrade han i ett vredgat telegram till en av sina pansarchefer.[11]

Men Zjukov tvingades ändra sina ursprungliga planer för erövringen av Berlin. Tjujkovs och Katukovs arméer måste fortsätta pressa sig fram längs riksväg 1 mot Berlin som en kombinerad styrka under Tjujkovs befäl. Därefter skulle de tillsammans passera Berlin på södra sidan.

Röken från brinnande skogar som antänts av katjusjaraketer och bomber steg skyhögt. Det gick inte att gå runt på grund av flankerande sjöar, utan gardessoldaterna måste fortsätta rakt fram in i brandområdet. Förutom att ha underskattat det tyska motståndet vid Seelowhöjderna, hade Zjukov inte heller tagit den utmärkta försvarsterrängen öster om Berlin med i beräkningen: skogar, sjöar och kanaler.

Med hjälp av en pansarvagn försökte Katukov och Popjel komma ifatt Babadzjanjans kår som befann sig i trakten öster om Köpenick, men på grund av den bolmande röken tvingades de sent omsider fortsätta till fots eftersom det knappt gick att se två meter framför sig. Överallt syntes spår av striderna: utbrända fordonsvrak, döda soldater och omkullvräkta träd. Stridslarmet kom närmare. I en glänta såg de några fältambulanser med sårade och ett pansarfordon. Härifrån ledde den energiske Babadzjanjan striderna.

En kort stund efteråt anlände underrättelsen att en av Babadzjanjans brigader genom överrumpling hade tagit en viktig bro som ledde till Berlins östra förorter. Brigaden hade skickat amfibiefordon över en sjö och överraskat brobevakningen bakifrån innan de hann utlösa sprängladdningen. Överstens inledande tvivel på den goda nyheten förbyttes i stor belåtenhet och han gav order att raskt flytta fram hela kåren till andra sidan.

”Vad är det för utlänningar hos dig?” frågade Katukov och tittade på en grupp märkliga främlingar som stod bakom överstens pansarfordon.

”Åh, tillåt mig att presentera japanernas ambassadör i Berlin med sitt följe”, sa Babadzjanjan ursäktande.

Framför Popjel stod en kortväxt asiat med stora glasögon. Det var kejsarens sändebud till Hitler. Japanen upprepade på bruten ryska:

”Vi är vänner, vi är bundsförvanter.”

Popjel hälsade hövligt men inombords kände han bara förakt för japanen. Sådana ”bundsförvanter” kände han väl sedan det rysk-japanska slaget vid Chalchin Gol 1939. När diplomaten försäkrats om att hans liv skulle skonas började han oroa sig för sin familj.

”Rädda frun, frun!”

”Vems fru!”

”Min fru. Ett litet hus ... det är där i ambassad ... inte så”, sade han och härmade ett pistolskott med munnen.

”En rysk soldat kommer aldrig att skjuta en obeväpnad kvinna”, försäkrade Babadzjanjan.[12]

Frågan är om han själv trodde på vad han sade.

GERHARD TILLERY HAJADE till när han fick syn på sig själv i spegeln. Uniformen var täckt av stelnad lera och håret hängde i stripor ned över det orakade och smutsiga ansiktet. ”De senaste dagarnas upplevelser hade ristats in i våra ansikten. Vi hade blivit bleka med insjunkna kinder och mörka ringar under ögonen. [...] Jag såg verkligen inte ut som en 19-åring.”[13]

Han och hans olyckskamrater hade nått Strausberg och gått in i ett övergivet hus för att få sova några timmar, men de hade knappt slutit ögonen förrän de väcktes av fiendens stridsvagnar som gav eld någonstans i närheten. Huset var inte längre tryggt och de hade snabbt beslutat sig för att göra som många andra soldater – ta sig ännu längre bort från fronten och hoppas att ingen patrull stoppade dem. De hoppades hitta en ostörd plats där de kunde tillbringa en dag med att sova, tvätta och raka sig innan de fortsatte med kriget.

Men de hann knappt ut på gatan igen förrän de hamnade i famnen på militärpolisen och inlemmades i ett nytt förband. Det visade sig vara en bataljon med 15–16-åriga pojkar ur Hitlerjugend, där inte alla ens hade något vapen. De flesta bar fortfarande sina Hitlerjugenduniformer med brun skjorta och kortbyxor. Stålhjälmarna hade de ännu inte vuxit i, men deras iver att få börja slåss mot ryssarna var något som Tillery knappast hade sett förut. ”De kunde helt enkelt inte bärga sig tills ryssarna kom.”

Då striden om Strausberg började slog pojkarna med fanatiskt dödsförakt ut fientliga stridsvagnar på bara några meters håll, fast ryssarna förde fram överväldigande förstärkningar för att bryta motståndet. De oerfarna Hitlerjugendpojkarna dödades som flugor till höger och vänster men det var först när fienden kom från tre håll samtidigt som de drog sig tillbaka.

Sedan gick de överlevande pojkarna i ställning på en höjd med utsikt över en by. Några av de unga soldaterna stannade kvar nere i byn för att lägga sig i bakhåll för de ryska stridsvagnarna. "Varje gång de lyckades återvände de med lyckliga ansikten för att hämta nya pansarnävar."[14] Men de ryska styrkorna gick inte att hejda i längden. Till sist intog fiendens pansar byn och riktade sina kanoner mot höjden, där de åstadkom ytterligare förluster bland pojkarna. Vid det laget hade det ryska infanteriet också hunnit ikapp och plötsligt förstod Tillery att de hamnat i en fälla. Ryska anfallsvrål hördes tydligt i deras rygg och den sista spillran av bataljonen – inte ens 30 man – drog sig tillbaka och lyckades på något sätt slinka ut ur fiendens grepp.

Av det fjärran stridslarmet kunde de sluta sig till att ryssarna hade ryckt fram mycket långt i norr, men i söder var det lugnt, så de marscherade åt det hållet genom stora skogar och sumpområden, tills de kom ut på vägen som ledde från Frankfurt an der Oder till Rüdersdorf på kvällen. Rüdersdorf var en liten ort strax öster om Berlin, alldeles vid motorvägsringen runt staden, och utmärkte sig mest för sina kalkstensbrott och cementfabriker.

Vägen dit var dock helt igenkorkad av tyska militärfordon på väg från fronten. All trafik stod stilla och det gick inte att komma vare sig framåt eller bakåt. Resterna av Hitlerjugendbataljonen tog då en skola i besittning för att sova en stund på klassrumsgolvet. För Tillery var det den första sammanhängande sömnen på flera dagar.

Signalisten Fritz Rudolf Averdieck hade kommit fram till Rüdersdorf redan tidigt på morgonen samma dag medan otaliga trossfordon och horder av civila flyktingar i sakta mak passerade förbi. Pansargrenadjärregementet hade vid den tidpunkten bara 90 stridande soldater kvar och därför lät befälen söka igenom trossen för att få fram fler soldater. Även signalplutonen som Averdieck tillhörde upplöstes och signalisterna förvandlades till vanliga pansargrenadjärer. På så sätt skapades ytterligare ett kompani på 90 man.

Vid lunchtid fortsatte de reträtten, allt närmare storstadens labyrinter av gator och husruiner. Luften svärmade av lågflygande sovjetiska flygplan, som ibland inte ens gjorde sig besväret att skjuta mot kolonnerna på vägen.

EFTER DET FÖRLORADE slaget om Seelowhöjderna var det omöjligt för 9. armén att bygga upp en ny sammanhängande front som kunde stå emot offensiven. Endast från arméns högerflygel, som Hitler fortfarande tvingade att stå kvar vid Oder söder om Frankfurt an der Oder, fanns det säkra underrättelser om situationen. På övriga håll fortskred sönderfallet.

General Busse visste till exempel inte mycket om hur det stod till hos XI. SS-pansarkåren, bara att trupperna där jagade stridsvagnar som trängt igenom deras decimerade försvarslinje. Ett mått på stridernas hårdhet var att kåren under loppet av tre dygn lyckades förstöra 112 fientliga stridsvagnar.[15] Med sin högerflygel klamrade sig kåren förtvivlat fast vid Oder för att hålla vägen till Frankfurt öppen, vilket kostade Kleinheisterkamps soldater oerhörda förluster varje timme. Kåren kämpade ”nästan ända till självuppoffring” som Busse senare uttryckte det.[16] Även den fanatiske Kleinheisterkamp insåg det vansinniga i att fortsätta på det viset och klagade: ”Vi håller Frankfurt och förlorar Berlin!”[17]

Men om detaljerna från XI. SS-pansarkårens strider var sparsamma gällde det ännu mer för CI. kårens och LVI. pansarkårens avsnitt. CI. kåren hade skurits av från resten av armén genom Zjukovs genombrott. Innan kontakten bröts helt, avsatte Busse general Berlin och ersatte honom med befälhavaren för den enda av kårens tre divisioner som fortfarande var relativt intakt och slogs med framgång: generallöjtnant Friedrich Sixt från den erfarna 5. jägardivisionen. Orsaken till det här befälsbytet känner vi inte till, kanske ansåg Busse att general Berlin inte längre behärskade situationen och ville ha en annan förmåga på posten. Och Sixts division var den enda i Oderbruch som lyckats hålla sina ställningar mot den sovjetiska anstormningen.

Eftersom det var omöjligt för Busse att föra befäl över CI. kåren längre, överfördes den på kvällen till den vänstra grannarmén under general von Manteuffel som ännu stod vid Oder i norr. Men det tillkom också nya styrkor till 9. armén. På kvällen fick han däremot ta över en annan kår, V. armékåren, som blivit avskuren från resterna av Schörners armégrupp genom det ryska genombrottet vid Neisse.[18] Den här kåren, vilken leddes av artillerigeneralen Waeger, hade förskansat sig i Spreewald och bestod av spillror av flera divisioner.

Resterna av LVI. pansarkåren kämpade ännu med öppna flanker mot ryskt pansar och trängdes tillbaka i riktning mot förstäderna Köpenick och Grünau i östra och sydöstra delen av Berlin. Inom kort skulle denna kårs försvinnande vålla Busse stora problem.

ARMÉNS FÖRRÅD AV bränsle och artillerigranater var på upphällningen och av Busses reglementsenliga optimism fanns inte längre ett uns kvar. Han hade underskattat kraften i den sovjetiska offensiven och nu fick hans soldater betala för den tillförsikt han hade hjälpt till att sprida ut i führerhögkvarteret. I ett telefonsamtal med Heinrici vid 10-tiden samma förmiddag, den 20 april, begärde han återigen att få dra sig tillbaka från Oder: "Hos 9. armén existerar för ögonblicket inte längre någon front. Om man vill återupprätta en sådan framför Berlin måste man ge upp Frankfurt och gå tillbaka med den högra flygeln bakom Schwieloch- och Scharmützelsjön", meddelade han.

Så länge han måste försvara fästningen slukades orimligt stora styrkor helt i onödan och hindrade honom från att skicka trupper till andra utsatta frontavsnitt.

Utan att nämna Hitler vid namn förbannade han högsta ledningens halsstarriga vägran att tillåta reträtter. Han rapporterade också att de utlovade folkstormsbataljonerna från Berlin anlänt vid 3–4-tiden med lastbil och buss.[19] Dessa stridsovana soldater skulle dock inte vara till mycket nytta i direkt strid och han beordrade att de skulle grupperas bakom fronten. Snart nog skulle emellertid dessa bakre områden ha förvandlats till de främre och folkstormsbataljonerna ha förångats som vattendroppar på en het sten.

En timme senare begärde Busse än en gång tillstånd från armégruppen att få dra tillbaka högerflygeln som ännu stod på förlorade poster vid Oder. Fortfarande höll V. SS-bergsjägarkåren och V. armékåren en 80 kilometer bred front mellan Frankfurt vid Oder och Guben vid Neisse, där de höll på att bli avskurna av de sovjetiska arméer som ryckte fram i deras rygg. Generalen bad också om klara instruktioner från Heinrici för hur hans armé skulle slåss ifall den splittrades upp ytterligare, vilket just då höll på att hända. Skulle han fortsätta försvara Berlin?

> Den 9. armén behöver nu klara instruktioner om huruvida den ska upprätthålla respektive återupprätta sin fasta försvarsfront öster om Berlin. Det är bara möjligt om man drar tillbaka frontutbuktningen vid Frankfurt.

> Om inte denna förflyttning sätts igång kommer XI. SS-pansarkåren att vara omringad redan i morgon [och] inringningen av LVI. pansarkåren och slutligen [av] CI. kåren kommer att följa. Men den 5. jägardivisionen kommer att pressas undan norrut.[20]

Klockan 16.45 vädjade han för tredje gången samma dag till armégruppen, och kryddade det med den obekräftade underrättelsen att 200 ryska stridsvagnar siktats halvvägs mellan Baruth och Zossen.[21] Detta var långt bakom arméns rygg och bara några mil från Berlins södra förorter. Heinricis stabschef, Kinzel, kunde bara meddela att det skulle komma ett beslut om tio minuter.

Innan de lade på konstaterade Busse att det egentligen redan var för sent för en ordnad reträtt, därför "att vi knappast kommer att lyckas att besätta Wotanställningen med dessa styrkor och hålla den". Kinzel uppgav att Hitler hade krävt en rapport om hur mycket tung materiel som måste lämnas kvar vid en evakuering av ställningarna vid Oder.

"Allt kommer med, med undantag av fästningen Frankfurts utrustning och så när som på några luftvärns- och pansarvärnskanoner", genmälde Busse. I Frankfurt måste 263 artilleripjäser av alla kalibrar från 2 cm till 22 cm lämnas kvar. "Bara 20–30 procent av pjäserna kan flyttas [från fästningen]", avslutade han.

Väntan på beskedet blev inte tio minuter lång, utan nästan en timme – och svaret var tungt för Busse att höra. Führern förbjöd honom kategoriskt att ge upp sina ställningar vid Oder, kungjorde Kinzel. "Ställningarna måste förbli bemannade med svaga styrkor [...] så att styrkor frigörs för andra uppgifter." I praktiken innebar det att trupper måste skickas från Oder för att bygga upp nya fronter mot söder och väster – säcken som Busses arméer höll på att fångas i var på väg att ta form.[22] Hitler ville att 9. armén i samarbete med 4. pansararmén skulle genomföra ett kniptångsanfall och sluta den cirka 20 kilometer breda luckan mellan de båda arméerna. Då skulle Konjevs spjutspetsar kunna skäras av och inte utgöra något hot mot Berlin längre.

Busse mindes efter kriget att denna "orealistiska order [...] slog ned som en bomb".[23] Det fanns inte tillräckligt med trupper, ammunition eller bränsle för en sådan operation. Konsekvenserna av den här befallningen skulle oundvikligen bli 9. arméns undergång. Generalens egen version av vad som sedan hände är delvis motsägelsefull:

> Armén nonchalerade denna ogenomförbara order och fattade beslutet att härefter på eget initiativ inleda alla åtgärder för att låta södra gruppen (inklusive V. armékåren) slå sig igenom mot väster. Alla trupper som inte behövdes i striden (tross, bakre tjänster med mera) flyttades i riktning mot nordväst från och med den 20 april, enligt direktiv från armégruppen.[24]

Han påstod alltså att han redan på Hitlers födelsedag inledde åtgärder för ett återtåg från Oder till Elbe "på eget initiativ". Att sådana tankebanor inte var främmande för honom kan vi vara övertygade om, eftersom det dels handlade om militärt sunt förnuft, dels var en eventualitet som Heinrici diskuterat med honom redan före slaget.[25] Men i samma andetag (vilket flera historiker bortsett från) erkände Busse att de konkreta förberedelser som faktiskt vidtogs – nämligen förflyttningen av underhållsenheter bort från Oderfronten som Tillery och Averdieck bevittnat – skedde på armégrupp Weichsels order.

Visserligen började Busse också skicka säkringsstyrkor västerut för att skydda sin rygg mot Konjevs offensiv, men hans handlande under dagarna 20–23 april framstod inte alltid som rationellt. Han var ännu inte beredd att öppet bryta mot Führerns förbud, och oavsett vilka tvivel han kan ha haft på det meningsfulla i att offra en hel armé tycks han plikttroget ha fortsatt att förbereda sig på Ragnarök.

Dock inte utan protester.

VID 18.30 FRAMFÖRDE stabschefen Hölz, som Busse samma dag befordrat till generalmajor, 9. arméns invändningar mot führerordern i ett telefonsamtal till armégrupp "Weichsel": "Att avskärma 80 kilometer [längs Oder] är inte möjligt. [Det är ett] obegripligt [beslut] att behålla södra flygeln vid Cottbus och södra utkanten av Spreewald."[26]

Tydligen hade Busse under tiden också försökt utnyttja sina personliga kontakter i führerhögkvarteret för att få till stånd en reträtt. Svågern, general Burgdorf, framförde flera gånger Busses vädjan om att få dra sig tillbaka, men Hitler sade kategoriskt nej. Han ville inte tro att det var omöjligt att återupprätta den ursprungliga försvarslinjen igen.[27]

UNDER TIDEN HADE de första ryska artillerigranaterna börjat falla över Berlin, som en rysk födelsedagspresent till Führern. Abyzov och hans kamrater satt och åt på finporslinet i en tvåvåningsvilla i ett nyligen erövrat samhälle när bataljonsskrivaren och tolken Sasja Dymsjits stack in huvudet.

”Kamrater! Den som vill se hur våra artillerister skjuter mot Berlin får komma med.”

”Till Berlin är det fortfarande 20, om inte 30 kilometer”, ropade soldaterna tillbaka.

”Jaha, och?” svarade tolken. ”Kanonjärerna anser att artilleripjäserna når så långt.”

Alla skrattade och stolarna skrapade när soldaterna skyndade ut för att se med egna ögon.

”Titta. De skjuter redan mot Berlin! Vem hade trott det!”

Fem eller sex hus längre bort stod en artilleripjäs i en trädgård, men Abyzov och de andra soldaterna tvekade att gå fram när de också upptäckte en grupp officerare som stod vid sidan om.

”Kom hit pojkar! Var inte rädda!” ropade överste Kutovoj, som var divisionens kommissarie. ”Direkteld mot Berlin. Det har aldrig hänt tidigare!”

Översten skrattade. Allt fler soldater och officerare samlades i en halvcirkel runt artilleripjäsen, vars manskap väntade på eldkommandot. Divisionschefen Bakanov anlände till platsen i en Willysjeep i sällskap med bland annat en korrespondent från tidningen *Krasnaja Zvesda*.

”Mot fiendens håla Berlin – eld!” kommenderade en överstelöjtnant från artilleriet.

När första granaten avfyrades sköt Abyzov och de andra gardessoldaterna euforiskt med sina automatvapen i luften och hurrade.[28]

ALLA SOVJETISKA ARTILLERIENHETER vars pjäser hade Berlin inom räckhåll strävade efter att få avfyra allra första granaten mot Berlin, men 3. stötarméns artillerister tycks ha hunnit först. På kvällen läste major Bessarab ett flygblad som förkunnade att en av arméns artilleribrigader under överste Pissarev öppnat eld mot staden klockan 13.50 samma dag.

Skyttedivisionen som hans pansarvärnskanoner understödde låg fortfarande i reserv och avancerade i nära anslutning till divisionsstaben. Ännu hade de inte nått motorvägsringen runt Berlin, men ville rycka fram så fort som möjligt.

> Divisionen stötte fram så snabbt att det inte alls gick att tänka på någon vila. Alla soldater och officerare åt under resan; de satt i bilarna och klämde fast matbunkarna mellan knäna. Bara en enda gång kunde vi låta mannarna äta under en kort rast.
>
> Situationen påminde starkt om striderna i Pommern. Berlins närmaste omgivningar genomkorsas också av sjöar och kullar och är även rik på små skogspartier i vilka skingrade fiendesoldater nu gömde sig. Många gav sig frivilligt, andra först efter en kort skottväxling.[29]

Framryckningen fortsatte oavbrutet under natten. Marskalk Zjukov hade gett order om att korsa motorvägsringen runt Berlin till klockan 5.00 nästa morgon. Dit var det fortfarande sju kilometer och lika många timmar.

NÅGON GÅNG UNDER Führerns födelsedag anlände även ett telegram från SS-ledaren Himmler till 9. arméns högkvarter med anhållan att det skulle vidarebefordras till de båda SS-divisionerna "Nordland" och "Nederland". Det är dock osäkert om Busse personligen informerades om saken, för det var bara ännu ett av dessa lika pompösa som tomma upprop som olika naziledare strödde omkring sig för att förmå soldaterna att fortsätta den meningslösa kampen:

> Ni befinner er i det avgörande slaget på östfronten. Det går inte att vika tillbaka eller retirera. Ni måste stå till sista man, eller anfalla. Europas öde vilar i era händer. Glöm inte era döda kamrater och de miljontals germanska kvinnorna och barnen. Jag förväntar mig hänsynslös krigföring och total pliktuppfyllelse. Inte reträtt.
>
> Himmler[30]

Helt omedveten om dessa tirader låg den lätt sårade svenske SS-vicekorpralen Sten Eriksson på en gräsmatta i Pichelsdorf i västra Berlin och studerade stjärnhimlen. Det var en förhållandevis ljum vårnatt och bredvid honom låg en norsk reporterkollega, som blivit hans olyckskamrat. Av de andra korrespondenterna i den lilla fältredaktion som följt SS-divisionen "Nordland" under striderna syntes inte ett spår. De båda "korrespondenterna" var ensamma och Eriksson misstänkte att resten redan var döda eller hade flytt västerut för att slippa gå under i Berlin.

Det var varmt och vi hade lugn och ro. Vi pratade om vad vi skulle göra om vi överlevde och vi var överens om att vi aldrig skulle låta oss bli tillfångatagna av ryssarna. Min kamrat hade med sig civila kläder i packningen, vi hade talat om det redan i Pommern. Jag hade inte så mycket, bara ett par vita shorts och en blå trikåtröja. Jag har också ett minne av att vi pratade om Hitlers *Geburtstag* [födelsedag] och det är möjligt att vi fick någon extra tilldelning på våra ransoner.

Sedan gick vi in till Berlin, fast det gick inte att känna igen staden. Min kamrat var mer bevandrad där än vad jag var, men vi hittade ändå inte på grund av all förstörelsen.

En händelse som jag aldrig glömmer och som gjorde mig chockad var denna: Vi hejdade en kvinnlig cyklist på en gata bland ruinerna. Det var en kvinna i 40–45-årsåldern skulle jag tro. Vi frågade henne om vägen och hon förklarade för oss var vi befann oss och hur vi skulle gå. När hon cyklade iväg sade hon: "Hade jag sett era uniformer hade jag aldrig stannat!"

Det gjorde mig absolut förkrossad. Det var ett tecken på att slutet var nära att hon vågade säga så till två SS-män. På murar och väggar kunde man också se skrivet: "SS = Kriegsverlängerer" [SS = krigsförlängare].

Hade vi något mål? Jag blir svaret skyldig. Jag kommer inte ihåg. Vi visste att "Nordland" skulle finnas någonstans där bland ruinhögarna. Sedan gick vi.[31]

Heinz Krüger, överlevaren från Küstrin, hade lyckats ta sig från Seelow ända till Berlin utan att råka i klorna på den fruktade militärpolisen. Var och en som mötte honom kunde nämligen förledas att tro att han precis hade blivit svårt sårad på grund av det otäckt gapande hålet i ansiktet. Men i själva verket var det en gammal krigsskada som han utnyttjade. Porslinsögat, som han burit som minne av en fransk kula 1940, hade han medvetet kastat i marken så att det gick i småbitar. Därefter hade han sagt till en officer att han absolut måste till en viss protesmakare i Berlin för att få ett nytt öga.

Efter att på så sätt ha lyckats skaffa sig en genuin marschorder hade han liftat till rikshuvudstaden och hoppades att kriget skulle hinna ta slut innan han tvingades återvända till fronten.

> När jag kom fram till Berlin var jag dödssjuk och blev inlagd på sjukhus i Tempelhof. Jag hade fått mässlingen, vilket kan drabba en vuxen person mycket hårt. På grund av smittorisken blev jag placerad på en isolerad avdelning. Majoren i sängen bredvid hade också mässlingen, men han dog. När jag blivit bättre kunde jag börja hjälpa till på lasarettet och jag firade även Hitlers födelsedag där. Då delade personalen ut cigaretter, sprit och choklad till patienterna. Och dagen efter fick alla sårade och sjuka marschorder. Lasarettet skulle evakueras på grund av striderna och jag tackade min lyckliga stjärna för det. Stridsmoralen var borta, jag hade inte lust längre. Soldaterna stred inte mer än för att försöka överleva.[32]

Lördagen den 21 april grydde med en glittrande härlig sol från en klarblå himmel. Knopparna på träd och buskar vättes av enstaka ljumma regnskurar. Få hade emellertid tillfälle att njuta av naturens uppvaknande och på förmiddagen regnade det ihållande innan vädret åter blev bättre.

Klockan 7.00, två timmar efter tidsplanen, hade skyttesoldaterna ur divisionen som major Bessarab tillhörde passerat motorvägsringen runt Berlin söder om Bernau under hårda strider. Denna dag korsades motorvägsringen norr och öster om Berlin på flera ställen av de framryckande ryska arméerna.

I 3. stötarmén liksom i de andra arméerna som närmade sig Berlin blev det trots det tillfälle till ceremonier, upprop och utdelande av symboler som skulle stärka stridsmoralen. Trupperna skulle hissa sina segerfanor på de högsta byggnaderna så fort de nådde Berlins förstäder, vilket skulle skapa en skog av röda fanor vid horisonten som skulle sporra de egna soldaterna och demoralisera fienden. Kopior av Berlins stadsnyckel som de ryska trupperna erövrat under kriget mot Fredrik den store spreds också bland frontförbanden. Politorganen strödde också bombastiska dagorder och tacktal till soldaterna omkring sig.

Major Bessarab var åskådare till hur en hög officer från 3. stötarméns stab, general Artamonov, anlände i sällskap med chefen för arméns politavdelning, överste Lisitsyn, för att överlämna en röd fana som skulle ges till det förband som först trängde in i Berlin. Till divisionschefen Assafov sade Lisitsyn: ”Er divisions soldater och officerare ska hissa denna fana på det högsta byggnadsverket i utkanten av den fascistiska huvudstaden så att alla kan se den. Det kommer att egga våra kämpar till nya dåd och visa fienden att varje fortsatt motstånd mot Röda arméns trupper är meningslöst.”[33]

Divisionschefen försäkrade att hans soldater skulle genomföra detta uppdrag på ett ärofullt vis och därefter transporterades fanan till det skytteregemente som skulle få ynnesten att komma fram först.

Ännu var det dock en liten bit kvar för dem. Framför divisionen flydde fienden över åkerfälten ”utan att se sig om”, enligt vad Bessarab kunde observera. Efter en kort strid intog de den lilla staden Zepernick strax söder om Bernau. Det var ”en städad ort med en- och tvåvåningshus omgivna av grönskande trädgårdar. Inte en enda invånare visade sig. Uppenbarligen hade Goebbels skrämt upp berlinarna med sina skräcksagor om Röda armén.”[34] Att Goebbels för en gångs skull hade sagt sanningen skulle dock många Berlinbor, främst kvinnorna, få uppleva.

Förföljandet av fienden fortsatte oavbrutet och redan klockan 13.00 samma dag var divisionen framme vid Berlins stadsgräns där den utan ansträngning erövrade förorten Karow. Artilleriet grupperades genast på ett öppet fält med mynningarna riktade mot den väldiga stadens hav av hyreskaserner och industriskorstenar. Det fastställdes nogsamt vem som skulle få äran att avfyra första granaten. Det blev artilleristen Kislitsyn vilken framhölls som en trogen medlem av kommunistpartiet, vilket förstås poängterades i den sovjetiska krigspropagandan. På granaten målade någon hälsningen: ”Gåva till Hitler från artilleristerna i 780. artilleriregementet.”[35]

GENERALERNA KATUKOV OCH Popjel såg inte längre till de vanliga vägvisarna som kantat vägarna ända sedan Polen: ”Till Berlin … 70 km … 50 km … 30 km”. Nu var de framme och i det brinnande Köpenick i sydvästra Berlin hade någon satt upp ett nytt budskap vid landsvägen: ”Till riksdagshuset, 15 km”. Mellan dem och de nazistiska regeringskvarteren stod ett brokigt uppbåd folkstormssoldater ur Berlins garnison, men framför allt resterna av LVI. pansarkåren som fortsatte att bjuda ett ihärdigt motstånd medan den retirerade bakom Berlins motorvägsring.

Medan Katukov diskuterade med en av sina kårchefer hur de bäst skulle ta sig över floden Spree efter att bron i Köpenick hade sprängts, drogs Popjels öron till ett annat samtal mellan två andra officerare i närheten: ”Varenda man gjorde vad han kunde: Vi har avfyrat salvor mot Berlin med kanoner, kulsprutor och till och med kulsprutepistoler. Även om vi inte gav någon särskilt kraftig salut har vi hållit tiden till jubileet ...”

Popjel såg frågande ut och förstod inte vilket jubileum det handlade om.

”Hitlers födelsedag, kamrat medlem av militärrådet”, påminde den ene officeren honom. ”Führerns femtionde födelsedag [fel, det var hans 56:e födelsedag]. Fyrverkerier hittade vi inte i kåren men en anspråkslös gåva har vi trots allt skickat till Hitler. Jag vet inte om ni samtycker, men artilleristerna har skrivit nästan på varenda granat: ’Till Hitlers rikskansli’, eller ’Till propagandaminister Goebbels’ eller ’Till flygminister Göring’.”

”Ni är för sent ute! Artilleriet på armén Kusnetsovs avsnitt [3. stötarmén] har gratulerat jubilaren tidigare.”

Men officeren svarade lugnt:

”Vilken triumf för Hitler! Troligen har mer än två miljoner gäster kommit och mer än hälften av dem är kommunister och Komsomolmedlemmar! Führern har inte väntat sig ett så pompöst firande, han har krupit ned i bunkern!”[36]

UNDER TIDEN SOM de sovjetiska arméerna firade Führerns födelsedag bredde kaoset ut sig i 9. armén och Busse hade inte heller denna dag någon klar bild av situationen hos en enda av sina kårer. Samtliga sambandssystem hade upphört att fungera. Signalisterna arbetade förtvivlat på att återställa kommunikationerna, men under tiden var armébefälhavaren nästan helt blind medan sovjetiska truppmassor vällde fram genom bräscherna, på flankerna och i ryggen.

Kontakten med LVI. pansarkåren hade avbrutits helt föregående kväll och utan arméns vetskap tvingades den dra sig tillbaka till Köpenick-Marzahn i Berlins sydöstra utkanter. Någon gång under dessa dagar beslutade Hitler – utan att veta att kåren redan kämpade i Berlins utkanter – att dra tillbaka den till Berlin för att förstärka garnisonen, ett beslut som han inte brydde sig om att meddela 9. armén.[37]

På kvällen kände general Busse bara till att fienden genomförde ett stort anfall med pansar och infanteri söder om Frankfurt och trängde in i den bakre försvarslinjen i denna sektor. Utöver detta kunde 9. armén endast rapportera att det pågick hårda strider hos Kleinheisterkamps kår som fortsatte att hålla vägen till Frankfurt an der Oder öppen, men att ryssarna gjorde djupa inbrytningar överallt.

I resterna av Günter Graffenbergers bataljon vid Bernau fortsatte stämningen att pendla mellan begeistring och panik, men under natten bestämde deras chef att de skulle packa in sig i fordonen och dra sig tillbaka till en bakre ställning.

> Just då försvarade jag och fyra andra kamrater en stödjepunkt i källaren på ett hus och jag sprang tillbaka till ett bakre rum för att hämta mer ammunition när vår stödjepunkt fick en fullträff av en rysk granat. När jag kom tillbaka var alla mina fyra kamrater döda och då fick jag panik. Modet svek mig helt och jag lämnade källaren och flydde till vår stridsledningsplats som låg 500–600 meter längre bak. Där höll man precis på att packa ihop för att fly och min kompanichef ropade till mig:
>
> ”Hoppa upp Graffenberger, för nu sticker vi!”
>
> Jag var den siste som kom tillbaka från vårt avsnitt.[38]

Beskedet om reträtten mottogs dock inte odelat positivt hos de fanatiska ungdomarna. ”Lyckligtvis hade vi en bataljonschef som inte tyckte att det var någon mening med att fortsätta slåss. Till skillnad från oss pojkar”, minns han.[39] De fraktades längre och längre bort från fronten. För Günter och hans kamrater var striderna därmed över. Utan att förstå det hade deras befäl räddat dem från den kokande häxkitteln i sista ögonblicket.

När kapten Sergej Golbov från ryska 47. armén körde in i det ödelagda Bernau kom en tysk vacklande mot honom med blödande handleder. ”Jag har redan begått självmord, lämna min hustru ifred”, skrek tysken.

”Jag har annat att göra än bekymra mig om din hustru”, svarade Golbov föraktfullt. ”Alla tyskar ansåg att vi var monster – Goebbels hade verkligen gjort ett bra jobb”, kommenterade han efter kriget. På en av Luftwaffes utbildningsanstalter firade rödarmisterna erövringen av staden med en spontan maskerad.

> Vi hittade tusentals vackra uniformer, grå handskar och skor. Soldaterna satte på sig handskarna och skorna, och flickorna, våra sjuksköterskor, fältpostassistenter, köksor och så vidare, tog på sig de stiliga blå jackorna. Det var lätt att inta Bernau.[40]

Varthän Golbov än gick i den erövrade staden kunde han se:

> rädda människor med uppspärrade ögon, helt passiva. Kontrasten var fantastisk. Det var en underbar vår, träden blommade. De såg ut som vita snöbollar och i varje liten förort hade trädgårdarna blommor. Sedan såg du dessa jättelika svarta krigsmaskiner, stridsvagnarna kom rullande genom trädgårdarna – vilken kontrast! Det var mycket poetiskt. Detta fruktansvärda krig som hade kastat ned Europa i en ohygglig avgrund skulle nu sluta i naturens underbara utbrott av vår och uppvaknandets tid.[41]

Striderna rasade med oförminskad styrka strax öster om Berlin och på vissa håll redan inne i de östra och norra förstäderna. Rasslet och gnisslet som väckte en av soldaterna, Fritz Rudolf Averdieck ur LVI. pansarkåren, före soluppgången lät illavarslande. Resterna av hans pansargrenadjärregemente hade gått i ställning längs en väg som ledde genom en tallskog några kilometer från Hennickendorf i närheten av Rüdersdorf, strax öster om Berlins stadsgräns, men åtskilliga soldater hade försvunnit innan de ens hade kommit fram dit. De hade förmodligen deserterat i skydd av mörkret.

Averdieck hade lyckats somna till ljudet av en Josef Stalin-vagn som gick upp i lågor och vars ammunitionsförråd exploderade efterhand av hettan. Men ljudet som väckte honom var något helt annat och gick inte att ta miste på, det var oväsendet från massor av ryska stridsvagnar som ryckte fram till höger och vänster om dem. Ryssarna hade ånyo brutit igenom och "våra hjältar från trossen" hade flytt sin kos utan att meddela sina grannar.

Averdieck och hans besättning kastade sig in i sitt pansarfordon och körde fort därifrån medan kulorna smattrade mot stålsidorna. Färden gick genom skog och över fält täckta av morgondimmorna tills de nådde de första husen inne i själva Hennickendorf med det öronbedövande mullret från det sovjetiska pansaret i öronen. På ett öppet fält utanför det lilla samhället stod några tyska stridsvagnar och stormkanoner grupperade och besköt de ryska stålkolosserna som kröp fram ur skogsbrynet. Eftersom Averdieck och hans besättning nu kände sig betydligt tryggare stannade de i vagnen och följde duellen som åskådare, men på behörigt avstånd.

De kunde se hur spårljusprojektilerna studsade på Stalinstridsvagnarnas pansar rakt upp i luften. Efter en stund försvann en av de tyska stridsvagnarna i eld och rök efter att ha blivit träffad i sidan. Då kände Averdieck och hans kamrater att det var hög tid att avlägsna sig och försöka leta rätt på sin egen division.

Nu hade de kommit in i Berlins försvarszon, men några imponerande befästningar eller andra militära förberedelser syntes inte till:

> Försvaret av Berlin erbjöd en märklig bild, vilket vi själva såg på vägen. Det bestod i själva verket endast av enstaka oberoende stridsgrupper. Till exempel såg vi Hitlerjugend här och där i försvarsställningar. Märkligt nog blev vi också beskjutna med granater hela vägen till Schöneiche. Allting gav oss känslan av oundvikligt nederlag. "Berlin förblir tyskt" stod det på en skylt vid vägkanten, vilket innebar att stadskärnan redan var förberedd för försvar och fullproppad av SS. I Schöneiche hittade vi trossen bekvämt inkvarterad, något vi inte kunde förlåta dem så lätt. Den eftermiddagen var vi emellertid på väg igen i en oändligt lång kolonn med timslånga stopp som orsakades av hinder, passerade underbara villor och prunkande förortsträdgårdar, simbassänger och parker. Ryssarna hade redan nått Köpenick och hotade att skära av oss. Den flyende trossen, i vilken det också fanns många civilfordon, mötte trupper som marscherade åt motsatta hållet.[42]

Gerhard Tillery och hans vän Karl Meinhardt var inte så intresserade av att fortsätta slå följe med de fanatiska Hitlerjugendsoldaterna. När de lämnade sitt nattkvarter i den övergivna skolan i Strausberg och gav sig ut på vägen mot Berlin igen svingade de sig upp på en artilleripjäs för att slippa marschera och "på så vis kom vi ifrån vårt förband. Vägen var överfylld med fordon och flyktingar med handkärror, barnvagnar och hästdragna vagnar. Ryssarna pressade på så hårt att vi inte kunde stanna och gå i ställning."[43]

Vid Hoppegarten, en annan av orterna omedelbart öster om Berlin, blev de stoppade vid en av militärpolisens vägspärrar och tvingade att kliva av. Här, vid utkanten av huvudstaden, samlade man ihop alla män som fortfarande kunde slåss och organiserade dem till kompanier, vilka därefter grupperades ut i terrängen på båda sidor om vägen. På väg till sin position blev Tillery och Meinhardt inbjudna till ett hus där värdfolket gav dem mat och lät dem tvätta och raka sig. Rena och mätta fortsatte de sedan till sin position, men bredvid de stora tävlingsstallen i Hoppegarten såg de en stabsbil av märket Volkswagen med ett bekant märke på stänkskärmen. En björn var symbolen för deras gamla division och Tillery gick genast fram till översten som stod intill bilen och frågade var divisionen befann sig.

Det visade sig att bilen och översten tillhörde divisionens tross och att det stridande manskapet hade gått under eller skingrats för vinden. Tillery och Meinhardt var de första infanteristerna från divisionen som översten hade sett på flera dagar.

”Se till att ni kommer hem välbehållna pojkar. Det här är meningslöst”, rådde han dem.[44]

FRÅN EN HÖJD såg sergeant Nikolaj Vasiljev ur 5. stötarmén för första gången Berlins hustak breda ut sig så långt ögat nådde. ”En känsla av glädje och triumf grep oss: Detta var den sista fientliga försvarslinjen, och uppgörelsens timme hade kommit!” Artilleristerna var så upprymda att de inte ens hade märkt att deras armébefälhavare, general Nikolaj Berzarin, hade anlänt till pjäsplatsen.

Efter att ha hälsat gav generalen order till Vasiljevs batterichef:

”Mot nazisterna i Berlin – eld!”

På granaterna hade en sjukvårdsinstruktör skrivit hälsningar till tyskarna: ”För Stalingrad, för Donbass, för Ukraina, för änkorna och de faderlösa. För kvinnornas tårar!”[45]

Vid 11.30 började ryssarna kontinuerligt beskjuta Berlins stadscentrum med tungt artilleri och civilbefolkningen tvingades söka sig till skyddsrummen och stanna där tills striderna var över drygt en vecka senare.

Fram till Berlins kapitulation den 2 maj avlossade det sovjetiska artilleriet 1,8 miljoner granater mot Berlin, vilket var lika med 36 000 ton metall.[46]

PÅ SAMMA GÅNG rådde det total förvirring i den högsta tyska ledningen, fast det kunde Busse bara ana sig till där han satt och väntade på att teleprintrarna och radioapparaterna skulle börja knastra fram meddelanden från fronten igen. Men förbindelsen till överkommandot i Berlin fungerade trots allt fortfarande och det iltelegram som han mottog på förmiddagen måste ha sänt kalla kårar utefter hans rygg. Försvaret av Berlin föll på 9. arméns lott, stadskommendanten överste Ernst Kaether samt stridsgruppen "Reymann" i södra delen av huvudstaden underställdes honom med omedelbar verkan. Generallöjtnant Hellmuth Reymann som dittills varit kommendant hade i praktiken avsatts och med en improviserad stridsgrupp hade han sedan fått i uppdrag att stoppa Konjevs offensiv mot södra Berlin. Busse hade plötsligt fått ansvaret att försvara en miljonstad med de förödande följder det kunde få för befolkningen. Strax efter lunch lät han sin stabschef bekräfta att han mottagit ordern, men i ett telefonsamtal med armégruppens nye stabschef Thilo von Trotha klagade Busse och förklarade att han inte kunde ta ansvaret för både Berlin och stridsgrupp Reymann.[47]

Busses tvekan att försvara Berlin väckte säkerligen inga större sympatier hos den nazistiskt övertygade von Trotha, men det var inte den sistnämnde som bestämde.

Vare sig Busse eller Heinrici hyste ens en tanke på att fortsätta striderna på Berlins gator. Slaget hade redan gått förlorat och de båda generalerna var framför allt upptagna med att behålla sina kvarvarande styrkor intakta. Trots åsynen av det eskalerande vansinnet runtomkring honom var Busse emellertid inte mogen att fatta ett självständigt beslut. Vilka befallningar som kom från führerhögkvarteret spelade inte längre någon roll för krigets utgång, men på samma gång kände sig de flesta generalerna fortfarande bundna av den personliga trohetsed de svurit till Adolf Hitler. Värdefulla timmar och dagar förflöt medan Busse kämpade med samvetskvalen. Tiden som förlorades skulle stå hans soldater dyrt.

Men ungefär vid samma tid som ordern att ta ansvaret för Berlin kom bör han å andra sidan ha fått det glädjande beskedet att hans hemstad Frankfurt inte längre var att betrakta som en fästning. Generalöverste Heinrici hade kämpat som en tiger för detta och slutligen hade Hitler gett med sig. Därmed kunde staden lättare utrymmas, men samtidigt gällde fortfarande Hitlers stränga order till 9. armén att stå kvar vid Oder och även försvara Frankfurt till sista man.

Och situationen försämrades hela tiden för 9. armén. Spiken i kistan var när en av marskalk Konjevs pansarspetsar, en spaningsstyrka ur Rybalkos 3. gardespansararmé, på kvällen nådde fram till Königs Wusterhausen sydöst om Berlin och fullbordade därmed så gott som omringningen av återstoden av 9. armén. I säcken befann sig kanske så många som 200 000 tyska soldater, 2 000 kanoner och granatkastare samt cirka 300 stridsvagnar och stormkanoner, enligt sovjetiska uppskattningar.[48] Men det är sannolikt en rejäl överdrift – troligen handlade det om drygt hälften av det antalet soldater.

De flesta av 9. arméns tunga vapen – om de ännu var så pass många som räknats upp ovan – var oanvändbara på grund av bränsle- och ammunitionsbrist. Situationen var mycket kritisk eftersom underhållsvägarna hade blivit nästan helt avskurna så att varken mat, ammunition, drivmedel eller andra förråd kunde nå fram. I säcken befann sig också ett okänt antal civila, både lokalbefolkning och flyktingar undan tidigare strider.

Tjujkovs styrkor stod i Köpenick bara några kilometer från Rybalkos tät, men Busse var inte den ende som hade bristfälliga underrättelser denna dag. Rivalerna Zjukov och Konjev var helt omedvetna om hur nära deras trupper kommit varandra och om att endast ett vattendrag skilde dem åt.

En fyra kilometer smal korridor mellan 9. armén och Berlin skulle fortsätta att vara öppen i tre dagar till. Genom denna korridor strömmade förmodligen ännu vissa förråd från Berlin till 9. armén, men det var bara en rännil som kom fram eftersom allt som rörde sig i korridoren låg inom det sovjetiska artilleriets räckvidd.

”SPREEWALDGRUPPEN” DÖPTE DEN sovjetiska militärledningen resterna av Busses inneslutna armé till, efter den skog vid Neisse där V. armékåren försvarade sig särskilt hårdnackat mot Konjevs styrkor. Första vitryska och Första ukrainska fronten pressade oupphörligt på mot Busses armé från alla håll. Trupper ur Zjukovs 69. armé utsatte Busses norra flygel mellan Frankfurt an der Oder och Berlin för hård press och på kvällen gick de ryska trupperna över Spree väster om Fürstenwalde.

Busse hade fortfarande inte hört ett ljud från LVI. pansarkåren som han hade beordrat att dra sig tillbaka bakom Spree några dagar tidigare för att skydda 9. arméns norra flank och en reträtt från Oder. Men där fanns den uppenbarligen inte. Därför tvingades han brådstörtat att sätta in delar av SS-divisionen "30. Januar" som dittills hade legat overksam vid Oder för att bygga upp ett försvar mot norr. I själva verket befann sig Weidlings söndersmulade divisioner på utsidan av säcken som 9. armén hamnat i och var inveckladе i hårda försvarsstrider mot Tjujkovs och Katukovs oupphörliga anfall.

GÅNG EFTER ANNAN den 21 april bad Heinrici Hitler om tillstånd att få dra tillbaka 9. armén från Oder till en linje bakom sjöarna sydöst om Berlin, men general Krebs sade nej på Hitlers order.[49] Då ställde Heinrici till och med sin plats till förfogande och bad att få slåss som enkel folkstormssoldat i stället. Även Busse lät via Heinrici hälsa att han ville bli befriad från sin post om inte Führern gav med sig. Men Hitler beviljade inte de båda generalernas anhållan.[50]

Förmodligen är en order som anlände till Busse mer än ett dygn senare bara en försenad skriftlig bekräftelse på Hitlers order till 9. armén, vilken åter visade hur fjärran führerhögkvarteret befann sig från verkligheten. Busse beordrades bland annat att visa "yttersta beslutsamhet och ståndaktighet" för att "bemästra" situationen. Hans armé måste till varje pris återerövra "hörnpelaren" Cottbus i söder, för att därefter anfalla Konjevs anfallskil mot Berlin i flanken. Samtidigt måste fronten vid Oder stå fast medan den nordöstra fronten som hölls av Kleinheisterkamp och "30. Januar" vek tillbaka ytterligare, vilket i Hitlers värld skulle spara in styrkor som kunde användas för att täppa till frontluckan sydöst om Müggelsjön.[51]

På kvällen den 21 april vajade dock redan den första sovjetfanan i Berlin från Marzahns församlingskyrka. Det var soldater från Berzarins 5. stötarmé som hade hissat den efter att ha stormat Marzahn under svåra strider. Dessutom stod 3. stötarmén i förorterna Buch, Karow, Blankenfelde och Molkow, medan Tjujkovs gardessoldater gick mot Petershagen och Fredersdorf samt nådde stadsgränsen vid Mahlsdorf och Schöneiche.

Allt större styrkor ur Första ukrainska fronten strömmade under tiden upp från övergångsställena vid Neisse mot nordväst för att delta i erövringen av Berlin. Ett sista naturhinder av människohand hindrade dock marskalk Konjev från att genomföra en överraskande stormning av Berlin från söder.

Den nästan 40 kilometer långa Teltowkanalen, byggd inom loppet av sex år under kejsar Vilhelm II:s styre för att avlasta skeppstrafiken i Berlin, låg som en välförsvarad vallgrav söder om rikshuvudstaden. Cirka 40 meter bred och åtminstone ett par meter djup utgjorde den ett besvärligt hinder för general Rybalkos pansar.

RÄDD ATT MISSA erövringen av Berlin letade en hög sovjetisk pansarofficer ur Första ukrainska fronten just då frenetiskt efter sitt förband. Efter flera dygns skakig färd i en amerikansk jeep på usla östeuropeiska vägar hade överste David Abramovitj Dragunskij äntligen korsat Neisse och kände allt starkare vittring efter Rybalkos gardespansararmé långt bakom tyska 9. arméns rygg. Det hade hunnit bli söndagen den 22 april, vilket var sjunde dagen av Berlinoperationen som han varit nära att missa helt och hållet. Han såg spåren av de tidigare striderna och for förbi alltfler militärsjukhus, förrådsbaser och militära reparationsverkstäder, där skadade stridsvagnar åter gjordes stridsdugliga. Snart behövde ingen längre tala om för honom var fronten fanns. ”Eldskenet på himlen och artilleriets dån visade oss riktningen. Hundratals flygplan susade fram över våra huvuden i riktning mot Berlin. Sprängbombernas dova detonationer hörde man på flera kilometers håll.”[52]

Ljudet av fronten var ytterst välbekant för Dragunskijs öron. Redan på sommaren 1938 hade Dragunskij, en 35-årig pansarveteran och bördig från en judisk familj i Svjatsk, deltagit i gränsstrider med japanska trupper vid Kazansjön i egenskap av chef för ett pansarkompani.[53] Under stora svårigheter lyckades de sovjetiska trupperna den gången tränga tillbaka de japanska styrkorna igen och Dragunskij dekorerades med Röda fanans orden på grund av sina insatser. Utmärkelsen gjorde honom lyckligare lottad än den högste befälhavaren på platsen, marskalk Vassilij Blyukher, som anklagades för inkompetens, kastades i fängelse och avrättades av NKVD.

Under det så kallade stora fosterländska kriget hade Dragunskij varit chef för en pansarbataljon tills han 1943 utnämndes till befälhavare för en gardespansarbrigad under general Rybalko. Denna brigad hade han sedan lett under de mäktiga offensiverna som fört Röda armén genom Vitryssland och Polen ända till Oder. Tanken på att missa krigets ”sista kapitel” fick honom att be chauffören trampa på gasen.

Jeepen tog sig likväl bara långsamt fram på vägarna som fylldes av befriade slavarbetare och koncentrationslägerfångar av olika nationaliteter. Översten kom på sig själv med att söka efter bekanta ansikten bland trashankarna – hans bröder och systrar hade deporterats av nazisterna, men han kände på sig att han letade förgäves. ”Jag visste hur bedrägliga dessa förhoppningar var, men människan är skapt på det viset, hon hoppas alltid.”[54]

Äntligen hade han hittat fram till general Rybalkos framskjutna stabsplats i en övergiven villa sent på eftermiddagen den 21 april. Rybalko skakade hjärtligt hand med honom. Sedan presenterade han Dragunskij för en annan general som råkade befinna sig i rummet, Första ukrainska frontens artillerichef:

> Det är befälhavaren för 55. gardespansarbrigaden. Han kommer precis från sjukhuset. Hans största skräck var att inte hinna till Berlin. Om han nu marscherar in i Berlin som förste man får han den andra gyllene stjärnan,* om han inte klarar det tar vi ifrån honom den första.[55]

Alla skrattade åt skämtet.

Några veckor tidigare hade överste Dragunskij skickats på konvalescens för att en del gamla skador äntligen skulle få tid att läka, men han hade så när blivit strandsatt i Moskva på grund av brist på lediga transporter. Det vill säga tills en gammal vän lyckats trolla fram en jeep åt honom. Men trots idogt letande och frågande hade ingen dittills kunnat upplysa honom om var hans egen brigad befann sig, inte ens Rybalkos stabschef som han hade träffat några timmar tidigare: ”Var brigaden befinner sig vet jag inte exakt. Jag antar att den står norr om Zossen, nästan vid Teltowkanalen”, hade denne svarat.[56] Men Rybalko, som befann sig närmare fronten, visste förstås.

På kartbordet bredde en stor karta över Berlin ut sig. Överstens blick svepte över gatorna, riksdagen och rikskansliet. Han såg också de täta skogarna och de många sjöarna väster om staden.

”Alltihop måste erövras. Anfallet riktar sig mot södra och västra delen av staden. Fienden tror att marskalk Zjukovs trupper ska anfalla från

---

* Rybalko menade medaljen Sovjetunionens hjälte som Dragunskij redan hade dekorerats med en gång tidigare.

öster. Men vi kommer att slå till från söder, mot det känsligaste stället – mot flanken.”

Dragunskij såg pilarna som markerade framryckningsvägarna, inte bara Rybalkos pansarkårers, utan även övriga arméers. Han såg Zjukovs spjutspetsar – Tjujkov och Katukov – som rörde sig mot staden rakt österifrån. En av Rybalkos kårer, general Mitrofanovs, skulle rycka fram rakt norrut mot Tiergarten. Med stigande otålighet letade Dragunskij efter sin egen pansarkårs positioner.

”Här är er brigad”, pekade Rybalkos operationschef, Sasja Jerjomenko, med en kraftig arm. ”Igår kväll nådde den Teltowkanalen. Fascisterna sprängde bron mitt framför näsan på pansarsoldaterna.”

”Finns det inget vadställe eller någon möjlighet att gå runt?” undrade Dragunskij, som inte visste hur kanalen såg ut.

”Vadställen?” Rybalkos ingenjörschef Kamentsjuk drog på orden. ”Kanalen är ungefär 40–50 meter bred och på nordsidan befinner sig befästningsanläggningar. Tät bebyggelse och massiva hus förstärker försvaret.”

När han hörde detta sjönk han ihop. Kamentsjuk var inte den som överdrev eller for med osanningar.

”Skräm inte upp honom, Matvej Polikarpovitj”, log Rybalko som var på synnerligen gott humör. ”Det spelar ingen roll vad som står där, vi måste handla slugt, beslutsamt och målinriktat. Vi har ingenting att frukta, när allt kommer omkring är vi inte ensamma. Från öster kommer Första vitryska fronten. I norr tar Rokossovskij sats för att slå till. På vår armés vänstra flygel anfaller Leljusjenko i riktning mot Potsdam. Det här är befälhavaren för 28. armén, Alexander Alexandrovitj Lutsjinskij.”

En storvuxen, smal general trädde fram. Lutsjinskijs armé hade anlänt från Andra vitryska fronten på kvällen den 20 april och marskalk Konjev tilldelade den genast en mycket viktig roll vid krossandet av ”Spreewald-gruppen”. Rybalkos och Leljusjenkos snabba framstöt mot Berlin hade skapat en lång oskyddad flank mot de tyska trupperna vid Oder, vilka fortfarande ansågs utgöra ett stort hot. Den 21 april hade marskalken gett order om att resterna av den inneslutna 9. armén skulle vara utplånade inom loppet av tre dygn och han hade satt in hela Första ukrainska frontens transportutrymme för att snabbt föra fram 28. armén samt ytterligare ett par skyttedivisioner till trakten av Baruth i ryggen på Busses trupper för att hindra att de bröt sig ut mot väster eller sydväst. Framför allt skulle dessa trupper sättas in på viktiga nyckelpunkter – i första hand de vägar som ledde västerut – där risken för tyska anfall bedömdes vara som störst. I flera dagar förberedde sig de ryska trupperna på att hindra en tysk utbrytning. Massiva vägspärrar byggdes av fällda träd, omkring 20 000 minor lades ut och stödjepunkter inrättades för försvar på viktiga platser.[57] Men inte bara det. En kår ur Lutsjinskijs armé skulle också delta i övergången av Teltowkanalen.

”När det är skyttesoldaternas tur har vi pansarsoldater inget att frukta”, sade kårchefen Novikov till Dragunskij.

Till avsked meddelade Rybalko också att kåren som Dragunskijs brigad tillhörde hade fått en ny chef, general Vasilij Vasiljevitj Novikov, efter att föregångaren sårats.

Genom en hagelskur av granater och kulspruteeld nådde Dragunskij därefter sin stabsplats som låg bara 300 meter från Teltowkanalen. Efter att ha blivit hjärtligt mottagen kallades han till kårchefens högkvarter två–tre kilometer längre bort. Ingången till stabsplatsen visade sig vara ett källarfönster på baksidan av en villa med utsikt över Teltowkanalen.

”Dörren ligger i fiendens skottlinje. Under natten när vi nästlade oss in här visste vi inte det och på morgonen var det för sent för ställningsväxling”, fick Dragunskij veta.

Kårchefen general Novikov var ett obekant ansikte för Dragunskij. Novikov hade tagit över kåren under överstens frånvaro efter att företrädaren hade blivit sårad. I källarens halvmörker uppfattade Dragunskij bara att det fanns flera människor i rummet. Det enda han såg var de två signalisterna framför sina radioapparater i ett sidorum.

Översten anmälde sig för och blev introducerad för inte en Novikov utan tre. Förutom kårchefen var nämligen chefen för frontens mekaniserade trupper, Nikolaj Alexandrovitj Novikov, och kårens politiske kommissarie Andrej Vladimirovitj Novikov närvarande. Efter att ha kramat om sin gode vän kommissarien försökte han bryta isen med ett skämt:

”Är det inte lite många Novikov i en enda källare?”

Kårchefen putsade sina glasögon medan han snäste av översten:

”Det finns inte färre Novikov än Ivanov i Ryssland, särskilt hos oss i Kalininområdet. Att vi befinner oss på samma plats alla tre är ni skuld till.

Om er brigad befann sig på andra sidan kanalen skulle jag inte sitta här och Nikolaj Alexandrovitj skulle inte heller ha kommit hit."

Kårchefen gjorde en konstpaus och gick in på sakens kärna:

"Trots det är det oförlåtligt att brigaden står för fot gevär vid kanalen. Dnjepr har ni tagit, Wisla har ni varit först att forcera, Nida, Warta och Oder har ni lämnat bakom er och nu klarar ni inte att komma över denna olycksaliga kanal."

Han vankade nervöst av och an. Det var första gången han träffade Novikov. Han hade hört många bra saker om honom, men en sådan avsnäsning gjorde Dragunskij försiktig gentemot sin överordnade, som förde honom till kartan: "Teltowkanalen är sista hindret på vägen till Berlin. När vi har korsat den är vi vid målet."

Kårchefen talade långsamt för att få orden att sjunka in ordentligt. Kanalen skulle korsas på två ställen på ett fem kilometer brett avsnitt. Till höger skulle Sjapovalovs pansarbrigad ta sig över kanalen och till vänster Dragunskijs. Ett regemente stormkanoner av modell SU-76 skulle skickas fram över den sprängda bron som ingenjörssoldaterna måste förstärka för att den skulle bli framkomlig. En artilleridivision skulle understödja övergången.

"Hur mycket tid har jag till mitt förfogande?"

"En dag. I slutet av 23 april rapporterar ni era förberedelser till mig."

De smög upp till bottenvåningen och tittade försiktigt ut genom ett fönster. På andra sidan syntes små samhällen, odlingsmark, enstaka villor och gårdar. Flera sjöar glimmade också i fjärran.

"Där till höger ligger Teltow, framför oss Stahnsdorf och där är den förstörda bron som jag lämnar åt er. Till höger befinner sig 23. skyttebrigadens genombrottsavsnitt."

Därefter återvände officerarna till ett dukat middagsbord i källaren. Andrej Vladimirovitj hällde upp vodka åt alla och skålade:

"För vår nära förestående seger. Champagne ska vi dricka i Berlin."[58]

ZJUKOVS ARMÉER fortsatte under tiden att rycka fram under hårda gatustrider i Berlins östra och norra förorter samtidigt som andra styrkor ur de bägge sovjetiska fronterna försökte sluta belägringsringen runt rikshuvudstaden. Men ännu var det långt kvar innan fällan slog igen väster om Berlin. General Busse bör dock ha dragit en lättnadens suck när han läste ett kort telegram som meddelade att Berlins kommendant, överste Kaether, hade ställts direkt under Hitlers befäl. Den bittra kalken hade gått Busse förbi, men hans övriga problem var överväldigande.[59]

Från 9. arméns horisont såg det ut som om fienden gjorde det första "stort upplagda försöket" att splittra säcken i flera delar denna regniga och molniga söndag den 22 april. De tyska trupperna var överansträngda av de oavbrutna striderna och de oersättliga förlusterna var ytterst kännbara. Bristen på drivmedel och ammunition blev alltmer påtaglig. Förråden skulle bara räcka i mellan två och fem dagar till om striderna fortsatte i sin nuvarande omfattning, rapporterade Busse.[60]

Med hans goda minne försökte generalöverste Heinrici sålunda för tredje dagen i rad förmå Führern att ge 9. armén tillstånd att gå tillbaka mot väster innan den ryska ringen växte sig för stark, men svaret var hela tiden att den skulle hålla ställningarna och dessutom täppa till alla luckor i Oderförsvaret. Motgångarna fortsatte likafullt och Cottbus föll efter ett dygns strider.

Även om Hitler den 22 april kungjorde för sin närmaste krets i bunkern att han tänkte stanna i Berlin och begå självmord, fortsatte han att skicka ut den ena mer verklighetsfrämmande ordern efter den andra under dessa dagar. Desperat befallde han nya motoffensiver med styrkor som inte existerade annat än på pappret. På eftermiddagen den 22 april blev 9. armén således en spelbricka i en overklig plan som tänkts ut i führerhögkvarteret.

Från tre håll skulle motanfall genomföras för att hacka sönder de sovjetiska spjutspetsarna. För det första skulle en brokig stridsgrupp under SS-generalen Felix Steiner skära av de trupper ur Första vitryska fronten som höll på att innesluta Berlin på dess norra sida. Anfallet skulle riktas från trakten av Oranienburg rakt söderut mot Berlins norra förstäder med huvudsakligen otränade och i bästa fall lätt beväpnade infanteristyrkor, tvärs över öppen terräng som inte erbjöd mycket skydd mot vare sig fiendens pansar eller flyg. Steiners styrkor var alldeles för små och saknade alla förutsättningar för att lyckas med sin uppgift, men führerhögkvarteret satte stort hopp till denna operation. När allt kom omkring vägrade Steiner genomföra något allvarligt menat försök att rädda Hitler och Berlin eftersom det skulle ha inneburit självmord för hans trupper.

För det andra skulle general Walther Wencks 12. armé, som stod vid

Elbe och Mulde med front mot amerikanern, göra helt om och anfalla österut mot de sovjetiska styrkorna som hotade Berlin. Denna armé var en helt nybildad styrka vars infanteri till största delen bestod av 17–18-åriga rekryter utan tidigare stridserfarenhet och tunga vapen. Något av detta uppvägdes emellertid av de unga soldaternas entusiasm och deras officerares duglighet.

För det tredje skulle en del av general Busses trupper anfalla västerut rakt igenom Första ukrainska frontens anfallskilar söder om huvudstaden, för att komma 12. armén till mötes. Vid 17-tiden den 22 april ringde generalöverste Heinrici upp Busse och informerade honom om att Hitler äntligen gått med på att ge upp Frankfurt an der Oder.

”Krebs har just meddelat att Wencks armé ska göra helt om och marschera mot er”, sade Heinrici. General Walther Wenck var en gammal vän till Busse sedan slaget om Stalingrad och han skulle inom kort bli 9. arméns sista halmstrå.

När Heinrici därefter gav order till Busse att avdela en del styrkor för anfallet genom Konjevs bakre linjer protesterade Busse. Det skulle innebära att hans front mot öster blev allvarligt försvagad.

Heinrici morrade då något i stil med: ”Detta är en order till 9. armén. Dra tillbaka en division och sätt den i rörelse västerut för att förena er med Wenck.”

Führerns tidigare befallning att hålla ställningarna vid Oder gällde dock fortfarande och den nya ordern innebar därför i praktiken att 9. armén måste förflytta styrkor västerut inom sin egen sektor utan att ge upp någon terräng.[61]

Generalöversten gav därför honom rådet att strunta i Hitlers order att hålla Oder och börja dra sig tillbaka ändå. Uppenbarligen ville Heinrici därmed i första läget inte ta något formellt ansvar för ett sådant steg, utan lade den heta potatisen i knäet på sin underordnade. Men Busse svarade att han ville vänta tills Frankfurts garnison hade slagit sig ut ur den nästan helt omringade staden.

”Vi kan inte överge Biehler”, sade Busse.

Han betonade också att han behövde ”en annan order” för att kunna dra sig tillbaka. Ordern från Krebs kallade han för en ”halvmesyr”.

”Antingen går jag tillbaka eller så stannar jag.”

Heinrici gav honom då, enligt vad han senare erinrade sig, "i praktiken" en order att dra sig tillbaka, men Busse var orubblig:

"Jag har en führerorder som förpliktar mig att stanna här."

Utan en formell befallning från Hitler eller överkommandot enligt konstens alla regler tänkte han följaktligen låta sin armé stå kvar där den var, vilket skulle innebära säker förintelse.[62] Men på rekommendation av Heinrici hade han icke desto mindre i hemlighet inlett praktiska förberedelser för en utbrytning i riktning mot Elbe. För den skull hade han börjat flytta större styrkor ur V. armékåren, bland annat delar av 21. pansardivisionen, till säckens västra sida, vilken löpte ungefär utmed motorvägen Cottbus–Berlin.

Alltjämt kämpade Busse med sitt samvete.

TIMMARNA GICK OCH en stor del av 9. arméns soldater fortsatte att ligga i sina värn med blicken vänd mot öster, medan Konjev byggde upp en allt starkare blockad bakom deras rygg och Zjukov levererade det ena hammarslaget efter det andra mot arméns norra flygel.

Heinricis kamp för ett återtåg fortgick dock och sent på kvällen ringde han omigen upp general Krebs i führerhögkvarteret och beskrev den svåra situationen. Det var en olösbar uppgift att försöka återställa försvarslinjen vid Oder och han bad ånyo om att få bli befriad från sin post om orderna inte ändrades.[63] En timme efter midnatt gav Hitler slutligen med sig och en ny order telegraferades till 9. armén under de tidiga morgontimmarna den 23 april.

Förmodligen läste Busse under stor lättnad ordern som gav honom tillåtelse att dra sig tillbaka till den kedja av sjöar som låg 20 kilometer väster om floden. Cottbus, som redan hade fallit, måste han dock återerövra enligt ordern, men det var i verkligheten omöjligt. Det var ett ämne som 9. arméns stab begravde i tystnad.

Med de styrkor som sparades in på denna manöver, vilken skulle leda till att säcken minskades och fick en kortare frontlinje, skulle armén "vid tidigast möjliga tidpunkt" anfalla västerut i riktning mot Baruth för att möta 12. armén som skulle anfalla österut mot Jüterbog. Detta innebar enligt ordern ett anfall "i den djupa flanken på fienden som stöter fram norrut mot rikshuvudstaden".

Ordern var välkommen, men hade kommit flera dagar för sent, ur ett begränsat militärt perspektiv. Tio år efter kriget ansåg Busse dessutom att förberedelser för en utbrytning som han redan hade vidtagit i hemlighet gjorde führerordern föråldrad. En lyckad utbrytning mot väster skulle dock vara en mycket svår operation att bemästra, visste han redan på förhand. Till 12. armén var det 60 kilometer fågelvägen, rakt genom Första ukrainska frontens bakre områden där det förmodligen kryllade av fientliga trupper. Operationen kunde bara lyckas om fienden togs med överraskning.

> Därför måste trupperna vara i rörelse både dag och natt. Det kunde de bara om det starka ryska artilleriets och flygstridskrafternas verkan försvagades så mycket som möjligt. Enda möjligheten till detta erbjöds av den breda skogsgördeln från Halbe via Kummersdorf norr om Luckenwalde. Detta så mycket mer som 12. armén lämnade det ytterst nedslående beskedet att den inte skulle anfalla österut, utan mot nordöst i riktning Beelitz. En framstöt [12. armén] rakt till mötes var det därmed inte längre tal om. Trots det beordrade högsta ledningen gång på gång att [9.] armén efter ett framgångsrikt genombrott genast skulle svänga norrut för att falla fienden i ryggen vid Berlins södra utkant. Dessa order beaktade och besvarade arméstaben inte. Den måste agera så om den ville förverkliga sin fasta föresats att rädda alla återstående trupper ur ryssarnas grepp. Sålunda stod beslutet fast att spränga omringningen på båda sidor om Halbe och bryta igenom söder om Beelitz under utnyttjande av skogszonerna söder om Berlin.[64]

Att som befälhavare göra sig oanträffbar för order som inte överensstämde med de egna planerna (eller låta bli att bekräfta mottagandet) var den utväg Busse valde för att inte bryta direkt mot Hitlers befallningar. Exakt när Busse kommit fram till detta beslut under dessa ödesdigra dagar är omöjligt att fastställa, men det mognade sannolikt fram gradvis under dessa förtvivlade dygn då situationen förvärrades timme för timme.

KAPITEL 14

# Halbefickan

24–27 APRIL 1945

MULLRET FRÅN SLAGET om Seelowhöjderna i norr trängde fram till Frankfurt an der Oders försvarare som i praktiken satt med armarna i kors. Staden raserades bit för bit av den ryska beskjutningen, men fästningen utsattes inte för några direkta anfall, utan ryssarna fortsatte tränga fram på båda sidor om fästningen.

Ett par dagar före Hitlers födelsedag hade överste Biehler äntligen fått tillåtelse att evakuera brohuvudet på östra sidan av Oder, vilket inte hade fyllt någon som helst funktion. Redan natten mot den 19 april hade trupperna i största hemlighet börjat utrymma brohuvudet. Efter sju timmar avslutades det komplicerade företaget klockan 5.00 följande morgon.

> Det var ett fint verk av trupperna. [...] De drog sig tillbaka sakta utan att låta ryssarna få veta det. Det fanns en plan för detta. En tredjedel av varje kompani måste stå kvar medan två tredjedelar går tillbaka, så eldkraften mot ryssarna var alltid densamma. Denna sista tredjedel höll sig tyst. Detta skedde under natten 18–19 april. Det började klockan 22.00 och klockan 5.00 följande morgon kom ordern att spränga stenbron. Vid den här tidpunkten befann sig fortfarande en tredjedel av de tyska soldaterna på östra sidan. De gick ned till flodbanken utmed hela brohuvudet och korsade floden i båtar. De väntade inte tills alla kommit iväg eftersom jag var rädd för att ryssarna skulle komma med stridsvagnar och försöka ta bron.
>
> Jag hade inga förluster när vi korsade floden i båtar. Ryssarna kom två timmar senare. Jag lät mitt artilleri bilda en vägg av eld runt försvarsringen. Eldgivningen var densamma som under tidigare nätter. Jag hade eldledare vid fronten som signalerade tillbaka var ryssarna hade sin front för tillfället. Detta höll ryssarna tillbaka.

Klockan 7.00 hade den siste tysken nått Oders västra strand. Förlusterna var obetydliga. Klockan 9.00 kom den första ryska patrullen. De hade inte märkt något förrän bron sprängdes klockan 5.00.[1]

Följande dag, på Führerns sista födelsedag, befordrades Biehler till generalmajor. Fästningen var vid det laget så gott som innesluten och började attackeras från väster. Den 22 april nåddes Biehler slutligen av Hitlers order att evakuera staden helt och hållet, för att förena sig med 9. arméns styrkor. ”Men jag var omringad. Jag kunde inte ta mig ut. Jag var tvungen att bryta mig ut”, berättade Biehler senare.

Han utarbetade en plan för att bryta sig ut utan flygunderstöd. Tre regementen skulle utgöra spjutspetsen för att säkra en korridor genom vilken resten av garnisonstrupperna kunde passera. ”Genom denna kanal kom först [de] sårade, därefter tungt artilleri [...], sedan annan materiel, sedan resten [av] trupper[na]. Sist kom eftertruppen.”[2] Så såg planen ut.

VECKAN FÖRE EVAKUERINGEN hade varit overklig i fästningen, minns majoren och veterinären Kurt Wurach. Strax innan den ryska offensiven inleddes hade staden fått besök av flera höga nazistiska dignitärer, däribland Brandenburgs distriktsledare Emil Stürtz, propagandaminister Goebbels och riksmarskalken Hermann Göring. ”De kom för att muntra upp oss. Goebbels pratade med soldaterna, men Göring var väldigt tystlåten, inte vänlig och talade knappast alls med de högre officerarna. Han skakade hand med oss allihop när han tog farväl.”

Några dagar senare, när striderna redan hade brutit ut, hade fästningskommendanten överste Biehler, som Wurach inte hade mycket till övers för, bjudit in alla högre officerare i garnisonen till en fest. Denne fästningskommendant, som enligt Wurach var ”synnerligen angelägen om att få en medalj att hänga runt halsen innan allt var över”, samlade officerarna till en kvällssupé vid ett T-format bord i högkvarteret och presiderade över hela tillställningen från bordets huvudända. Översten var mycket pratsam och utbrast: ”Mina herrar, vi ska gräva ned oss. Sedan kan vi hålla Frankfurt i evigheter!”

Wurach hajade till.

”Jag tittade på kvartermästaren och han tittade på mig med ögon uppspärrade av förvåning. Vi visste att detta helt enkelt var omöjligt.”

Under middagen hade han ett intressant samtal med fästningsstabens signalofficer som var hans bordsgranne. Signalofficeren återgav viskande en anekdot vilken cirkulerat som en vandringshistoria i många versioner.

Han berättade följande: När ryssarna tog Reppen öster om Frankfurt an der Oder påträffade de alla fälttelefoner intakta. En tysktalande ryss tog telefonen, ringde upp propagandaministeriet, bad att få tala med Goebbels och rapporterade att han ringde från Reppen. Därefter ska Goebbels ha sagt: ”Håll Reppen. Jag har pålitliga uppgifter om att Reppen inte kommer att falla i ryska händer.”

Då sade ryssen: ”Herr minister, vi är här. Ryssarna har kommit.”

Goebbels ska ha muttrat någonting och därefter lagt på. Signalofficeren hade hört denna historia från en pålitlig källa.[3]

I EN AV de långa gråa kolonnerna som lämnade den brinnande staden bakom sig marscherade Kurt Wurach i spetsen för sitt veterinärkompani. Avmarschen ackompanjerades av dånet från exploderande ammunitionsmagasin.

På hösten 1944 hade han kommit till Frankfurt an der Oder, men den relativt komfortabla garnisonstjänsten hade plötsligt förbytts i ett inferno. Veterinärsoldaterna hade tagit hand om flera hundra trosshästar och en skara herrelösa hundar som växte i takt med att de civila evakuerades från staden.

> Varje dag kunde var och en av oss plocka upp åtminstone tio lösspringande hundar vid järnvägsstationen. Några djur försökte springa efter tåget, de flesta återvände slokörade. Vi tog dem till den stora Hindenburgkasernen där det fortfarande fanns mycket mat att utfordra djuren med. Antingen hade vi köksrester eller så hade en av våra hästar blivit sårad och måste avlivas. Då fanns det alltid gott om hästkött för de stackars hundarna.[4]

När garnisonen gjorde sig redo att lämna staden fanns det nästan inga civila kvar, förutom ett fåtal som hade haft krigsviktiga funktioner. Där fanns bara veterinärsoldaternas skyddslingar – de hundratals hästarna och hundarna – som hädanefter fick klara sig bäst de ville.

> Veterinärenheten hade order att ge sig av klockan 19.00. Jag gick till barackerna för att utfärda mina order. 150 hästar, foder och livsmedelsvagn

liksom ett antal vanliga vagnar – jordbruksvagnar, landåer, galavagnar, tvåsitsiga vagnar etc. måste samlas ihop och förberedas.

Den söndagen delade kvartermästaren ut många lådor schnaps, konjak och kornbrännvin. Soldaterna blev fruktansvärt berusade och några blev rejält sjuka. Många officerare befann sig inte längre i Frankfurt, förresten. Ganska många hade tagit permission de gångna veckosluten och hade sedan skickat in läkarintyg på att de var för sjuka för att återvända. Vi var inte längre förvånade. Ingen ville verkligen slåss där längre och vi lyckönskade alla som befann sig i relativ säkerhet.

Jag återvände till min inkvartering för att hämta min väska och ta farväl av min värdinna. När jag återvände till barackerna fortsatte soldaterna sitt supande och jag undrade hur vi någonsin skulle komma därifrån. Men vi lyckades komma iväg och mycket sent på kvällen anlände vi till Briesen utan att vare sig se eller höra fienden.[5]

Utbrytningen inleddes i skymningen och tog de ryska styrkorna i skogarna väster om Frankfurt an der Oder med överraskning. Längs en enda väg sipprade garnisonstrupperna ut mot väster för att förena sig med 9. armén. ”Redan på andra sidan Boossen såg vi övergivna och delvis ännu lastade fordon, däremellan omkullvräkta och välta flyktingvagnar”, mindes en av artilleristerna från fästningen, 33-årige underofficeren Herbert Frieske.[6]

Allt gick dock enligt planerna, konstaterade generalmajor Biehler: ”Vi kom ut utan att se en enda ryss. [...] De första tre regementena slog sig igenom – de som följde efter såg inga ryssar.”[7] Marschen gick på små skogsvägar tills de mötte Busses trupper vid Karsdorf den 23 april. Cirka 30 000 man hade således kommit ut ur Frankfurt utan större förluster. Men de hade tagit sig ut ur en säck bara för att fångas in i en ny som ansattes från alla håll av den sovjetiska övermakten. Här riskerade de tiotusentals soldaterna ur 9. armén att gå under.

SÅ FORT FRANKFURT an der Oder hade utrymts började Busses soldater återtåget från Oder och försvann in i de täta skogarna sydöst om Berlin.

Den 22-årige fänriken Manuel Schuhmacher, en marinofficer som var son till en tysk missionär i Argentina, hade fått snabbutbildning i infanteriet och bara några veckor tidigare placerats i ledningen för ett kompani på

120 man. Han mindes att reträtten från Guben var kaotisk samt att moralen bland soldaterna var usel. ”Det enda som höll de stridströtta och ofta gamla soldaterna igång var ryktet att amerikanerna skulle kämpa sida vid sida med tyskarna mot ryssarna”, berättade han senare.[8] Kanske ryktet härstammade från den dagorder Busse låtit sprida bland trupperna den 17 april, men ju mer fänriken tänkte på saken desto orimligare fann han det vara att amerikanerna plötsligt skulle byta sida och börja slåss mot sina allierade.

Till en början skedde reträtten till den nya ställningen längre västerut under ordnade former och överraskade de ryska trupperna som inte genast följde efter i den besvärliga terrängen. Men snart bredde sönderfallet ut sig när de ryska attackerna från luften och marken intensifierades. SS-soldaten Eberhard Baumgart ur SS-divisionen ”30. Januar” erinrade sig att marschen gick långsammare ju längre bort från Oder soldaterna kom på grund av att alla vägar blev helt igenkorkade av trupper, flyktingar och fordon. Han drog slutsatsen att de satt fast i en säck eftersom stridslarmet hördes från alla väderstreck. Tillfälligt förlorade han kontakten med sitt förband ”men vägen västerut tar ingen miste på. Det är ditåt alla går.”[9]

Ryskt attackflyg och artilleri slog till mot allt och alla som rörde sig på vägar, åkrar och i skogsgläntor. Men fastän den var illa tilltygad och åderlåten fungerade ännu Busses människomaskin. Det kunde SS-mannen Ernst Streng intyga när hans Kungstiger rullade tillbaka till pansarbataljonens verkstadskompani i Bad Saarow efter striderna på Seelowhöjderna.

> Militärpolisen samlar här de tusentals skingrade soldaterna och skickar dem till nästa samlingspunkt. Vägarna är fyllda med upphetsade människor, bland vilka soldaterna förflyttar sig mot väster. Slutet har blivit uppenbart överallt: rädsla och förtvivlan är inristade i kvinnornas, åldringarnas och barnens ansikten.[10]

Personalen på överfyllda fältsjukhus arbetade vidare, trossen fortsatte dela ut de matportioner och ammunitionsransoner som fanns kvar – och de mobila verkstäderna reparerade ännu stridsfordon, även Strengs stridsvagn som fått periskopet skadat och en tornlucka bortsliten av ryska stridsvagnsgranater.

I utkanten av Storkow blev Streng åskådare till hur officerare försökte bringa reda i det eskalerande kaoset:

> Före den stora vägkorsningen stockar sig återigen de skingrade och sårade soldaterna. Allt efter division skickas de till den eller den vägen och dirigeras vidare. De kringliggande skogarna är fyllda av fordonskolosser, tross, underhållsförband och sjukvårdsenheter, redan uppblandade med kvinnor och flyende flickor.[11]

Men upplösningen satte oundvikligen spår. Civila plundrade arméns övergivna förrådsfordon och kunde ses bära på ”tvål, konserver, knäckebröd; på marken ligger tjänsteinstruktioner, reglementen och hemliga dokument! Frontsoldaterna gör stora ögon och stoppar det ena i munnen och det andra i fickorna, hör kanonerna i fjärran och springer vidare genom byn.”[12]

Likt ett svårt sårat rovdjur som kryper ihop för ett sista utfall samlade sig återstoden av 9. armén i tallskogarna sydöst om Berlin. Men norr därom kämpade fortfarande LVI. pansarkåren i Berlins östra utkanter för att hindra ryssarnas framryckning in i staden. Samtidigt sökte den kontakt söderut med huvuddelen av 9. armén, men från arméstabens horisont hade pansarkåren försvunnit totalt sedan signalkontakten brutits under reträtten.

Det brutna sambandet fick ödesdigra följder.

RYKTET SOM GENERAL Busse fick höra var oerhört, men han beslutade sig för att sätta tilltro till det. Mitt i stridens hetta hade hans viktigaste kår utan order retirerat eller flytt från östfronten till Döberitz på västra sidan om Berlin. Visserligen kunde han inte få uppgiften helt bekräftad, eftersom det inte gick att få kontakt med general Weidlings kår. Ingen visste med säkerhet var den befann sig och detta stillade inte direkt Busses misstankar, snarare tvärtom. LVI. pansarkåren hade helt enkelt försvunnit från kartan och de officerare som Busse skickat ut för att hitta den återvände tomhänta. Klockan 12.30 den 23 april tog Busse telefonluren och ringde upp Heinrici:

”Har just fått veta att LVI. kåren i natt retirerade till den olympiska byn från Hoppegarten utan att ha fått order därom. Jag kräver att Weidling arresteras.”[13]

Han underrättade också OKH om att Weidling inte gjort sin plikt och begärde att han skulle ställas inför krigsrätt. Hitler hade på sitt håll informerats om samma rykte och dömde utan vidare generalen till döden i sin frånvaro. En hög officer skickades från rikskansliet till Döberiz för att arrestera generalen som hamnat i ett omöjligt dilemma: Om han inte drog tillbaka sin kår till Berlin skulle Führern låta arkebusera honom, och om han inte förenade sig med 9. armén skulle Busse ställa honom inför en exekutionspluton.

Att det här ryktet om Weidling överhuvud kom i svang under dessa kaotiska dagar när allt föll samman är inte så förvånande. Men det kan också ha spritts medvetet av så kallade ”Seydlitztrupper”, det vill säga tyska förrädare i rysk sold, vilka inte sällan tros ha uppträtt bakom de tyska linjerna förklädda till tyska officerare för att dela ut felaktiga order och öka förvirringen. Trupperna uppmanades vara mycket vaksamma mot officerare som de inte kände och ofta gjordes processen kort med dem som inte kunde styrka sin identitet tillräckligt väl under de sista krigsdagarna. En framgång för Seydlitztruppernas verksamhet anses exempelvis ha varit när 20. pansargrenadjärdivisionen skulle förflyttas till Wannseeområdet under striderna om Berlin, men dit kom bara divisionschefen med 90 man. Resten hade dirigerats åt fel håll av okända officerare som plötsligt dykt upp i deras väg.[14]

Märkvärdigt lite har skrivits från ryskt håll om dessa ”Seydlitztruppers” eventuella bidrag i slutstriden, men troligen har deras insatser överdrivits. Nästan alla överlevande soldater från 9. arméns dödskamp tycktes efteråt ha haft historier att berätta om dessa förrädare, men åtskilligt av detta kan nog tillskrivas den eskalerande förvirringen och misstron bland soldaterna mot okända ansikten. Och de okända ansiktena blev fler ju mer 9. armén vittrade sönder.

BUSSE SKICKADE ETT telegram till Weidling när signalkontakten återupprättats: ”Jag förväntar mig beslutsam kamp från och med nu. Kårstaben ska omedelbart flyttas till Berlins östra utkant.”

Weidling skickade genast ett svar, men det är osäkert huruvida det nådde Busse: ”Kårstaben är engagerad i infanteristrider fem kilometer öster om Berlins utkant. Weidling.”[15]

Enligt Busses uppfattning gällde fortfarande Weidlings uppdrag att söka kontakt med XI. SS-pansarkåren och skydda 9. armén mot fientliga anfall från norr. Men så skulle inte bli fallet.

Sent på kvällen förstod Busse vad som hade hänt med den ”olydige” generalen och hans pansarkår. Weidling hade varken avsatts eller arkebuserats. Historien om hur han hade åkt till Hitlers bunker för att reda ut missförståndet är välkänd i historieböckerna. När misstaget blivit uppklarat gav Führern honom ett nytt uppdrag. Utan att bry sig om att ens underrätta 9. armén inlemmade Hitler pansarkåren i Berlins dödsdömda garnison i stället för att låta den söka kontakt med 9. armén och han utsåg Weidling till kommendant över Berlin. Uppdraget som Busse tacksamt hade frånhänt sig hade i stället gått till en av hans underordnade generaler, men vad värre var: Genom sitt beslut hade Hitler lämnat 9. arméns norra flank helt öppen och de ryska trupperna var inte sena att utnyttja detta faktum.

Klockan 23.30 den 23 april fick Busse höra den dåliga nyheten när Heinrici ringde honom. Föga förvånande blev Busse mycket upprörd och kallade Führerns beslut för ”ett oerhört ingrepp” i hans auktoritet.[16] ”Genom denna order [till Weidling] lämnade han [Hitler] ett hål i min norra flank genom vilket de ryska styrkorna genast strömmade in och tillsammans med den ryska framstöten på min södra flank som nu svängde norrut mot Berlin fullbordade detta inringningen av 9. armén”, sade Busse till författaren Cornelius Ryan efter kriget.[17]

På kvällen stod det också klart för generalen att de ryska anfallskolonnerna skurit av den sista öppna vägen mellan 9. armén och Berlin, men ryssarna visste inte om det själva ännu.[18] Därigenom var säcken där halva 9. armén och delar av 4. pansararmén fångats tillknuten. Närmare bestämt befann sig två av Busses kårer där: Jeckelns och Kleinheisterkamps, samt fästningen Frankfurts garnison. Därutöver den V. armékåren från 4. pansararmén. Hur många som egentligen befann sig i säcken råder det delade meningar om, eftersom ingen hann räkna dem. En uppgift gör gällande att det var cirka 200 000 man med 2 000 artilleripjäser och granatkastare samt 300 stridsvagnar och stormkanoner, men det framstår som en kraftig överdrift. Drygt en veckas hårda strider hade åderlåtit de tyska trupperna kraftigt så att de på sin höjd bara hade hälften av manskapet och materielen kvar. Sovjetiska källor påstår till råga på allt att de tyska divisioner som hade krossats vid Oder och Neisse hade lidit 80-procentiga förluster. Det verkliga antalet tyska stridsvagnar bör inte ha överstigit 250 och artilleriet cirka 1 000 artilleripjäser och granatkastare.[19]

Befälhavaren för 9. arméns bakre område, generallöjtnant Friedrich Bernhard, uppgav att det handlade om 50 000 man stridande trupper och 10 000 folkstormsmän. ”Tillsammans med enheterna ur underhållsförbanden befann sig upp till 150 000 man i säcken.”[20] Mot de inneslutna delarna av 9. armén satte Konjev och Zjukov in 280 000 man med 7 000 artilleripjäser och granatkastare, 280 stridsvagnar och stormkanoner samt 1 500 flygplan.[21]

I BYN STEINDORF i närheten av Frankfurt an der Oder hade den 16-årige infanterisoldaten Heinz Maether äntligen fått beskedet att hans kompani befann sig i grannbyn. Han hade drabbats av skabb och i en stridspaus hade han begett sig till ett fältsjukhus för att få behandling, men där var det så många sårade att han inte kunde få någon hjälp. Därför fick han inte heller något intyg om att han varit på fältsjukhus.

Tillsammans med en sårad soldat styrde han kosan åt det hållet, men en stund senare möttes de av en fordonskolonn som stannade bredvid dem.

> I den andra, en öppen bil, satt en general med sin stab och frågade vad vi gjorde på landsvägen. Den andre soldaten som hade fått ett skott i armen och hade behandlats på sjukhus kunde visa upp sitt intyg, men inte jag. Generalen grep mig och släpade in mig i sin bil [och] åkte med mig till ett hus i Steinsdorf där en divisionsstab var belägen och där han absolut måste ringa till fronten.
>
> Denne general var befälhavaren för 9. armén, Theodor Busse, vilket jag fick veta av hans adjutant. Efter att jag skildrat striderna för honom och varför jag avlägsnat mig från detta kaos som ledde till att förbanden upplöstes, svarade han att detta inte var trovärdigt, [utan] jag hade flytt. Generalen gick in till en överläggning, kom ut igen och sade: "Jag tänker arkebusera er." Han återvände till sitt rum och ringde till några befälhavare. Genom hans höga röst fick jag veta hur det stod till vid fronten. Det var eländigt. Generalen skildrade för generalöverste Heinrici hur fronten höll på att upplösas, svåra förluster, inte i stånd att genomföra större stridshandlingar och armén hotades av inneslutning.
>
> Efter det här samtalet sprang generalen som en vansinnig genom flera rum, fick se mig och sade till adjutanten att de skulle föra bort mig. Natten tillbringade jag i en lada. På morgonen fördes jag av militärpolisen, tre bandhundar som de kallades – det var delvis flygande ståndrätter, avkunnare av dödsdomar – till min regementsstab som låg i nästa by. Ordern lydde: krigsrätten skulle visserligen ställas in, men jag skulle genast föras till en straffbataljon i främsta linjen. Dessförinnan skulle jag få 20 käppslag för att ha avvikit från mitt förband. Men dessa uteblev eftersom adjutanten som visade mig ordern lät saken bero.[22]

Maethers obehagliga möte med generalen ger en liten fingervisning om den oerhörda psykiska press som Busse utsattes för under dessa dagar samt hans beslutsamhet att inte låta någon soldat komma undan, trots den hopplösa situationen.

HALBEFICKAN UTVECKLADES UNDER de kommande dagarna till en häxkittel, ett tyskt Stalingrad i skogarna sydöst om Berlin.

Det fanns ingen fast frontlinje, utan de ytterst förvirrande striderna böljade fram och tillbaka i skogarna och det kämpades hårt om enskilda orter och stödjepunkter. Någon klar bild av situationen fanns inte på den tyska sidan eftersom befälsstrukturen föll sönder. Busse tappade överblicken. Av de tyska divisionerna och regementena återstod bara små stridsgrupper av pansar och infanteri, vilka förgäves försökte uppehålla den ryska framryckningen. Inte sällan hade de framgångar med desperata motanfall, men det lättade bara tillfälligt på trycket. Målet att kunna genomföra en ordnad reträtt från spärrlinje till spärrlinje försvann.

Sovjetiska flygvapnet behärskade luftrummet och deras attackflyg hindrade alla rörelser på vägarna och utanför skogsområdena. Soldater och civila dödades av deras attacker, tankbilar och ammunitionsvagnar flög i luften.

Som en löpeld spreds ryktet att vägen mot väster var spärrad av ryssarna, att de måste slå sig igenom för att nå de västallierade vilka de trodde skulle behandla dem mildare än de fruktade rödarmisterna. Många gav upp, men åtskilliga soldater var redo att göra allt för att undvika att hamna i rysk krigsfångenskap. Endast detta kan förklara varför så många av Busses soldater utstod psykiska och fysiska ansträngningar bortom det mänskliga för att ta sig västerut. Tanken på att komma ut ur helvetet och överleva var det enda som drev dem.

Luftvärnssoldaten Hans Hansen och hans kamrater insåg att de satt fast i en råttfälla i skogarna väster om Spree. Och de hade ingen tid att koppla av i den idylliska badort som de försvarade:

> Det var en sagolikt vacker vårdag, verkligen skapad för att roa sig, ligga och lata sig i gräset vid sjöstranden, titta på vårhimlen och drömma. Men för oss fanns det inga drömmar, bara granater, kulsprutesalvor, attackflygplan och rädsla. Ända till sent på eftermiddagen höll vi stånd mot den ryska eldgivningen,

> men därefter kom ordern om reträtt. I största hast utrymde vi våra ställningar och försvann ur staden som vid det här laget brann på flera ställen. Mörka rökmoln steg mot den strålande vårhimlen. Med en blandning av lättnad (att vi återigen hade kommit därifrån) och av dåligt samvete (att vi måste överlämna staden och dess invånare åt ett ovisst öde) anträdde vi återtåget.[23]

Förutom soldaterna hade också ett okänt antal civila fångats – dels lokalbefolkningen, dels människor som hade flytt från städer och byar på andra sidan Oder.

En av dem var Inge Deutschmann som hade flytt från Poznan under den sovjetiska vinteroffensiven i januari 1945. Sedan dess hade hon och hennes man, som förlorat ett ben på östfronten 1942, vistats i Frankfurt an der Oder tills den sovjetiska Berlinoperationen inleddes. Då hade de begett sig ut i skogarna och snart hade de insett att de var omringade av ryska trupper. Förutom att de var utlämnade åt vädrets makter led de dock ingen större materiell nöd på grund av allt övergivet flyktingbagage och alla militära förråd som skingrats för vinden. Där låg allt från madrasser till symaskiner mellan träden och i dikena. Det fanns också mycket att äta, framför allt konserver som inte var "alltför gamla".

Men i takt med att säcken knöts ihop blev förhållandena allt otrevligare, även om Inge aldrig såg någon direkt panik. På dagarna sov de i tvåmans skyttegropar med artillerigranaterna visslande över huvudet i bägge riktningar. På nätterna och tidiga morgnar flydde de från plats till plats. Överallt soldater, kvinnor och barn, åldringar, militärfordon och hästvagnar med flyktingar och deras ägodelar.

Artillerielden lärde sig Inge känna igen, men snart hördes även andra kanoner blanda sig i kakofonin. Soldater talade om för henne att det var de ryska stridsvagnarna som gav eld, men ännu hade hon inte sett några döda civila.

DEN 33-ÅRIGE KORPRALEN Herbert Frieske, en signalist som kommit ut ur Frankfurt an der Oder, mindes att:

> Lustiga rykten cirkulerade: Amerikanerna hade överlämnat artilleripjäser, fordon och ytterst moderna vapen till trupperna som stod väster om Berlin, och helt nyutrustade trupper kom till vår hjälp.

> ”Härda bara ut ett par dagar till, sedan kommer våra mirakelvapen att sättas in”, sade vår politofficer. Och vi trodde faktiskt på det. Efter dagslånga marscher kom vi till Scharmützelsjön. Hela tiden såg vi nya divisionsemblem på fordonen, alltfler trupper samlades på de få ännu fria vägarna. Men de civila flyktingkolonnerna blev också allt större. Man märkte tydligt bristen på organisation, det fanns inte längre någon samordning. En jättelik mask av fordon av alla typer, soldater, civila, däribland många kvinnor och barn, täckta av damm och trötta, så vältrade den sig framåt. Vägarna var beströdda av defekta fordon. Från bivägar kom alltfler kolonner, överallt hade man redan stött på ryssarna. Därframme tar det stopp, den oändliga ormen stannar upp. Tyska stridsvagnar och stormkanoner skyndar tillbaka från täten. ”Vad är det som händer?” ropar vi till dem. ”Vägen ligger under beskjutning!” Vi satt i fällan, tången hade knipit ihop. ”Öster om Scharmützelsjön är det fortfarande öppet!” – Således marscherade vi, tusentals tyska soldater, civila, kvinnor och barn redan samma natt förbi Scharmützelsjön i riktning söderut. Vår uppgift att befria Berlin blev allt mer illusorisk. Vad visste vi överhuvudtaget om situationen? Hur långt hade ryssen kommit? Var står våra trupper som kommer från väster? Ingen hade en aning. Hade Berlin redan fallit? Vem kunde veta?[24]

Med släckta lyktor hade en kolonn militära lastbilar med en stabsbil modell Volkswagen i spetsen strax dessförinnan lämnat Berlin och satt kurs mot sydöst i kvällsmörkret. Generallöjtnant Wolf Hagemann och hans stridsgrupp på 250 soldater var förmodligen de allra sista människor som lyckades ta sig ut ur Berlin och förena sig med 9. armén innan den smala korridoren skars av.

Hagemann var en ärrad frontveteran – bokstavligt talat: Han hade blivit sårad sju gånger under kriget, vilket var något som få generaler kunde skryta med. När han beordrades tillbaka till Berlin från östfronten i mitten av april 1945 för att ta befälet över en armékår vid Oder hade han bett om tillstånd att ta med sig de sista 250 soldaterna från sin folkgrenadjärdivision som hade gått under i Ostpreussen, eftersom han blivit ”så fäst vid dem”. Men i stället för att ta över en armékår – den existerade inte längre, hade en general vid generalstaben informerat honom – hade han fått ansvaret för att organisera bakre försvarslinjer bakom 9. arméns front. Och även om mycket hade åstadkommits påträffade Hagemann chockerande få försvarsförberedelser.

Som en skottspole åkte han fram och tillbaka bakom fronten och fann bara folkstormssoldater, Hitlerjugend och partifolk som arbetade på amatörmässiga fältbefästningar, ofta på fel platser. Inga fackmän hade visat dem var det var bäst att anlägga stridsvagnsdikena och skyttevärnen. ”En gång stötte jag på en grupp Hitlerjugendpojkar som byggde ett stridsvagnshinder på fel sida av en kulle [...]. Jag brukade se 15–16-åriga pojkar sitta på hindren, dinglande med benen och viftande med sina pansarnävar.”[25]

Efter bara några dagar fick han order att slå sig igenom till general Busses armé med sina 250 man och 10 officerare. Han anmälde sig genast hos den hårt prövade general Busse som dock inte imponerade särskilt mycket på den hårdföre frontofficeren. Busse kommenderade honom till XI. SS-pansarkåren som precis hade fått order att ta över LVI. pansarkårens ställningar på norra sidan av inringningen.

En märklig konversation utspann sig därefter mellan Hagemann och SS-generalen Matthias Kleinheisterkamp, som inte hade några trupper att lägga i den lucka som Weidlings kår lämnat efter sig. SS-generalen beslutade därför prompt att skicka dit Hagemann och hans 250 soldater för att hålla den oskyddade nordflanken.

”Vi kommer att ge er en kår”, lovade Kleinheisterkamp.

”Hur kan ni göra det? Ni har bara en halv kår. Var ska ni få tag på dessa män?”

”Åh, vi får tag på dem någonstans. Oroa er inte”, svarade SS-mannen obekymrad.

Hagemann visste inte vad han skulle säga. Kleinheisterkamp bytte plötsligt ämne och gav honom en drink:

”Varför går ni inte med i SS?”

Kleinheisterkamp skålade för Hagemann och kallade honom ”Obergruppenführer Hagemann”.

”Jag har inga avsikter att ansluta mig till SS. Jag har varit officer i Wehrmacht i många år och jag tänker inte byta nu.”

Kleinheisterkamp såg stött ut men diskuterade inte saken vidare. Hagemann fick ett regemente SS-soldater och några pansargrenadjärer. Han hade totalt 30 stridsvagnar och 500 man. Med denna lilla styrka fick han i uppdrag att gå till motanfall mot Första vitryska fronten i trakten väster om Fürstenwalde. Världen var full av galenskap, ansåg han.

Hagemann var definitivt ingen vän av SS-officerare, vilket kan ha färgat av sig på hans minnesbild av samtalet med Kleinheisterkamp.[26] Men SS-generalen kan också under de oerhörda mentala påfrestningarna ha börjat tappa fotfästet och vägrat inse de obevekliga realiteterna. Det enda han hade kvar var sin fanatism.

TRUPPER UR KATUKOVS gardespansararmé utkämpade hårda strider om de båda flygplatserna Berlin och Adlershof när generalen nåddes av en lika överraskande som glädjande rapport från chefen för ett motorcykelregemente på förmiddagen den 24 april: ”Har nått förorten Teltow. Träffat Rybalkos pansarsoldater vid kanalen. Mussatov.”[27]

Marskalk Zjukov föreföll inte bister, men inte heller glad när Katukov meddelade honom nyheten. Honom ovetande hade Konjevs trupper således nått Berlins södra förstäder efter en blixtsnabb framstöt. Det betydde i så fall att Zjukov inte längre var ensam om bytet.

”Är ni säker?” frågade han Katukov.

”Har alldeles nyss mottagit ett radiomeddelande från regementschefen.”

”Kontrollera genast uppgifterna på ort och ställe.”

Och det var kommissarien Popjel som fick uppdraget att ”personligen åka fram med en grupp för att kontrollera vem som verkligen har överskridit kanalen i Teltow”.[28]

Efter lite letande hittade de Rybalko som stod på taket till ett sexvåningshus och i sin kikare betraktade kanalen som hindrade hans framryckning. Efter ett hjärtligt möte med Rybalko återvände Popjel för att avlägga rapport för Första vitryska frontens stab. Förutom att bekräfta att det faktiskt var Rybalkos pansar som stod vid Teltowkanalen kunde han också meddela ytterligare en nyhet: Leljusjenkos 4. pansararmé hade nått Potsdam och 2. gardespansararmén höll på att kringgå Berlin från norr.

Ringen runt Busses trupper sydöst om Berlin var därmed helt tillsluten. Ingenting skulle få slippa ut ur dessa skogar ostraffat. Ett dygn senare slöts också ringen runt Berlin.

EFTER ATT OMRINGNINGEN fullbordats måste Busse helt förlita sig på att förråd nådde honom från luften. Redan på kvällen den 23 april hade han telegraferat till armégrupp ”Weichsel”:

> Sista möjligheten [till] utförsel av underhåll till armén stoppad genom inbrytningen [till] Grünau. Vidtagna hjälpåtgärder därmed kullkastade. Tillförsel av underhåll via luftlandning eller fällning.[29]

Grünau var en järnvägsstation på linjen mellan Berlin och Cottbus, den sista navelsträngen för 9. armén. Önskade kvantiteter räknades därefter upp i telegrammet: 30 kubikmeter bensin, 30 ton patroner till pistoler, gevär och kulsprutor, fem ton pansarnävar och 24 ton pansarvärns- och stridsvagnsgranater. Som avslutning meddelades att 9. armén ställde i ordning en provisorisk landningsplats på ett fält nordväst om byn Storkow.

Men Busse fick inte någonting under hela den 24 april på grund av identifieringsmisstag, nedskjutna flygplan och Hitlers order att försörjningen av Berlin måste prioriteras. Nya försök genomfördes under de följande nätterna, men nästan alla slog slint och situationen blev alltmer desperat. Utan underhåll riskerade 9. armén att bli ett vanmäktigt offer.

Busse anklagade Luftwaffe för att lämna hans trupper åt sitt öde och den flygöverste vilken fungerade som sambandsofficer i armégruppens stab drabbades av Heinricis vrede, men det hjälpte föga. Hjälpen från luften kunde Busses soldater skåda i stjärnorna efter. Endast en rännil kom fram under de följande nätterna.

PLANEN ATT WENCKS trupper skulle förena sig med 9. arméns hade under tiden ändrats av Hitler. I stället för att stöta rakt österut hade 12. armén beordrats att gå mot nordväst för att undsätta Berlin, vilket försvårade Busses utbrytning. På grund av allvarliga ryska inbrytningar väster om Fürstenwalde, på norra sidan av inringningen, kände sig Busse inte tillräckligt stark för en utbrytning, men fortsatte ändå att samla krafterna. Sent på kvällen den 24 april fick han rätt att ”besluta på egen hand om anfallsriktningen”. Detta var den sista ordern som Busse bevisligen bekräftade mottagandet av. Därefter valde han att tiga för att behålla sin handlingsfrihet när Hitler eller överkommandot bombarderade honom med nya galna order.[30] Att öppet trotsa Führerns befallningar tänkte Busse inte göra.

UNDER DEN SOLIGA 25 april förbereddes utbrytningen västerut i riktning mot Luckenwalde, där Busse hoppades få kontakt med 12. armén. Vid lunchtid tog 9. armén för första gången direktkontakt med 12. armén och radiomeddelandet från stabschefen Hölz bestod bara av två ord: ”Hur läget?”[31]

Härefter hade Busse direkt radiokontakt med Wenck, som meddelade honom att delar av hans armé under gårdagen börjat marschera från Elbe till Beelitz sydväst om Berlin, där de ryska styrkorna ännu var relativt svaga. Hans marsch i riktning mot Berlin var emellertid inte så hemlig som han hade hoppats på, för redan sent på kvällen den 23 april hade tyska riksradion i ett försök att stärka stridsmoralen i staden offentliggjort ett meddelande om att en tysk armé hade gått till anfall från Elbe i riktning mot Berlin.[32] Situationen var så hopplös att de båda generalerna enades om att samarbeta för att rädda sina trupper och ignorera alla order från Hitler om att försöka undsätta Berlin med hjälp av styrkor som bara existerade på pappret. General Busse skrev efter kriget:

> Så måste den [ledningen för 9. armén] agera om den ville förverkliga sin fasta föresats att om möjligt rädda alla kvarvarande trupper ur ryssarnas grepp. Således stod beslutet fast att spränga omringningen på båda sidor om Halbe och stöta fram under utnyttjande av skogszonen söder om Beelitz.[33]

Kanske hade Busse efter flera dagar övervunnit sina tvivel och insett att lojaliteten mot Hitler även för honom hade sina gränser. Förmodligen hade han också insett att amerikanerna inte skulle köra in i baken på hans trupper som han hade hoppats på, utan skulle låta ryssarna erövra Berlin.[34] Klockan 16.30 underrättade han armégrupp ”Weichsel” om sina anfallsavsikter:

> Fastställt lovande genombrottsriktning Märkisch Buchholz [mot] Luckenwalde. Och förening [med] Wenck [i] Luckenwaldeområdet eftersträvas.
> Busse, general[35]

Busses plan gick ut på att två pansargrupper skulle anfalla parallellt från Märkisch-Buchholz och Schlepzig från västra sidan av säcken.

Norra anfallsgruppen utgjordes av ”stridsgrupp von Luck”, vilken bestod av ett pansargrenadjärregemente ur 21. pansardivisionen, vilket förstärkts med ett antal Pantherstridsvagnar. Stridsgruppens befälhavare, överste Hans von Luck, var en ärrad frontveteran som stridit i Nordafrika, Normandie och Ryssland. Södra gruppen, "stridsgrupp Pipkorn", bestod av resterna av två SS-divisioner under SS-översten Rüdiger Pipkorn.

Överste von Luck erinrade sig i sina memoarer att Busse beordrade honom att bryta sig igenom och att hålla bräschen öppen så att huvuddelen av 9. armén kunde följa efter till fots. Allt bränsle skulle föras över till stridsfordonen och alla övriga fordon förstöras. Busse beordrade också: "Civilbefolkningen ska inte informeras, tusentals flyktingar skulle hindra operationen."[36]

Räddningsaktionen gällde alltså enbart trupperna. Ingen hänsyn togs längre till befolkningen som 9. armén dessförinnan gjort allt för att skydda från fiendens vrede.

Överallt längs fickans front fortsatte ryssarna de hårda anfallen och Busse fick tillstånd per telefon att dra tillbaka sin östfront ytterligare och krympa säcken för att korta försvarslinjerna och frigöra styrkor till anfallet mot väst, även om Hitlers godkännande ännu inte inhämtats.[37]

UTAN STÖRRE SVÅRIGHETER hade sovjetiskt spaningsflyg upptäckt anfallsförberedelserna och inom kort svärmade luften av attackflyg som oavbrutet angrep truppkoncentrationerna. Attackerna gjorde det nästan omöjligt för trupperna att förflytta sig och Busse bad förgäves armégruppen om jaktskydd för att kunna fortsätta.[38] Men Luftwaffe hade i praktiken upphört att existera.

Sent på eftermiddagen blandade sig Hitler i operationen och beordrade generalöverste Jodl från OKW att 9. armén skulle gå mot nordväst i stället för rakt västerut för att förena sig med 12. armén vid Löwenbruch vid motorvägsringen söder om Berlin och därefter undsätta staden. Samtidigt måste säcken behålla sina nuvarande positioner "till varje pris" så att fältmarskalk Schörner kunde anfalla mot norr med sin armégrupp för att förena sig med 9. armén och skära av Konjevs anfallskil. Men den tyngsta rollen i räddandet av Tredje riket tillföll general Busses styrkor, enligt överkommandots uppfattning:

> Den 9. arméns uppträdande kommer att vara den avgörande faktorn i de tyska försöken att skära av de fientliga styrkor som innesluter huvudstaden, i vilken Führern fortfarande med tillförsikt väntar på att hans soldater ska komma till hans hjälp. Det är givet att varenda sista reserv kommer att sättas in i detta anfall och att styrkorna som försvarar arméns rygg och flank kommer att hålla sina ställningar till sista kula.[39]

Några timmar senare beordrade Hitler att generalerna Wenck, Busse och Manteuffel skulle utföra koncentriska anfall med sina arméer för att befria Berlin. Av allt att döma tillhörde detta också de verklighetsfrämmande order som Busse inte ”beaktade och besvarade”.[40]

PUNKTLIGT KLOCKAN 20.00 inledde Pipkorns stridsgrupp anfallet och vid midnatt satte även von Luck igång. Rapporter strömmade in till Busses högkvarter under natten. Sydgruppens anfall pulvriserades snabbt av fiendens försvarseld men von Luck hade större tur och hans stridsvagnar lyckades inom loppet av ett par timmar nå första etappmålet, som var den lilla staden Baruth vid järnvägen mellan Berlin och Dresden. Där hade emellertid ryssarna förskansat åtskilliga Josef Stalin-stridsvagnar och pansarvärnspjäser, vilka bjöd häftigt motstånd. Då telegraferade von Luck 9. arméns högkvarter och meddelade att han tänkte fortsätta anfallet innan motståndet hårdnade ännu mer, men general Busse sade nej och befallde honom att stanna där han var tills resten av armén hade hunnit ikapp. ”Ni ska vänta tills ytterligare delar kan bryta sig ut ur fickan.”[41]

Överste von Luck ansåg att Busses order att vänta var vansinne och beslutade sig för att fortsätta ändå. Men hans styrkor, som under tiden förenat sig med resterna av stridsgrupp ”Pipkorn” vid Baruth, kom dock ingen vart. Anfallskolonnerna bombades och angreps från alla håll när gryningen närmade sig. Busses övriga trupper hann som väntat inte igenom bräschen, som snabbt täpptes till av ryska förstärkningar.

Så småningom tystnade radiotrafiken från anfallskilarna definitivt. Ryska trupper täppte till bräscherna och varken Pipkorns eller von Lucks trupper hördes av igen. Möjligen kan Busse ha hunnit få en rapport om att Pipkorn hade stupat under natten, men han hade ingen aning om att von Luck upplöste sin stridsgrupp sedan ammunitionen tagit slut och bränslet var på upphällningen. Översten hade uppmanat pansarsoldaterna att bilda smågrupper och försöka slinka igenom de ryska linjerna till Elbe, vilket åtminstone en liten del av dem troligen lyckades med. Själv togs emellertid översten till fånga av ryssarna när han var på väg tillbaka till säcken för att ställa sina tjänster till förfogande. Långt efter kriget ansåg Busse fortfarande att von Luck hade svikit 9. armén:

> Visserligen bröt pansargruppen igenom vid Halbe men inväntade inte infanteriet, såsom de hade stränga order att göra, utan satte sig själv i säkerhet. Sålunda slöt ryssen bräschen igen innan infanteriet kunde [...] tränga igenom den. Namnet på befälhavare och trupp vilka i avgörandets stund lämnade sina kamrater i sticket har tyvärr inte stannat kvar i författarens minne.[42]

Militärhistorikern Tony Le Tissier har rätt i analysen att det var en hafsigt genomförd operation som inte var särskilt väl genomtänkt. Analysen grundades delvis i att 9. armén inte längre hade några spaningsresurser och därför famlade i blindo när det gällde storleken på de fientliga styrkorna den hade framför sig. Men Busse hade också begått några fundamentala misstag, dels var resten av 9. armén så utspridd att den inte hade en chans att utnyttja genombrotten tillräckligt snabbt, dels underskattade Busse hur desperat civilbefolkningen var att fly undan ryssarna och därigenom hindra de militära rörelserna. Det sistnämnda var precis vad som hade inträffat under von Lucks anfall med svåra civila förluster som följd.[43]

De tyska militära förlusterna var också betydande, enligt sovjetiska källor: 5 000 fångar – 200 artilleripjäser och 40 stridsvagnar förstördes.[44]

I och med detta misslyckande var 9. arméns vassaste huggtänder utslagna och Busse bedömde att arméns krafter inte skulle räcka till ett nytt utbrytningsförsök. Han inriktade sig därefter på att slåss till siste man i skogarna runt byarna Märkisch-Buchholz och Halbe. Ett dygn efter det misslyckade utbrytningsförsöket meddelade han armégrupp ”Weichsel”: ”Uppträdande och kamp till slutet självklar för 9. armén.”[45] Självfallet skulle hans armé slåss in i döden, ansåg han.

Säcken krympte den 26 april till cirka 900 kvadratkilometer. Trupperna blev alltmer sammanträngda och uppblandade med flyktingkolonnerna. Försörjningen bröt samman och den 18-årige infanteristen Joachim Wolf minns att hans förband inte hade några tunga vapen kvar, utan bara sina eldhandvapen:

> Vår bataljon krympte ihop mer och mer. Det gick så långt att även fältköket lagade till det sista målet mat. Än en gång serverades det goda nudlar med de sista fettresterna. Och i likhet med våra granatkastare sprängdes även vårt fältkök i luften. Kompanichefen samlade oss och talade plötsligt om att vi alla måste hjälpas åt. Det slog oss som en blixt, det är säkert slutet.

> För vi hörde ju redan avfyringar från alla sidor och insåg var fronten fortfarande befann sig och var det ännu existerade en möjlighet att strömma tillbaka.[46]

Borta i sitt tillfälliga högkvarter i ett slott utanför Cottbus följde marskalk Konjev inte bara sina truppers strider i Berlin, utan såg även till att skruvstädet kring resterna av 9. armén spändes ytterligare, vilket märktes på att alltfler krigsfångar av högre rang föll i Första ukrainska frontens händer:

> Fångarna inkluderade nu chefer för regementen, brigader och divisioner, liksom stabsofficerare. Även om jag inte hade möjlighet att förhöra någon av dem personligen var jag naturligtvis intresserad av de fakta som vår underrättelsetjänst samlade in under förhören. Fångarna var så bedövade av vad som inträffat att det var näst intill omöjligt för dem att säga någonting begripligt. Några av dem försökte låtsas att de kände till situationen, men i själva verket visste de mycket lite. Utifrån den allmänna situationen kände jag till mycket mer om vad som hände i fiendelägret än vad de tillfångatagna tyska generalerna och generalstabsofficerarna gjorde.[47]

Ändå skulle hans underrättelsetjänst inte kunna hjälpa honom att förhindra vad som var på väg att hända.

NYA ORDER KOM från führerhögkvarteret till Busse, Wenck och Heinrici under natten till 27 april: ”Führern har befallt att koncentriska anfall av 9. och 12. arméerna inte bara ska tjäna till att rädda 9. armén utan i princip till att rädda Berlin.”[48] Busse kvitterade aldrig mottagandet.

Han hade bara en radiomottagare kvar och under de sista dagarna i fickan tillbringade han personligen nästan all tid i den radiobilen, som var hans enda länk till general Wenck, vars trupper inte ryckt fram västerut för att gå honom direkt till mötes.

Busses östra front fortsatte att dra sig tillbaka den 27 april för att minska säckens storlek ytterligare. På kvällen hade ryska anfall och frivilliga tyska reträtter minskat fickan till 10 gånger 14 kilometer. Räddningen av Berlin och Führern var numera det sista Busse hade att tänka på.

KAPITEL 15

# Berlin omringas

20–25 APRIL 1945

FREDAGEN DEN 20 april satt Ursula Grosser som vanligt i skolbänken på lärarinneseminariet i Berlin-Charlottenburg, omedveten om att 9. arméns besegrade soldater i det ögonblicket strömmade tillbaka mot huvudstaden, med Zjukovs arméer i hälarna.

”Idag är det Führerns födelsedag”, hälsades klassen av deras engelskafröken dr Annemarie Freund den morgonen. ”Det var nästan en överraskning, eftersom vi inte ägnade mycket uppmärksamhet åt födelsedagar under dessa sista dagar”, minns Ursula. Därefter ljöd flyglarmet och alla sprang ned i skyddsrummet. Amerikanerna utsatte Berlin för en av de allra sista stora räderna – i perfekta formationer fällde de silverglänsande planen sina bomber från så hög höjd att luftvärnet kunde göra något åt det. ”Flygräden verkade pågå en lång stund och bomber slog ned i närheten ett par gånger. Jag minns flickornas skrik, sedan blev allt plötsligt kusligt tyst. Vid Faran över-signalen gick vi tillbaka till klassrummet. Men ingen verkade ägna någon uppmärksamhet åt läraren, allihop lyssnade på dessa nya märkliga ljud från artilleribombardemanget, vilket hördes då och då långt bort i fjärran.”[1]

Knappt hade de hunnit återuppta lektionen förrän rektorn klev in i klassrummet och beordrade flickorna att gå hem ”tills vidare”. Även om rektorn inte sade det uttryckligen förstod Ursula att slutstriden hade börjat.

> Försiktigt gick jag tillbaka till *S-Bahn* tillsammans med en annan flicka från Spandau. Vi fann att en järngrind blockerade trapporna som ledde till perrongerna De hade struntat i att informera allmänheten om att stadens kollektivtrafik hade ställts in vid tiotiden samma morgon.[2]

På alla håll och kanter såg man hur den vanställda metropolens mekanismer upphörde att fungera. Fabriker slog igen och Berlins zoo stängde. Bussar, spårvagnar och tunnelbanetåg slutade att rulla på de flesta linjer. Elektricitet, gas och dricksvatten försvann på de flesta håll. Törsten skulle bli plågsam inte bara för civilbefolkningen utan även för soldaterna som slogs om staden. Ofta tvingades de leva på sina nödransoner av choklad, godis och cigaretter eftersom trossen kommit bort i virrvarret eller inte kunde sköta sitt arbete på grund av bombardemanget.[3]

Om det var blindgångare från bombanfallet eller enstaka granater från Zjukovs fältartilleri som redan börjat detonera här och där går inte att fastställa, men många årtionden senare var Ursula Grosser bergsäker på att det var spridd artillerield som mötte flickorna ute på gatan.

> Beskjutningen var fortfarande sporadisk, men vi såg människor som sprang åt alla håll. Vi beslutade oss för att inte ödsla någon tid på att leta efter transport och började gå mot Spandau. Vi duckade i portgångarna i ännu stående hus varje gång vi hörde granaterna komma nära. Överallt såg vi funktionsodugliga spårvagnar, deras elektriska kablar hängde och dinglade mot marken (resultatet av den senaste flygräden). Varje gång en artillerigranat slog ned kunde vi se skärvor och jord flyga genom luften och falla ned på gatan igen. Det tog oss mer än tre timmar att nå Spandau, min mamma var utom sig av oro. Min far hade kommit hem från Siemens tidigare på dagen då den jättelika fabriken också hade slagit igen.[4]

Vid det laget hade krevaderna upphört och Ursulas far lämnade hemmet för att gå till sin brors bageri och skaffa bröd för de kommande dagarna. De skulle verkligen behöva det – ingen visste när de kunde få tag på mat igen.

> Ängsligt väntade vi på hans hemkomst. Han måste korsa järnvägsbron åt båda håll – en genväg, eftersom vi bodde på Schuerstrasse 3 alldeles i närheten av Spandaus vapenfabrik, Deutsche Werke, och precis runt hörnet från centralstationen. När min far återvände var hans ansikte askgrått och han darrade i hela kroppen. Precis efter att han hade lämnat gångbron intill järnvägsbron vid stadshuset på väg tillbaka från min farbrors bageri, kastades han till mar-

ken av en explosion bakom honom. Utan att varna de civila hade bron förberetts för sprängning av försvararna – och sedan hade den sprängts i luften.[5]

Adolf Hitlers 56:e födelsedag var den sista högtidsdagen som firades i nazisternas kalender. Tidigare om åren hade den 20 april firats med flaggor, parader, pompa och alla möjliga evenemang, men på grund av flygkriget och det spända krigsläget hade ingen anordnat några större manifestationer under de senaste födelsedagarna.

Vid Brandenburger Tor hölls dock en oansenlig militär ceremoni med SS-soldater som defilerade förbi en SS-general. Nästan inga åskådare fanns på plats för att titta på denna sista parad i Tredje rikets historia. Men här och där uppmärksammade trogna nazister fortfarande bemärkelsedagen.

På en ruinvägg vid Lützowplatz hade någon målat slagordet: ”Därför tackar vi Führern. Dr Goebbels.” Men det förbigick tydligen humorlösa nazifunktionärer att de orden snarare framstod som ett ironiskt skämt i den nuvarande situationen. I arbetarstadsdelen Moabit hängde en annan tvetydig banderoll med budskapet: ”Wir ziehen alle an einem Strang – hoch d. Führer!” Det betydde: ”Vi arbetar alla för samma mål – leve Führern!” men kunde med lite god vilja också läsas som: ”Alla hjälps åt att hänga Führern i ett rep!”[6]

Gator och tunnelbanestationer dominerades likväl av andra plakat som alla hade med den kommande slutstriden att göra, till exempel: ”Alla medlemmar av Wehrmacht som befinner sig utanför sina förband i Berlin, alla permittenter, kommenderade, resande genom Berlin, konvalescenter och sårade skall ofördröjligen anmäla sig i Von-Seeckt-kasernen i Potsdam med proviant för 24 timmar.”[7]

Under den föregående kvällen hade Goebbels hållit ett radiotal där han proklamerade att tyska folket måste slåss för livet. Propagandaministern hade också orerat om hur fienden förgäves försökte storma de tyska försvarslinjerna och om hur Tyskland skulle blomstra igen om några år. I nästa andetag rådde han emellertid Berlinborna att stanna i källarna på grund av den förestående fientliga artilleribeskjutningen.[8]

På Hitlers födelsedag välsignades berlinarna med en specialtilldelning av livsmedel men galghumoristerna döpte raskt om det till ”himlafärdsransoner”. För många invånare var det absolut sista gången de fick en matranson under kriget.

Östfrontsveteranen Heinz Krüger som låg inlagd för mässlingen på ett sjukhus i Tempelhof erinrade sig att det var allmän utdelning av choklad och cigaretter bland patienterna den dagen, vilket åtminstone bjöd på lite förströelse mellan de allierade flygräderna:

> Amerikanerna och britterna bombade hela tiden, men jag gick aldrig ned i skyddsrummet, utan jag brukade i stället lägga mig under sängen när larmet gick. Visst var jag jätterädd, men jag hade blivit galen bland alla människor i skyddsrummet under huset. Det var fruktansvärt när flygplanen fällde sina "julgranar"* och bomberna föll. Från fönstret tittade jag efter var de befann sig, vilket håll bombplanen tog vägen – om de var på väg mot oss eller om de bombade någon annan del av staden. Efteråt gick jag upp på sjukhusets tak och såg hur staden brann.[9]

Dagen efter fick sjukhuset order att evakuera. På hästdragna kärror och till fots satte sig kolonnen av patienter och sjukvårdspersonal i rörelse genom Berlin mot de västra utfarterna.

> När vi kom till Spandau blev vi stoppade av SS och det var tur att vi hade marschorder, annars hade vi säkert blivit avrättade som desertörer. "Vi måste hålla Berlin", sade SS-soldaterna och ville inte släppa fram oss. De gav oss order att återvända, men vi tog bara en annan väg och kom ut ur staden på det sättet. Först kom vi till Nauen där vi tillbringade en natt i en lada tills någon väckte oss med ropet "Ryssarna!" I ett huj bröt vi upp och fortsatte så fort vi kunde. Jag minns att vi färdades på motorvägen mot nordväst som var helt fullpackad med flyktingar och ideligen utsattes av flyganfall av allierade Jabos [förkortning för *Jagdbomber* = attackflyg] med ständiga offer som följd. På en hästdragen vagn med en sjuksköterska som kusk låg jag oftast och feberyrade och visste knappt var jag befann mig. Men vi var i alla fall ute ur Berlin och jag "firade" min 26:e födelsedag på flykt mot de amerikanska linjerna.[10]

* Lysbomber som sönderdelades i flera ljuspunkter på himlen och påminde om tända julgransljus.

Någonstans i staden vandrade den 25-åriga flyglottan Edelgard von Bredow, som tidigare skött en luftvärnsstrålkastare vid de stora Leunaverken i Leipzig, runt bland ruinhögarna och letade efter den militära myndighet där hon beordrats att inställa sig för ny krigstjänstgöring den 20 april. Men det var nästan omöjligt för henne att hitta rätt adress.

Från källaringångarna till de urblåsta husen strömmade radiosorlet upp på gatan. Goebbels exalterade och välartikulerade stämma proklamerade genom etern att den tyska slutsegern var nära. Till sist kom hon fram till myndigheten, men av den återstod bara en ruin. En handskriven lapp på tegelhögen bekräftade att det var rätt plats. Edelgard var helt ensam, inte en skymt syntes av de andra flickorna som beordrats dit.

”Är du galen? Vad gör du här?”

Edelgard hoppade högt i ren förskräckelse. Mannen hade dykt upp från ingenstans och nu försäkrade han henne om att hon inte skulle bry sig om myndigheten längre, för det var ändå ingen som visste vart den hade tagit vägen. Inte så lite lättad lämnade hon Berlins ödelagda centrum och återvände till familjen som tagit sin tillflykt till Potsdam.[11]

UNDER NATTEN MOT den 21 april skedde det stora uppbrottet i Berlin. Alla som kunde gav sig av och det var huvudsakligen de mest privilegierade i den nazistiska staten: Framför allt tjänstemän från ministerier och myndigheter tillsammans med sina familjer samt nazifunktionärer som kommit fram till att de behövdes bättre ”på annat håll”. Civilbefolkningen kunde dock inte åka, men en hel del lämnade de centrala delarna och sökte sig till ytterområdena där de hoppades att striderna inte skulle bli så svåra.

Lördagen den 21 april sålde affärerna ut sina varor utan krav på ransoneringskort och köerna var långa. På morgonen genomförde amerikanskt flyg den sista allierade bombräden mot staden och befolkningen hade nätt och jämt hunnit upp ur skyddsrummen när deras öron nåddes av ett annat ljud, ett skräckinjagande vinande och visslande som växte i styrka och fick brödköer och andra folksamlingar att hastigt skingras. Men då var det redan för sent. Överallt i Berlins centrum exploderade granater – i byggnader, ruiner och på gatorna. Husfasader störtade samman, människor slets i stycken och dödliga splitter yrde omkring tillsammans med tegelskärvor och annan bråte. Människor flydde i panik åt alla håll. En schweizisk journalist som befann sig vid Brandenburger Tor uppskattade att det slog ned en granat var femte sekund i regeringskvarteren vid Wilhelmstrasse.[12]

Klockan hade slagit 11.30 och det sovjetiska fältartilleriets bombardemang av staden hade börjat på allvar. Beskjutningen blev en svår omställning för berlinarna som vant sig vid att leva med flygräderna. Mellan bombanfallen hade de kunnat fortsätta med sina liv och rent av kunnat inrätta sig efter flygkrigets ”rytm”, men med artillerigranaterna var det annorlunda – utan förvarning kunde de slå ned precis varsomhelst. De flesta civila tvingades ned under jord – i källare, skyddsrum och tunnelbanor, där åtskilliga av dem inte skulle få en skymt av solen förrän många dygn senare.

Samma dag hissade ett förband ur 5. stötarmén den första ryska fanan över Berlin – i stadsdelen Marzahn. Innan dagen var över hade flera sovjetiska arméer trängt in i staden från norr och öster.[13]

Flyktingar från de östra stadsdelarna vällde in i centrum och den norske journalisten Theo Findahl såg till och med en liten pojke som drev en svart-vit ko tvärs över Potsdamer Platz under det att stensplitter från en granatkrevad yrde omkring dem. Militära kolonner rullade genom staden – vilket var en ovanlig syn på Berlins annars nästan biltomma gator. Själv slank Findahl in i den ödsliga matsalen på det ryktbara Hotel Adlon vid Brandenburger Tor, medan granaterna briserade ute på Unter den Linden. Kyparna struntade i spritransoneringen och serverade de få gästerna vin i massor, hellre än att låta ryssarna få dricka det.

PRECIS NÄR DE skulle ta sig ned i skyddsrummet drabbades Ursula Grossers mor av ett svårt gallstensanfall. Ursula och hennes storasyster Luize tog hand om sin mor medan luftskyddsvakten bultade på lägenhetsdörren och skrek att de måste ta skydd. Inga flygsirener ljöd längre över Berlin, för bombräderna hade upphört. Det här var den ryska granatelden som hade drabbat Spandau.

Kvällssolen lyste redan när Ursula och hennes familj till sist hastade iväg till det allmänna skyddsrummet runt hörnet. Därinne räknade Ursula till 32 personer, mest kvinnor och barn, men också några åldringar. ”Eftersom jag var äldst av barnen försökte jag hålla de yngre sysselsatta med lekar och sånger. Timmarna gick, sedan dagarna och nätterna, tiden tycktes inte längre ha någon mening.”[14] I förvirringen tappade många berlinare tidsuppfattningen. Timmar upplevdes ibland som dagar och många vittnesmål är mycket förvirrade.

Vid 14-tiden hördes Goebbels stämma på radion igen. Soldater och folkstorm hade bemannat sina ställningar, kungjorde han och hotade med att fientligt stämda utlänningar och provokatörer skulle "oskadliggöras". "Varje hus som hissar vit flagg är en pestbacill och kommer att få den behandling det förtjänar", gormade han.

Söndagen den 22 april slutade kvällstidningarna komma ut och flyktvågen från stadens östra delar fortgick. Kungörelser meddelade att det krävdes specialtillstånd för att utnyttja de få allmänna kommunikationsmedel som ännu var i drift. Betydande begränsningar av gas- och strömförsörjningen infördes. Det utfärdades också dekret om att ingen fick lämna hemmet och bege sig till arbetsplatsen utan ett särskilt tillstånd från polisen. Huvuddelen av Berlins brandkår lämnade dessutom staden med 1 400 brandfordon, vilket gjorde senare bränder omöjliga att släcka.

GENERAL BERZARINS 5. stötarmé var de första sovjetiska trupper som inledde gatustrider i Berlins östra utkanter denna dag och ryssarnas ankomst blev startsignalen för den självmordsfeber som hemsökte staden under de följande dagarna. Cirka 10 000 självmord tros ha begåtts av fruktan för fiendens hämnd. Hela familjer utplånades i denna frenesi. Och erövrarna började genast utkräva sin tribut. "Då vi kom till Berlin och in i bostäderna och såg foton på leende familjer gick vi helt enkelt bärsärkagång när vi mindes vad som hade hänt med våra egna familjer hemma i Ryssland. Det var ärligt talat ett okontrollerbart raseri", berättade kapten Sergej Golbov.[15]

Innan Röda armén beträdde Berlins gator "hade man sagt till oss att det skulle bli en kamp på liv och död – att vi skulle bli beskjutna från vartenda fönster, att det inte skulle finnas någon säker plats. Vad fann vi? Dessa modiga tyskar som hade kämpat så hänsynslöst i Ryssland visade sig vara fullständiga ynkryggar i Berlin. På vissa platser mötte de oss med öppna armar. Fegheten förargade oss ännu mer." En gång kom en tysk man fram till Golbov och viftade med ett medlemskort i kommunistpartiet och sade:

"Jag har varit kommunist sedan 1923, vi har väntat på er."

"Åt helvete med dig – du är tysk, eller hur? Du är inte annorlunda än de andra", svarade Golbov och rev sönder tyskens kort.[16]

Michail Ivanovitj Kurkov, radiotelegrafist i ett pansarvärnsregemente, mindes att motståndet hårdnade i förstäderna. "När vi kom in i husen fanns det inga soldater där, men granater brukade komma flygande från sidan av huset eller baksidan. Vi visste inte med säkerhet vem det var vi kämpade mot – det fanns bara kvinnor och barn i huset, inga soldater, men under golvet hittade vi soldater som gömde sig i källarna. Efter de första gångerna bevakade vi helt naturligt kvinnorna noga. Under striderna kom de civila aldrig ut och vi rörde dem aldrig när vi gick in i husen."[17]

Gatustriderna krävde stora förluster och de ryska trupperna tvingades ofta att slåss gata för gata, hus för hus och våning för våning. Hur förvirrande och gastkramande det var att strida på detta sätt vittnade gardessoldaten Vladimir Abyzov om:

> Det finns varken en tydligt identifierbar frontlinje eller ett bakre område eller detaljerade uppdrag. Du sitter på andra våningen. Det är din front, under dig är ditt bakre område. Men så var det för fem eller tio minuter sedan. Nu ser situationen helt annorlunda ut: Under dig befinner sig med ens fascisterna och från tredje våningen slår höga lågor ut. Var befinner sig då fronten och det bakre området enligt infanteriets fältmanual?[18]

Striderna kom inte bara att föras på gatorna och i husen, utan även under jord, i tunnelbanan och kloakerna. Ofta råkade de ryska trupperna ut för att tyska soldater plötsligt dök upp från ingenstans i deras rygg när de trodde att de hade rensat upp allt motstånd i en byggnad eller på en viss plats. Staber och trossförband löpte särskild risk att utsättas för överraskande anfall från underjorden. Snart lärde sig de ryska trupperna därför att de måste avdela styrkor som skyddade bakre enheter, även i till synes säkra kvarter.

Att tvingas slåss i ett stadslandskap som Berlins var med andra ord ett mardrömsscenario för soldaterna på båda sidor. Tyska pansarvärnspjäser dolde sig bakom barrikader av bråte och stenfyllda spårvagnar, medan soldater med pansarnävar kunde lura var som helst bland ruinerna. Tyska soldater använde även pansarnävarna mot tegelmurar för att få dem att störta samman över fienden. Men ryssarna hade också kommit över stora partier av pansarnävar, som de utbildat rödarmisterna i att använda under gatustriderna för att slå ut tyska motståndsnästen.[19]

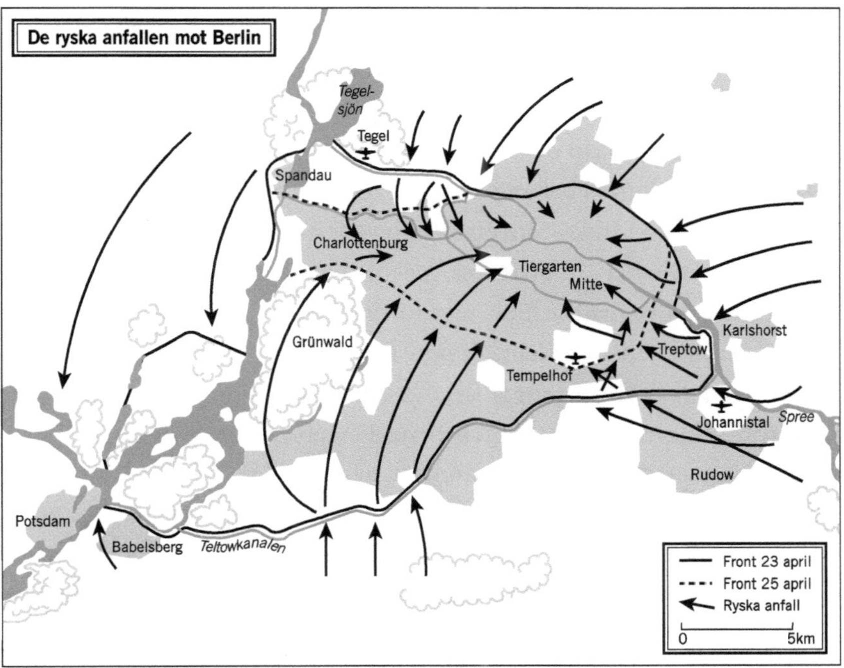


Ryska artillerister kunde rikta sina kanoner med hjälp av pjäsernas egen optik mot mål bara några hundra meter längre ned på gatorna och hamra in granat efter granat med förödande verkan. De rullade fram sina pjäser i skydd av rökmoln från bränder och sammanstörtande ruiner. Alexander Bessarab, befälhavare för ett pansarvärnsregemente, berättar om den gatustridstaktik som hans trupper utvecklade:

> Våra bataljoner lät sig inte lockas in i labyrinten av gator och gränder. Stormgrupperna ryckte fram på huvud- och sidogatorna, artilleriet förstörde motståndsnästena. Varje batteri ur haubitsbataljonen hade satt in en–två pjäser för direkt eldgivning. Situationen krävde slutligen även insatsen av kanoner i gatustriderna. Nattetid gick artilleristerna, efter att de noggrant kamouflerat sina pjäser, ljudlöst i eldställningar rakt framför fienden. Spanarna identifierade målen och pekade ut de viktigaste. På morgonen [...] öppnades helt oväntat eld och fienden förintades. Omedelbart efter beskjutningen ryckte stormgrupperna fram.[20]

Största problemet för det ryska artilleriet var annars att det hade svårt att komma till sin rätt på de ofta smala gatorna. Katjusjabatterierna löste inte sällan det problemet genom att montera ned avfyringsramperna från lastbilsflaken och sätta upp dem på något intakt betongtak.

För att bättre kunna bekämpa motståndsnästen i massiva äldre hus bad Katukov marskalk Zjukov om en bataljon 305 mm-kanoner, vilka tillhörde det tyngsta artilleriet. ”En eller två 305 mm-granater räckte för att ödelägga en gammal byggnad och begrava försvararna under ruinerna.”[21]

Den 22 april hade marskalk Zjukov beordrat alla arméerna som deltog i erövringen av Berlin att organisera så kallade stormgrupper, det vill säga små stridsgrupper vilka vanligtvis bestod av en pluton infanteri, en eller två stridsvagnar, några ingenjörssoldater, några soldater med eldkastare, ett antal pansarvärnskanoner och två–tre artilleripjäser, för att snabbt kunna lösa mångsidiga uppgifter under gatustriderna.[22] Sådana förberedelser ägnade sig 3. och 5. stötarméerna åt under hela denna dag, medan 8. gardesarmén, med sina erfarenheter från Stalingrad, förutseende nog redan hade bildat stormgrupper och fortsatte att tränga fram mot centrum.

Så fort stormgrupperna stötte på motstånd från någon byggnad valde de många gånger att kalla in artilleriet och skjuta motståndsnästet i småbitar innan de fortsatte. Alternativt satte de eld på det med eldkastarna för att röka ut motståndarna.

De häftigaste striderna koncentrerades till de breda alléerna som ledde in mot centrum, exempelvis Frankfurter Allee, vilka kanaliserade en stor del av den fortsatta förstörelsen. Varje morgon genomförde det sovjetiska artilleriet ett koncentrerat bombardemang mot de aktuella dagsmålen i staden och därefter fortsatte det allmänna bombardemanget under större delen av dagen. Inte ens under nätterna avtog beskjutningen helt. Effekten av dessa bombardemang på en redan svårt sargad stad var förkrossande. Under hela flygkriget hade britter och amerikaner fällt 65 000 ton bomber över Berlin, men de sovjetiska artilleristerna avfyrade hela 40 000 ton granater mot staden på knappt ett par veckor.[23]

Samma dag fortsatte Konjevs båda pansararméer att rycka fram med mycket stor hastighet och mötte bara svagt tyskt motstånd. På kvällen nådde Rybalkos 3. gardespansararmé Teltowkanalen i Berlins södra förorter efter en dagsmarsch på uppåt 35 kilometer. På norra stranden hade de tyska trupperna dock upprättat ett kraftigt försvar för att hindra fienden från att tränga in i staden från det hållet.

Väster om Berlin var det fortfarande 40 kilometer som skilde spetsarna på den sovjetiska kniptången åt.

DÄRMED HADE BERLIN blivit en frontstad på allvar och första numret av Berlins fronttidning *Der Panzerbär* (Pansarbjörnen) delades ut till berlinarna den 22 april. Tidningens logotyp bestod av björnen i Berlins stadsvapen, bärande på en spade och en pansarnäve.

”Ert elddop har kommit”, proklamerade Goebbels på första sidan som också visade ett fotografi på honom tillsammans med stadens militäre kommendant, generallöjtnant Reymann. Bildtexten löd: ”Dessa båda män är fast beslutna att inte ge upp rikshuvudstaden under några omständigheter. Deras ord gäller för alla!”[24] Men vid det laget hade Reymann redan avsatts på Goebbels inrådan eftersom han inte var tillräckligt fanatisk.

Vad Reymann saknade i ideologisk övertygelse ägde hans efterträdare övermåttan av. Överste Kaether var en fanatisk nazist som bara hade fört befäl över ett regemente i fält och därefter varit chef för generalstabens avdelning för nazistisk indoktrinering. Hastigt och lustigt hoppade han över en tjänstegrad och utnämndes direkt till generallöjtnant men hans verksamhet ”inskränkte sig till att snarast möjligt meddela alla partipampar om sin utnämning och utstråla optimism. Arbetet överlät han åt sin stab.”[25] Det var under Kaethers timmar som kommendant som general Busse teoretiskt var ansvarig för försvaret av Berlin. Efter inte fullt två dygn blev Kaether sårad och måste ersättas av en annan man – ett beslut som också blev ödesdigert för 9. armén.

MÅNDAGEN DEN 23 april återstod bara en 25 kilometer bred lucka innan ringen runt Berlin var helt stängd. Berlins centrum spärrades av helt för civil trafik och vakter släppte inte fram någon utan tillstånd över broarna, som förbereddes för sprängning. Rykten om mirakelvapen och undsättningsarméer florerade i staden. Avsiktligt lät Goebbels offentliggöra nyheten om att general Wencks armé marscherade från Elbe för att rädda Berlin – och för att öka trovärdigheten kamouflerades nyheten som ett upprop till Wencks soldater som ”av misstag” spreds över Berlin i form av ett flygblad. Enda effekten var att Berlinborna ingavs falska förhoppningar samtidigt som fienden alarmerades.

Under tiden pågick repressalierna mot soldater och civila som inte ville hjälpa till att försvara den dödsdömda regimen för fullt. Militärpolis och SS genomsökte källare och skyddsrum efter soldater som hade smitit från sina förband och bytt om till civila kläder. Allt som i deras ögon luktade förräderi straffades med döden. På Friedrichstrasse såg fänrik Rein en officer och en sergeant som blivit hängda i järngallret framför ett butiksfönster. Båda bar skyltar med texten: "Jag hängdes därför att jag misslyckades att hålla min stormkanon stridsklar så som Führern befallt."[26]

Vid Schönebergs S-Bahnstation såg journalisten Theo Findahl en hängd bagare dingla från en lyktstolpe och på plakatet som placerats på hans bröstkorg stod det att han avrättats för att han varit för feg för att försvara hustru och barn. Findahl tyckte att mannen hade "ett underligt överlägset, trotsigt ansiktsuttryck, det är som om han ännu i döden ville förkunna: Jag har i alla fall haft rätt!"[27]

En pansarsoldat som fångades när han försökte desertera till ryssarna i en annan ruin bara fem meter bort fick utan vidare ett nådaskott av en officer, mindes signalisten Hans-Joachim Eilhardt som också upplevde hur civila hängdes av de fruktade patrullerna.[28]

Sönderfallet och det växande kaoset gjorde det emellertid omöjligt för de flygande ståndrätterna och SS att upprätthålla ordningen överallt. Affärer plundrades, människor bar ut allt de kunde från varuhuset Karstadt innan SS sprängde det i luften.

Budskapet om Berlins ointaglighet trumpetades ut trots att alla Berlinbor kunde märka hur oväsendet från gatustriderna växte i styrka. I *Der Panzerbär* kunde man läsa att Berlins försvar "är anlagt i cirkelform. Man har räknat med försök till överraskande genombrytningar, med gradvis frontal framryckning på bred front och med luftlandsättningar. Fienden kan därför inte bryta sig in i Storberlin i dess helhet, han har ingen 'kittel' framför sig utan stöter överallt mot ett jättepiggsvins taggar."[29]

Signalisten Hans Joachim Eilhardt plockade upp ett av de flygblad som ryska flygplan hade släppt ned över dem och där den hopplösa situationen för de tyska trupperna skildrades utförligt. Flygbladen gällde som "passersedel" genom de ryska linjerna, stod det avslutningsvis. För att inte "riskera" truppernas stridsmoral samlade underofficerare in alla flygblad. Eilhardt skrev efteråt: "Som om man kunde hemlighålla den hopplösa situa-

Ryska trupper i närheten av Nauen väster om Berlin. Ringen omkring den tyska huvudstaden hade därmed slutits.

tionen för oss på det sättet! Man måste ha betraktat de meniga som mycket enfaldiga och stupida!"[30]

RESTER AV DE tyska enheter som hade överlevt slaget om Seelowhöjderna strömmade in i de östra delarna av Berlin. Det handlade om LVI. pansarkåren som skickade sina kolonner söderut genom staden till de sydöstra förorterna, där de hoppades få kontakt med 9. armén igen. Inte alla soldater uppfattade detta som en välordnad militär förflyttning. Hans-Joachim Eilhardt i pansardivisionen "Müncheberg" mindes att reträtten in i Berlin skedde i "vild panikstämning".[31] Fänrik Albert Fritz, ordonnans i "Münchebergs" stab, erinrade sig att granaterna haglade runt dem när de retirerade in i Berlin och att de "körde utav bara helsicke".[32] Stridsvagnar, stormkanoner, lastbilar och stabsfordon rullade genom gatorna förbi nyfikna och oroliga civila. Detta var de sorgliga resterna av 18. och 20. pansargrenadjärdivisionerna, SS-divisionen "Nordland", pansardivisionen "Müncheberg" och 9. fallskärmsjägardivisionen, vilka bara hade en bråkdel av sin styrka kvar. Sannolikt bestod hela kåren av knappt 20 000 man med något mer än en handfull stridsvagnar. "Müncheberg" hade till exempel bara några hundra man kvar i sina led.

Fänrik Rein ur 9. fallskärmsjägardivisionen mindes senare hur de rullade in i staden via Neukölln med fienden hack i häl. Och det var först när han fick befälet över två luftvärnsdetachement som hade förlorat alla sina kanoner, som han begrep hur stora förlusterna varit under striderna mellan Oder och Berlin. På pappret skulle han ha kommenderat 80 man, men det återstod bara 20.[33]

Löjtnant Alfred Hirsch ur samma division såg Berlinkvinnorna som köade utanför affärerna under den pågående artilleribeskjutningen. Många av dem hade sina barn med sig och de vägrade att lämna sin plats i kön även om granaterna slog ned alldeles i närheten. På gatan låg döda kvinnor och barn som ingen verkade ta notis om. Fänrik Hans Jansen från samma division fann att vägen blockerades av civila bilar, flyktingar och boskap. Med höjd pistol tvingades han och en annan plutonchef att bana väg för arméfordonen genom kaoset. Både hot och övertalning krävdes för att flyktingarna skulle bereda plats för dem. När kolonnen äntligen tagit sig igenom stockningen drog de båda officerarna en lättnadens suck, men upptäckte i nästa ögonblick att kolonnen fortsatte rulla nedför gatan och de måste springa som galningar för att hinna ifatt den.

Jansen hade hört rykten från de högre officerarna att det avtalats om eldupphör med de västallierade som skulle tillåta tyskarna att fortsätta slåss mot ryssarna. De hade fått höra att de skulle åka till södra sidan av staden för att hålla vägen till Bayern öppen. Men vad Jansen trodde bara var en genväg genom Berlins utkanter blev något helt annat för de hårt prövade soldaterna.

Under striderna i Berlins ytterområden hade Gerard Tillery kommit ifrån sin kamrat Karl Meinhardt och hade sprungit flera kilometer mot väster medan hans larmkompani blivit överflyglat av ryssarna. Vid en banvall stötte han på en trafikstockning av militärfordon på flykt västerut och chefen för en pansarvärnsvagn, en liten snabb Hetzer, gav honom tillåtelse att åka med. Tillery tackade ja. Hans egen division hade ju i praktiken upphört att existera. Tillery hann knappt sätta sig förrän han somnade. Under den senaste veckan hade han gått eller sprungit över 100 kilometer, sovit mycket lite och knappt ätit någonting.

Efter några timmars krypkörning lossnade trafikstockningen och pansarvagnen parkerades framför ett hus varefter hela besättningen gick in och lade sig på ett golv och sov långt in på förmiddagen nästa dag.

> Under natten hade det varit väldigt mörkt. Av staden hade vi inte sett mycket alls. Men när jag sedan kom ut i det fria blev jag överraskad: vi befann oss mitt i Berlin, på en affärsgata. Flervåningshus överallt runtomkring oss. Från alla håll bestormades vi med frågor av civilbefolkningen. Strömförsörjningen hade upphört. De galnaste rykten cirkulerade i staden men ingen visste något. Det myllrade som i en myrstack.
>
> Ryssarna hade ryckt fram förbi Berlin. Många försökte ta sig ut ur Berlin. Jag tänkte inte på det: Jag kände mig riktigt trygg. Jag såg vilka vapen som fanns där, att det fortfarande fanns livsmedel som skulle räcka i flera månader. Att Berlin skulle falla redan efter tio dagar anade jag i varje fall inte.[34]

För de soldater som strömmade in i Berlin från slagfältet vid Seelow skulle staden bli mer än en tillfällig bekantskap. På kvällen den 23 april utnämndes LVI. pansarkårens chef, general Helmut Weidling, till Berlins kommendant. I fortsättningen var han den ende mannen som stod mellan soldaterna och Führern som helt tappat kontakten med verkligheten och förberedde sig för att ta så många som möjligt med sig i undergången. Pansarkårens trupper skulle tvingas till det som Busse och Weidling absolut velat undvika: Att slåss till slutet bland Berlins ruiner. En stor del av Busses soldater som överlevt nederlaget vid Seelowhöjderna blev följaktligen ryggraden i stadens garnison.

Och de bittra gatustriderna hade bara börjat.

PÅ MORGONEN DEN 24 april inledde marskalk Konjev sin stora inbrytning i Berlin när han lät Rybalkos 3. gardespansararmé och trupper ur 28. armén korsa den välförsvarade Teltowkanalen söder om staden.

Chefen för 55. gardespansarbrigaden, Dragunskij, hade aldrig sett något liknande. Gryningen försvann bokstavligt talat i det största artilleribombardemang han skådat.

”Det är en härlig konsert!” vrålade brigadens kommissarie Dimitrijev i hans öra när de tryckte sig mot marken.[35]

Klockan 6.20 hade artilleriet inlett beskjutningen som skulle vara i 55 minuter mot fienden på norra sidan av Teltowkanalen som spärrade Första ukrainska frontens väg in i Berlin. Nästan 3 000 artilleripjäser hade marskalk Konjev samlat på det 4,5 kilometer breda genombrottsavsnittet, vilket innebar 650 eldrör per frontkilometer. En sådan väldig artillerikoncentration på en enda plats hade inte ens existerat vid inledningen av slaget om Seelowhöjderna.[36]

Tryckvågen från bombardemanget pressade Dragunskij och de andra rödarmisterna mot marken. Att ha förberett något sådant på bara två dagar var en fantastisk insats av frontens ledning, ansåg översten. ”Kanalens norra strand och Berlins södra utkant stod i lågor. Hus och försvarsanläggningar förvandlades till grus och aska, tjocka rökmoln steg upp. Den plågade och vanställda jorden stönade.”[37]

Tiden var inne att påbörja stormningen och Dragunskij vände sig till stabschefen som låg bredvid:

”Ge ordern!” Han kände inte igen sin egen röst.

Stabschefen Sjalunov gav anfallssignalen till en signalist:

”Hök! Volga! Stoppur! Framåt, framåt!”

Gröna spårljus steg mot himlen och skyttesoldaterna, ingenjörssoldaterna och spaningssoldaterna lämnade sina skydd och satte full fart mot kanalen. Ingenjörssoldaterna tog ledningen, kånkande på stormbåtar och flottar. Hack i häl på dem följde landstigningsgrupperna som skulle ta sig över den breda kanalen på flytetygen. Andra ingenjörssoldater arbetade redan på att reparera den svårt skadade men inte helt kollapsade vägbron som fanns i Dragunskijs sektor. Brigadens ingenjörschef, major Bystrov, ledde personligen arbetet på bron och en stund senare nåddes Dragunskij av en ordonnans från Bystrov som meddelade att bron snart skulle hålla för de lätta stormkanonerna.

Hela Rybalkos armé och en kår ur 28. armén gick över kanalen på tolv kilometers bredd, ett avsnitt som enligt ryska – förmodligen överdrivna – uppgifter försvarades av 15 000 tyska soldater med 250 artilleripjäser och granatkastare. Rödarmisterna som korsade kanalen i småbåtar upprättade flera små brohuvuden på motsatta stranden. När det ljusnade såg Dragunskij grupperna av soldater avteckna sig som mörka punkter vilka ryckte fram i korta ruscher i den hårda fientliga elden. På de flesta håll gick övergången bra, trots häftiga motanfall från försvararna.

Översten fick rapporter från grannavsnitten där 22. och 23. motoriserade skyttebrigaderna kunnat korsa kanalen med betydligt mindre svårigheter. De hade inga tunga stridsvagnar att föra över och ”kunde i värsta fall simma de 40 metrarna”, ansåg han.[38] Men för hans egen brigad gick det trögare. En enda bataljon skyttesoldater utrustade med automatvapen skulle först ta så mycket terräng som möjligt på andra stranden innan pansarförbanden kunde skickas över, men översten var medveten om hur svaga och utsatta landstigningstrupperna var i detta ögonblick. Om fienden gjorde ett starkt och beslutsamt motanfall skulle de lätt kunna utplånas. Stridsvagnarna gav eldunderstöd så gott det gick från södra stranden och väntade otåligt på att broarna skulle bli färdiga.

Situationen ljusnade när två artilleribrigader började ge eldunderstöd åt hans trängda trupper. Snart gav major Bystrov klartecken att den reparerade bron kunde användas igen, men bara av lätta fordon. Genast skickades ett granatkastarbatteri och ett artilleribatteri över till andra sidan för att ge understöd, men soldaterna som höll brohuvudet utsattes för hård press av de tyska trupperna och bataljonschefen Staruchin bönade och bad om mer understöd. Då rullade några stormkanoner över bron. Om Dragunskijs stormkanonregemente kunde föras över till andra sidan och stöta fram tre–fyra kilometer kunde resten av pontonbroarna byggas i lugn och ro.

Men fiendens artillerield tilltog och koncentrerades mot bron, som snart rasade samman och tog med sig två stormkanoner i raset. Bara tre stormkanoner hade kommit över intakta och snart hade även dessa skjutits sönder av fienden. De hårda striderna fortsatte ytterligare några timmar men Dragunskijs trupper lyckades nätt och jämt klamra sig fast vid sitt lilla brohuvud. Hos hans högra granne var det lika tufft, men för 22. och 23. motoriserade skyttebrigaderna i centern hade övergången gått smidigare. Sent på eftermiddagen hade en bro byggts där, på vilken hela kåren, även Dragunskijs brigad, kunde rulla över.

Porten till Berlin stod vidöppen.

SAMMA DAG FICK enheter ur Första vitryska och Första ukrainska fronterna kontakt med varandra i Berlinområdet och mitt under de hårda striderna upplevde löjtnant ”Vovka” Rozanov från Första vitryska fronten ett högst oväntat återseende:

> Jag var tillsammans med mitt batteri och infanteriet kunde inte rycka fram. Vi blev ombedda att ge eld 10–15 minuter. Min far tillhörde Första ukrainska frontens pansararmé [av allt att döma menade Rozanov 3. gardespansararmén] och det hade inte kommit fram några brev från honom till min mor på väldigt länge; min mor förbannade honom [...] Stridsvagnarna nådde fram till genombrottsområdet och under tiden hade vi tagit oss till en liten innergård där signal- och spaningstrupperna satte upp radioapparaterna. Jag bar en kamouflagejacka och plötsligt såg jag en bekant figur. Det var min far som bar pansartruppernas svarta overall. Jag kunde ha misstagit mig, men han satt och rökte. Han reste sig och gick sedan ned i källaren. Det var då jag såg profilen; det var min far.[39]

Efter att hans far inte gett några livstecken ifrån sig på över tre år var det självfallet svårt att finna de rätta orden. ”Allt jag sade var naturligtvis ’Pappa’. Vi var generade.” De kysste varandra och bytte mössor med varandra. Efter en halvtimme klev hans far in i en stridsvagn och återvände till sin enhet.”[40]

Under natten bröt Rybalkos trupper igenom till Berlins andra försvarsring medan en del av Leljusjenkos pansar trängde in i Potsdam.

SIGNALISTEN FRITZ RUDOLF Averdieck och hans kamrat letade efter nålen i höstacken.

De vandrade och liftade tvärs igenom hela Berlin på jakt efter sitt eget regemente, som hade råkat åka ifrån dem under en paus i de östra förorterna. Och att vara akterseglad soldat under Tredje rikets sista veckor innebar att vara helt utlämnad åt omgivningens godtycke – i bästa fall kunde de bli uppsnappade av första bästa förband som behövde mer folk, i sämsta kunde de anklagas för att vara desertörer och bli avrättade på stående fot. Med ”viss svårighet” hade de emellertid tillåtits slå följde med ett kompani ingenjörssoldater från sin egen division som marscherade tvärs igenom staden, vilket skyddade dem från vägspärrar och SS-patruller.

Enda ledtråden de hade var ryktet att det egna regementets tross skulle befinna sig i Döberitz, det stora militära övningsfältet strax väster om Berlin. När ingenjörskompaniet gjorde halt vid radiotornet, Funkturm, i västra Berlin hade Averdieck lyckats förmå kompanichefen att utfärda en skriftlig marschorder till Döberitz för de båda signalisterna.

På den breda Heerstrasse vandrade de sedan ut ur Berlin med stridslarmet i ryggen. Alldeles innan Döberitz mötte de dock en motorcykelburen officer från sitt eget regemente som sade till dem att gå mot Olympiastadion, för där skulle deras egen pansarvagn befinna sig. Efter att ha gått en bit i riktning mot stadion möttes de av sin egen pansarvagn och hoppade överlyckliga ombord, bara för att finna att det var mycket ont om sittplatser. Fordonet var fullt av "kvinnor, sjuksköterskor, kvinnliga arbetare och sårade liksom besättningen och regementsstaben". De rullade tillbaka in mot Berlins centrum men fann att vägspärrarna redan stängts och förseglats i Spandau samt att ryska stridsvagnar nyss varit där och skjutit en rad arméfordon i brand. Då vände de tillbaka för att leta efter en annan väg in till staden.

> Rökpelare runtomkring oss visade på ett ungefär var fronten befann sig. Genom att använda småvägar nådde vi fram till trakten av Potsdam som redan var omringat av ryssarna. Flera gånger var vi tvungna att ta omvägar och ofta öppna pansarhinder för att komma fram. Slutligen insåg vi att Berlin hade blivit omringat och att vi måste riskera en utbrytning.
>
> I närheten av Ketzin, nordväst om Potsdam, verkade sjöarna och broarna erbjuda det gynnsammaste tillfället för vårt syfte och vi sammanstrålade med flera stormkanoner ur vår egen pansarbataljon. Vi gjorde fordonen redo för strid och monterade kulsprutor och automatkarbiner på halvbandvagnen. Sedan dundrade vi in i Ketzin. Fiendens infanteri brydde sig inte om oss, endast en stridsvagn försökte träffa oss men dess granat träffade en byggnad 30 meter bakom oss. Lite längre västerut råkade vi på SS-trupper som hade gått i försvarsställning; vi hade brutit oss ut ur Berlinfickan. Vi mötte flera enheter från divisionen på vår väg, inklusive vår hästdragna tross.[41]

Onsdagen den 25 april klövs Tredje riket i två delar när ryska och amerikanska trupper möttes vid Torgau vid Elbe. Samma dag slöts också den sovjetiska ringen runt Berlin då trupper ur Första vitryska och Första ukrainska fronten möttes just vid den lilla staden Ketzin. Averdieck hade kommit ut ur Berlin strax före eller efter att den här fällan hade slagit igen. Bara ett fåtal av de soldater som hade överlevt slaget om Seelowhöjderna och därefter hamnat i häxkitteln Berlin lyckades komma ut helskinnade på det här sättet.

KAPITEL 16

# Slutstriden om Berlin

25 APRIL–2 MAJ 1945

I ETT IDYLLISKT koloniområde någonstans i västra Berlin hade Gerhard Tillery och pansarbesättningen kunnat vila ut en hel dag i det ljuvliga vårvädret medan stridsvagnsmekanikerna reparerade och rengjorde pansarvärnsvagnen åt dem. Numera var Tillery vagnchefen löjtnant Lorenz ende pansargrenadjär, sedan de båda andra dödats efter att en salva katjusjaraketer fått en husfasad att rasa ned över vagnen. Själv hade Tillery undkommit med blotta förskräckelsen genom att kasta sig in i en annan husruin, men vagnen behövde en översyn.

> Det var ett härligt vårväder, överallt grönskade det, fruktträden blommade. Vi kopplade av på en trevlig kolonilott, kunde sova ostört och tvätta oss riktigt igen i lugn och ro. Här märkte vi inte heller någonting av ryssarna, ingen artillerield trakasserade oss. Tyvärr åkte vi till fronten igen nästa dag.
>
> Under tiden hade ryssarna slutit ringen omkring Berlin helt och hållet. Vi hade inte längre några förbindelser västerut. Från och med nu sköt ryssarna mot staden med alla kalibrar. Men inte nog med det, de kom också med flygplan som fällde sina välsignelser över oss. Enbart med risk för sitt liv kunde man vistas på gatorna. Överallt brann hus och bilar och allestädes låg stupade soldater. Vattenledningarna var inte längre intakta; därför måste befolkningen stå i kö i flera timmar vid de få brunnarna. Och gång efter annan slog granater ned bland dessa kvinnor och barn.[1]

Efter att ringen runt Berlin hade slutits den 25 april började de koncentriska anfallen av flera sovjetiska arméer mot stadskärnan. Det hade tagit åtta dagar att fullborda inneslutningen och gatustriderna skulle pågå i sju dagar innan staden kapitulerade. Striderna i Berlin var dock mindre ett

”slag” och mer en blodig upprensningsaktion, med tanke på att slaget om Berlin redan hade avgjorts utanför staden.

Ryssarna trodde att stadens garnison bestod av över 300 000 soldater understödda av 3 000 artilleripjäser och granatkastare samt 250 stridsvagnar. Det var dock grovt missvisande. I själva verket bestod garnisonen sannolikt av färre än 90 000 man, inklusive cirka 20 000 man ur LVI. pansarkåren med färre än 100 stridsvagnar.[2]

Förmodligen insåg den ryska underrättelsetjänsten snabbt sitt misstag, men man valde att behålla de högre siffrorna i den officiella historieskrivningen eftersom de gjorde segern ännu större.

Röda armén satte å sin sida in sammanlagt 464 000 man med 12 700 artilleripjäser och granatkastare, nästan 2 100 katjusjor och 1 500 pansarfordon för att erövra staden.[3] Det var med andra ord en väldig numerär övermakt som marskalkarna Zjukov och Konjev kastade in, men även om motståndarna var färre till antalet och av skiftande kvalitet var uppgiften långt ifrån lätt på grund av den mardrömslika stadsterrängen rödarmisterna måste slåss i. Antalet gömställen där försvararna kunde lägga sig i bakhåll var helt enkelt oändligt, och de ryska befälhavarna väntade sig inget mindre än samma sega försvar som de själva bjudit tyskarna på i Stalingrad.

Liksom de flesta rödarmister tycks överste Kalasjnik, kommissarien i 47. armén, ha förväntat sig att möta de mest fanatiska tyska trupperna i Berlin och han utgick från att folkstormssoldaterna var de mest rabiata av allihop, eftersom han hade intrycket att de tyska män som till stor del gick ut i kriget i sina civila kläder måste tillhöra nazisternas trognaste anhängare. Men efter att ha förhört åtskilliga krigsfångar via tolk tvingades han ändra åsikt. Förvisso beskrev sig en del av folkstormsmännen fortfarande som ”Führerns soldater”, men de flesta av dem var långt ifrån begeistrade och uppgav att de hade blivit tvingade att ansluta sig. ”Man har lurat oss”, hörde han många gånger tyska krigsfångar och civila klaga. ”Hitler och hans klick är usla blodhundar. De är huvudskyldiga till vårt elände.”[4]

Även kapten Stefan Doernberg i 8. gardesarmén konstaterade att de flesta civila tyskar han mötte i Berlin hellre ville se sig själva som offer, än att ägna sig åt självrannsakan. Han konstaterade att inför det totala tyska nederlaget kände de ”den egna vanmakten. Människorna såg sig utlämnade åt segrarnas nåd, men väntade sig inte att få någon. Rädslan för vedergällning dominerade, även om knappast någon vågade formulera det på det sättet."[5] Åtskilliga tycktes ha känt till eller anat de nazistiska brotten på ena eller andra sättet, menade han, och föga förvånande vågade ingen försvara den nationalsocialistiska läran i diskussioner med den röde officeren. Nederlaget hade en förkrossande inverkan på människorna, noterade han:

> Resterna av en nationalstolthet hade ersatts av en underdånighet som gränsade till ovärdighet, raka motsatsen till "herremänniskornas" förmätenhet som hade inympats ända till slutet. Dessutom utgav sig många för att vara kommunister eller socialdemokrater, även om de aldrig hade varit det. För det mesta kände de inte ens till namnen på sina ledare eller kommunistpartiets eller socialdemokratiska partiets emblem. Ingen erkände sig ha varit "Parteigenosse", medlem av nazistpartiet, eller ens av någon av dess grenar, inte ens vilseförd väljare under åren 1932–33. Mänskligt var det förståeligt, men det väckte bara ännu större misstro.[6]

Hur Tysklands framtid tedde sig varierade kraftigt beroende på vem som fick frågan, men en sak upprepades nästan som ett mantra av nästan alla som Doernberg pratade med: "Hellre en ände med förskräckelse än förskräckelse utan ände."[7]

Och ett förskräckligt slut blev det för de flesta Berlinbor.

FÖR FALLSKÄRMSJÄGAROFFICEREN HANS Jansen var gatustriderna en ytterst förvirrande upplevelse. Hans luftvärnsbatteri kastades hit och dit i staden för att gå i ställning på vissa gator, men han såg inte skymten av någon rysk soldat.

Någon information om hur det egna försvaret såg ut fanns inte att få tag på någonstans. Jansen var inte berlinare och hade bara fått en karta i skala 1:100 000. Och det existerade inga uppgifter om stridssektorernas indelning eller var pansarspärrarna låg. Jansen manövrerade sina kanoner genom de ruinfyllda gatorna och krånglade sig förbi pansarspärrar till försvarsställningar som han bara hade en vag idé om. Hela tiden hamnade han i diskussioner med kaptener som hade fått order att inte släppa fram några trupper genom sitt avsnitt, men till slut lät de honom fortsätta efter att han ihärdigt upprepat att han bara tog order från sin egen division.

Ännu värre orienteringssvårigheter hade den lettiske SS-soldaten August Birks, som tillhörde en lettisk bataljon som hade skickats in i staden. August talade knappt någon tyska och hade ingen aning om var han befann sig i ruinlandskapet. Men letterna försvarade sig med en ursinnighet som bara de som förlorat allt kan uppbåda. Lettland var sedan länge ockuperat av ryssarna och de slogs numera bara för ett annat lands förlorade sak.

> Man såg inte gatorna, man såg ingenting för all eld och rök. Det brann överallt och det gick inte att skilja dag från natt. Vi bara sköt och sköt. Vi gav eld åt det håll där vi förmodade att fienden fanns och vi utgick från att våra egna fanns bakom ryggen på oss. När ens magasin var tomt plockade man bara upp ett nytt vapen från marken och fortsatte att skjuta.
>
> Det är svårt att beskriva skräcken när hundratals katsjusjor skjuter mot en. Ryssarna ställde upp sina kanoner på gatorna och bara bankade in granat efter granat. De behövde inte ens sikta och de hade hur mycket ammunition som helst.[8]

Signalisten Averdieck och otaliga andra soldater och flyktingar hade kommit ut ur västra Berlin i sista ögonblicket via Heerstrasse som var Öst–Väst-axelns förlängning mot väster rak ut ur staden. Heerstrasse som skar rakt igenom Charlottenburg och Spandau var därmed den viktigaste vägen för dem som ville lämna huvudstaden. Men även denna möjlighet försvann bara något dygn senare när pansaröversten Dragunskijs stridsvagnar rullade ut på den breda gatan medan hans fotfolk började rensa upp de hårt försvarade motståndsnästena i husen och ruinerna runtomkring.

Metodiskt men under stora förluster arbetade sig hans gardespansarbrigad in mot centrum.

> Vi rensade grundligt varje hus från fiender och fortsatte först därefter att anfalla från gata till gata. Framför oss uppträdde spaningssoldaterna försiktigt, dessa följdes av kpistskyttarna på skyttelinje. Stridsvagnarna rullade i kolonn med ett avstånd på 100 meter mellan varandra. De eskorterades av stormgrupper och artilleripjäser. Var och en var beredd att ge understöd åt sin granne.[9]

Även Dragunskij och hans närmaste officerare tog sig hela tiden fram till fots, eskorterade av ett antal soldater. Brigaden hade redan blivit illa tilltygad och för att få loss mer infanteri som kunde skydda det återstående pansaret tvingades han använda besättningar vilka förlorat sina stridsvagnar som fotsoldater.[10] Först tog de kontrollen över Heerstrasse och därefter trängde de in på sidogatorna. Drygt ett dygn senare var hela Heerstrasse i hans besittning.

DEN 25 APRIL korsade 8. gardesarmén Teltowkanalen och anföll Tempelhof, den viktigaste av Berlins flygplatser. På avsnittet där Abyzovs kompani gick över kanalen på en intakt bro möttes de bara av sporadisk fientlig eld. Men deras nye kompanichef, Jonov, som kommit till dem några dagar tidigare, valde icke desto mindre att hålla sig i bakgrunden och anslöt sig inte till kompaniet förrän det kommit över välbehållet till andra sidan. Soldaternas dom blev hård: ”En angivare och ynkrygg”, kallades han bakom ryggen.

När han tog över kompaniet hade han sagt: ”Med sådana krigare som ni blir jag snart en hjälte.”

”Det får vi se”, hade någon skeptiskt mumlat.[11]

Kort tid därpå dödades den illa omtyckte Jonov när han sprang ned i en källare som råkade vara full av tyska soldater.

Om övergången av kanalen var relativt enkel blev striderna om flygplatsen Tempelhof desto svårare. Fältet skyddades av ett starkt försvar, framför allt bestående av pansardivisionen ”Müncheberg”. När rödarmisterna stod i begrepp att erövra Berlin hade någon sagt att de inte behövde fältspadarna i storstaden. Det fick Abyzov och hans kamrater anledning att ångra:

> Vi låg på ena sidan av startbanan, på den andra befann sig nedgrävda tyska stridsvagnar. De gav eld med spränggranater. Dessa slog med dunder och brak ned framför och bakom våra kedjor av skyttesoldater. Vi grävde ned oss i marken med knivar, händer och naglar – varför hade vi kastat bort spadarna?[12]

Men den tyska pansardivisionen utsattes i sin tur för ett så kraftigt bombardemang att den måste dra sig tillbaka nästa dag. Då hade Hans-Joachim Eilhardt och de andra signalisterna passat på att fylla bränsletankarna med flygbensin och blanda ut den med olja för att den skulle fungera i bilarnas motorer. Det var sista gången divisionens fordon rullade med full tank.[13]

GATUSTRIDERNA RASADE OCKSÅ utanför den lilla flickan Inge Jenssons fönster i deras nya tillflyktsort i södra Berlin:

> I egenskap av utbombade hade vi fått en lägenhet i Steglitz. En nazipamp hade flyttat från Berlin och vi fick hyra den bostaden. Där stod fina möbler kvar, ett stort piano och tavlor med stilleben. Det fanns till och med sängkläder kvar, men vi måste vara försiktiga. Sakerna var ju inte våra. Det fanns många lediga lägenheter i Berlin vid den här tidpunkten eftersom många pampar hade gett sig av.
>
> I huset där vi flyttade in bodde det också en advokat och två läkarfamiljer. Och vi var bara utbombade som bara ägde vad vi hade på kroppen och i en liten väska. Det var nästan ingen i huset som ville tala med oss eller umgås med oss, i synnerhet inte advokaten och läkarna. De var så förnäma.
>
> Pappa var ju svårt lungsjuk, men det smittade inte, men de andra ville inte ha oss i skyddsrummet så vi fick sitta i ett vanligt källarrum med gardinprydda fönster ut mot gatan. Där stod också en stor kista och två helt nya cyklar samt tre järnsängar. Där bodde vi, för det gick inte att vara i lägenheten på fjärde våningen på grund av artillerielden och skottlossningen.
>
> Gatustriderna började nästan direkt efter att vi hade kommit till Steglitz och vi kom knappt ur källaren.
>
> Som 13-åring kände jag inte faran. Man betedde sig så lättsinnigt som barn. Framför huset gick en stor allé och på andra sidan låg en livsmedelsaffär och slaktarens butik. I Steglitz sköt tyskarna mot ryssarna i Lankow och vi bodde i ingenmansland. Kulorna och granaterna visslade förbi oss längs allén. Längre bort hade tyskarna ställt upp spårvagnar som vägspärrar för att hejda ryska stridsvagnar. Gatan var livsfarlig att beträda. Handlaren ropade från sin sida av gatan att han hade ett helt fat smör samt socker och mjöl som han ville dela ut innan ryssarna kom. Han ville inte skänka varorna åt dem. Han rullade iväg smörfatet över vägen mot oss men det stannade mot trottoarkanten, för det kunde ju inte rulla över den. De breda trottoarerna gjorde att båda sidor, tyska och ryska soldater, hade full insyn, men någon måste hämta maten. Jag sprang därför över

till andra sidan av gatan för att hämta mjölet och sockret. Sedan väntade jag tills det blev mörkare innan jag sprang tillbaka och då tog jag med mig smörtunnan också.

När vi kom upp ur källaren i stridspauserna kunde man se döda soldater överallt och skadade eller döda hästar. Människor gick där och hämtade hästkött. Slaktaren hade slaktat allt och gjort korvsoppa. Han ropade och jag sprang över för att hämta denna *wurstsuppe* i min kanna. Sedan stod vi i kö framför slakteributiken, alla människor från kvarteren runtomkring, tre i bredd. Då kom ryska flygplan och sköt, varvid de som stod längst fram sprang in i husporten. Men jag stod längre bak och bakom mig väntade en soldat. När skjutandet började slängde han sig på mig och låg över mig. Då anfallet var över kom alla fram och ställde sig i kö igen, men jag kom inte loss för soldaten låg kvar ovanpå mig. Då lyfte de andra undan soldaten och lade honom i en portuppgång. Han var död, men jag hade klarat mig. Jag vet inte om han hade räddat livet på mig eller om han hade blivit träffad och ramlat över mig. Det var första gången som ryssarna dök upp.

Jag var egentligen inte så förskräckt utom just den gången med den döde soldaten, för då blev jag chockad. Annars gick man bara förbi de döda kropparna som låg här och där på gatan. Det angick en inte. Jag tror att det är en slags skyddsmekanism.[14]

Sten Eriksson från SS-divisionen ”Nordland” brottades med valet att dö hjältedöden och viljan att överleva – och låta leva:

Vi visste att det var slut, vi befann oss på andra våningen i en fabrik, det hade varit en verkstadslokal såg det ut som. Vi var en grupp på ett tiotal soldater därinne och jag höll vakt i ena trappuppgången och såg plötsligt hur ryssarna kröp fram därnere. Jag tänkte att de vill väl också leva, jag tyckte att det var meningslöst att ta livet av dem när slutet var så nära. Det måste ha varit värre för dem, bittert att stupa nu när de var så nära segern.

Så kom de uppför trappan. Vi var på helspänn allihop och kände oss instängda. Problemet var att de också kom uppför den andra trappan. Plötsligt stod jag öga mot öga med en väldig ryss. Tänkte vad händer nu? Snart börjas det ... De sköt först och kastade en handgranat. En eldskur

> följde. Jag tror att jag än idag ser hur den där handgranaten glödde innan den exploderade. Vi slog igen en ståldörr och ryssarna sköt genom dörren. Hörde sedan hur de störtade nedför trapporna och försvann. Ingen ville bli hjälte den gången. Det var besvärligare för dem än för oss, för det var bittert att offra livet när kriget nästan var slut.[15]

Inte bara på den tyska sidan ledde det nära förestående krigsslutet till att många soldater inte längre ville ta större risker. Även på den ryska sidan stod alltså viljan att avsluta kriget så snabbt som möjligt i kontrast till risken för att bli dödad så nära inpå freden. Många rödarmister försökte vifta undan detta dilemma med sin karaktäristiska ryska fatalism: ”Man kan inte dö två dödar och den ena undgår man inte”, var till exempel ett ordspråk som cirkulerade i leden.[16] Kommissarierna bedrev också en intensiv propaganda bland soldaterna för att påskynda erövringen av Berlin.

Även högtalarpropagandan som riktades mot fienden fortsatte oavbrutet och de ryska trupperna utnyttjade dessutom krigsfångar för att bryta ned de kvarvarande tyska truppernas stridsvilja. Krigsfångar skickades genom frontlinjen för att övertyga sina landsmän att ge upp. Enbart på 47. arméns avsnitt sändes 480 tyska soldater tillbaka under Berlinoffensiven, varav 310 påstods ha återvänt med sammanlagt 9 670 kapitulerande landsmän.[17]

SJUKPERMISSION BORDE HA tett sig absurt att söka för en tysk officer mitt under slutstriden om Berlin, men kapten Max Meissner tyckte sig inte ha något val. Han hade utan resultat letat efter det försvunna transportkommandot runtom i staden vilket hade satt kännbara spår på skrivbordsofficerens fötter: ”Jag är helt utmattad av allt vandrande. Mina fötter tar kål på mig, jag behöver sjukpermission”, sade han till den militäre distriktsbefälhavare som han i stället anmälde sig hos.

”I dessa tider kan ingen få sjukpermission, min vän”, svarade officeren och Meissner bestämde sig genast för att ”ändra sina planer”. Förmodligen påminde han sig i det ögonblicket om de två soldater som han hade sett dingla i rep på Friedrichstrasse.[18]

Efter en kort paus sade befälhavaren: ”Nåväl, ni får två dagar på er att återhämta er. Kom sedan tillbaka och anmäl er i luftvärnsbunkern vid Zoo.”

Meissner gick hem till sin lägenhet och sov i ett par dagar medan striderna rasade runtomkring.[19] En annan officer som otroligt nog lyckades få ett par dagars ledigt från Ragnarök var fänrik Hans Rein som med sina 20 soldater dirigerats hit och dit och lyckats krångla sig ur den ena dåraktiga ordern efter den andra. En gång hade hans lilla trupp fått order att rensa upp ett flera kvadratkilometer stort område på ryssar och en annan att bege sig till en bunker i norra Berlin, vilken helt uppenbart redan var avskuren av fienden. Till sist hade emellertid en officer från divisionsstaben skickat honom och hans män till ett improviserat regemente inte långt från Karlstrasse där han hade mottagits med det första vänliga leendet på mycket länge: ”Jag är övertygad om att ni inte fått vila på många dagar och nätter. Inkvartera er här och koppla av medan ni väntar på vidare order”, sade en av officerarna till honom.

Rein, som knappast fått en blund i ögonen på över en vecka, tilldelades en sovplats hos ett omtänksamt äkta par på Karlstrasse som pysslade om honom i ett par dagar till dånet av artilleribeskjutningen utanför fönstret.[20]

SOM FÖRHÄXAD STIRRADE överste Dragunskij på gatuskylten. Med möda tydde han de latinska bokstäverna och översatte fel tre gånger innan han slutligen var helt säker på vad det stod: Wilhelmstrasse.

Det var ett namn han ofta hade hört talas om – adressen för Hitlers rikskansli. Gång på gång läste han skylten och började sedan skratta för sig själv. På officersutbildningen vid Frunzeakademien före kriget hade en vacker men tyrannisk lärarinna underkänt honom i tyska. ”Tror ni att era kunskaper räcker till i ett eventuellt krig mot det fascistiska Tyskland? Förhoppningsvis måste ni inte tala med fångar!” hade hon sagt till honom. Visserligen kunde han inte mycket tyska, men han hade ändå tagit sig hela vägen till Wilhelmstrasse.

Just då anade översten inte att det fanns flera gator i Berlin som bar samma namn, och detta var inte den rätta.[21]

MITT UNDER DE pågående striderna observerade Venjamin Mironov hur soldater klistrade upp plakat på husväggarna. Han stoppade ett par av dem och frågade vad de höll på med och från vilket förband de kom.

”Vi kommer från Berzarins armé. Frontens krigsråd har utnämnt vår armébefälhavare till Berlins stadskommendant. Där hänger ordern om att den sovjetiska stadskommendanturen temporärt tar över alla maktbefogenheter."

"Utmärkt. Berlin har ännu inte erövrats riktigt, men Berzarin tar redan tyglarna i ett fast grepp", utbrast Mironov.[22]

Den 24 april hade Berzarin utnämnts till stadskommendant eftersom hans armé varit först att tränga in i Berlin tre dagar tidigare. Det innebar en gigantisk uppgift att sörja för befolkningens väl och se till att viktiga samhällsfunktioner kom igång igen samtidigt som striderna ännu inte avslutats. Så kom det sig att Berlins invånare inte bara drabbades av plundringar och våldtäkter, utan även hälsades med soppkök på många håll.

Torsdagen den 26 april lyckades de första sovjetiska trupperna bryta igenom den andra försvarsringen som löpte utmed *S-Bahns* banvall. Vid middagstid erövrade Tjujkovs trupper Tempelhofflygfältet.

I LUFTSKYDDSBUNKERN I Spandau lutade sig Ursula Grossers granne, fru Gotsch, fram och viskade till henne: "Ursel, därute är helvetet på jorden."

Ursula trodde att hon var den ende i bunkern som ännu hade förståndet i behåll. Hennes mor fick hindras från att gå ut och kasta sig i floden Havel. Ursula gick runt och försäkrade alla att de var i livet och att materiella ting inte spelade så stor roll. Familjen Grossers hus hade också blivit en ruinhög, berättade grannar som kommit ned i skyddsrummet senare.

Luftskyddsvakten vinkade till sig henne och talade om att alla måste ut eftersom trevåningshuset hade rasat samman ovanpå skyddsrummets tak. Den glödande askan gjorde taket hetare och hetare och vakten visste inte om det skulle stå pall för påfrestningen. Lugnt och sansat lade Ursula fram saken för människorna i bunkern för att inte skapa panik. De måste ta sig till den stora bunkern vid Charlottenbron. Inga invändningar hördes, alla var tysta. Bara barnen grät.

Alla tog på stålhjälmar och gasmasker och gjorde sig redo för evakueringen. Från gatan kändes dova malande vibrationer och för säkerhets skull högg luftskyddsvakten upp nödutgången som vette åt andra hållet. Äldre män sade att vibrationerna kom från stridsvagnar som rasslade förbi, men ingen visste om det var vän eller fiende. När vakten brutit igenom nödmuren (det perforerade området i brandmuren) fyllde tjock stickande rök hela källaren. Vakten puttade ut Ursula genom hålet.

Ute på gatan fastnade hon i en förvriden järnstolpe bland bråten och kom inte loss. Det gick knappt att se någonting på grund av den kväljande röken men snart såg hon konturerna av en soldat. Hon ropade på hjälp och en annan figur hoppade fram, som också bar gasmask.

Hennes hjärta stannade nästan när hon såg hans ögon. Det var en mongolisk soldat, den sort som tyskar skulle hysa störst fruktan för, enligt Goebbels propaganda. Alla sovjetiska soldater med asiatiska anletsdrag var "mongoler" för den tyska civilbefolkningen som i många år influerats av det nazistiska rastänkandet. Och Ursula trodde att hennes sista stund var kommen. Brutalt slet rödarmisten av henne gasmasken, men när han upptäckte att hon inte var en fiendesoldat hjälpte han henne loss. Sedan hängde den kortvuxne "mongolen" sitt maskingevär över axeln och tog tag runt hennes midja. I nästa sekund blev hon buren som ett paket över rykande ruiner och över gångplankorna som hade lagts ut över den öppna kloaken på gatan.

Framför ingången till den stora luftskyddsbunkern satte soldaten ned henne. Enda byggnaden som stod kvar i området. Därefter försvann han i röken, men den konfunderade och vimmelkantiga Ursula ville inte gå ned förrän hon sett vad som hänt med resten av familjen.

Bredvid henne stod en civilklädd man med en vit flagga. Flera gånger skrek han till henne att hon skulle söka skydd, men då började hon att fnittra. "Aldrig är en lång tid, en lång tid ..." sade hon högt för sig själv.

Bakom henne hade någon målat slagordet "Kapitulera? Aldrig!" på bunkerväggen.[23]

Ursula stod så nära bunkerväggen hon kunde. Mellan rökpustarna skymtade ett fasans skådespel runtomkring henne. Döda soldater, både ryssar och tyskar, hästar, civila, omkullvräkta fordon, brinnande stridsvagnar, ett avslitet huvud med hjälmen fortfarande på. Till sin stora lättnad fick hon så småningom syn på sin mor och systerdotter. En rysk soldat satte ned ett barn vid bunkeringången och höll flickan tills mamman hunnit fram.

En annan rödarmist visade Ursulas far att han kunde hålla honom i bältet medan han ledde honom över den öppna kloaken. Allihop från det evakuerade skyddsrummet hjälptes över av de ryska soldaterna. Allihop hade klarat sig. Ursula kände att hon borde ha tackat soldaten som bar henne dit, de skulle aldrig ha hittat själva eller klarat sig genom detta kaos med alla förrädiska öppningar till underjorden.

Bunkern vid Charlottenbron var byggd för 350 personer, men där trängdes förmodligen 2 500. Ursula klev över sårade som låg direkt vid ingången och hon föll genast i sömn när hon hittat ett litet skrymsle. När hon vaknade gick rödarmister runt med ficklampor och letade efter tyska soldater som gömt sig bland de civila. Ursula fruktade att de skulle ta hennes far som satt fullt synlig på en stol. De lämnade dock honom i fred, men tog med sig en rad andra män. Samtidigt plundrade de alla civila på deras ”uri”, armbandsuren.

Stridslarmet trängde igenom de tjocka betongväggarna och som i ett trollslag försvann alla ryssarna ur bunkern. En direktträff av en granat skakade hela betongkomplexet men orsakade ingen skada. ”Barnen grät hela tiden, men nu kunde jag även höra kvinnor gråta”, minns hon.

”Ryssarna spränger bunkern i luften”, yttrade någon skräckslaget.

Ursula kände hur det blev vått på armen och när en sjuksyster kom med en ficklampa upptäckte hon att det var blod, men det kom inte från henne själv. I britsen ovanför låg herr Gassel, specerihandlaren, och hans arm blödde ymnigt när han bars bort till förbandsplatsen vid bunkeringången.

”Nej, inte ni igen”, hördes ropen eka. Tyska soldater hade gjort ett framgångsrikt motanfall och drivit tillbaka ryssarna igen. Några tyska soldater gick runt i bunkern och lovade att flera regementen var på väg från Potsdam för att undsätta dem.[24]

EN ANNAN UNG kvinna i Spandau, 21-åriga Ingeburg Menz, minns också hur striderna böljade fram och tillbaka. Hon och hennes väninna upplevde några helvetiska timmar i källaren till en villa vid Havel där tyska soldater hade förskansat sig. Ryssarna anföll huset med eldkastare och stridsvagnsgranater och så småningom fanns bara källaren kvar.

> Plötsligt hade tyskarna försvunnit från vår källare och ryssarna stod framför oss. Först måste vi ut, [men] då visslade kulorna omkring öronen på oss från tyskarna, vilka bara kunde retirera 200 meter. De sköt hänsynslöst även på oss. Vi tvingades ned i källaren igen av ryssarna med kulsprutepistolerna mot ryggen. Det var två unga ryssar, de andra hade fullt upp att göra därute för att hålla ställningen. Jag minns att jag bönade och bad att de inte skulle skjuta, för de släppte inte kulsprutepistolen ur händerna ens

> under våldtäkten. Och den som svävar i en sådan dödsångest, för den är våldtäkten en oerhört kränkande händelse. Men dödsångesten var starkare. Före och även efter detta befann vi oss ständigt i akut livsfara och kunde varken tänka eller känna. Vi ville bara överleva!
>
> Det böljade hela tiden fram och tillbaka, ena gången ryssarna i källaren, andra tyskarna. Till slut återstod en löjtnant med tre äldre folkstormssoldater och två pojkar ur Hitlerjugend, varvid den ene ropade på sin mor eftersom han låg svårt sårad i vår källare och vi förband honom nödtorftigt. De äldre folkstormssoldaterna tappade nerverna, de satt och jämrade sig. Då det inte längre fanns några pansarvärnsgranater kvar började löjtnanten skjuta med pistolen på den ryska stridsvagnen som stod 100 meter bort och gav eld. Likdelarna av honom måste vi senare samla ihop med räfsa ur buskarna.[25]

Hur många våldtäkter mot tyska kvinnor som begicks av ryska soldater i Berlin är omdebatterat och kommer aldrig att kunna klarläggas med någon större säkerhet. De tyska läkare som Cornelius Ryan intervjuade för sin bok *Slutstriden* uppskattade antalet offer till mellan 20 000 och 100 000. Enligt forskarna Helke Sander och Barbara Johr rörde det sig om minst 100 000 våldtagna kvinnor.

Inge Jenson i Steglitz minns att Röda arméns ankomst drabbade hennes familj betydligt lindrigare än andra:

> Det var odramatiskt när ryssarna kom. På kvällen sköt de tyska soldaterna framför vårt fönster med granatkastare, tror jag. Vi kunde se mynningsflammorna. Sedan blev det tyst i två timmar och därefter började det igen. Pappa sade: ”Nu är det ryssar som skjuter.” Jag blev rädd. Jisses vad jag hade hört talas om ryska grymheter.
>
> Sedan kom de. Pappa satte min skolväska på min rygg, den var full med klockor, men det visste inte jag. (Pappa brukade reparera klockor. Han satt hemma och lagade klockor och det stod alltid massor av klockor hemma.) En ung rödarmist i 18-årsåldern med svinläderhandskar kom in tillsammans med en mongol med långt skägg. Han såg fruktansvärd ut.
>
> Jag hade flätor som hängde långt ned på ryggen och nu satt jag livrädd och lekte med dem. Ryssen fick tag i mig och satte mig i sitt knä. Sedan

visade han med handen att han hade många barn därhemma och att de också hade flätor.

Den unge soldaten kunde lite tyska. Han hade varit *fremdarbeiter*, utländsk slavarbetare, i en tysk fabrik men hade blivit befriad. Han frågade varför vi var ensamma och pappa som i sin tur kunde lite polska förklarade att han var sjuk, att vi var utbombade och hade blivit inkvarterade där. Då rödarmisterna gick skrev de något på ryska på dörrkarmen, vilket för mig bara var mystiska tecken. Men efter en stund återvände de med smör, kött, potatis, späck, mjöl, konserverad mat och frukt. Det hade de stulit från andra och skänkte till oss. Sedan sade de att mamma skulle laga mat åt dem och de kom med stora köttbitar och smör. Ute på gården satte vi ihop tegelstenar till eldstäder och satte grytorna ovanpå.

Senare frågade de som pratade med oss i huset hur vi klarade oss.

”Säg inget”, viskade pappa till mig. ”Vi vet inte från vem de har stulit maten.”

Vi fick också veta att ryssarna hade härjat som vandaler i skyddsrummet där de andra i huset hade tagit skydd. De hade slagit sönder, plundrat, skurit sönder fjäderkuddar, stulit mat och våldtagit kvinnor. Och de våldtog runtom i hela grannskapet, men vår källare gick de förbi. Det berodde säkert på krusidullerna som stod skrivna ovanför vår dörr, men jag vet inte vad det var.

En flicka i 17–18-årsåldern i den andra källaren hade blivit våldtagen och hon satt utanför och grät när pappa kom ut och pratade med henne. Hon fick komma in till oss och stanna där tills det hade lugnat sig.

Ryssarna tog inte ens cyklarna i vår källare! När det hade lugnat sig öppnade pappa kistan för att se vad som fanns i den. Det kunde tänkas att det fanns vapen i den och han ville inte att vi skulle utsätta oss för fara. Kistan var stor och den visade sig vara full av Napoleoncognac och de dyraste viner man kan tänka sig. Då blev pappa arg och gick till svarta börsen och sålde allt.

En gång blev ryssarna oerhört förvånade. De hade slängt potatis i en toalettstol för att skölja dem, men när de spolade försvann potatisarna. Då blev de rasande och slog sönder hela badrummet. Det hände i vårt hus.

En del kvinnor målade sig med färger i ansiktet för att lura ryssarna att de var sjuka, för att undgå att bli våldtagna. De gamla kvinnorna hade alltid långa svarta kjolar på den tiden och det kunde också hända att någon ung flicka försökte gömma sig under dem.

”Vårt” hus var ett hörnhus. Tvärgatan hette något i stil med Moschauallee och i ett hus på den gatan hade tyska soldater stått i fönstren och skjutit på ryssarna, med följd att ryssarna hade gått in och bränt ned hela huset med eldkastare. Annars hade bebyggelsen i vårt kvarter klarat sig relativt väl.[26]

I skymningen fredagen den 27 april hade Tjujkovs och Katukovs trupper nått fram till Tiergarten och Landwehrkanalen bara 400 meter från regeringskvarteren vid Wilhelmstrasse. Dessa kvarter inklusive riksdagshuset Brandenburger Tor och palatsen vid Unter den Linden avgränsades i söder av Landwehrkanalen och i norr av Spree. Här förberedde sig resterna av den tyska garnisonen för den sista striden.

Under tiden ryckte 3. och 5. stötarméerna fram mot centrum från öster och norr, medan Bogdanovs 2. gardespansararmé kämpade i Charlottenburg i västra Berlin. Konjevs trupper trängde fram norrut mot centrum i luckan mellan Tjujkovs armé i sydöst och Bogdanovs armé i väster.

Tjujkovs och Katukovs gardesförband tycktes ligga bäst till för att storma regeringskvarteren, men på grund av det hårda tyska motståndet misslyckades de med att korsa Landwehrkanalen, som låg bara några kvarter från rikskansliet. Generalöverste Tjujkov beslutade då att ge soldaterna tolv timmars paus, medan hans artilleri oavbrutet bombarderade fienden och förstärkningar fördes fram.

På grund av att ryska trupper trängde fram i tunnelbanesystemet gav Hitler order om att det skulle sättas under vatten, varvid också många civila dränktes.

På kvällen var Berlins garnison ihopträngd på en yta som var 13 kilometer lång och på flera ställen inte bredare än 1,5 kilometer i centrala Berlin – från Alexanderplatz i öster till Havel i väster. Mellan dessa ytterlighetspunkter låg regeringskvarteren och Tiergarten som fortfarande hölls av uppskattningsvis 30 000 tyska soldater med en handfull stridsvagnar och artilleripjäser.

Potsdam hade under tiden blivit helt avskuret från garnisonen i Berlin och var i sin tur helt inneslutet. Vid det laget hade Wencks ”undsättningsarmé” nått fram till Beelitz sydväst om Potsdam, 34 kilometer från Berlin. Närmare än så kom aldrig de trupper som Hitler satte sitt största hopp till.

AV ANHALTER BAHNHOF – en av Berlins största järnvägsstationer som låg granne med Wilhlemstrasse – återstod inte mycket mer än väldiga tegelhögar, förvridna stålskelett och krokiga järnvägsskenor. Gerhard Cordes var en av försvararna i denna tröstlösa röra där det var svårt att skilja vän från fiende. ”En natt i närheten av järnvägsstationen öppnade jag eld och träffade av misstag en tysk infanterist i armen. Jag sade: ’Gode Gud.’ ’Jag klandrar dig inte. Jag skulle [också] ha skjutit om jag hade sett dig.’ Han hade plötsligt kommit runt hörnet.”[27]

Gardessoldaterna Vladimir Abyzov, Kurbatov, Medvedjev och en signalist med kabeltrumma och fälttelefon hade betydligt lättare att skilja vän från fiende. Praktiskt taget alla andra skuggor som rörde sig i ruinerna tillhörde motståndaren.

Den lilla gruppen hade bitit sig fast i en av ruinhögarna på stationsområdet. Kompanichefen Kisseljov hade beordrat Abyzov och de andra soldaterna att bilda ett litet brohuvud i järnvägsbyggnaden och hålla det hela dagen tills ett större stormanfall kunde genomföras.

Med största brådska hade de skottat upp ett värn, vilket visade sig vara ganska lätt eftersom det rörde sig om håltegel. Å andra sidan skyddade teglet därför knappt mot fiendens kulor. Ruinlandskapet runtomkring dem bestod av ”en skog av före detta stödjepelare” och elledningar som hängde ned från resterna av taket. Till höger om deras position låg entrén till en tunnelbanestation, vilken vid det här laget bara var ett mörkt hål i marken. Bortom avgrundshålet låg den stora öppna platsen framför stationen.

Men de var inte ensamma. Fienden hade beskjutit dem med automateld och några salvor från granatkastare när de grävde ned sig, men de hade klarat sig helskinnade. Efter det blev det lugnt, men bara en kort stund. Kurbatov var den förste som såg dem.

”Pojkar, tyskarna!” ropade han plötsligt.

En grupp tyska soldater stormade fram ur tunnelbanehålet i ett försök att skära av dem från resten av kompaniet. Ryssarna sköt allt vad de kunde med sina kulsprutepistoler i riktning mot de tyska soldaterna som hastigt drog sig tillbaka ned i hålet igen. Kvar ovan jord lämnade de en sårad som högljutt jämrade sig.

Signalisten anropade ursinnigt de egna granatkastarna:

”27! 27! Skjut med granatkastare mot tunnelbanan! Skjut!”

Berlins tunnelbanesystem dolde många tyska försvarare och utgjorde ett särskilt bekymmer för de ryska trupperna. Här upprensning av en tunnelbanestation på Frankfurter Allee i östra Berlin.

Men innan granatkastarna hann avfyras blev den lilla gruppen beskjuten igen. En fruktansvärd knall följdes av splitter och rök. När Abyzov hämtat sig såg han Kurbatovs tomma glansiga ögon stirra på honom. Kurbatov var död, men han fick inte tid att tänka mer på det för de tyska trupperna gjorde en ny framstöt ur tunnelbanan, vilken understöddes av granatkastare. Äntligen föll de egna granaterna och det rakt på tunnelbaneområdet. I tystnaden som följde hördes bara den sårade soldatens stönanden i ingenmansland. Ett klagande som snart blev olidligt att lyssna till, men det tystnade efter att en granat hade exploderat alldeles intill honom.

I ytterligare fem–sex timmar fortsatte de tyska försöken att driva bort dem. Kulorna smattrade runt deras position och de tvingades ständigt ta betäckning för granatkastarprojektiler. Situationen var desperat och när Abyzovs egen kulsprutepistol strejkade tvingades han använda den döde Kurbatovs vapen.

Men när de egna anföll på bred front på kvällen möttes de knappt av något motstånd. De tyska försvararna hade dragit sig tillbaka. En av dessa var Gerhard Cordes vilken tillsammans med hundratals andra soldater återsamlades i luftfartsministeriets källare. Där fick de order att försvara en vägkorsning bara 400–500 meter från Hitlers bunker, vars existens han förstås inte kände till. ”Vårt jobb var att försvara rikskansliet och luftfartsministeriet”, mindes han.[28]

Grovt räknat var det nästan bara Tiergarten och regeringskvarteren som fortfarande var i tyska händer. Sten Eriksson och hans norske kamrat hade tagit sig till resterna av divisionen ”Nordland” vid tunnelbanestationen på Kochstrasse.

> Jag var ointresserad av att se mig omkring och observera, jag levde minut för minut, men av en tillfällighet lyfte jag blicken och konstaterade att vi befann oss på Kochstrasse. Det första vi såg när vi kom in på gatan var en död häst som låg där. Gatan var ganska väl bevarad, men längre bort var det ruiner där gatan gjorde en liten krök – det vet jag eftersom jag så småningom skulle ligga där och iaktta vad som hände.
>
> Vid Kochstrasses tunnelbanestation i korsningen mellan Kochstrasse och Friedrichstrasse – tunnelbanestationen ligger på Friedrichstrasse – mötte vi en stridsgrupp ur ”Nordland”. Fransmännen ur ”Charlemagne” låg på gatan intill. Den var upplöjd av bomber och oframkomlig för pansarfordon, så det var bara infanteristyrkor där. Vi anmälde oss inte utan gick bara in, vi besökte våra egna och fransmännen och såg oss omkring. Stridsmoralen verkade vara god, i synnerhet fransmännen verkade ha mycket god stridsmoral.
>
> ”Nordlands” stridsgrupp sades i huvudsak bestå av danska soldater, men jag vet inte om jag träffade några danskar, det var mest tyskar. (En norrman minns jag särskilt, jag minns honom för att när det var slut och vi skulle gå tillbaka till tunnelbanestationen blev det diskussioner och han tappade nerverna och sköt sig.)
>
> Så försökte vi göra lite goda gärningar också, för den delen. En kvinna i källaren tvärs över gatan ropade till oss och frågade om vi hade vatten. Hon skulle koka potatis, men hade inget vatten, och vi hade inget heller. Men vi hade en vinkällare, så vi sprang över med några vinflaskor så hon fick koka sin potatis i vin.

Jag tjänstgjorde som spanare. Ärligt talat är jag inte mycket för att skjuta, jag var inte soldat på det sättet, utan försökte observera så mycket som möjligt i stället.[29]

Under det att trupper ur Första vitryska fronten kopplade greppet om Hitlers sista uppehållsort kämpade sig överste Dragunskijs pansarbrigad fram genom Charlottenburg i västra Berlin, som understöd åt ett större anfall av Rybalkos gardespansararmé och han kunde inte märka att striderna mattades av. Först mot slutet av dagen, den 29 april, bröt det tyska försvaret samman och han kunde börja bringa reda bland sina trupper igen vilket visade sig vara lättare sagt än gjort:

På mitt avsnitt befann sig stridsvagnar ur 2. gardespansararmén under general Bogdanov samt medlemmar av 55. gardesskyttedivisionen ur general Lutsjinskijs 28. armé. Våra egna stridsvagnar hade hamnat på Första vitryska frontens område och kpistskyttarna måste vi leta efter överallt. Endast artilleribrigaderna och de kårtrupper vilka kommit till oss som förstärkningar befann sig i sina områden. [...] Hela natten letade officerare ur staben, politavdelningen och etappen efter våra enheter. Nästa morgon hade vi samlat ihop alla ...[30]

Dragunskij kunde därefter dra tillbaka sina trupper ur linjen för att fylla på bränsletankar, ammunitionsmagasin och magar. Men förr än de anade skulle de vara tillbaka i den hårdaste bataljen igen.

Några kvarter längre norrut hoppades även general Bogdanovs 2. gardespansararmé hinna först till riksdagshuset, men det var problematiskt att navigera så stora pansarstyrkor genom en fientlig stad. Venjamin Mironovs regemente av tunga stormkanoner hindrades inte bara av försvarare med pansarnävar utan även av de smala gatorna i Charlottenburg. ”Trots allt var en stormkanon inklusive eldröret mer än tio meter lång och nästan fyra meter bred. Således återstod inget annat för oss än att bryta igenom murar och mala ned staketen.”[31] Motståndet var hårdnackat och framryckningstakten kunde öka först sedan han fått hjälp av soldater ur en polsk infanteridivision.

NÄR HANS REIN och hans 20 soldater fördes till riksdagshuset via labyrintlika underjordiska tunnlar på morgonen den 30 april glömde han nästan bort att han var fallskärmsjägare på väg att försvara detta landmärke till varje pris och blev för ett ögonblick jurist igen.

”Genom denna underjordiska passage gick van der Lubbe 1933 för att spränga riksdagen i luften”, tänkte han. ”Det var omöjligt för honom att hitta vägen på egen hand. Han måste ha haft en medbrottsling som var hans guide. Någon medbrottsling nämndes aldrig i det sammanhanget, men det är absolut säkert att han hade en.” Marinus van der Lubbe var den sinnesförvirrade holländske man som nazisterna anklagade för att ha bränt ned riksdagshuset. Frågan är om Rein ens snuddade vid tanken att van der Lubbes medhjälpare kunde ha varit män ur Hitlers närmaste krets.

Inne i den urblåsta byggnaden förvånades han av hur många soldater i de mest skiftande uniformer som bara gick runt och drällde. Några drack vin, andra sov och ingen verkade veta vad de hade där att göra. Han såg soldater som riskerade livet för att korsa den öppna platsen till Krolloperan och hämta nya flaskor från den väldiga vinkällare som någon hade upptäckt där. Försvaret av riksdagshuset leddes av SS-löjtnanten Babik som hade åtminstone 450 man under sitt befäl. Av dessa torde cirka 250 ha varit före detta matroser som storamiral Karl Dönitz låtit flyga in i den belägrade staden, medan resten utgjordes av en salig blandning av folkstormsmän, manskap ur Luftwaffe och armésoldater. Ryggraden utgjordes dock av Babiks eget SS-kompani.[32]

Att ha posterats i en av centrala Berlins mest framträdande byggnader kunde bara innebära att det skulle bli hett om öronen. Men Rein och de andra försvararna insåg förmodligen inte exakt hur hett. De ryska trupperna hade siktet inställt just på riksdagshuset, som de var piskade av Stalin att erövra till 1 maj – arbetarnas högtidsdag. Men den åtrådda ruinen hade förvandlats till en veritabel fästning med igenmurade fönster och dörrar, där små skottgluggar inrättats överallt. Granater gjorde oftast knappt mer än skråmor i fasaden på den massiva byggnaden.

Våldsamma närstrider pågick redan i utkanterna av regeringskvarteren. Tjujkov och Katukov stod i begrepp att korsa Landwehrkanalen och 5. stötarmén kämpade i Berlins nästan utplånade hjärta, Alexanderplatz, några kvarter längre österut. Där deltog löjtnant Igor Mikajov i stormningen av polishuset som hårdnackat försvarades av folkstormsmän.

> Inuti polishögkvarteret på Alexanderplatz påträffade jag en papegoja i bur. Jag tog ut honom ur buren för att ta honom med mig, eftersom jag älskar djur. Det dumma djuret bet mig i pekfingret och släppte inte taget. Jag kunde inte få bort honom. Till slut tog jag fram pistolen och sade: "Din nazipapegoja" och sköt ihjäl honom. Det var den ende fiende jag hade stött på i polishögkvarteret. Men senare var jag väldigt ledsen för den stackars papegojan.[33]

Löjtnanten råkade också ut för en annan dråplig episod när striderna bedarrat vid Alexanderplatz:

> En av mina vänner, Viktor, beslutade sig för att gå ut och "organisera" något att dricka. Några timmar senare kom han tillbaka totalt berusad och knuffade på en motorcykel med sidovagn. I sidovagnen låg hans stupfulle vän och sov. Viktor sade: "Jag har hittat den här motorcykeln och den fungerar inte, så jag var tvungen att knuffa den förbannade tingesten tvärs över Berlin. Ta en titt på den." Det gjorde jag. Han hade glömt att vrida om tändningsnyckeln."[34]

Rödarmisterna hade gott om tillfällen att lägga sig till med ting de aldrig hade haft chans att äga i det sovjetiska plansamhället. Och det de inte gillade slog de sönder, mindes Mikajov.

HÅRDA BATALJER RASADE också kring riksdagshuset den 30 april, efter att trupper ur 3. stötarmén under stora förluster lyckats korsa Spree på den delvis sprängda Moltkebron och erövra inrikesministeriet (av ryssarna kallat "Himmlerhuset") samt diplomatkvarteret.

Major Bessarabs soldater hade lyckats släpa några pansarvärnskanoner över Moltkebron och gömma dem i Himmlerhusets bottenvåning innan solen gick upp. Till riksdagshuset på andra sidan Königsplatz var det bara 300 meter och med sin kikare studerade han skottgluggarna i den igenmurade fasaden. Han lät också blicken långsamt svepa över de tunga tyska luftvärnskanoner som posterats på betongfundament framför byggnaden och noterade raderna av vita ringar på deras eldrör. Han visste att varje ring stod för ett nedskjutet flygplan och pjäserna höll effektivt allt ryskt pansar borta. Bessarab var förvissad om att luftvärnspjäsernas undergång var nära förestående, för de ”stod helt öppet, utan något som helst skydd. Bara vid några av dem hade pjäsmanskapen byggt låga tegelstensmurar under natten. Trots det hade luftvärnskanonjärerna skjutit flera av våra stridsvagnar och stormkanoner i brand.”[35]

Brandröken steg från byggnaderna kring Königsplatz. Omedelbart till höger om Himmlerhuset stod den sotiga och sönderskjutna Krolloperan som fortfarande var full av tyska försvarare som kunde skjuta flankeld mot alla ryska anfall mot riksdagshuset. Men under flera morgon- och förmiddagstimmar den 30 april var det relativt lugnt. Endast enstaka krevader och kulsprutesalvor hördes. I närheten av Siegessäule störtade ett brinnande tyskt flygplan som försökt starta från Öst–Västaxeln.

Än så länge var Bessarabs kanoner tysta för att inte avslöja sina positioner. Att pansarvärnspjäser och stalinorglar gömts i Himmlerhuset skulle få bli en överraskning för fienden när anfallet sattes igång. Majoren gav dock order till ett antal infanterister med raketgevär och kulsprutor att sikta in sig på skottgluggarna högt upp i riksdagshuset och Krolloperan. De tyska kulsprutorna som dolde sig däruppe var oåtkomliga för pansarvärnspjäserna men fick inte tillåtas arbeta ostört.

Klockan 11.25 gav Bessarab order till sina batterichefer att ladda pjäserna. Fem minuter senare gav han order om eld, vilket också blev startsignalen för en halvtimmas bombardemang ur 1 400 artilleripjäser och granatkastare mot riksdagshuset.

I skydd av bombardemanget arbetade sig rödarmister fram 100–200 meter på Königsplatz, men därefter var det stopp. Flankelden från Krolloperan var mördande.

INNE I RIKSDAGSHUSET träffade fänrik Rein på några officerskamrater från sin gamla bataljon men ingen av dem hade någon aning om hur kriget i stort förlöpte eftersom inga nyheter från omvärlden trängde igenom. Just som han pratade med fänrik Hohmann råkade SS-löjtnant Babik komma förbi. ”Har ni några soldater som känner till hur man använder en rysk granatkastare?” frågade han Rein som nickade till svar. Babik gav honom på stående fot befälet över två erövrade granatkastare som ställdes upp inne i riksdagshuset för att beskjuta ryssarna som försökte ta sig över Königs-

Ryska soldater stormar förbi en stupad tysk soldat i Berlin. Striderna i Berlins ruinlandskap kostade båda sidor stora förluster. Även bland civilbefolkningen blev offren många.

platz vilken successivt fylldes med skrot och lik. Själv klättrade Rein upp till översta våningen för att ge granatkastarna nödvändiga koordinater med hjälp av en bärbar radiosändare.

Gång på gång under dagen anföll de ryska trupperna riksdagshuset, men de slogs tillbaka varje gång.[36] Från sin utkikspost följde Rein stridernas förlopp och kunde också observera hur ryska stridsvagnar försökte närma sig, men hejdades av den tyska granatelden. Omgående kom det ryska svaret: Tunga granater på 17 till 21 centimeters kaliber fick byggnaden att skaka och gunga. Sten och murbruk yrde och delar av fasaden störtade in. En Josef Stalin-stridsvagn dök upp utanför Krolloperan, men förstördes av ett enda välriktat skott från en tysk Kungstiger.

Av allt att döma handlade det om Georg Diers Kungstiger nummer 314 som efter slaget om Seelowhöjderna hade hamnat på en verkstad i Berlin. Med nysvetsat torn försvarade han tillsammans med en annan Kungstiger

Potsdamer Platz när han fick order per radio att bege sig några hundra meter norrut till riksdagshuset.

> Under förflyttningen dit började en mycket intensiv radiotrafik hos ryssarna. Förmodligen hade de också hört vår order. Riksdagsbyggnaden var redan ganska sönderbombad, utbränd plenarsal. På ingångssidan såg vi bort mot Krolloperan och till höger om oss stod ett stort antal T-34:or, förmodligen 30 till antalet, med eldrören riktade mot riksdagsbyggnaden [och] mot oss. Efter en noggrann genomgång med besättningen vågade vi det stora språnget runt hörnet och öppnade med framgång eld mot detta stora antal.[37]

Diers vagn hade redan tiotals fiendestridsvagnar på meritlistan och framför riksdagshuset blev det några till.

Reins båda granatkastare överöste samtidigt ryssarna vid Krolloperan med projektiler och på eftermiddagen mattades striderna av när ryssarna beslutade sig för att invänta mörkrets inbrott, vilket beräknades komma tidigt på grund av de brandmoln som skymde himlen över Berlins centrum. Under eftermiddagen hade dock grupper av sovjetiska soldater lyckats ta sig in i byggnaden, utan att försvararna hade märkt något. Under tumultet hade några av soldaterna riktat granatkastare horisontellt mot en igenmurad ingång och lyckats skapa ett hål i muren att slinka in genom.

I HIMMLERHUSET ÖVERÖSTES major Bessarab med anrop från högre staber som ville veta om det verkligen stämde att rödarmister bitit sig fast i riksdagshuset. Bessarab bekräftade att gröna spårljus hade avfyrats från byggnaden, vilket var signalen för att de egna trupperna hade tagit sig in. Med egna ögon hade han också sett ett hundratal soldater slinka in genom ett hål i väggen bakom ryggen på de tyska artilleristerna på Königsplatz som fortsatte att försvara sig förbittrat.

Majoren ställde in elden mot de nedre delarna av byggnaden och koncentrerade sig mot de övre våningarna. Och sent på eftermiddagen hade det ryska artilleriet också tystat den sista av luftvärnspjäserna framför riksdagshuset.

EN SÄRSKILD SEGERFANA fördes fram som soldaterna skulle hissa på riksdagshusets kupol, vilket enligt den officiella sovjetiska historieskrivningen skedde före midnatt, men i verkligheten verkar ha ägt rum några timmar senare. Några artillerister hann till råga på allt före de soldater som efteråt fick äran och placerade en fana på byggnadens västra fasad strax före midnatt, men det ignorerades av sovjethistorikerna. Omständigheterna kring allt flagghissande på riksdagshuset är emellertid fortfarande delvis höljda i dunkel.

När mörkret inträdde klättrade fänrik Rein ned till källarvåningen för att vila en stund eftersom granatkastarna ändå bara gick att använda när det var ljust. Därnere möttes han emellertid av en uppskakad fänrik Hohmann:

”Jag ville besöka er på översta våningen för att se hur ni klarade er, men jag kunde inte hitta er”, sade han. ”På vägen ned hörde jag oväntat röster från ett rum. Eftersom jag trodde att ni kunde vara där närmade jag mig rummet. Plötsligt insåg jag att männen i rummet inte talade tyska, utan ryska.”

De båda officerarna fick tag på en högre officer som dock blev rasande över nyheten.

”Detta är helt osant!” skrek han. ”Om ni berättar den här smörjan för någon annan ska jag ställa er inför krigsrätt!”

Varken Hohmann eller Rein yttrade någonting, utan tillbringade resten av natten med att förse sig ur de rikliga mat- och dryckesförråd som lagrats i byggnaden.[38] Förmodligen var dryckerna som inmundigades ganska starka, för Rein hade inget minne av den ryska stormningen som återupptogs senare samma kväll eller av de strider som rasade i en del av byggnaden.

UNDER TISDAGEN DEN 1 maj avmattades striderna på många håll i staden, vilket berodde på att de ryska soldaterna hellre ville fira denna högtidsdag än att lyda befälhavarnas order att påskynda den sista stormningen. Vid det laget hade snaran dragits åt ytterligare kring den tyska garnisonen i och med att Tjujkovs och Katukovs trupper korsat Landwehrkanalen och bara stod några hundra meter från rikskansliet samtidigt som andra ryska trupper hade nått Brandenburger Tor och Hotel Adlon i andra änden av Wilhelmstrasse.

Vladimir Abyzovs kompani märkte emellertid inte mycket av 1 maj-firandet när de pressade sig fram bit för bit genom ruinerna. Tyskarna sköt som galna på dem men han kunde inte se varifrån elden kom. Genom ett hål i en vägg skymtade han en jättelik grå stenbyggnad med ett högt järnstaket.

”Vad är det där?” frågade han sin kamrat och fick svaret att det var rikskansliet där Hitler påstods befinna sig.

”Sluta ljuga!”

”Jag återberättar bara vad man har sagt till mig.”

Det var sannolikt inte rikskansliet Abyzov hade sett, men väl Görings väldiga luftfartsministerium ett stenkast därifrån, där Gerhard Cordes larmenhet hade sin bas. Till skillnad från många andra soldater på båda sidor led Cordes och hans kamrater ingen brist på vare sig mat eller vatten, eftersom det hade lagts upp rikliga förråd av dessa varor i ministeriets källare.

FÄLTVÄBELN KATKOV VAR helt oberörd av de svavelosande svordomarna från Abyzov och de andra gardessoldaterna som satt i källaren och väntade på kvällsmat. I den ena emaljerade hinken som fältväbeln burit dit fanns det utspädd vodka med anledning av 1 maj, medan den andra innehöll borsjtj, risgrynsgröt med russin, soppa och varmrätt – allt hopblandat till en oformlig sörja.

”Jag har bara två händer”, sade han likgiltigt.

”Då skulle du hellre ha låtit spriten stå.”

”Nej, utan sprit går det inte. Det är ju högtidsdag”, inflikade en annan.

Alla skrattade men ingen rörde innehållet i någon av hinkarna den kvällen.

FÖRST PÅ MORGONEN den 1 maj förstod fänrik Rein att han hade tillbringat hela natten med den ryska flaggan vajande högt över huvudet. De högsta officerarna i riksdagshuset bekräftade att rödarmister hade ockuperat de övre våningarna och rent av hissat en segerfana. Under hela morgonen och förmiddagen utkämpades sedan närstrider inne i huset. Utanför gav Georg Diers Kungstiger understöd så gott det gick:

> Framför Krolloperan hade ryska stridsvagnar fattat posto, i Krolloperans källare befann sig fortfarande tyska sårade. Vi kunde hålla platsen framför

> byggnaden fri. Vår signalist, Alex Sommer, sårades av en [nedfallande] kabel. Ryssarna trängde denna dag in i riksdagshuset och kunde bita sig fast i mitten av byggnaden och sköt på oss i de enskilda luftschakten eller vindeltrapporna. På riksdagshusets översta våning gav ännu ett par av våra tunga kulsprutor eld, men de tystnade en efter en. I botten låg en tysk stabsplats. Ett motanfall med vårt understöd resulterade inte heller i någonting mer än ytterligare hål i de igenmurade fönstren.[39]

På eftermiddagen dog striderna ut och Rein, som saknade överblick över situationen, antog felaktigt att alla rödarmisterna hade dödats eller jagats bort.

På kvällen den 1 maj fick de kvarvarande försvararna order att lämna riksdagshuset och bryta sig ut ur Berlin mot norr via järnvägsstationen på Friedrichsstrasse. Även Diers och hans besättning nåddes av ordern om utbrytning.

> Vid 19-tiden kom ordern om utbrytning. Påfyllning av ammunition i Goebbels villa på Leipziger Strasse. Jag kallades till rikskansliet. Måste gå genom flera luftskyddsgångar från Hotel Adlon, kom därefter ut [till] en stor fristående trappa som ledde nedåt och täcktes av en stor platta, bara en öppning vid ingången som man bekvämt kunde gå in igenom. Därvid kom jag in i denna byggnad och såg sedan hur man vid en port vid muren försökte bränna något genom att hälla på bensin. Men vid varje försök steg [bara] ett rökmoln upp och ryssarna sköt genast med granatkastare och artilleri. Därefter lades två T-minor ned och detonerades.
>
> Av Goebbels erhöll jag ordern: ”Samlas vid järnvägsstationen Friedrichstrasse – Weidendammerbron, där [ska] genombrott [ske] med dessa styrkor. Det kunde också tillkomma ytterligare 3–5 stridsvagnar. Genombrott i riktning mot Oranienburg, förening med stridsgrupp ’Wenck’, därefter omedelbart vidare till Schleswig-Holstein, där förenas med de kanadensiska styrkorna och göra sig redo för motanfall österut.” Här fick jag veta att Adolf Hitler är död, att han också under tiden hade gift sig med Eva Braun och att Hitlers och Eva Brauns lik låg därute.
>
> Ungefär vid 21-tiden anlände vi till Friedrichstrasse framför Weidendammerbron. Bakom oss samlades långsamt en kolonn av kamrater som var villiga att delta i utbrytningen. Det var tre eller fyra stridsvagnar, stormkanoner och ett par halvbandvagnar och övervägande lastbilar. Weidendammerbron

> skyddades av oss med hjälp av en pansarspärr. [...] Vid midnatt eller strax därefter [...] bröt vi oss ut.[40]

Führerns död hade först hemlighållits, men började sippra ut den 1 maj. Desperata soldater ur garnisonen försökte på egen hand eller i små grupper slinka igenom den ryska belägringsringen för att undvika fånglägren i Sibirien. Även större organiserade utbrytningsförsök genomfördes. August Birks och den sammansmälta gruppen av lettiska SS-soldater tog sig ned i den översvämmade tunnelbanan där de vadade bland hundratals drunknade människor. Minnena från striderna var fragmentariska och många år senare var Birks inte ens säker på att det hade varit en planerad flykt:

> Ännu idag kan jag inte säga hur vi tog oss ut ur staden. Det är en gåta för mig. Jag vet bara att vi plötsligt kom ut på en gata i en stadsdel där allt var lugnt och fredligt, som om det inte pågick ett krig. Bara 13 av oss kom ut ur belägringsringen runt Berlin och anträdde marschen mot väster. Vi leddes av en sergeant som jag inte vet namnet på, men vi kallade honom bara för "Järnmagen", för han drack all sprit, fotogen och så vidare. Bara det flöt. Han kunde tala både tyska och engelska. Han kallade oss i sin tur bara för "träskallar".[41]

Redan vid skymningen, flera timmar innan utbrytningen från rikskansliet, bröt sig också flera stridsvagnar igenom 5. stötarméns positioner och satte högsta fart mot norr med ryska trupper i hälarna. Vid Oranienburg tvingades besättningarna spränga stridsvagnarna på grund av bränslebrist, delade upp sig i smågrupper och fortsatte till fots till de brittiska linjerna som alla tycks ha nått helskinnade. Det rörde sig troligen om medlemmar ur vaktregementet "Grossdeutschland".[42]

FRAMSTÖTEN VIA WEIDENDAMMERBRON och Schönhauser Allee där Diers stridsvagn tog täten utvecklades till det största och blodigaste utbrytningsförsöket. Ryktet om den förestående utbrytningen spred sig till Cordes och spillrorna av hans kompani som också tog sig till Friedrichstrasse. "Det fanns tusentals av oss där som sprang runt som yra höns", erinrade han sig.[43]

Sent på kvällen uppenbarade sig en överste och kallade samman en stor grupp soldater – infanteri, matroser och flygvapensoldater – vilka uppgick till sammanlagt 4 000 män, enligt Cordes uppskattning. Cordes såg inte översten själv men fick höra av andra att han hade gett dem order att korsa bron, fortsätta uppför gatan och bryta sig fram till järnvägsstationen Stettiner Bahnhof. Bland de trupper som väntade i kön efter stridsvagnarna fanns också resterna av löjtnant Arnolds luftvärnsbatteri: Cirka 40 man och två 2 cm luftvärnspjäser som plockats ihop av delar från andra trasiga pjäser. Det hade dock varit svårt för dem att ta sig fram till Friedrichstrasse på grund av all bråte som täckte gatorna och de utbrända stridsfordon som ofta spärrade vägen.

Atmosfären bland soldaterna var deprimerad, erinrade sig löjtnant Hans Werner Arnold. Männen drack all sprit de kunde komma över, men på grund av nervanspänningen var det ändå ingen som uppträdde märkbart berusad.

Kolonnen satte sig i rörelse och Diers Kungstiger malde ned den provisoriska pansarspärren under larvbanden på bron eftersom passagen var för smal för vagnen.

> Vid andra gatan från höger – Ziegelstrasse fick jag senare veta att det var – utsattes vi för en mördande eld, mindre av pansarbrytande vapen än av artilleri, infanteri och så vidare.
>
> Allt som fanns på stridsvagnen sköts sönder och försvann, kedjeskydd, bogservajrar, reservdelar och så vidare.
>
> I vagnen slutade internkommunikationen att fungera, föraren fortsatte med högsta hastighet och framför mig syntes ett stort hål i gatan som föraren var på väg rakt emot. Senare visade det sig vara ingången till tunnelbanestationen Oranienburger Tor. Via skytten förmådde jag föraren att köra runtom till vänster på trottoaren. På trottoaren rev han sedan med sig en hel rad gatlyktor med sina kontaktledningar för spårvägen.
>
> Efter en kort sträcka kom vi till en pansarspärr i hörnet Liesenstrasse–Chauseestrasse och stannade. När jag öppnade vagnchefsluckan dök det upp en skärmmössa på vagnchefens sida, i mörkret kunde jag inte identifiera den riktigt och drog genast fram pistolen, men såg dödskallen [i mössan] och det var en SS-fänrik. Han sade att han var chaufför och andre adjutant hos Goebbels. Han kände till gatorna i Berlin mycket väl, enligt egen uppgift

hade han hoppat upp på det vänstra kedjeskyddet när stridsvagnen kom körande och hade hållit sig fast i tornet, för han visste att man sköt ganska intensivt på Ziegelstrasse. På frågan var personerna som suttit på bakpansaret tagit vägen sade han att beskjutningen hade slitit dem i stycken. Nu såg man bara tygrester och även köttslamsor. Vi befriade oss från ledningarna och fortsatte därefter långsamt efter att ha kört runt pansarspärren. Denne SS-fänrik berättade också detaljer om slutet i rikskansliet för oss. Han var mycket välinformerad och sade till mig att den siste som klivit upp hade varit Bormann. Av de tre som hade befunnit sig däruppe hade ingen överlevt elden. Han ledde oss mellan Zionskirchstrasse och Schönhauser Allee, där det nästan inte fanns några fiender och allt var stilla. På vänster hand körde vi om en kolonn, men kunde inte se vad den var.

Vid en vattenpost hade kvinnor samlats för att hämta vatten. Vi stannade vagnen och kurade ihop oss [intill vagnen medan vi försökte utröna] vad det var för folk på andra sidan, det var också tyskar. Därefter fortsatte vi färden och träffade på ryssarnas så kallade andra ring på Schönhauser Allee. Här försökte general Bärenfänger bringa reda i kaoset och bad oss att köra på andra sidan vägen under tunnelbanan [som här går på en bro över vägen] för att ta täten. Efter en liten bit körde vi här på tyska minor. General Bärenfänger kom omedelbart tillbaka och jag rapporterade till honom att vi för närvarande inte kunde förflytta oss, men inom en timme skulle vi åter vara stridsklara. Därefter sade general Bärenfänger till mig:

”Pojk, se till att du spränger vagnen i luften och för dina pojkar hem välbehållna. Vi har förlorat kriget.”

Jag meddelade honom vilka order jag hade fått från Goebbels. Därefter sade han:

”Jag har talat med general Krebs som har fört förhandlingar med ryssarna. Vi har förlorat kriget totalt. Alla ska försöka komma hem i ett stycke.”

Vi sprängde stridsvagnen, det var en sorglig syn. 39 stridsvagnar hade vi kunnat skjuta sönder, det vill säga de hade gått upp i lågor framför oss. Vad mer som förstörts av oss kunde vi inte registrera så noggrant.[44]

Det som fanns kvar av löjtnant Arnolds luftvärnsbatteri rullade inte långt bakom stridsvagnarna när utbrytningen startade. Löjtnanten åkte först i en liten bepansrad spaningsbil med en chaufför och en sjukvårdssergeant.

Så fort de kommit över bron brakade helvetet löst. Kolonnen överöstes med kulspruteeld från husen längs med gatan. Arnolds chaufför blev nästan genast sårad och Arnold vräkte undan honom och satte sig själv vid ratten. Precis när han startade bilen igen hoppade en man klädd i en armérock ombord.

”Hitler har skjutit sig och tagit gift”, sade den okände fripassageraren till honom. Han identifierade sig som SS-general Rattenhuber, men det namnet sade inte löjtnanten något. Först efteråt fick han veta att Rattenhuber varit ansvarig för Hitlers vaktstyrka. Men i beskjutningen hann Arnold inte tänka på innebörden av nyheten om Hitlers död.

Arnolds bil anslöt sig till kolonnen igen. Det var enbart motorfordon, inga trupper till fots syntes till. Eldgivningen från husen orsakade svåra förluster bland utbrytarna, men längre fram mattades beskjutningen av något.

Vid pansarspärren mitt för tunnelbanestationen på Schönhauser Allee tog det dock stopp under gryningstimmarna den 2 maj. Varje gång tyska soldater försökte forcera barrikaden haglade det projektiler från granatkastare över dem. Förstörda och brinnande fordon hopades framför barrikaden. SS-generalen Rattenhuber sårades svårt i benet av ett granatsplitter och lämnade bilen. Han satte sig i portuppgången i ett närbeläget hus och Arnold såg honom aldrig mer igen.

Utbrytningen hade kört fast och kolonnen började upplösas. Soldater strömmade ut ur fordonen och in i husen och ruinerna. Några dök upp igen iförda civila kläder. I den vevan fick Arnold höra att ett högkvarter, däribland officerare ur hans egen divisionsstab, hade inrättats i Schultheissbryggeriet på Schönhauser Allee. Löjtnanten beordrade sina män att bege sig till bryggeriet där han fick höra att det pågick kapitulationsförhandlingar. Massor av soldater, officerare och nazitoppar hade sökt sin tillflykt till bryggeriet, men där pågick inga strider och gatan utanför bryggeriet var full av rådlösa civila. Dagen avlöpte helt lugnt och han kunde se sovjetiska emissarier komma och gå.

Efter några timmars påfrestande väntan bestämde sig Arnold för att leta rätt på en annan batterichef och körde iväg från bryggeriet med sin stabsbil. Gatan föreföll helt ödslig, men plötsligt blockerade två rödarmister beväpnade med kulsprutepistoler hans väg. De tog hans klocka och beordrade honom att lämna bilen. Med en gest befallde de honom att fortsätta nedför gatan till en samlingspunkt för krigsfångar. Först åtta år senare stod Arnold åter på tysk mark.

SÅ GOTT SOM genast efter att de hade korsat Weidendammerbron insåg fänrik Rein och hans 20 man det meningslösa i att fortsätta tillsammans med de andra. De lämnade utbrytningskolonnen och började i stället ta sig fram genom ruinerna på egen hand, eftersom Rein ansåg att gatorna var riskablare.

Lite senare slog de sina påsar ihop med två SS-män, en officer och en korpral som kände till kvarteren väl. Ömsom smygande, ömsom krypande tog de sig förbi de ryska positionerna och träffade sedan på en Panther-stridsvagn med SS-besättning. SS-officeren kände vagnchefen och de började samspråka hjärtligt, varvid Rein tog chansen och bad att alla soldaterna skulle få åka med på vagnen. Det hade vagnchefen inget emot och de trängde ihop sig med några SS-soldater som redan satt däruppe.

”Nu är vi åtminstone fria och vi kan se till att klara oss eftersom Führern är död”, hörde Rein en av SS-soldaterna säga. Det var första gången han hörde nyheten om Hitlers död och han blev mycket chockad.

Gerhard Cordes kom inte långt. Han befann sig också långt bak i kolonnen och tillhörde dem som fortfarande väntade på att få komma iväg från järnvägsstationen på Friedrichstrasse när det brakade loss på andra sidan Weidendammerbron och han uppfattade det också som att själva bron hade sprängts i luften innan alla hunnit över. Då tog sig han och några andra soldater över Spree på en järnvägsbro medan de ryska kulorna visslade omkring dem. Exakt var ryssarna befann sig kunde de inte se, de bara skymtade dem då och då.

Därefter tog de skydd i byggnaderna på andra sidan medan ryskt infanteri försökte driva bort dem. Cordes försökte ta sig över gatan till en annan byggnad när han kände ett hårt hammarslag mot höften. En kula hade gått rakt igenom men han kände smärtorna först när han krupit de sista metrarna över gatan.

”Skit, de träffade mig i arslet”, sade han till de andra soldaterna när han kommit i skydd.

”Än sen, du har tur. Du behöver inte göra något mer”, sade en av de andra soldaterna innan de lämnade honom där han var.

Han drog ned byxorna och lade ett första förband på såret och en kvart senare dök de första rödarmisterna upp. Cordes, som lyckats sätta sig upp, sträckte händerna i vädret och rödarmisterna gjorde en gest som betydde att han skulle resa på sig, men han kunde inte och visade dem såret. Ryssarna visade sig vara godmodiga och ”de verkade vara glada att kriget var över”. De tog hans klocka, ringar och plånbok innan de fortsatte.

Ett par timmar senare dök ryska sjukvårdssoldater upp och lastade honom på en vagn som drogs av ett dussin hundar. Tre veckor senare flydde han ur ett ryskt fångläger i Frankfurt an der Oder och lyckades ta sig tillbaka till föräldrarna i Köln.

EN ANNAN STOR utbrytningsgrupp försökte ta sig ut mot väster via Charlottenburg och Spandau. Albert Fritz, fänrik i pansardivisionen ”Müncheberg”, hade överlevt Stalingrad, men ansåg att detta tog priset:

> Det var värre än Stalingrad. Jag såg stridsvagnar, lastbilar, halvbandvagnar, bilar av alla slag och bokstavligt talat tusentals civila på gatorna, helt utan organisation, alltihop var helt enkelt kaotiskt.[45]

Charlottenbron var helt igenkorkad av fordonsvrak när kolonnen kom fram dit under natten mot den 2 maj. Och bron besköts intensivt av rysk infanterield, men det var svårt att säga från vilken riktning elden kom. Människor kastade sig i skydd överallt. Fritz och några andra officerare gav sig ut i kulregnet på bron med dragna pistoler för att tvinga soldater och civila att hjälpa till att flytta vraken som hindrade utbrytningen.

Ett bepansrat bärgningsfordon kallades fram och föste bokstavligt talat vraken åt sidorna. Mitt i detta virrvarr trängde en bekant röst fram till Fritz.

”Fritz! Fritz! Snälla, få ned min man från bron innan han blir dödad!”

Bland alla människor som kom den här vägen råkade han få syn på sin hustru, som var sjuksköterska. Men sedan förlorade de kontakten igen. Efter en halvtimme var en fri passage röjd på bron och utbrytningen kunde fortsätta.

FÖRHÅLLANDENA I BUNKERN där Ursula Grosser sökt skydd hade under tiden blivit alltmer outhärdliga. Toaletterna var överfulla av exkrementer eftersom det inte gick att spola. Det var mörkt och syrefattigt. Ursulas mor som var utbildad sjuksköterska hade återfått lugnet och bestämde att de skulle försöka ta sig till farbroderns bageri. Ingen av de andra medlemmarna av familjen Grosser var svårövertalad och snart sprang de över liken på gatan medan projektilerna slog ned runtomkring. I ett par timmar låg de och tryckte bland husruinerna på andra sidan gatan, medan de bevittnade det kusliga uttåget av människor över Charlottenbron. Uppenbarligen gick enda vägen ut ur Berlin åt väster. ”Vi såg stridsvagnar, bilar, hästvagnar, soldater på hästryggar, lastbilar, kanoner som drogs av hästar och mittibland allt detta civila som drog sina få ägodelar på kärror.” Ibland slog granater ned bland människorna med fatala följder.

Även familjen Grosser beslutade sig för att våga sig över bron, trots att de misstänkte att ryska prickskyttar besköt bron från rådhuset.

> Min far hade iakttagit bron mycket noggrant och han sade till oss att hålla en mycket låg profil när vi hade nått en viss punkt. Han såg människor försvinna och trodde att krypskyttar kanske sköt mot bron från rådhusets torn. Vi beslutade oss för att inte ansluta oss till ”paraden” på gatan som ledde fram till bron utan ta en genväg över de breda trappor som ledde upp från sidan. Liken låg så tätt packade på varandra, tyska soldater, ryssar och civila, att jag inte kunde se trappstegen. Jag nådde bron först, helt bedövad. Vi höll tätt ihop och började gå på trottoaren på vänstra sidan av bron medan uttåget fortsatte i mitten. Med min mor tätt bakom mig började jag huka mig ned när en kvinna framför mig helt plötsligt stannade upp och upplät ett fasansfullt skrik när barnvagnen med hennes spädbarn försvann i floden genom ett gapande hål. Jag tog tag i kvinnan och försökte fösa henne runt hålet när jag såg en SS-man till höger om mig rikta en pistol mot oss och skrika: ”Weitergehen!” Då var jag på gränsen till ett nervöst sammanbrott. Att precis ha bevittnat den här tragedin och hur en av våra soldater hotade att skjuta oss om vi sinkade någon var nästan mer än jag kunde uthärda i det ögonblicket.
>
> Min mor och jag fick kvinnan runt hålet och hon sprang iväg från oss. Jag grät så mycket att jag knappt kunde se något. Vi nådde andra sidan av bron och tog till vänster till den första ruinen där vi väntade på min far och Luize och hennes dotter. Tack och lov sprang alla tre förbi oss bara

> några minuter senare. Min mor sprang efter dem och allihop kom tillbaka till platsen där jag satt. Jag hade sett så mycket död och förödelse, men på något sätt hade händelsen på bron varit droppen. Det hjälpte inte när min mor sade: "Jag tror inte att han såg barnet". Det gjorde ingen skillnad för mig, allt jag kunde tänka på var att en rysk soldat hade hjälpt mig och en tysk soldat hade riktat sin pistol mot mig.[46]

Gevärselden mot bron var dock bara en försmak av vad som väntade utbrytarna i Spandau på andra sidan. Två luftvärnskanoner monterade på lastbilar ledde kolonnen och sköt vilt omkring sig. Från hustaken och fönsteröppningarna gav ryska kulsprutor och automatgevär eld mot utbrytarna som sköt tillbaka för allt vad de var värda. Ryssarna hade blockerat sidogatorna och samma barrikader som tyskarna byggt för att hålla ryssarna ute utnyttjade nu de sistnämnda för att försöka hålla tyskarna kvar inne i Berlin. Enligt Albert Fritz var beskjutningen så intensiv "att det blev helt tomt i huvudet och man fortsatte att röra sig framåt automatiskt". Det enda som förmådde dem att fortsätta genom kulregnet var tanken på att Wencks 12. armé skulle komma och rädda dem, bara de kunde ta sig ut ur Berlin.

På taket till ett tvåvåningshus bevittnade överste Dragunskij hur utbrytarna försökte tränga sig fram:

> i enskilda avdelningar, smågrupper eller kolonner i riktning mot Witzleben-Heerstrasse-Rikssportfältet. Han öppnade oorganiserad eld med alla vapen. Spårljus steg mot himlen. Bullrande närmade sig en kolonn ledd av SS-officerare. Några stridsvagnar och stormkanoner eskorterade dem. [...] Vårt artilleri sköt koncentrerad eld. Det var också signalen för de andra. Granatkastarbatterierna som hade sina eldställningar på Olympiastadion vaknade också till liv. Även pansarsoldaterna och kpistskyttarna ingrep i striden. [...] Hundratals stupade och sårade låg på gatorna. Vår eld spärrade visserligen vägen för fascisterna till Havelsjöarna, men de gav inte upp.[47]

Elden från en av sidogatorna var så intensiv att det var omöjligt att komma över med livet i behåll. Därför klamrade sig Fritz fast på "läsidan" av en stormkanon men måste akta sig noga för att inte bli indragen i larvbandet.

Precis när de kom över till andra sidan sårades föraren av en krypskytts kula. En kapten sade då till Fritz:

”Jag kan köra den här, hoppa in och ta hand om kulsprutan.”

På en sekund var Fritz inne i vagnen och när han kastade en blick bakom ryggen såg han en massa hopträngda soldater ”paralyserade, frusna till is av skräck, precis som barn”.[48] Till slut lyckades kolonnen, vilken han mindes bestod av tusentals soldater med stridsvagnar, lastbilar och luftvärnskanoner ta sig ut ur Berlin och satte kurs mot väster. Men strapatserna var inte över. Styrkan splittrades upp i smågrupper som fortsatte på egen hand och några dagar senare blev Fritz tillfångatagen av ryssarna innan han nådde fram till Elbe. Han släpptes först 1949.

Ursula Grosser och hennes familj lyckades ta sig helskinnade till farbroderns bageri, där de gömde sig i källaren tillsammans med några tyska soldater. När de fick höra att familjen hade kommit dit via Charlottenbron sade en av soldaterna klentroget:

”Ni kom över 'die Todesbrücke' [dödsbron]?”

Nikolaj, en slavarbetare från Ukraina som bodde i bageriet tillsammans med fru och dotter, lovade att gömma dem bakom en lönnlucka och försåg dem också med mat medan de väntade på att striderna skulle ta slut.

SS-MANNEN AUGUST BIRKS tillhörde de relativt få som kunde korsa demarkationslinjen mellan ryssarna och de västallierade, även om det var nära ögat att även han blev ryssarnas fånge:

> På dagarna låg vi och tryckte i skogarna och på nätterna förflyttade vi oss, minns jag. Vi rörde oss under fullständig tystnad. Det gällde att inte träffa på någon som kunde röja oss. Vi hörde kvinnor skrika när de blev våldtagna av ryssarna i skogen. En gång kom det upp sju–åtta ryssar bara några meter från vårt gömställe. Jag låg i diket och en av ryssarna ställde sig rakt ovanför mig och pinkade på mig helt omedveten om att jag var där. Men jag var helt tyst och vi klarade oss den gången också.[49]

Birks nådde till sist de brittiska linjerna och internerades i SS-lägret Fallingbostel. Hem till det sovjetockuperade Lettland kunde han inte återvända, utan tillbringade flera år som främlingslegionär i franska Indokina, efter att han släppts ur fångenskapen. ”Förvisso var kriget på östfronten ofattbart grymt, men Indokina ... det kommer jag aldrig att prata om”, sade han många år senare.

Även de tyska trupperna i Potsdam vilka kommenderades av generallöjtnant Reymann bröt sig ut mot väster. Det var den enda styrka från Berlinområdet som faktiskt lyckades förena sig med general Wencks ”undsättningsarmé”.

Den lilla flickan Britte von Bredow som flytt med sin mor från trakten av Frankfurt an der Oder till mormor i Potsdam såg de långa kolonnerna av soldater som marscherade förbi mot väster när hon köade utanför ett apotek i det brinnande Potsdam, där striderna ännu pågick.

”Kom med! Vi ska över Elbe! Stanna inte i öst, människa! Är ni galna, kom med!” ropade soldaterna till de civila. Alla hade sett flygbladen som berättade om Wencks armé som skulle rädda dem.

Britte gick hem och frågade sin mor om de inte skulle följa med soldaterna, men modern sade kategoriskt nej. I väst hade de inga släktingar att bo hos. Och så var det förstås de nyplanterade morötterna hemma vid herrgården i Sieversdorf. Dem kunde man inte överge utan vidare, ansåg hon.[50]

HUTTRANDE OCH GENOMBLÖT av regnet gick Abyzov ned till de andra i källaren efter ett nattligt vaktpass under natten mot den 2 maj. Av utbrytningsförsöken som inletts samma natt i andra delar av staden hade han inte märkt någonting. Precis när han kom ned ringde fälttelefonen och kompanichefen Kisseljov svarade. Efter det korta samtalet satte sig löjtnanten på en kista och sade:

”Prick klockan 14.00 börjar artilleriförberedelsen. Den varar till klockan 17.00. Men klockan 17.00 stormar vi rikskansliet. Vila er nu.”

Artilleriets konsert började på utsatt tid. Putsen föll från källartaket och vaxljusen flimrade. Locken på de båda emaljhinkarna skramlade och snart blev allt oväsendet outhärdligt att lyssna till. Alla satt eller låg och stirrade tomt framför sig. Ett sista anfall och sedan skulle kriget vara över. Men vem skulle få uppleva segern? När de ryckte in i Berlin hade de fortfarande varit 104 man i kompaniet, men nu var de bara 20 kvar.

Strax efter klockan 16.00 avbröts plötsligt bombardemanget. Kompanichefen tittade gång på gång på klockan och skickade upp Medvedjev för att se varför artillerielden avbrutits. Alla soldaterna reste sig upp och började tvekande göra sig redo.

”Lugn kamrater. Det är fortfarande hela 50 minuter kvar till anfallet!” sade Kisseljov.

Bombardemanget hade avblåsts i förtid, men ingen visste vad det skulle betyda. Hade artilleristerna begått ett misstag? Då kom någon störtande nedför trappan:

”Kamrat löjtnant! Tyska sidan vill prata med en officer!”

Kisseljov hajade till och frågade:

”Vad vill de?”

”Det vet jag inte. De vill prata med en officer.”

”Gott så. Jag kommer.”

Kompanichefen nickade åt Abyzov och en soldat till att följa honom. ”Då går vi.”

Ute hade det slutat regna men det kringvirvlande tegeldammet plågade luftrören, och brandröken skymde solen. När de kommit till den främste vaktposten ropade Kisseljov rakt ut i mörkret:

”Vem önskar tala med en sovjetisk officer?”

Från andra sidan gatan, bara några meter bort, kom svaret på ryska:

”Parlamentärer. Vi har ett budskap från Berlins stadskommendant till herr marskalk Zjukov!”

”Kom över med händerna över huvudet!”

När en rödarmist tände ficklampan syntes fyra tyskar med en vit fana. Kisseljov beordrade Medvedjev att springa tillbaka till källaren och kontakta bataljonschefen. Abyzov och de andra rödarmisterna ställde sig runtom tyskarna.

”Visitera!” beordrade kompanichefen tyst.

Ingen av tyskarna bar något vapen. När visitationen var över fördes de ned i källaren. Tre av dem var magra äldre män i civila kläder. En av de äldre männen hade dock något slags uniform under sin rock, för hans axelklaffar skymtade fram. Den fjärde mannen var en ung folkstormsman i stålhjälm.

”Bataljonschefen kommer hit med en gång”, meddelade fälttelefonisten.

En av parlamentärerna hade en stor brun mapp i handen och Kisseljov pekade på den och frågade:

”Är det den?”

”Ja, herr officer.”

”Ge mig den.”

Tysken gjorde en grimas men lämnade ifrån sig mappen som Kisseljov började söka igenom. I mappen låg det några papper, dels en maskinskriven text på tyska, dels en handskriven rysk översättning. Den gråhårige kompanichefen som var för skumögd för att se vad det stod gav pappret till Abyzov: ”Läs!”

Abyzov började läsa högt men kände inte igen sin egen röst, fast han visste inte om det berodde på att artillerielden gjort honom lomhörd eller på sinnesrörelse. I skrivelsen hette det att det tyska kommandot var redo att inleda förhandlingar om vapenvila. Då kände gardessoldaterna inte till att den ryska sidan redan hade mottagit ett radiomeddelande från den tyska garnisonen med samma innebörd – det var därför som bombardemanget hade avslutats i förtid. Detta handlade bara om en av de parlamentärsgrupper som skickats ut för säkerhets skull.

Skrivelsen var undertecknad ”Weidling”.

Bataljonschefen Kopajev kom in med regementets kommissarie i hasorna. Kopajev tittade på parlamentarerna och befallde dem:

”Kom med.”

I trappan vände han sig till kompanichefen och sade:

”Kisseljov! Dra inte bort soldaterna från fronten!”

Tysta stod Abyzov och de andra kvar. Så bröt en av dem tystnaden:

”Ska vi inte dricka spriten som fanjunkaren hade med sig?”

De gick ut på gatan där det höll på att ljusna. Tunga moln och röklukt dröjde sig kvar, men Abyzov tyckte sig också ana skira fläktar av blommande fläder från Tiergarten.[51]

MEDAN KAPITULATIONSFÖRHANDLINGARNA AVSLUTADES den 2 maj fortsatte många tyska soldater desperat att försöka komma igenom den ryska järnringen. Efter ett tag hoppade Rein och hans soldater ned från stridsvagnen som de liftat med och fortsatt till fots igen, eftersom det var farligt att sitta däruppe när beskjutningen startade igen.

Men de kom inte så långt på egen hand, för fänriken upptäckte på morgonen den 2 maj att ryssarna hade dragit åt nätet och det var omöjligt att korsa en enda gata utan att bli nedskjuten som ett villebråd. Efter att ha jagats av både ryssar och civilbefolkningen, som var mycket ovänligt inställd mot desperata tyska soldater vilka kunde tänkas vilja förlänga kriget, låg de och tryckte i ruinerna. Sedan beslutade de sig för att gömma sig på vinden till ett hus, därför att de trodde att ryssarna skulle börja med att undersöka källaren och tröttna på att leta innan de kom upp till vinden.

Efter en kort stund hördes steg upp för trappan. Vapnen osäkrades och riktades mot dörren. Två civila tyskar uppenbarade sig i dörrhålet. De hade skickats dit av ryssarna.

”Hela stadsdelen är ockuperad av ryssarna. Ni har redan blivit anmälda till ryssarna. Därför ber vi er att lämna den här byggnaden så snart som möjligt, annars kommer ryssarna att börja skjuta granater mot den.”

”Jag förstår helt och hållet den svåra situation som ni befinner er i men jag måste be er att försöka förstå vår situation också. Vi är villiga att lämna huset på villkor att ni ger oss civila kläder. Om vi lämnar huset i uniform kommer vi att bli dödade omedelbart.”

Sändebuden tvekade och sade: ”Vi måste diskutera det. Ni förstår att en ensam man inte kan ordna fram sju kostymer åt er.”

Rein uppfattade det som att det inte var kläderna det hängde på. De ville bara inte hjälpa soldaterna. Några minuter senare hördes nya fotsteg och en kvinna kom inspringande, slet åt sig de få civila klädesplagg som fanns på vinden och sade hatiskt: ”Försvinn härifrån och skynda på.” Ännu en man dök upp i dörren: ”Kvarterskommissarien som inrättats av ryssarna bor i vårt hus. Han är villig att förhandla med er.”

”Skicka upp honom”, sade Rein, men mannen förklarade att kommissarien inte ville komma upp till vinden utan önskade träffa honom på mellersta våningen. Då tog fänriken med sig en korpral och gick ned dit. Kommissarien sade till honom att de hade två val: antingen kapitulera eller dö. Om de gav upp skulle de behandlas som normala krigsfångar och friges när kapitulationen undertecknats.

Rein bad kommissarien om att få några minuter ensam med sina män. För första gången under kriget diskuterade han med soldaterna i stället för att bara ge order. De kom överens om att ge upp och gick ut på gatan med en vit flagga. Omedelbart placerades de i en fångkolonn som marscherade till fots hela vägen till Ryssland. Rein kom inte hem igen förrän 1949.

SS-MANNEN DIERS OCH hans besättning var fast beslutna att inte hamna i ryska händer efter att de sprängt sin Kungstiger vid 7-tiden den 2 maj.

> I kaoset på gatan [Schönhauser Allee] hade jag fortfarande besättningen vid min sida och kunde efter lång tid övertala föraren av en Opel Blitz att köra över denna breda gata som utsattes för hård beskjutning av ryssarna, för bara den första bilen hade en 100-procentig chans, allt annat är förlorat. När jag övertalat föraren hämtade jag min besättning och berättade vad som var på gång, att de måste klamra sig fast på vänstra sidan av lastbilen och försöka komma över till andra sidan av gatan. Samtidigt strömmade också massan av människor, soldater, fram och försökte likaså med hurrarop korsa denna gata och liken hopades allt högre så att även denna framvällande våg pressades tillbaka, vilket inte var så enkelt, eftersom de bakre leden inte såg vad som skedde där framme och hela tiden tryckte på.
>
> Opel Blitz-lastbilen startade, kom också över korsningen och blev liggande på andra sidan, den var sönderskjuten. Min besättning vågade inte hoppa på och blev kvar där, själv kom jag över men jag var sårad och haltade fram ytterligare ett par kilometer och hittade sedan en Adler Cabriolet.
>
> Vår laddare, Alex Sommer, fick vid det tillfället ett skott i magen och saknas ännu idag, skytten fick en lättare skada och gick sedan i rysk krigsfångenskap tillsammans med signalisten och föraren. Jag fortsatte färden med den vita Adlern som jag hade hittat och träffade därefter på en utbrytningsgrupp med fem stormkanoner och en mycket stor kolonn av militär och civila på lastbilar, militärambulanser, sårade osv.
>
> Vi bröt oss ut i riktning Nauen–Oranienburg, passerade igenom samhällen, delvis utsattes vi för en mordisk eld av ryssarna, alla som sårades blev liggande. En del av dem som blev liggande bad om en handgranat eller ett nådaskott. Man kunde bara dela ut handgranater för att hjälpa dessa pojkar så länge de fanns i förråden. En militärambulans som rullade framför mig med två eller tre våningar, det hade varit en lastbil, hade fått en träff [och] där hängde de sårade skrikande på väggarna, det var en fasansfull syn.[52]

Diers anslöt sig till en mindre grupp som fortsatte kämpa sig fram mot väster, men en efter en gav upp eller blev infångad av ryssarna och till slut var Diers ensam kvar. Men den 17 juni blev även han tillfångatagen efter att ha blivit angiven av en tysk man i Havelberg, vars brors- eller systerdotter han räddat från att drunkna. Först julen 1949 släpptes han ur rysk krigsfångenskap.

MAJORITETEN AV BERLINS försvarare gick emellertid i rysk fångenskap när garnisonen kapitulerade på eftermiddagen den 2 maj. Enligt sovjetiska källor tog de ryska trupperna 134 000 fångar i Berlin, men i den summan ingår sannolikt även de civila som deporterades till arbetsläger i öster.[53]

SS-mannen Sten Eriksson mötte de ryska segrarna iförd bara träningsshorts och en civil skjorta:

> Vi var väldigt dåligt underrättade och hade inte klart för oss vad som hände runtomkring. [...] Men vem var intresserad av sådant just då? Jag visste att allt var slut och ville bara komma levande därifrån. Rysk fångenskap var en omöjlighet.
>
> Jag befann mig på tunnelbanestationen Kochstrasse tillsammans med min norske kamrat när vi fick besked om att kriget var slut på natten till den 2 maj 1945. [...] Jag övertalade honom att vi måste ta oss därifrån, ut ur Berlin. Han bytte om till de civilkläder han hade med sig och var ganska snyggt klädd. Men jag hade ju nästan ingenting i ränseln – bara shorts och en skjorta, men jag tog på det i alla fall. [...] Högtalarbilar for runt och uppmanade alla att bege sig hem till sitt. För vår del var det inte lämpligt att ge sig ut, men det gjorde vi i alla fall, och det dröjde inte länge förrän vi blev gripna av en rysk patrull. De var väldigt hätska mot oss, vilket inte var särskilt underligt.
>
> Min norske kamrat hade ett norskt identitetskort av något slag och tack vare det fick han gå. Men jag hade inget utan fördes till rikskansliet. Jag visste inte att det låg så nära. Där fördes jag ned och fördes runt i gångar och rum och undrade vad det skulle bli av det hela. Sedan lämnades jag där, utanför vad jag upplevde som en lasarettsingång. Där satt jag sedan medan folk kom och gick. Till slut kom det någon och frågade vad jag gjorde där. Soldaten frågade roat om jag var nervös, för jag skakade så. ”Nej, jag fryser”, svarade jag, för jag hade ju bara shorts på mig och det började bli kyligt. Därefter försvann han men kom strax tillbaka med en snygg sommarrock som han hittat någonstans. Den kan ha tillhört Goebbels eller någon annan, vad jag vet. Men jag var ju inte mer klädd för det. Jag hade fortfarande grova soldatkängor på mig och var smutsig och eländig. Jag måste ha sett hemsk ut, men det visste jag inte själv.
>
> Till sist fördes jag därifrån tillsammans med en annan man som var i 45–50-årsåldern och hade arbetat som telefonist i rikskansliet. Vi fördes långt

> bort, jag vet inte vart, men det var en ruskig vandring. I andra riktningen gick oändliga kolonner av tyska soldater på väg in i fångenskapen.
>
> Slutligen kom vi till en fängelsebyggnad där vi fördes in. Först förhördes telefonisten och han kom tillbaka helt sönderslagen. Så det började ju "bra". Därefter var det min tur. Jag kom in i rummet och sa att jag var svensk journalist och att jag jobbade i Berlin, vilket inte var helt osant. Då frågade de varför jag såg ut som jag gjorde, vilket jag försökte förklara. Livrädd som jag var spelade jag enfaldig och de hade till slut väldigt roligt åt mig. Förhörsledaren frågade mig var den internationella pressklubben låg och jag visste att den fanns på Fasanenstrasse, även om jag aldrig varit där. Men jag kom i alla fall därifrån helskinnad och fördes till ett läger för utlänningar. Det var i högsta grad överbefolkat och det gick inte ens att ligga på golvet, utan man var tvungen att sitta. Där stannade jag bara en natt eller möjligen två. Så här långt efteråt tycker jag inte att det var längre än ett par dagar. Så fort jag såg en ryss dök jag på honom och bad om att få kontakta svenska beskickningen.
>
> Hur det nu var så favoriserade någon mig där i lägret och gav mig mat. Och några dagar senare bad han mig komma och titta på en lastbil som anlänt. På flaket låg det flera svartnade lik och ryssen jublade och påstod att det var Goebbels familj. Men det vet jag förstås inte. Därefter var jag på honom igen om svenska beskickningen. "Gå då", svarade han. Men jag bad om att få ett papper som intygade att jag var fri. "Njet dokumenty", svarade han bara och jag fick gå ändå.
>
> Såsom mycket annat underligt under dessa dagar råkade jag gå rakt på beskickningen, som jag inte visste var den låg. Men där ville ingen veta av mig. Ändå kom någon till slut och förbarmade sig över mig. Jag fick ett provisoriskt pass – ett papper utan foto – och med det i handen gav jag mig iväg och anslöt mig till utlänningarna på marsch västerut.[54]

Staden brann fortfarande och ett tungt rökmoln vilade över husruinerna. Här och var hördes kulsprutesalvor, men det var omöjligt att avgöra om det rörde sig om enstaka strider eller glädjesaluter över att den tyska garnisonen gett upp. Via högtalare kungjordes gång på gång kapitulationen på ryska och tyska. Ryska och tyska officerare for runt och underrättade trupperna. Tärda tyska soldater kom upp ur tunnelbaneschakt, källare och kloaker och gick "i gåsmarsch" till de platser där de måste lämna ifrån sig vapnen.

Berlin kapitulerade klockan 15.00 den 2 maj. Samma dag befann sig general Katukov i närheten av rikskansliet och såg hur en fångkolonn passerade förbi med några generaler i spetsen. En av generalerna väckte Katukovs intresse när han stannade upp och gav en av de ryska stridsvagnarna ett långt ögonkast, varefter han fortsatte marschen med sänkt huvud.

”Vem är denne general?” frågade Katukov en annan officer och fick svaret:

”Weidling, general Weidling.”[55]

Det var kommendanten för Berlin som han hade mött i strid flera gånger under kriget. Frampå kvällen åkte Katukov tillsammans med några andra officerare genom staden, där röken fortfarande steg upp från de nyss slocknade bränderna. Vart de än såg firade soldaterna med kramar, kyssar, sång och skratt. Bredvid stridsvagnarna dansade pansarsoldater segerdanser. En av officerarna kom på idén att de skulle åka till rikskansliet.

”Var är Hitler? Visa oss honom!” sade de till kommendanten för rikskansliet, överste Sjevtsov.

”Han har smitit, det svinet. Visserligen till livet efter detta, men ändå. Bara hans förkolnade kropp finns kvar”, genmälde kommendanten.

Sällskapet fick en guidad tur ned i bunkern via en brant trappa. Därnere såg de en lång korridor med många rum på varje sida. Översten ledde dem till en dörr som Katukov upplevde som en kassaskåpsdörr.

”Här huserade han”, förklarade Sjevtsov och släppte in officerarna som kunde ta sig en titt på hans brandskadade privata rum medan deras guide förklarade att bunkern täcktes av en tjock platta av armerad betong som skydd mot bomber och granater.

I ett annat rum låg liket av en man i tysk generalsuniform.

”Arméns generalstabschef, general Krebs”, kommenterade Sjevtsov medan de klev över liket.

Odjurets håla hade den sovjetiska krigspropagandan stakat ut som det främsta målet för Röda armén. Närmare än så här gick det inte att komma, tänkte Katukov när han återvände till dagsljuset.[56]

VÅLDTÄKTERNA PÅ TYSKA kvinnor i Berlin fortsatte i ännu större omfattning under dagarna efter den tyska kapitulationen. Ingeburg Menz, som redan blivit våldtagen flera gånger under striderna, minns kapitulationen:

> Först då började skådespelet ordentligt för oss. Vi båda väninnor hade ingenstans att ta vägen längre, huset brann ända ned i källaren, redan innan närstriderna avslutats måste vi rädda oss till en ruin krypande på knäna under beskjutning. Senare kunde vi inte gömma oss någonstans. Hos ryssarna hade det blivit känt att det fanns två unga söta flickor på den lilla gatan. Tyskarna lät oss inte stanna hos sig. De sade: "Där ni är, är ryssarna." Ibland grävde vi ned oss under kolet i en källare. Men inte heller där kom vi undan. Överallt bakom oss ryssar, framför oss de sprängda broarna på Heerstrasse, över Havel fanns det alltså inte någon väg. Det fanns bara en chans att undkomma kanske hundra våldtäkter: Den ryske officeren som förde befälet över ryssarna som inkvarterats där blev vår "beskyddare". Men även han ville ligga med mig. Det var det minst onda [...][57]

Fru J., som var chefssekreterare på en kvinnoklinik i Charlottenburg, erinrade sig senare:

> Bilden som jag gjorde mig av ryssarna på den tiden var kluven. Å ena sidan hade de inget medlidande med några kvinnor som föll i deras händer, å den andra tog de hand om de sjuka och sårade. När professor Sch. en gång avvisade en tysk kvinna som förmodligen var ganska svårt skadad vid bunkerns dörr, eftersom det inte fanns någon möjlighet till tak över huvudet eller operation, krävde ryssarna kategoriskt att hon skulle behandlas och skällde ut professorn.[58]

Borta i Potsdam trodde inte Edelgard von Bredow och hennes lillasyster Britte på våldtäktshistorierna, men när de första kvinnorna hördes skrika i grannskapet gömde de sig på vinden. Däruppe under takstolarna låg Britte, Edelgard och deras lillasyster Magda och läste kärleksromaner i en veckas tid:

> Vi låg och lyssnade när den förste ryssen kom hem till oss. Mormor satt ensam på en stol i köket och när ryssen sträckte fram högerarmen för att ta klockan som hon hade på bröstet missuppfattade hon och svarade "Heil Hitler". Men det hände henne ingenting. Ryssen tog klockan och försvann. Ryssarna hittade oss aldrig, eftersom luckan upp till vinden var dold. Klockan elva varje kväll smög sig mormor upp och gav oss mat.[59]

Huset på Holsteiner Strasse 18 i Steglitz var oskadat. Stefan Doernberg bromsade in sin jeep med Stalinporträttet på framför huset. Vita fanor hängde överallt, även från fönstren på denna hyreskasern den varma eftermiddagen den 2 maj. Doernberg var på sightseeing utan eskort i sin egen födelsestad, men nästan allting var oigenkännligt för honom, fast det här huset mindes han väl. Det var där han hade vuxit upp som liten pojke tills hans föräldrar hade gått i exil i Moskva efter Hitlers maktövertagande – att vara både kommunister och judar var en ytterst ohälsosam kombination i den nazistiska rasstaten.

Kaptenen styrde stegen mot några människor som stod utanför porten.

”Vem är portier i detta hus?” frågade han.

En äldre man stammade ängsligt fram att han varit portvakt sedan 1928. Ordet ”portier” hade inte varit i bruk sedan före 1933 och lät förmodligen egendomligt i tyskens öron. Kaptenen kände inte igen honom, men däremot en annan man som med hes konstig röst frågade efter hans ärende. Doernberg erinrade sig att han var en skomakare som fått stämbanden skadade när han var soldat under första världskriget. När Doernberg sade detta utbrast mannen:

”Är inte ni den unge Doernberg? Hur mår er far och mor? Lever de båda fortfarande?”

Doernberg svarade att de nog skulle återvända från exilen snart.

Några andra hyresgäster vågade delta i konversationen som rörde sig kring gamla tider. Doernberg berättar:

> Glädjen var nog inte bara spelad, för man hoppades kanske också att jag skulle kunna beskydda dem på något sätt. Också därför erbjöd invånarna mig att kasta en blick i vår före detta lägenhet på fjärde våning, vilket jag gärna gjorde. Kvinnan som bodde i lägenheten bönade och bad att jag inte skulle ta lägenheten ifrån henne, inte kasta ut henne och skicka henne till Sibirien. Hon hade fått sig den tomma våningen anvisad. Om nödvändigt skulle hon flytta ut, men behövde lite tid på sig. Jag försökte lugna henne. Jag hade inte för avsikt att återvända till huset. Säkerligen inte heller mina föräldrar. Vi var ju bara hyresgäster, inte ägare. En deportation till Sibirien eller andra skräckspöken som nazipropagandan hade tutat i befolkningen behövde hon inte vara rädd för. Jag hade ju bara kommit till Steglitz av nyfikenhet eller en känsla av hemlängtan.[60]

Besöket avslutades med en kopp tunt blaskigt kaffe hos portvakten och Doernberg lovade att komma tillbaka och hälsa på snart igen. Det gjorde han inte.

MORGONEN DEN 3 maj grydde utan skottlossning, men fortfarande stack brandröken i näsan. Otaliga sovjetiska soldater myllrade omkring på gatorna och röda fanor vajade överallt, liksom vita flaggor från de bostadshus som ännu var relativt intakta. Vasilij Subbotin såg sig förundrat och misstänksamt omkring:

> Överallt vajar våra fanor. Även på Brandenburger Tor. Fortfarande omtöcknade av striderna går vi genom Berlin. Och fastän Berlin har kapitulerat, fastän bränderna har slocknat, misstror vi tystnaden.
>
> Vid riksdagshuset befinner sig en liten bräda med påskriften ”avminerat”. Ända sedan Warszawa dyker dessa små skyltar upp. ”Vägen till Berlin är avminerad.” Och nu äntligen vid riksdagshuset.
>
> Avminerat. Det är skrivet med svart färg och tvingar oss att stanna till. Det verkar som en punkt.[61]

Exakt hur många tyska och ryska soldater som stupade under striderna om Berlin kommer eftervärlden aldrig att få veta, men den sovjetiska Berlinoperationen hade kostat Röda armén stora människooffer.

De sovjetiska styrkor som deltog i erövringen av Berlin förlorade sammanlagt 304 887 man i döda, sårade och saknade mellan den 16 april och 2 maj 1945. Av dessa påstås 20 000 ha stupat på Berlins gator – det motsvarar antalet begravda soldater på de tre ryska krigskyrkogårdarna i Berlin.[62] Senare beräkningar visar på ännu högre sovjetiska förluster: 352 474 man varav 78 291 stupade. Och då tillkommer förlusterna för de polska styrkor som slogs i Röda arméns led: 8 852 man varav 2 825 stupade.[63]

De materiella sovjetiska förlusterna i slutoffensiven uppgick till 2 156 stridsvagnar och stormkanoner, 1 220 artilleripjäser och granatkastare samt 527 flygplan.[64]

Ryssarna hävdade senare att de tog 134 000 krigsfångar i själva Berlin, varav 34 000 av Första ukrainska fronten.[65] Under hela Berlinoperationen påstods de tre sovjetiska armégrupper som stormade över Oder och Neisse (Zjukov, Konjev samt marskalk Rokossovskijs Andra vitryska front) ha tagit 480 000 krigsfångar, erövrat 1 500 stridsvagnar, 8 600 artilleripjäser och granatkastare samt 4 500 flygplan. Röda armén inkluderade då sin vana trogen inte bara den intakta fientliga krigsmaterielen utan även allt som förvandlats till skrot på slagfältet.[66]

Hur stora de tyska förlusterna var i själva Berlin är mycket osäkert, eftersom någon exakt statistik inte existerar. Enligt en uppgift från tiden strax efter kriget dödades 22 349 civila av "direkt krigsinverkan". En betydligt lägre uppskattning talar om 10 000 civila dödade i gatustriderna. Antalet stupade tyska soldater tros enligt samma källa ha varit ungefär lika stort.[67]

I de allierade flygräderna mot Berlin omkom för övrigt 49 000–56 000 civila berlinare.[68]

BERLIN VAR EN spökstad när kriget var över. Statistiken talar sitt tydliga språk: Av mer än 7 000 km gasnät var bara 14 km funktionsdugligt, alltså mindre än en procent. Ingen av de åtta gasklockorna fungerade. För första gången sedan 1847 var Berlin en stad helt utan gasförsörjning. Av 225 broar var 140 förstörda. Spårvägens kontaktledningar hade förstörts till 95 procent och 420 spårvagnar hade förvandlats till skrot. Av cirka 900 bussar fanns endast 18 kvar. Tunnelbanan hade drabbats av svåra skador. Vissa sträckor hade översvämmats och sex stationer var helt ödelagda. Av de 1,65 miljoner bostäder som existerat 1943 var mer än var tredje totalförstörd. Av 245 000 byggnader låg 50 000 i ruiner. Av industrikapaciteten hade 60 procent försvunnit. Av 649 skolor var 357 helt i ruiner. Av 26 000 sängplatser på sjukhusen fanns det bara 8 500 kvar. Sammanlagt hade 28 kvadratkilometer bebyggt område ödelagts fullständigt. Spillrorna skulle ha räckt för att bygga en 35 meter bred och fem meter hög dammvall från Berlin till Ruhrområdet. Ransoneringskorten visade att det fanns 2,6 miljoner människor som krävde försörjning i denna öken.[69]

UNDER TIDEN SOM en del av 9. arméns tidigare soldater varit med och utkämpat slutstriden om Berlin pågick en annan dödskamp i skogarna några mil söder om staden. Där stod general Busse inför valet att slåss till sista man där han stod eller att bryta sig ut mot väster. Att kapitulera var aldrig något alternativ, ansåg generalen.

Kapitel 17

# Slakten vid Halbe och dödsmarschen till Elbe

28 APRIL–1 MAJ 1945

MARSKALK KONJEVS PANSARKOLONNER fortsatte att rulla på autobahn från Cottbus i riktning mot Berlin under de sista aprildagarna, medan Busses 9. armé utkämpade en förtvivlad dödskamp långt inne i skogarna på deras högra sida. Löjtnant Michail Kadochkin, skytt på en Josef Stalin-stridsvagn, lyssnade till brummandet från vagnens dieselmotor på 520 hästkrafter. Besättningens humör var på topp för de var på väg till sista striden om Berlin och färdades dit på en bekväm motorväg.

Kadochkin kunde inte låta bli att njuta av skönheten hos den ståtliga tallskogen som kantade vägen, men då hörde han plötsligt stridsvagnsföraren Pjotr Gritsenkos röst i de knastriga hörlurarna:

"Kamrat löjtnant, oljetrycket sjunker."

"Få den att gå till nästa stopp", svarade vagnchefen löjtant Muchamed Atajev.

Stridsvagnen hade tidigare gått på en mina men reparatörerna, som hållit på hela natten, hade inte upptäckt att även oljesystemet skadats. Kadochkin mulnade där han satt i tornet. "Fattas bara att bli fast på vägen hela natten", tänkte han.

Pansarkompaniets chef, Dzjubenko, och löjtant Atajev bredde ut kartorna vid nästa marschpaus. Kadochkin hörde kompanichefen förklara för Atajev att "vårt kompani ska anfalla mot Halbe för att hindra fienden från att nå motorvägen. Er stridsvagn ska skydda regementets högra flank och hålla vägkorsningen. Ni går i ställning i närheten av byn Freidorf." Sedan pekade kompanichefen mot tallskogen som Kadochkin nyss tyckt var så vacker och fridfull.

"Nazisterna har betydande styrkor i skogen där borta. Självklart kommer de att försöka bryta sig igenom mot Berlin, eller någonstans i riktning mot väster. En verkstadsbil kommer snart för att fixa er vagn."

Resten av pansarkolonnen försvann i fjärran, medan den trasiga stridsvagnen kamouflerades i ett busksnår, varifrån de hade ett utmärkt skjutfält mot vägen och skogsbrynet på andra sidan. Kaodchkin satt tillsammans med Atajev i tornet och studerade terrängen genom periskopet för att försöka lista ut varifrån tyskarna kunde tänkas komma. Från vägkorsningen ledde två avtagsvägar in i skogen – den ena var en fin asfaltsväg men den andra var bara en vanlig skogsväg som korsade en liten bäck. Kadochkin undrade vad kompanichefen egentligen menade med ”betydande styrkor”. Han hade ingen aning om hur många tyskar de hade framför sig eller vart de var på väg.[1]

I DE TÄTA brandenburgska skogarna sydöst om Berlin fanns det i själva verket tiotusentalstals desperata tyska soldater och otaliga civila som inte ville hamna i rysk krigsfångenskap utan var beredda att ge sitt yttersta för att nå amerikanerna eller britterna, där de räknade med en betydligt mildare behandling. Eller rent av med att få deras hjälp i kampen mot Röda armén, om ryktena talade sanning.

Mellan träden trängdes soldater, flyktingar och militärfordon av alla slag med varandra. Det fanns knappast någon plats för de större förband som ännu existerade att röra sig i den hoppressade säcken, vilken numera endast omfattade en yta på uppskattningsvis tre gånger fem kilometer öster om Halbe och motorvägen mellan Cottbus och Berlin. Den 25-årige SS-furiren Eberhard Baumgart minns hur ”officerare av lägre grader försöker hålla samman sina soldathopar eller över huvud taget samla ihop dem till att börja med”.[2] Och fastän det sovjetiska flyget inte alltid kunde upptäcka fienden med blotta ögat träffade nästan varenda projektil någon eller något. Ingen vet hur många människor som fanns där, men enligt en gissning handlade det om 30 000 soldater och 10 000–15 000 civila.[3] Av 9. arméns tunga vapen återstod vid det laget endast 30–50 fungerande stridsvagnar, några artilleribatterier och elva pansarvärnskanoner, men bränsle- och ammunitionsbristen var akut.[4] Antalet övriga militära fordon – stormkanoner, pansargrenadjärernas halvbandvagnar, stabsbilar, dragbilar och trossens transportfordon – är okänt, men trossen bör ännu ha haft kvar flera hundra bilar av olika sorter och därmed ha svarat för merparten av trafikkaoset i säcken.

SS-mannen Horst Haufschildt, vagnchef på en stormkanon som retirerat till trakten av Märkisch-Buchholz, en by några kilometer öster om Halbe, kunde följaktligen slå fast att ”skogen inte längre var någon skog. Där fanns bara trädstumpar, sönderskjuten krigsmateriel, däremellan döda, hästkadaver, sårade, kringirrande kvinnor och barn, åldringar och soldater. Överallt en bild av fasa.”[5] Av det hundratal byggnader som existerade i Märkisch-Buchholz återstod bara tio när striderna var över. Fänriken Manuel Schuhmacher från V. arméкåren tyckte att de utmattade flyktingar som skockades kring armefordonen i hopp om beskydd ”såg ut som om de struntade i vart de var på väg så länge som det bar mot väster. Några av dem verkade ha varit ute på vägarna i flera veckor, för att inte tala om månader.”[6]

RÖKT KORV SAMT skorpor doppade i vatten avåts under tystnad i den trasiga Josef Stalin-vagnen vid *Autobahn*. Skytten Kadochkin tänkte på att kriget var nästan över och hemresan till familj och vänner var hägrande nära. Det gällde bara att kämpa lite till och försöka överleva. Tallskogen framför dem verkade öde, men ingen av dem tog risken att öppna luckorna, även om det började bli kvavt innanför pansarhöljet. Föraren Gritsenko retades med Kadochkin:

”Du Michail. När du återvänder till Moskva kommer de att vilja veta om du var i Berlin. Så du måste säga till dem att du åkte förbi eller snarare att du aldrig kom fram dit därför att din stridsvagn gick sönder.”

”Oroa dig inte, jag kan svara för mig själv”, svarade Kadochkin. ”Förresten kommer du att få samma frågor. Och hur som helst, tror du inte att vi kommer till Berlin? Staden har ju inte fallit än, eller hur? Vi kommer att nå fascisternas lya.”

Samtalet ebbade ut. Alla kände sig sömniga och just som föraren kurat ihop sig på sin plats började artillerield dåna någonstans till vänster om dem. Först sporadiskt, sedan allt intensivare. Kadochkin pressade ögonen mot periskopet och lät blicken svepa fram och tillbaka längs skogsbrynet. Om han ändå hade kunnat se rakt igenom trädridån och upptäcka vilka hemligheter skogen ruvade på, tänkte han.[7]

UNDER MORGONTIMMARNA DEN 28 april hade en del av 9. arméns trupper utan general Busses vetskap inlett ett utbrytningsförsök med en stridsgrupp i ”divisionsstorlek” och ett tjugotal stridsvagnar i trakten av Halbe för att komma ut ur detta förtvivlans näste. Huvuddelen av denna styrka sköts uppenbarligen i småbitar strax efter att den lämnat utgångsställningarna, men en del av pansarförbanden tycks ha nått fram ända till motorvägen.[8]

KADOCHKIN VAR DEN som upptäckte dem först. Fem stora mörka föremål i skogsbrynet där den smala skogsvägen försvann in bland träden. Pansar. Men vilken sidas? Och vilken typ?

En halvtimme senare kom svaret när föremålen sakta började krypa ut på vägen. Som rovdjur vilka vädrade fara i luften. Sju stycken tyska stridsvagnar och stormkanoner. De tre brungulfärgade stridsvagnarna rullade först i raden. Kadochkins finger vilade redan på den elektriska avfyringsknappen och i siktet följde han tätstridsvagnens framfart.

”Lugn Kadochkin. Ingen brådska, låt dem komma närmare”, sade löjtnant Atajev. Skytten hade inga svårigheter att lyda den ordern eftersom han var känd för sin kallblodighet. Över 30 förstörda tyska stridsvagnar stod redan på hans meritlista.

Tätstridsvagnen var nu 800 meter från dem och Kadochkin kunde tydligt se de malande larvbanden som glimmade i solen där de hade slipats stålblanka av grus och sten.

”Eld!” nästan viskade vagnchefen och en mjuk rekyl följde när 122 mm-granaten jagade iväg genom loppet. Den första stridsvagnen försvann i ett moln av rök. Några ögonblick senare satte Kadochkin nästa granat i stormkanonen som for sist i kolonnen. Det hade förlöpt med oerhörd precision. De tyska stridsfordonen avlossade några skott till försvar, men ryssarna hade haft överraskningsmomentet på sin sida.

”Mot andra stridsvagnen, eld!” beordrade Atajev.

Ena drivhjulet på stridsvagnen förstördes av granaten och vagnen började kränga åt det hållet. Besättningarna i den kvarvarande stridsvagnen och stormkanonerna hoppade ur och sprang sin väg. Några av dem stod dock kvar med höjda armar, de andra försvann till skogs.

Atajev gav order att inte skjuta mot dem. ”Låt de som inte vill slåss leva.”

En liten stund senare var sovjetiskt infanteri på plats och gick i ställning längs motorvägen för att möta nya tyska framstötar.

Först vid 17-tiden anlände äntligen verkstadsbilen och reparatörerna skred genast till verket. Reparatörernas förman pekade mot de brinnande och övergivna tyska pansarfordonen och frågade lakoniskt: ”Ert verk?” Besättningen nickade samfällt. Under hela reparationsarbetet satt Kadochkin kvar i tornet och spanade mot skogsbrynet genom siktet.

”Dubbla deras antal, pojkar!” ropade en av reparatörerna till avsked.[9]

DEN 28 APRIL rapporterade general Busse att slutet för 9. armén hade kommit:

> Det kroppsliga och själsliga tillståndet hos officerare och soldater liksom ammunitions- och drivmedelssituationen tillåter varken något eget genombrottsanfall eller en lång tids försvar. Synnerligen belastande är den upprörande nöden hos civilbefolkningen vilken är hopträngd i säcken. Endast genom de åtgärder som samtliga generaler vidtagit har det lyckats att vidmakthålla truppernas stridsberedskap fram tills nu.[10]

Stridmaskinen hade nått sin yttersta gräns. Allt höll på att kollapsa, befälskedjor och strukturer upplöstes. Men dagen dessförinnan hade Busse meddelat att hans armé självfallet skulle slåss in i döden: ”Hållning och kamp till slutet [är en] självklarhet för 9. armén.”[11]

Huruvida detta var ett medvetet försök att dölja en räddningsaktion för Hitler eller bara ett sätt att försäkra sig om en plats i de preussiska annalerna lär eftervärlden aldrig få veta med säkerhet. Det finns svårkontrollerade uppgifter om att det slutligen var en grupp yngre officerare som lyckades övertala den tvekande armébefälhavaren att genomföra ett nytt utbrytningsförsök.[12] Men han kan också ha påverkats av en order från generalöverste Jodl vid OKW som nådde honom den 28 april:

> Utvecklingen av situationen [i] Berlin erfordrar omedelbart genombrott [av] 9. armén västerut – i slutna förband eller enskilda stridsgrupper – och [att] ännu stridsdugliga förband förenar sig med 12. armén.[13]

Att ett sista försök att slå sig ut höll på att ta form var något som många av 9. arméns soldater ännu inte hade en aning om – åtskilliga kände inte ens till att de hade blivit omringade. Och i skogarna kring Märkisch-Buchholz och Halbe fick många av dem endast veta det ryktesvis. Till dessa lyckligt ovetande räknades majoren Kurt Wurach som varit på väg i flera dagar med sitt veterinärkompani vilket bara hade 35 man och några hästvagnar kvar. Han hade ingen karta att navigera efter och hela tiden måste soldaterna avbryta marschen för att störta in i snåren och ta beteckning när de angreps av lågflygande ryska flygplan.

Här och där såg han andra smågrupper av soldater som irrade omkring lika planlöst som han själv. Någonstans nära Märkisch-Buchholz frågade han en sergeant ur artilleriet:

”Vart kan man ta vägen?”

”Gå till Halbe”, svarade artilleristen lakoniskt och pekade ut riktningen.

Så småningom kom de ut på en bredare landsväg där större infanteriförband hela tiden marscherade förbi. ”Gå rakt fram, det finns infanteri där framme”, sade någon till dem. En stund senare träffade de på ett infanteriregemente som hade slagit läger mellan träden vid sidan av vägen och en uppblåst löjtnant i läderrock granskade Wurach högfärdigt när veterinären bad att få prata med regementschefen. Wurach förklarade att han förlorat kontakten med sitt eget förband och ville ansluta sig till dem.

”Överstelöjtnant Busch är i konferens, ni kan inte få prata med honom”, svarade löjtnanten korthugget.

Efter det kyliga mottagandet hade Wurach ingen lust att stanna där, utan vände sig därefter till sina kvarvarande soldater och sade till dem att så fort det öppnade sig en lucka i strömmen av förbipasserande fordon och soldater skulle de försöka klämma in sig där. Det gjorde de, men efter en stunds marscherande kom ordern:

”Lämna alla vagnar och fordon, ta bara med vad ni kan bära!”

Arméveterinären förstod då vad det var frågan om och förberedde sina soldater på det stålbad som väntade även om inte heller han kunde föreställa sig hur ofattbart grymt det skulle bli:

> Vi schasade in hästarna i skogen. Nu var vi glada att vara tillsammans med en större enhet, eftersom det gav mer skydd och det fanns ett visst mått av ledarskap. Vid det laget var vi åtminstone 300 man. Jag sade till mina mannar att vi förmodligen skulle tvingas riskera någonting nu om vi alls ville komma hem.[14]

Halbe: Alla 9. arméns förhoppningar skulle snart fokuseras på denna obetydliga lilla ort – liksom all desperation och alla fasor. I Busses tankar dök Halbe upp som det enda alternativet – det var här hans trupper måste igenom om de skulle komma ut ur det hårdnande ryska brottargreppet. Detta var den lättaste platsen att korsa motorvägen, för härifrån ledde småvägar mot väster vilka soldaterna kunde utnyttja under marschen i riktning mot Elbe.

Cirka 1 200 människor hade sina hem i Halbe, en ort som inte hade särskilt mycket att skryta om. En träindustri som tillverkade vissa detaljer åt arméns lastbilar, en protestantisk kyrka, en liten järnvägsstation, bageri och en järnhandel var några av begivenheterna. Men bara några kilometer därifrån pågick i slutet av april 1945 planläggningen för ett anfall som för alltid skulle placera den lilla orten i krigshistoriens svarta bok.

SKOGSMÄSTARKONTORET KLEIN HAMMER var ett tvåvåningshus som en gång byggts för kejsar Vilhelm II:s jaktutflykter och låg inbäddat i natursköna omgivningar cirka tio kilometer fågelvägen nordöst om Halbe, nästan exakt i centrum av säcken. Innanför dessa väggar, som säkerligen hört många skrytsamma jakthistorier, hade general Busse inrättat sig under de sista dagarna och som alltid pågick en tät trafik av ordonnanser, kurirer, generalstabsofficerare med portföljer och befälsfordon av modell Kübelwagen framför arméhögkvarteret.

På eftermiddagen den 28 april tilltog detta vimmel alldeles lavinartat sedan Busse sammankallat alla kårchefer och divisionschefer som fortfarande kunde nås till en sista konferens klockan 14.00. Ingen officer från V. armékåren eller V. SS-bergsjägarkåren dök upp – kontakten med dessa staber var just då bruten. Liksom så mycket annat som har med dessa sista förvirrade och kaotiska dagar att göra är även uppgifterna om exakt var denna konferens hölls motstridiga. Vissa källor pekar ut själva huset Klein Hammer, andra ett grustag alldeles i närheten.

Busse och hans stabschef Hölz skildrade den hopplösa situationen för de församlade officerarna. Ammunitionen beräknades räcka ett par dagar till och nästan allt drivmedel som fanns kvar kluckade redan i de återstående fordonens bränsletankar. Något hopp om att Luftwaffe skulle kunna flyga in fler förråd fanns inte längre. Alternativen var att antingen göra något eller gå under där man stod. De närvarande officerarna tillfrågades om sin mening – kanske var Busse osäker på om de verkligen skulle följa hans order i det tröstlösa läget – och sedan fattades beslutet att våga en utbrytning. Från Halbe till 12. arméns linjer var det 60 kilometer fågelvägen rakt igenom sovjetockuperat område och ingen kunde säga hur stora fiendestyrkor som spärrade deras väg. Eller som general Busse själv uttryckte det tio år senare:

> Att tillryggalägga [...] sträckan till 12. armén tvärs igenom Första ukrainska frontens nordflygels bakre förbindelser kunde bara lyckas om genombrytningen skedde så snabbt att fienden inte kunde vidta några effektiva motåtgärder. Därför måste trupperna vara i rörelse dag och natt. Det kunde de bara om det starka ryska flygvapnets och de stora pansarstyrkornas verkan avtog så mycket som möjligt. Den enda möjligheten till detta erbjöd det breda skogsbältet från Halbe via Kummersdorf – norr om Luckenwalde. Detta så mycket mer som 12. armén lämnade det nedslående beskedet att den inte skulle komma att anfalla rakt österut utan mot nordöst i riktning mot Beelitz.[15]

Halbe, för närvarande i fiendens händer, var det första låset som måste låsas upp, orten var den smalaste delen av timglaset som alla måste komma igenom. Därifrån ledde två små vägar genom skogen fram till motorvägen Cottbus–Berlin några kilometer längre västerut. Efter att ha korsat motorvägen måste trupperna röra sig snabbt genom skogarna söder om den belägrade rikshuvudstaden innan fienden hade hunnit hämta sig och samla styrkorna. Om de blev fördröjda eller sinkade skulle marskalk Konjev sannolikt hinna krossa dem.

SS-GENERALEN MATTHIAS KLEINHEISTERKAMP, vars trupper varit mest i elden under hela återtåget från Seelowhöjderna till trakten av Halbe, fick av Busse uppdraget att slå bräschen i belägringsringen med resterna av sin kår. Kleinheisterkamp samlade omgående alla sina befälhavare, ned till bataljonscheferna, till ordergivning vid Klein Hammer. En hel del av dem dök emellertid inte upp – de hade stupat, sårats, tillfångatagits eller gick helt enkelt inte att få tag på i den tilltagande röran.

Enligt anfallsplanen skulle XI. SS-pansarkårens kvarvarande stridsvagnar och stormkanoner röja väg genom fiendens positioner i och norr om

Kapitulerande tyska soldater från Halbefickan på väg till ryska fångläger.

Halbe. Två anfallskilar organiserades. Södra anfallskilen hade fått det viktigaste uppdraget, att öppna bygatan rakt igenom Halbe för 9. arméns huvudstyrka, och utgjordes framför allt av de 14 återstående Kungstigrarna ur tunga SS-pansarbataljonen 502,[16] med ett kompani pansargrenadjärer ur "Kurmark" uppsuttna på halvbandvagnar och rester av ett kompani officerskadetter som närskydd åt stridsvagnarna.

Norra anfallskilen skulle skydda den södra mot flankangrepp från norrsidan och bestod av de resterande stridsvagnarna ur pansargrenadjärdivisionen "Kurmark" och vissa andra enheter ur samma division. Även spillrorna av SS-divisionen "Frundsbergs" spaningsbataljon ingick i denna grupp.

Omedelbart bakom den södra kilen som skulle ta vägen igenom Halbe skulle Busses och Kleinheisterkamps staber följa, tillsammans med "Kurmarks" stab och några andra restförband ur divisionen. Enligt planen skulle därefter de småskärvor som återstod av V. SS-bergsjägarkåren och V. armékåren marschera den här vägen när bräschen öppnats, men det gick inte på långt när enligt ritningarna. Genom att Busse placerade sig och sina närmaste officerare direkt bakom den starkast bepansrade spjutspetsen kunde han under de följande striderna bara föra befäl högst lokalt och arméstaben förlorade således kontakten med de övriga förbanden.[17] En konsekvens av detta var att de trupper som följde i kölvattnet på genombrottet helt lämnades åt sitt öde.

Till eftertrupp utsågs några allmänna kårenheter ur XI. SS-pansarkåren samt en bataljon stormkanoner ur en SS-division. Dessa leddes av SS-majoren May som egentligen var ingenjörsofficer.[18]

I utbrytningsområdet flockades också skingrade eller sårade soldater, samt kvinnor, barn och åldringar, men ingen av de högre officerarna inom 9. armén verkade egentligen ta någon särskild notis om dem. Befälhavarna koncentrerade sig på att hålla de hopskrumpna förband som ännu existerade intakta, och enbart de soldater och civila vilka själva klarade att hålla det planerade marschtempot efter utbrytningen kunde räkna med att bli räddade. Å andra sidan gjordes inte heller några försök att mota bort flyktingarna som bara riskerade att hamna i vägen för trupperna och lemlästas eller dödas under striderna. Desperationen och skräcken för ryssarna var emellertid så stor att många vågade sätta allt på spel, i synnerhet gällde det kvinnorna, SS-männen och de högre officerarna inom 9. armén vilka ansågs sig ha störst anledning att frukta den ryska hämnden.

Efter kriget försökte Busse ge sken av att han inte bara försökte rädda trupperna, utan även strävade efter att föra så många civila som möjligt i säkerhet. ”Från högste officer till siste man gjorde [9.] armén sitt yttersta för att rädda tysk mark och dess människor från ryssen”, skrev han. Men under de sista aprildagarna 1945 hade civilbefolkningen, som med generalens egna ord ”givit mening åt den sista kampen”, definitivt fallit bort från den prioriteringslistan.[19] I första hand var det fråga om att klara trupperna ur knipan, i andra hand gällde devisen ”rädde sig den som kan”. Problemet med flyktingarna tycks inte ens ha berörts när planerna för utbrytningen utformades. Begrepp som ”plikten” och ”den militära nödvändigheten” hade blivit fåfänga i den hopplösa situationen vid Halbe, men fortsatte ändå att tala till Busses samvete. Men framför allt drevs han och många av soldaterna av skräcken för ryssarna. För många tyska soldater framstod rysk krigsfångenskap som ett öde lika med eller ännu värre än döden.

Allt kvarvarande artilleri fick order att strax innan anfallet avlossa sina sista granater mot Halbe. Därefter skulle pjäserna sprängas och artilleristerna ansluta sig till utbrytningsgrupperna. Alla motorfordon som inte behövdes övergavs på Busses order och de värdefulla droppar som fanns kvar i deras bränsletankar pumpades över till stridsvagnarna och de andra stridsfordonen. Alla som kunde bära vapen, inklusive stabsofficerare, kockar och fältpostpersonal, organiserades också till stridsförband i den utsträckning som de resterande officerarna mäktade med att bringa ordning i virrvarret.

Bara en bråkdel av de svårast sårade kunde tas med på fordonen. Resten lämnades kvar på förbandsplatserna i skogarna om de inte kunde gå själva.

I SAMBAND MED den sista konferensen vid Klein Hammer påstås Busse ha skickat iväg ett bittert telegram med konstaterandet: ”Det verkar som om 9. armén redan är avskriven …” Detta sedan han insett att Hitler hade förrått hans armé, hävdade senare chefen för 9. arméns bakre områden, generallöjtnant Friedrich Bernhard, som också deltog i konferensen.[20] Belägg för att något sådant telegram skickats till vare sig armégrupp ”Weichsel” eller führerhögkvarteret existerar inte, däremot fanns det officerare i 9. arméns led som i sin tur hade ”avskrivit” general Busse. När chefen för ett luftvärnsregemente, överste Georg Tyroller, återvände från en ordergivning vid Klein Hammer berättade han för flera medlemmar av sin stab att ”där hade samlats en rad förbandschefer och generalstabsmän. Busse var det inte längre tal om.”[21] Förmodligen var det uppenbart att tyglarna börjat glida ur armébefälhavarens händer och att var och en hädanefter fick ta vara på sig själv.

Flera förband hade under de senaste dagarna agerat i enlighet med detta och genomfört ett antal misslyckade utbrytningsförsök på egen hand utan arméledningens godkännande, det senaste av dessa så sent som samma morgon av trupper som förmodas ha tillhört Kleinheisterkamp. Till sist tycks dessa egenmäktiga aktioner ha väckt Busse ur de senaste dagarnas apati och ha eggat honom till handling.[22]

Men att öppet ifrågasätta Busses order när denne befann sig inom hörhåll kunde fortfarande få fatala konsekvenser om man ska tro en obekräftad historia som återberättats i flera led: Inför utbrytningsförsöket lär han ha låtit samla ett stort antal soldater runtomkring sig på vägen mellan Märkisch-Buchholz och Halbe för att hålla ett tal.

”Alltihop är ju meningslöst, varför spilla mer blod?” kommenterade en av soldaterna halvhögt.

”Vem ropade det?” krävde Busse att få veta.

Då trädde soldaten vid namn Adolf Schick fram, ett pistolskott knallade och i nästa ögonblick låg han död i en blodpöl. Innan hans kamrater hunnit fatta vad som hänt var Busse redan försvunnen från platsen.[23]

SS-generalen Kleinheisterkamp åkte å sin sida runt stående upprätt i en halvbandvagn och försökte höja stämningen bland soldaterna: ”Män! Idag bryter vi igenom! Och vi kommer också att klara det!”[24]

OÖVERSKÅDLIGA KOLONNER AV soldater och civila marscherade på de sandiga skogsvägarna som bara upplystes av månskenet för att komma fram till utgångspositionerna för anfallet.

Ordern ”Avsittning! Ta med det nödvändigaste!” nådde den sysslolöse artilleristen Herbert Frieske som en viskning, fortplantad från fordon till fordon. ”Vi visste vad det betydde”, menade han. ”Det var gevär, ammunition, pansarnävar och handgranater!”[25]

De traskade förbi hundratals övergivna eller bara stillastående militärfordon och korsade en liten bro över den smala floden Dahme, som slingrade sig fram några kilometer öster om Halbe. Tusentals soldater var på väg åt samma håll men det var omöjligt att hålla samman förbanden i trängseln och oredan som präglade anfallsförberedelserna på många håll, enligt Herbert Frieske:

> Ingen visste längre vem han hade bredvid sig, ingen kände längre mannen framför. I en skogsgata stannade jag och ropade tyst namnet på mitt förband in i leden av efterföljande soldater. Det skymde redan när jag fick syn på vår kapten och avlade rapport för honom. Han satt insvept i sin rock vid ett träd och viftade bort mig helt apatiskt och trött. Som man senare berättade för mig ska han några minuter senare ha skjutit sig med en kula i huvudet på samma plats.[26]

Frieskes kapten var inte den ende som inte klarade mer. SS-generalen Friedrich Jeckeln hade fått ett nervöst sammanbrott och hans kår befann sig i fullständigt sönderfall. SS-översten Hans Kempin, befälhavare för SS-divisionen "30. Januar", påträffade honom sittande apatisk på en trädstam eller en stubbe i skogen inte långt från Klein Hammer.

"Nu är det slut, Kempin", sade Jeckeln när denne passerade.

"Kanske för er. Inte för oss", svarade översten avmätt.

Jeckeln försvann spårlöst och dök senare upp i sovjetisk fångenskap. År 1946 hängdes han i Riga på grund av de brott mot mänskligheten som han hade begått i Baltikum under kriget. "Jag tålde honom aldrig", anmärkte Kempin senare.[27]

Ett annat exempel var SS-majoren Thomas, en av de främsta officerarna i general Kleinheisterkamps stab, som i sin förtvivlan struntade i att vidarebefordra instruktionerna för anfallet och sköt sig i huvudet i stället.[28]

Flera befälhavare valde helt sonika att upplösa sina förband. En okänd soldat som stupade i Halbe hade dessförinnan skrivit i sin dagbok:

> Löjtnanten [...] och en kapten låg på den genomblöta marken, deras krafter var helt slut. Kaptenen samlade sig, lutade sig mot en trädstump och sade: "Kamrater, jag upplöser vår grupp. Den som anser att han fortfarande måste ... slår sig igenom till Berlin."[29]

Soldaten Marcel Staar, en luxemburgare som tvångsinkallats i tyska armén, låg i skogsbrynet i närheten av Halbe och inväntade anfallets inledning, men han tyckte inte att det fanns något som tydde på att fienden väntade på dem. "Det var relativt lugnt runtom samhället", konstaterade han.[30] Men att lugnet alltid kunde vara bedrägligt visste alla frontveteraner.

Klockan 18.00 inleddes artillerielden som också var anfallssignalen.

Från ett annat skogsbryn iakttog luftvärnssoldaten Hans Hansen hur artilleriet började bulta på de ryska ställningarna i byn. Salvorna dånade rytmiskt över hans huvud och han återvände till skogsvägen "där ändlösa kolonner av soldater och fordon långsamt strömmade västerut till utgångsställningarna för genombrottet. Då och då några bekanta ansikten, folk från vårt batteri."[31] De flesta förbanden hade börjat upplösas i ett enda huller om buller, fast ett betydande antal soldater var fortfarande beslutna att kämpa, anförda av de officerare som fanns kvar.

Men på grund av det stora antalet skingrade soldater som inte tillhörde något förband försenades anfallet med en halvtimme och kom inte igång förrän halv sju, vilket gav rödarmisterna i samhället tid att hämta sig efter bombardemanget och förbereda ett hett mottagande.

När artilleribatteriet som korpralen Heinrich Hesse tillhörde hade avfyrat de sista granaterna, gjordes kanonerna obrukbara och artilleristerna formerade sig enligt order för utbrytningen. Men i mörkret och kaoset gick många vilse och snart var de bara ett trettiotal man från batteriet som höll ihop. Framför dem tornade en kolonn av stålvidunder upp sig och de överraskade artilleristerna trodde först att det var fiendens. Stridsvagnarna visade sig dock vara tyska, vilka just stod i begrepp att gå till anfall och artilleristerna anslöt sig till skarorna bakom dem.

DÅ KUNGSTIGRARNA UR tunga SS-pansarbataljonen 502 startade motorerna utbröt det slagsmål om sittplatserna på pansaret mellan de kvarvarande officerskadetterna ur pansargrenadjärdivisionen "Kurmark". Martin Kleint var inte så snabb i vändningarna eftersom han kånkade på en tung kulspruta och han fick klamra sig fast på sidan av tornet på fjärde vagnen när kolonnen rasslade iväg in mot Halbe.

Hitom järnvägsövergången passerade de ett sågverk. Där gjordes en kort paus medan trupperna samlade ihop sig. "Så kusligt stilla staden är!" tänkte Ernst Streng, som förde befälet över tätstridsvagnen. Befälen böjde sig en sista gång över kartorna och spaningspatruller skickades ut, vilka rapporterade en pansarspärr vid västra utfarten ur samhället, cirka 300 meter bort. Efter att ha hört spaningssoldaternas rapport beordrade en general, förmodligen Kleinheisterkamp, kolonnen att sätta igång.

Martin Kleint var helt obekymrad eftersom han inte visste någonting om vare sig anfallsplaner eller fiendens positioner. Han kände sig bara glad över att få slippa nöta skosulorna. Den unge pansargrenadjärens förnöjsamhet försvann emellertid i ett nafs när kolonnen plötsligt överöstes av projektiler från ryska pansarvärnspjäser redan innan de nått fram till järnvägsövergången vid östra infarten. Kanontornet svängdes runt för att ta upp striden och Kleint hade fullt sjå med att hålla sig kvar. Då pansarvärnspjäserna tystats med några skott fortsatte kolonnen över järnvägen och Kleint urskilde ortsnamnet "Halbe" på stationsskylten. Han hade inte haft en aning som var de befann sig, men Halbe ringde inte någon klocka hos honom. Under tiden hade det slutat regna och skymningen hade inträtt.

Likt tysta vaksamma harar skuttade Heinrich Hesse och andra soldater över murar och staket och gjorde korta ruscher genom villaträdgårdarna tills de nådde andra änden av samhället. Allt var ännu olycksbådande stilla och det enda som hördes var dånet och rasslet av pansarkolonnen som svängde in på huvudgatan, vars bortre ända blockerades av den ovan nämnda pansarspärren – en spärr vilken ursprungligen byggts av folkstormssoldater för att hejda ryssarna, men som nu blivit en tillgång för fienden i stället.

Som i ett trollslag förvandlades gatan till ett inferno och rysk mynningseld blixtrade från alla sidor. Artillerigranater började falla över kolonnen och pansarvärnspjäser skjuta någonstans ifrån. Stridsvagnar sköts i brand och besättningsmän kämpade sig ut ur luckorna med uniformerna i ljusan låga. Infanterister sjönk ihop döende och sårade till höger och vänster. Allmän kalabalik utbröt och Kleint kastade sig huvudstupa ned från vagnen och rullade i skydd bakom ett alléträd.

Ernst Strengs stridsvagn hade nått en punkt bara 30 meter från pansarspärren av kraftiga stockar och grus när det brakade loss. De stod så illa till att de varken kunde skjuta eller retirera.

> På en ytterst smal front har en förbittrad strid flammat upp – från hus till hus, från gård till gård, från dike till dike! Gatan är översållad med döda och sårade; inkilad mellan stridsvagnarnas pansarsidor står bogserfordonen och lastbilarna lastade med sårade! Husen börjar brinna; flammande rött fladdrar det över taken och ut ur fönstren; skarpa explosioner ljungar genom mörkret. Den ryska försvarselden ökar för varje minut, framför allt den ohyggliga granatkastarbeskjutningen. Vilda skrik av smärta från sårade efter hjälp från de nedmejade leden som översållar körbanans och gångvägarnas stenläggning.
>
> Fosforgranater exploderar med vitglödande gnistor: Fientlig stridsvagnseld! Nu blir det allvar! – Medan de fientliga kanonernas mynningseld är svår att identifiera står våra vagnar som mörka kolosser mellan glödande flammor: Inga reträttmöjligheter åt höger eller bakåt! Generalens Kübelwagen som först stannade bakom oss har försvunnit; stridsvagn står efter stridsvagn och i denna situation får vi plötsligt en fullträff: bländande vitt blixtrar det till; inom sekunder står vagnen i lågor och är insvept i ett plågsamt ljus! Medan Ott [föraren] vrålar via internradion: ”Vagnen brinner!” sliter alla upp luckorna i vild skräck; hals över huvud faller vi handlöst ned

från tornluckan på gatstenarna och landar hårt. Ott faller på larvbandsskyddet och knäcker ett revben. Vi kastar oss bort från stridsvagnen och ned från gatan, men vänder oss om en gång till och i detta ögonblick besinnar vi oss: Mitt i röran av omkullfallna telegrafstolpar, taktegel och byggnadsställningar syns de mörka konturerna av vår stridsvagn, upplyst av lågande bränder. Nu begriper vi: Det måste ha varit en brandgranat! Vi springer tillbaka; den ene efter den andra klättrar ned i vagnen. Föraren sjunker stönande ned på sin plats; han tror inte att han kan köra mer och det mitt i all förvirring som omger oss. Men han måste köra – måste, måste! Vi skäller och ber – han kan ju inte överge oss – vagnens och besättningens öde vilar endast på honom! Våra hastiga ord avbryts av radiomeddelanden.

Kuhnke[s stridsvagn] svarar inte mer. Vad har hänt? Befälhavaren ger order om omedelbar reträtt bakåt, till tvärgatan. Men det är också på tiden. Att komma igenom här är inte att tänka på längre; nu handlar det om att med så små förluster som möjligt dra sig ur den åtdragna snaran.

Vid vändningen skjuts Kuhnkes stridsvagn i brand av en pansarbrytande granat. En Tiger som rullat fram bredvid oss (i mörkret och brådskan kan vi inte se om det är någon från vår pluton) är på väg att backa på trottoarerna, därvid griper larvbanden tag i framdelen av en tung lastbil, trycker ned chassit och motorn under stridsvagnsskrovet, varvid de heta avgaserna ur avgasrören antänder drivmedlet som tryckts ut ur tanken: Den plötsligt uppskjutande sticklågan sveper in lastbil och stridsvagn i ett eldhav! De svårt sårade som transporteras på bakpansaret och tornet störtar tillsammans med besättningen ned på gatan som levande facklor under vilda skrik av smärta – vem bryr sig om det? Var och en har fullt upp med sig själv! Omedelbart startar vi; för den brinnande stridsvagnen bredvid oss hotar att sätta eld på vår Tiger! Med en skarp stickläga sprängs Kuhnkes stridsvagn i bitar. Under ideliga explosioner sprutar ammunitionen ut i den omgivande nattens mörker över de glödande stridsvagnssidorna. Bakom oss har gatan redan utrymts. Bländade av eldskenet förflyttar vi långsamt backande vagnen in i mörkret bland träden. Larvbanden rullar över de söndermosade liken på gatan, vilka blir överkörda för kanske tionde gången. Sedan några minuter tillbaka ligger mitten av körbanan under stridsvagnsbeskjutning från pansarspärren ...

Vår stridsvagn gör en centrumsväng 180 grader och rullar tillbaka över gatan. Under dessa oroliga sekunder drabbas männen av en fatal känsla –

> en känsla som långsamt sänder kalla kårar utefter ryggen; i vilket ögonblick som helst kan en fientlig pansargranat träffa vagnens bakända och vi är medvetna om att den utan vidare slår igenom vår relativt svaga bepansring! När vi äntligen kan svänga in på tvärgatan känner vi djup tacksamhet mot ödet, som har låtit oss överleva den svåra och förlustfyllda striden![32]

Från sin plats bakom trädet såg pansargrenadjären Martin Kleint hur de ännu oskadda stridsvagnarna en efter en backade eller gjorde helt om för att ta sig bort från den farliga gatan. Samtidigt tryckte mer tyska trupper på bakifrån medan fientlig gevärseld brassade på ur fönster och gömställen mot infanteristerna som stormade fram på gatan.

En fältväbels stämma överröstade larmet: ”Kulsprutor och pansarnävar till täten!”

Från en av de backande stridsvagnarna kastade någon ned ett patronband till Kleint som därefter gjorde ett språng förbi en brinnande stridsvagn fram till nästa träd. Tillsammans med andra soldater besvarade han därefter elden från fönstren med kulsprutor och pansarnävar. Detta eldskydd gav en annan grupp soldater chans att storma ett hus på vänster sida. Efter att de hört de dova detonationerna av handgranater inne i huset rusade även Kleint över gatan genom kulregnet och tog skydd där. Tillsammans med andra soldater började han sedan släpa bort sårade från gatan ned till källaren.

> Den brinnande natten var ett kaos, ett inferno, fyllt med de gräsliga skriken från de sårade, detonationerna av exploderande ammunition, de egna brinnande stridsvagnarna, kulsprutesalvorna, gevärsskotten och ryssarnas välriktade artillerield. Vi ville rädda en kamrat som hade fått ett ben avskjutet och som med sina bara händer försökte släpa sig bort från vägen, över vilken de fientliga gevärskulorna visslade, då han hamnade under larvbanden på en egen backande stridsvagn och blev till mos. Därefter dök en sjukvårdssoldat upp i vår källare och tog hand om de sårade som vi hade räddat:
>
> ”Se till att ni kommer igenom, jag stannar hos de sårade och överlämnar dem åt ryssarna!”
>
> Utan ett ord tryckte vi hans hand, därefter lämnade vi huset via baksidan som låg i skuggan av bränderna och kände oss först säkra igen då vi nått skogsbrynet.[33]

Första genombrottsförsöket gick i stöpet under stora förluster och befälhavaren för de tunga Kungstigrarna, SS-majoren Kurt Hartrampf, beslutade sig för att i stället gå runt samhället åt söder. Vid åsynen av det retirerande pansaret drog sig även artilleristen Heinrich Hesse bort från samhället med de sista tre kamraterna från batteriet. En av dem sårades under reträtten och de övriga bar honom till östra utfarten, där de kunde lasta honom på en förbipasserande bil. En annan av kamraterna valde att stanna hos den sårade för att hålla honom sällskap. ”Jag återsåg dem aldrig igen”, mindes Hesse.[34]

Men nya anfallsvågor anlände hela tiden till Halbe och fortsatte stormningsförsöken på bygatan och genom trädgårdarna och husen. Även på åkrarna och fälten på bägge sidor om samhället fortgick anfallen men dränktes av mördande kulsprute- och artillerield.

I en halvcirkel runt Halbe hade Konjevs styrkor koncentrerat en hel så kallad artillerigenombrottsdivision med 300 pjäser samt trupper ur en skyttedivision för att möta en tysk utbrytning. I det ryska artilleriets planer ingick ett eldöverfall ur alla rör på fem minuter, vilket skulle följas av tio minuters metodiskt bombardemang. Man räknade med att kunna avfyra 1 000 granater per minut.[35] Att ryssarna för alla eventualiteter dragit samman så stora styrkor just vid platsen för den planerade tyska utbrytningen hade general Busse inte haft en aning om eftersom någon grundligare spaning inte kunnat göras. Slakten pågick hela natten.

Vid 20-tiden åkte SS-generalen Kleinheisterkamp fram till Halbe i en halvbandvagn tillsammans med bland annat sin stabschef och sedan dess saknades varje spår av honom. Flera motstridiga versioner av Kleinheisterkamps död existerar, vilka skiljer sig åt beroende på plats, tidpunkt och andra omständigheter. Ibland heter det att han dödades i strid, ibland att han togs till fånga och begick självmord.[36] Klart är dock att alltsedan natten mot den 29 april tillhör han de otaliga tyska soldater som aldrig fick en grav med namn på. I och med Kleinheisterkamps bortfall tvingades general Busse personligen ta befälet över genombrottsoperationen, vilket han senare beskrev på följande sätt: ”Det krävdes ett ingripande av arméstaben på ort och ställe för att få igång genombrytningen innan det blev helt ljust.”[37]

Detta var också allt som Theodor Busse någonsin skrev eller yttrade till historiker om sin egen roll under den blodiga natten i Halbe.[38] Klart är dock han lät kasta fram anfallsvåg efter anfallsvåg in i köttkvarnen för att åstadkomma en flyktväg över bokstavligt talat tusentals döda kroppar. Soldaten Hans Hansen skildrade i ett manuskript de ursinniga tyska anfallen:

> I täta klungor stormade tusentals tyska soldater fram mot de ryska ställningarna från vilka en vansinnig kulspruteeld slog emot oss. Rader av anfallande slogs till marken, jorden var nästan helt översållad av döda och sårade. Några tyska stridsvagnar, vilka understödde anfallet, rullade hänsynslöst över de dödas och sårades kroppar. Men i långa loppet kunde ryssarna inte stå emot denna anstormning och utrymde ställningarna. Ingen anledning att jubla: Några kilometer längre fram, strax efter Halbe, sköt ryssarna till regeln igen.
>
> Med förtvivlans mod sprang vi åter mot de ryska ställningarna. Till höger och vänster sjönk träffade mannar ihop, de andra sprang vidare. 70–80 meter framför de ryska ställningarna blev vi stående och sköt allt vad karbinerna höll. Ryssarna lastade i största hast sina kulsprutor på fordon och stack! Men då ingrep ryska stridsvagnar och vi måste dra oss tillbaka igen. Så böljade det fram och tillbaka.[39]

Fänrik Schuhmacher ansåg att den lilla byhålan var rena helvetet. Ryssarna verkade skjuta prick på dem från alla håll och det var nästan omöjligt att komma in i byn på grund av trängseln.

> Halbes gator var fullpackade av soldater och några civila däremellan. Det kändes som ett ondskefullt massmöte i vilket alla måste delta. Ibland förde en våg [av människor mig] några steg åt ett eller annat håll innan [jag] fastnade en gång till. Ryssarna sköt in i samhället med grovkalibriga kanoner. Varje projektil träffade några människor som föll ihop och blev nedtrampade av massorna. Det fanns inte något utrymme att kasta sig på marken och om man kunde hitta en fläck skulle människorna ha trampat ihjäl en på några minuter.[40]

Schuhmachers kompani skingrades för vinden och snart hade han bara sin ordonnans, korpral Sonntag, vid sin sida. Plötsligt stod en SS-kapten framför honom och röt: ”Var är era män?”

”Jag har inga kvar”, ropade han tillbaka i det öronbedövande larmet, men SS-kaptenen såg inte imponerad ut.

”Vi kommer att bli beskjutna av den ryska pansarvärnskanonen där borta. Förstör den annars skjuter jag dig.”

En SS-sergeant med ett vilt utseende pressade mynningen på sin kulsprutepistol mot Schuhmachers bröstkorg för att understryka kaptenens order.

”Snabba på, snabba på! Rör på benen!” skrek sergeanten.

Då gick det en ny stöt genom folkmassan och både SS-kaptenen och hans sergeant blev uppslukade av folkhavet. Pansarvärnskanonen började slunga iväg granater som rev upp stora hål i människomassan. Artillerigranaternas nedslag åstadkom ännu rysligare kratrar. ”Människor föll ned i dessa kratrar som köttbitar i en gryta”, minns han.

I kaoset hamnade han öga mot öga med en annan fänrik från infanteriet:

”Har ni några män kvar?” frågade denne varpå Schuhmacher skakade på huvudet.

”Låt oss försöka ta oss ut ur den här röran, bort till sumpmarkerna”, sade den andre officeren då. Han verkade känna till trakten och snart befann de sig i sumpmarkerna där de tog skydd. De tänkte bida sin tid tills de befann sig bakom ryssarnas linjer och därefter ta sig därifrån.

Den 18-årige infanteristen Joachim Wolf tillhörde de trupper som låg i försvarsställningar strax utanför Halbe för att skydda de framstormandes flanker.

> Men eldorkanen befann sig alldeles i närheten av oss. Jag minns fortfarande mycket väl de anfallandes ”Hurra!” som ekade genom natten i en omfattning som jag aldrig hade hört förut. De blandades med de sårades och döendes vrål och granaternas dån.[41]

Långt framför Herbert Frieske blixtrade, brann och dånade det i Halbe. Han befann sig långt bak i kön, men det var mot helveteseldarna därframme som alla styrde stegen. Överlevande soldater kom svärmande tillbaka medan nya trupper hela tiden ryckte fram. Det var totalt kaos och ingen visste någonting. Officerarna varken syntes eller hördes längre. När de plötsligt besköts från sidan tog Frieske och andra soldater betäckning i diket.

Sedan viskades ordern från man till man: ”Vid midnatt stormar vi Halbe, stridsvagnar tar täten för att framtvinga ett genombrott, vi ska skydda vägen åt höger och vänster och därefter rycka fram till motorvägen. När vi har tagit oss över motorvägen har vi också kommit ut ur säcken."[42]

Men det förnyade pansaranfallet blev försenat en timme och när kolonnen slog på motorerna utsattes anfallstrupperna för häftig eld från egna styrkor på vänsterflanken, vilken också besvarades. Det tyska förband som först öppnade eld hade trott att de hade ryska så kallade Seydlitztrupper framför sig. Hur många som dödades på det sättet av sina egna landsmän i mörkret gick inte att säga. Intermezzot ledde till ytterligare förseningar och först vid fyratiden på morgonen satte sig stridsvagnarna och några halvbandvagnar i rörelse igen, följda av tusentals soldater, kvinnor och barn.

Medan underofficeren Frieske och en handfull andra soldater grupperat sig i ett dike vid sidan av vägen som flankskydd, lyssnade han till hur striderna blossade upp nästan genast efter att stridsvagnarna börjat rulla. "Redan fiendekontakt? Då kommer vi aldrig fram till motorvägen", tänkte han för sig själv.

Arméveterinären Kurt Wurach befann sig långt fram i kolonnen när striderna satte igång igen:

> Vi höll oss bakom stridsvagnarna. Det var mörkt och natten lystes upp av en jättestor sågverksbyggnad som brann i Halbe. Den stod vid utkanten av byn. Ryssarna sköt oupphörligen med tungt artilleri, stalinorglar var också i verksamhet. Jag måste ha stått på fel plats för helt plötsligt spräckte ljudet av stalinorglarna min ena trumhinna. Det gjorde inte ont men när jag pratade reagerade örat på ett märkligt sätt. Jag lärde mig snabbt att stänga ett öra när jag talade eller ville höra någonting klart och tydligt. Det var precis som om ett trumskinn brustit, tyckte jag. Nu hade jag förlorat kontakten med mina män och anslöt mig till några eftersläntrare på vägen. Fler stridsvagnar rullade sakta fram alltid följda av många soldater.[43]

Wurach lyckades dock hugga tag i en kedja som hängde och dinglade från en av stridsvagnarna. Han hakade fast pekfingret i en av öglorna och försökte hänga med så gott det gick. Det blev outhärdligt varmt av avgaserna eftersom han fortfarande hade sin rock på sig.

Fortfarande fastkrokad i kedjan lyckades han kränga av sig ryggsäcken för att kunna röra sig lättare. Enda tanken som for genom huvudet på honom var att klara sig igenom detta levande.

> Stridsvagnarna rullade över döda, döende och sårade. Detta var en riktig genombrytning och den kunde bara åstadkommas hänsynslöst. Genombrottet lyckades i det kusliga skenet av det brinnande sågverket.[44]

Vagnchefen i en av stormkanonerna som deltog, SS-mannen Horst Haufschildt, fann sig i praktiken degraderad till skytt sedan fyra högre officerare hade slängt ut resten av besättningen och tagit deras platser innanför det skyddande pansarhöljet. Endast hans egen förare var kvar av de ursprungliga besättningsmännen. Samma sak skedde i flera andra pansarfordon och således spred sig snabbt ryktet bland soldaterna att ”generalerna vill sticka sin kos med stridsvagnarna och lämna resten i sticket”.[45]

På den redan lik- och skrotfyllda huvudgatan såg Haufschildt hur en tysk stridsvagn stod och höll en rysk T-34 på andra sidan pansarspärren ”i schack”. Det ryska artilleribombardemanget inleddes igen med ohygglig verkan bland de skaror av soldater och civila som pressade sig fram genom samhället. Oerhörda närstrider rasade i och mellan husen. ”På de mindre husen räckte likhögarna ibland ända upp till takrännorna”, berättade senare soldaten Marcel Staar som befann sig mitt i denna mardrömsvärld.[46] Vart man än såg låg det stympade och lemlästade kroppar. Böner om hjälp klingade ohörda, ingen som ännu hade två ben att gå på hade tid att bekymra sig om de sårade. Jämrandet och stönandet var olidligt.

Några spränggranater avlossades av en stormkanon mot ena hörnet av pansarspärren för att mjuka upp den, sedan maldes den ned av de tunga stridsvagnarna. I trängseln manglade pansaret ned allt i sin väg. Marcel Staar klamrade sig fast på stänkskyddet på en överlastad militärambulans:

> Framför oss rasslade två tunga pansarfordon, bakifrån försökte två andra fordon köra förbi oss och klämde in sig däremellan. Med brutalt våld försökte de tvinga till sig företräde. Däremellan stretade en ryttare fram, irrade barn omkring, trängdes fotgängare, soldater liksom civila. Barnvagnar välte, kärror bröts sönder. Den som snubblade eller föll var räddningslöst förlorad, blev nedtrampad eller mosad av hjul och larvband.[47]

På andra sidan av pansarspärren delade sig vägen mot Teupitz och skogsvägen mot Baruth och Massow. En del fortsatte mot Teupitz, där de efter några hundra meter fastnade framför en ny rysk pansarspärr, medan Haufschildts stormkanon och ytterligare ett femtontal pansarfordon tillsammans med ett par tusen soldater och civila i släptåg tog andra vägen i riktning mot Baruth.

På båda sidor om Halbe pågick också anfallen, men fältläkaren Rudolf Schaaf tillhörde dem som inte kom så långt. Endast utrustad med det som han kunde bära – regnskydd, läkarväska och matsäcksväska – sällade han sig till de trupper som marscherade genom mörkret i riktning mot stridslarmet. Snart passerade de en försvarslinje av folkstormsgubbar och småpojkar ur Hitlerjugend och befann sig i ingenmansland på ett öppet fält. Med ens bröt månen igenom molnen igen och genast skallade det ryska ropet:

”Njemtsy!” varefter skjutandet började. Schaaf hamnade så gott som genast raklång på marken, där han kände att ena byxbenet var söndertrasat och knäet plaskvått av blod. Knäet kunde han dock röra och kröp ned i en grund skyttegrop alldeles intill, där han satte på första förband, tog morfin och dåsade till medan striderna runtomkring rasade för fullt.

NÄR SKYMNINGEN SÄNKTE sig över landskapet alarmerades besättningen i Atajevs Josef Stalin-vagn av det nya stridslarmet från Halbe-hållet. Artillerigranater kom någonstans ifrån och slog ned i skogen. Kulsprutor och andra lätta infanterivapen blandade sig i leken.

Genom periskopet iakttog Kadochkin hur det egna infanteriet började rycka fram mot skogen för att omringa fienden. Stridsvagnen rullade också med. Kadochkin skickade iväg några granater mot skogsbrynet, men Atajev beordrade honom att spara på ammunitionen.

Fram på småtimmarna kom månen fram. Ryssarna överraskades av ett tyskt motanfall, utan artilleri. Kulsprutor och kulsprutepistoler knattrade överallt mellan träden. Handgemäng utbröt. Kadochkin gav eld mot vad han uppfattade som tysk mynningseld, medan vagnchefen försökte lista ut hur striden avlöpte.

”Kanon till vänster!” ropade Atajev till Kadochkin. ”Det står två fientliga halvbandvagnar med kanoner vid skogsbrynet! Sopa bort dem!”

Kanontornet svängdes runt och strax därefter brann de båda pansarfordonen för fullt. Striden avmattades och tystnaden bredde ut sig, medan alla väntade på vad som skulle ske härnäst. Stridsvagnen stod helt ensam i skogen, utan skydd av det egna infanteriet som slukats upp av mörkret. Atajev gläntade då på tornluckan för att spana ut i natten, men plötsligt sjönk han livlös ned efter att ha träffats av en automateldsalva.

”Kamrat löjtnant!” ropade Kadochkin chockad, men fick inget svar. Chefen var död.

Kadochkin stirrade ut i mörkret tills ögonen nästan trängde ur hålorna. Två dova smällar hördes. Pansarnävar. Tyskarna hade smugit sig upp alldeles nära vagnen utan att bli upptäckta. Kadochkin började sprida eldskurar runtomkring sig med kulsprutan i alla väderstreck. Laddaren Anatolij Zjukov kastade tre handgranater i olika riktningar.

”Vi måste dra oss ur!” hojtade Gritsenko från förarplatsen. ”Inga egna trupper finns omkring oss nu.”

Till Kadochkin sade han:

”Michail, klättra ut och dirigera mig medan jag backar henne. Vi kan inte vända här.”

Skytten ställde sig då framför stridsvagnen och dirigerade med armarna medan föraren lade in backen. En mynningsflamma blixtrade till helt nära stridsvagnen och Kadochkin kände en skarp smärta i högerarmen. Blod rann mellan fingrarna och han kunde inte röra armen. Han ropade till laddaren att fortsätta avfyra kulsprutan medan han själv fortsatte dirigera vagnen med den ännu oskadda armen. En kraftig explosion kastade honom i diket, medan knattret och detonationerna hastigt försvann ur hans medvetande.

PÅ MORGONTIMMARNA DEN 29 april hade genombrottet vid Halbe äntligen lyckats och tyska soldater, fordon och civila strömmade om vartannat genom bräschen. Den pessimistiske Herbert Frieske förstod att trupperna till sist lyckats eftersom det inte kom några retirerande soldater tillbaka. När stridslarmet dött bort i fjärran lämnade han och hans grupp därför sina gropar och började vandra in till Halbe:

> Vad vi såg på denna korta väg var mer än fruktansvärt. Soldater, civila, kvinnor och barn låg i hundratal huller om buller på gatan, döda, söndertrasade. Stridslarmet hördes nu bortom Halbe. Jag kom in i byn. Till vänster ett sågverk, till höger ett bageri vilket har satts i brand av strider-

> na. En kvinna bad oss nästan på sina bara knän att rädda hennes hus. Vi kunde bara bära ut några tillhörigheter, sängar och möbler, vi måste ju fortsätta, måste åter få kontakt. På gatorna låg hundratals lik, däribland även rödarmister. På andra sidan Halbe träffade vi på många andra soldater. Återigen befann vi oss i skogen som för varje dag hade blivit ännu kusligare för oss. ”Vi har kommit fram ett rejält stycke”, sade en ingenjörssoldat till mig, ”men nu verkar det vara slut där framme!” En SS-officer organiserar oss till en pluton. Framåt! In i helvetet!
>
> Häftig eldgivning kommer allt närmare. Vi rycker fram till höger, blir beskjutna, vi kryper vidare på marken, allt häftigare blir beskjutningen. Den ene efter den andra bredvid mig sjunker ihop död, vi kommer inte fram ett steg till. På vänster och höger sida kan jag redan se många soldater krypa tillbaka. ”Ge upp, det är ju meningslöst.” Av min pluton har hälften redan stupat eller sårats. Vi befinner oss fortfarande 1,5 kilometer från motorvägen. Alltså tillbaka! Tillbaka? Bakom mig har det plötsligt blivit säreget stilla. Jag ser mig om. På vägen, ungefär 80 meter bakom mig, ser jag många tyska soldater med armarna i vädret. Och framför dem sovjetiska soldater med skjutklara kpistar. Alltfler soldater ger sig.[48]

Frieske gömde sig i en grop tillsammans med en 18-årig SS-man i några timmar tills de upptäcktes av en rödarmist och blev krigsfångar. Först då såg han förödelsen i skogen efter det fortsatta anfallet:

> Tusentals döda soldater ligger i skogarna och på vägarna. Gulaktigt damm gör deras bleka ansikten ännu overkligare. Många kvinnor och barn bland dem. Där ligger en barnfot klädd i en strumpa, avsliten, där en kvinna med stela anklagande ögon, magen uppfläkt. Vart man än ser en bild av fasa. Och gång på gång soldater bredvid varandra, ovanpå varandra. Det är som om marken inte räcker till för att bära de många liken. Herregud, hur många kan det ligga här?[49]

Resterna av V. SS-bergsjägarkåren hade emellertid inte lyckats hålla jämna steg med de övriga utbrytningsgrupperna och ryssarna hade därför hunnit stänga luckan innan de kom fram till Halbe. Dessa trupper – oklart om Jeckeln fortfarande förde befälet över dem eller inte – tvingades där-

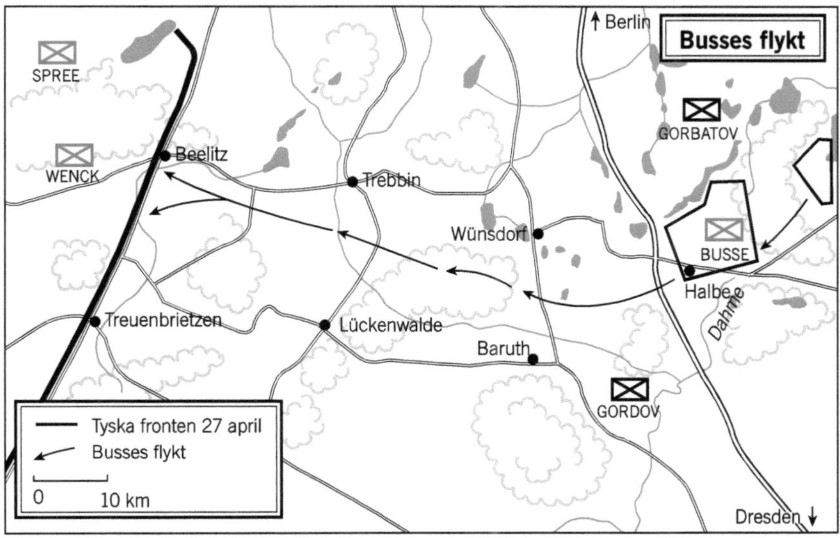


för göra ett nytt utbrytningsanfall med extrema förluster rakt över bergen av lik från de tidigare striderna. Detta gav Busse chansen att fortsätta mot väster med dem som hade klarat sig, eftersom ryssarnas uppmärksamhet även i fortsättningen fokuserades på Halbe. Till slut lyckades Jeckelns kår bryta sig ut men blev sedan liggande i granatregnet. Striderna kring Halbe rasade i ytterligare ett dygn.

INGE DEUTSCHMANN VAR en av alla de flyktingar som inte kom ut innan bräschen täpptes till igen. Hon hörde kanonaden i Halbe och förstod att armén försökte bryta sig ut. Gruppen som hon och hennes handikappade make följde med – de var sex–sju personer varav tre kvinnor – beslutade sig för att följa efter och började vandra i riktning mot oväsendet. Det var mörkt och på himlen såg de ”signalraketer men vi visste inte vems signaler det var. Ingen sade ett ord. Plötsligt utbröt skjutande en liten bit bort. Tysk[a] armé[förband] kom från en brandgata i skogen.”[50]

Flyktingarna uppfattade det som att utbrytningen misslyckats helt och hållet och lade sig helt utmattade i några övergivna skyddsgropar som de hittade.

Tidigt i gryningen nästa dag, förmodligen den 29 april, väcktes Inge av att hennes väninna skräckslaget ropade i hennes öra:

”Deutschmann, Deutschmann, vakna!”

Sedan hörde hon de ryska soldaternas ”Urrrah!” alldeles i närheten. De var bara 50 meter bort och kom framstormande mot dem över ett fält. Inge och de andra flydde genast in i skogen, träffade på en retirerande tysk stridsvagn som de klättrade upp på. Föraren hade luckan öppen för att kunna se bättre men träffades en stund senare av en kula i huvudet och dog på fläcken. Stridsvagnen rörde sig inte mer men Inge och hennes vänner hade fått ett tillräckligt försprång.

Framför dem låg den lilla floden Dahme som de måste ta sig över, men det var för kallt för att simma, ansåg Inge. Massor av tyska soldater och sårade hade också flockats vid flodbanken, och här och där byggdes flottar av tunna trädstammar. Och det satte även flyktingarna igång med.

Två av männen i Inges grupp gick sedan ned i vattnet och simmade över med en av kvinnorna som passagerare på flotten. Inge var den sista i gruppen som hämtades på det sättet, men de båda nakna männen var blåfrusna och nära att ge upp under den sista överfarten. Många andra lyckades aldrig komma över floden och det knallade av skott när soldater och civila begick självmord.

Inga fick dra och knuffa de båda utmattade männen upp ur vattnet.

”Ni hjälpte oss, nu hjälper jag er”, sade hon till dem.

”Nej, det är slut”, protesterade de men hon gav dem sin päls så att de skulle få upp kroppsvärmen igen.

Överallt på marken låg det stupade tyska soldater och de båda nakna männen skaffade sig nya kläder genom att klä av några soldatlik. I en del av skyddsgroparna låg det också döda människor och i andra sovande som inte hade krafter att fortsätta. Inte heller Inge Deutschmann och hennes vänner orkade mer utan lade sig i några lediga skyddsgropar och inväntade slutet. Under tiden delade de på en flaska whisky som någon hade trollat fram.

Striderna pågick hela dagen och de hörde rasslet av tyska stridsvagnar som var på väg åt deras håll, men som förstördes av ryska granater. Lågflygande plan gjorde hela tiden attacker och Inge hörde kvinnor och barn skrika av skräck eller smärta.

När kvällen kom hade de återhämtat sig så pass mycket att de kunde börja planera hur de skulle ta sig ut ur den här skogen, men då kom ryska soldater med spårhundar rakt emot deras gömställe. En rödarmist med bandage runt huvudet riktade sin pistol mot dem och sade på tyska: ”Skjut inte. Var inte rädda.”

De fick gå halva natten för att komma till en uppsamlingsplats för fångar. Några mord eller våldtäkter såg hon inte och deras fångvaktare delade det lilla bröd de hade med dem. ”Vi kände det som om vi hade klarat oss.”[51]

PÅ MORGONTIMMARNA DEN 29 april började grupper av tyska soldater och fordon som klarat sig ut ur Halbe att ta sig över *Autobahn*. Ibland blev de beskjutna från ryska posteringar, ibland inte. Helt utmattade stapplade Martin Kleint och de andra överlevande pansargrenadjärerna över den breda körbanan och fortsatte in i skogen på andra sidan. Enda målet var att komma så långt bort från helvetet Halbe som möjligt. Så småningom stupade de raklånga på marken och föll i djup dvala.

Även artilleristen Hesse tillhörde de soldater som korsade *Autobahn* i gryningen utan att bli beskjutna. Under natten hade han och den återstående kamraten från batteriet bestämt sig för att försöka ta sig runt samhället genom skogen, och efter att ha deltagit i en blodig strid där halvbandvagnar anföll en rysk artilleriställning var han ensam kvar från batteriet. På andra sidan motorvägen passerade han en sovjetisk försvarsställning där de döda rödarmisterna låg med vapnen pekande västerut. De hade blivit överraskade i ryggen.

Vid en kort vila i skogen lyckades några medlemmar av batteriet hitta varandra igen, men de var bara en liten spillra. Så få hade klarat sig.

Enskilda utbrytningsgrupper dvaldes både här och där i skogarna men den största gruppen, i vilken general Busse befann sig, tog en kort rast på morgonen vid skogvaktarstugan Massow och samlade sig inför den fortsatta marschen. Ammunition och de matportioner som fanns kvar delades ut till de överlevande soldaterna så långt det räckte. En kort överläggning mellan de ledande officerarna och sedan bar det av mot väster.

Obekräftade uppgifter gör gällande att Busse suttit i en av Kungstigrarna som krossat döda och sårade under utbrytningen. Enligt en annan overifierad uppgift ska Busse ha korsat motorvägen efter genombrottet i en halvbandvagn tillsammans med sin underrättelseofficer, friherre von Seebach.[52] Det enda vi kan vara hyfsat säkra på är att Busse från samlingsplatsen vid Massow fortsatte färden i sin halvbandvagn.

Befälhavaren för en av stormkanonerna som klarat sig från Halbe, SS-löjtnant Bärmann, mötte armébefälhavaren vid Massow:

> När vi håller vakt vid skogvaktarstugan Massow kommer general Busse fram i sin halvbandvagn. På min fråga hur långt det är kvar till Wencks armé svarar han 60 kilometer. Vårt bränsle räcker inte 60 kilometer och på samma sätt är det nog med alla pansarfordon. Han säger att vi i nödfall måste skaffa oss bränsle med våld, för stridsvagnarna måste i alla fall utgöra spjutspetsen om 9. armén ska komma igenom.[53]

Bland högre officerare som inte dök upp vid Massow återfanns förutom Kleinheisterkamp och Jeckeln även Busses egen stabschef, Arthur Hölz, som hade stupat under striderna. Förbanden samlades eller nyorganiserades för den fortsatta marschen genom skogar på småvägar. Stridsvagnar och övriga pansarfordon rullade i spetsen med de stridsvilligaste soldaterna, följda av andra fordon bärande de sårade.

Joachim Wolf och de kamrater som överlevt samlades runt plutonchefen, en fältväbel från Rhenlandet, efter den fullbordade utbrytningen. Fältväbeln var den ende som hade karta och kompass, kikare samt en ryggsäck full av mat. Maten var för hela plutonen, sade han när de anträdde marschen, men det tog inte lång stund förrän officeren hade försvunnit mellan träden. När de kom ifatt honom igen riktade han en pistol mot dem och sade att de inte skulle följa efter honom.

Det fanns med andra ord de som ansåg att de hade bäst odds att klara sig på egen hand. Joachim Wolf och de andra vilsna soldaterna klev en stund senare rakt in i en rysk granatkastarställning och blev tillfångatagna.

DET VAR MORGON när Kadochkin slog upp ögonen. En annan rödarmist satt böjd över honom och ruskade om honom.

”Broder, du måste vara vid liv om du kan ge ljud ifrån dig”, sade soldaten när Kadochkin stönade. Axelklaffarna avslöjade att han var artillerist.

Stridsvagnen var bara ett sotigt vrak. Artilleristen rev sönder ärmen på Kadochkins skjorta och använde den som bandage på såret. Sedan sprang soldaten iväg och ropade: ”Vänta lite, jag är tillbaka på momangen.”

Kadochkin fördes till ett fältsjukhus och fick senare veta att han dekorerats postumt – det sistnämnda ett uppenbart misstag – med medaljen Sovjetunionens hjälte.[54]

DEN RYKTBARE SOVJETISKE krigskorrespondenten Konstantin Simonov passerade avtagsvägen till Halbe bara sex timmar efter att de sista tyska utbrytarna slagit sig igenom:

> Framför oss låg Berlin och till höger skogsgatan som var totalt igenproppad. Där tornade stridsvagnar, personbilar, bepansrade spaningsbilar, lastbilar, specialfordon, sjukvårdsfordon upp sig i ett förskräckligt virrvarr, bokstavligt talat ovanpå varandra, omkullvräkta, förvridna, fastkilade, överrumplade vid försöket att undkomma, runtomkring hundratals söndersmulade träd.
>
> Och i denna röra av järn, trä, vapen, väskor och papper en bränd sotsvart blandning av ohyggligt vanställda kroppar. Och denna syn mötte oss längs hela skogsgatan tills den bokstavligt talat förlorade sig i oändligheten. Och i skogen lik överallt – liken av människor som hade tänkt fly undan beskjutningen. Lik tillsammans med levande i en kaotisk villervalla. Dessa levande låg sårade på rockar, på filtar, lutade mot trädstammar, den ene förbunden, den andre täckt av blod, ännu utan läkarvård. Några som jag inte hade sett först låg på filtar och rockar alldeles bredvid vägen. Först senare upptäckte jag gestalter som vandrade omkring bland de sårade, förmodligen läkare och sjukvårdare. [...] I mitten av vägen, bred, asfalterad, redan uppröjd för trafik. På en sträcka av 200 meter var den perforerad, liknade jättelika utslag, översållad av stora och små kratrar vilka frontfordon åkte förbi i sicksack på väg till Berlin. Fläckar på vägbeläggningen: olja, bensin, blod.[55]

I många av orterna i grannskapet syntes lika gruvliga lämningar. Vad som ägt rum i Halbe och dess omgivningar tillhör förmodligen de i särklass mest bloddrypande striderna under andra världskriget om man betänker den ytterst begränsade yta och tidrymd de utspelades på.

Fasorna i och runt Halbe var obeskrivliga. Ännu decennier efteråt hittas det lik i skogarna. Uppgifter gör gällande att omkring 5 000 tyska soldater och civila ska ha dödats inne i själva Halbe – antalet sårade är okänt. På krigskyrkogården i Halbe vilar 22 000 döda. Av dessa är 20 000 mestadels

De namnlösa gravarna vid Halbe är ett tragiskt vittnesbörd om krigsmaskineriets inneboende kraft.

oidentifierade tyska soldater som dödats under andra halvan av april 1945, samt 2 000 civila från städerna och byarna i området. En del av dessa civila är dock offer från NKVD-lägret Ketschendorf vid Fürstenwalde som existerade under några år efter kriget.

Ingen vet egentligen exakt hur många tyska soldater och civila som förlorade livet under 9. arméns sista strider i skogarna sydöst om Berlin. Ryssarna påstod senare att de dödat 60 000 fiendesoldater samt tagit 120 000 fångar, 300 stridsvagnar och stormkanoner samt 1 500 artilleripjäser, vilket får klassas som en rejäl överdrift. Även om den verkliga siffran på antalet stupade tyska soldater skulle vara mycket lägre än 60 000 innebär det ändå att endast en del av offren ännu hittats.

I Halbe var den materiella förödelsen stor. Inga hus hade klarat sig undan striderna, men 38 procent var helt eller delvis lagda i ruiner. Förlusterna bland de civila i samhället var dock överraskande små. Sammanlagt ett tjugotal personer, flera av dem barn.[56] Att de civila förlusterna bland ortsbefolkningen där blev så pass begränsade beror sannolikt på att många hade hunnit fly samtidigt som andra satt i sina förstärkta källare och provisoriska luftskyddsbunkrar som byggts i trädgårdarna på grund av det utvidgade allierade luftkriget. Invånarna kunde inte lämna dessa skydd på omkring en vecka när striderna om samhället rasade.

OTALIGA LEVANDE SOLDATER blev också kvar i skogarna öster om Halbe, dels de svårt sårade, dels de som inte orkade eller ville slåss mer. På förmiddagen den 29 april hittade rödarmister till exempel den sårade fältläkaren Rudolf Schaaf i en grop utanför Halbe. I "utbyte" mot armbandsuret fick han en käpp att stödja sig på av en mustaschprydd "Ivan". Därefter fördes han till en uppsamlingsplats för fångar och skickades med lasarettståg till ett fångläger i Sovjetunionen, från vilket han återvände först 1948.

Fänriken Manuel Schuhmacher och hans olyckskamrat som beslutat sig för att inte delta längre i genombrottsstriderna stannade i flera dagar i en sumpmark och åt vad de hade kvar av sina nödransoner, vilken i huvudsak bestod av kakor. När kamraten till sist började hojta och skrika i feberyra en kväll blev de upptäckta och tillfångatagna av ryska soldater. Under de följande tre dagarna gjorde de inget annat än att samla upp liken av stupade tyska soldater, men Schuhmacher lyckades därefter fly och ta sig över Elbe. Efter 17 dagar var han hemma i Westfalen igen och kunde sakta börja ett nytt liv som fotograf "och undvek sorgfälligt att någonsin prata om kriget".[57]

Överste Biehler, som hade sårats i huvudet av ett granatsplitter i huvudet under utbrytningen, vaknade ur medvetslösheten mitt på en väg då en rysk soldat sparkade på honom för att se om han var vid liv och försökte stjäla hans klocka. Han fick därefter sina sår omplåstrade och slog senare fast att "ryssarna behandlade mig korrekt". En tysk officer som under striderna hade bevittnat hur Biehler blev träffad hade meddelat hans hustru att översten stupat. Först i augusti 1946 kunde Biehler ge familjen det första livstecknet från ett sovjetiskt fångläger.[58]

DE FÖLJANDE TVÅ dygnen efter utbrytningen, 30 april–1 maj, utvecklades till en grym kapplöpning med fienden och tiden genom Brandenburgs skogar.

Busses ungdomserfarenheter från den här trakten spelade en avgörande roll i det sammanhanget, hävdade han själv på 1960-talet:

> Om jag inte hade känt till terrängen så väl skulle vi inte ha kunnat få ut så många människor till väst. [...] Jag hade övat där och kände till varenda centimeter när ryssarna anföll.[59]

Otaliga större eller mindre grupper banade sig fram mellan träden och överraskades inte sällan av fiendesoldater och utplånades eller tillfångatogs.

Efter ett dygn på egen hand i skogarna stötte Martin Kleints lilla grupp på en större motoriserad enhet från armén, vilken förmodligen tillhörde Busses huvudstyrka. Efter vad han kunde se höll man som bäst på att förbereda sprängningen av tre Kungstigrar som kört slut på bränslet. Kleint fick höra att det var många fordon som redan hade övergetts på grund av brist på drivmedel.

Anblicken av stabsofficerare i fina uniformer som tvingades marschera och slåss som vanliga infanterister gjorde honom häpen och kanske lite skadeglad:

> De bar stålhjälm och karbiner och rädslan verkade vara ristad i deras ansikten, eftersom de för första gången under sin militära karriär kunde räkna med att möta en fiende i strid på kortast tänkbara avstånd.[60]

I en glänta stod andra stridsvagnar fullastade med sårade och det pågick ett slagsmål om de sista platserna. Kleint såg avslitna arm- och benstumpar som inte ens hade försetts med ett första förband. När stridsvagnarna satte igång föll en del sårade av och krossades under de efterföljande vagnarna. På en provisorisk förbandsplats tiggde sårade om att de ännu friska soldaterna skulle ta dem med sig och rädda dem från ryssarna, men alla gick förbi dem. Det fanns varken tid eller möjlighet att ägna sig åt dem.

Senare på kvällen blev Kleint vittne till vad den hårda psykiska pressen kunde ställa till med. I en korsning kom två soldater ihop sig om vilken väg som var den bästa och en av kontrahenterna greps och bands fast vid ett träd anklagad för att vara en rysk sabotör och beskylldes för att vilja leda dem rakt i famnen på fienden. När han inte svarade tillräckligt snabbt på frågorna satte en soldat utan förvarning en pistolkula i huvudet på honom.

> Nu började kalabaliken. Plötsligt hette det att här fanns ännu fler förrädare. Skott föll. Skrik: ”Seydlitzmän!” Jag såg till att jag så snabbt som möjligt försvann i skogens mörker.[61]

Ideligen hade soldaterna varnats för ”Seydlitztrupper” – tyska soldater vilka blivit omvända till kommunismen i sovjetisk fångenskap och därefter återvände till de tyska linjerna för att sabotera, genomföra bakhåll och utså förvirring genom att utdela falska order.

”Seydlitztruppernas” verksamhet är dock omtvistad och det finns inga belägg för att dylika överlöpare sattes in i större omfattning just mot den inneslutna och jagade 9. armén än mot andra tyska enheter på östfronten. Väldigt många av de bevarade vittnesmålen från 9. arméns sista strider innehåller dock uppgifter om ”Seydlitzförrädares” aktiviteter. Men det är mer troligt att en stor del av de olyckliga tyska soldater och officerare som utpekades som ”Seydlitzmän” och snabbt förpassades till evigheten under de sista aprildagarna var helt oskyldiga. Sammanbrottets kaos och den paranoida atmosfären skördade sina offer även på detta sätt.

MARSCHEN MOT VÄSTER blev precis lika prövande som Busse förutspått. Soldaterna var helt utmattade och uthungrade, för att inte tala om de få civila som ännu slog följe med militären. Det enda som återstod av de tidigare divisionerna var små stridsgrupper av motiverade soldater, till numerären knappt mer än kompanier eller bataljoner i de flesta fall. Övriga soldater, med eller utan vapen, följde dem i oformliga hopar uppblandade med de kvinnor, barn och åldringar som överlevt striderna och ännu hade fysiska krafter kvar.

> Vi höll oss till skogarna och ryssarna sände ut spaningsplan för att hitta oss. Jag tror att vi lurade dem genom våra förflyttningar i skogarna. Drivmedlet tog slut. Jag gav order om att allt drivmedel från lastbilarna skulle pumpas över till stridsvagnarna och därefter förstörde vi våra lastbilar. Under de sista dagarna av marschen västerut för att möta Wenck gick mannarna utan mat.[62]

Allt tillgängligt bränsle måste på generalens order användas för att hålla stridsvagnarna och de övriga stridsfordonen igång. Men i den allmänna villervallan var det inte alla som lydde denna befallning, enligt SS-löjtnanten Bärmann:

> Vi fortsätter vandra på en skogsväg. Bakifrån kommer en kolonn av personbilar. Fordonen körs av högre officerare och är fullpackade av tillhörigheter. De skakar bara beklagande på huvudet åt de sårades böner; inte ens de som ligger i vägkanten och inte orkar fortsätta tar de med.[63]

Gång på gång träffade de på fientliga spärrlinjer och posteringar som måste stormas.

Sent på eftermiddagen den 29 april kom Busses trupper med Kungstigrarna i ledningen fram till en rysk spärrlinje vid vägen mellan Zossen och Baruth. Det var dit som 9. arméns första utbrytningsanfall hade nått innan det misslyckades några dagar dessförinnan.

Efter förtvivlade anfall genombröts spärrlinjen och under natten erövrades även Kummersdorf och det intilliggande artilleriskjutfältet samt det militära kasernområdet. Därmed hade tre fientliga spärrlinjer genombrutits och 25 kilometer tillryggalagts sedan Halbe. Det innebar att nästan halva vägen till Wencks linjer sydväst om Berlin hade avverkats.

Soldaterna unnades bara korta raster och vart generallöjtnant Wolf Hagemann än vände blicken såg han bara nederlag:

> Våra soldater låg bokstavligt talat i högar i skogen. De var inte längre i förband, kompanier eller plutoner. De var fullständigt desorganiserade. Nästan allihop var totalt utmattade. De hade inte ätit regelbundet på flera dagar, de var smutsiga, orakade – det var vi allihop – och soldaterna hade kollapsat i skogarna. Vi kunde inte väcka dem utan att ruska om dem. Det fanns nästan inga officerare kvar. De få män som kämpade i spetsen stred modigt under ledning av väldigt unga och oerfarna officerare.[64]

Nästan inga flyktingar fanns kvar i leden, de flesta hade blivit dödade eller hade gett upp. Hela tiden lämnade utbrytarna ett pärlband av stridsfordon och lastbilar med tomma bränsletankar efter sig. De flesta av dem som sårades under denna kapplöpning lämnades där de fallit utan att någon brydde sig om dem. Och längs vägkanterna, bland skrot, lik och sårade, satt eller låg de vars krafter helt enkelt tagit slut och vars apati besegrat fruktan för fienden. "I vägkanterna såg det likadant ut som i Halbe. Krigsmateriel blandat med döda, sårade och oskadda soldater, vilka sov fridfullt mitt i allt detta eftersom de var totalt utmattade och allt kunde kvitta", erinrade sig SS-mannen Horst Haufschildt.

Arméveterinären Wurach skildrade vad som hände honom efter utbrytningen vid Halbe – men hans minne hade sannolikt trängt bort det mesta av nöden och eländet:

> Nu befann vi oss på andra sidan av omringningen. Den kvällen kom vi fram till skogen vid Laage där det pågick strider i gryningen. Gruppen som jag hade anslutit mig till var inte inblandad. Jag sade till de yngre männen att vara försiktiga och inte gå på vägarna eller på öppna fält utan leta efter skydd så mycket som möjligt. Men det fanns inte längre någon disciplin kvar. Inga order åtlyddes längre. Det var på kvällen den 29 april.
>
> På natten kom vi till Baruth, smutsiga, trötta och hungriga. Här slog vi läger vid en sjö. Månen sken. Från andra sidan sjön sköt ryssarna på måfå mot oss. Vi stannade inte lång stund utan fortsatte till Kummersdorf. Jag fick lift med en rekvirerad liten lastbil. Det gick bra tills nedrivna telegraftrådar träffade mig, virade sig runt mig och slet ned mig från lastbilen. Tack gode Gud för att den inte körde i full fart. Så inte så mycket hände. När allt kom omkring: Vad mer kunde hända mig nu?
>
> Efter att lastbilen hade försvunnit och jag fann mig själv i vägkanten började jag gå på nytt igen tillsammans med eftersläntrarna som fortfarande fyllde landsvägen. I en liten skogsglänta en bit från vägen såg jag ett pansarfordon mitt i en skock vad som föreföll vara en grupp stabsofficerare. Jag gick fram till ordonnansen som klädd i handskar var fullt upptagen med att borsta bort dammet från pansarfordonet med sopborste och skyffel. Han sade till mig att detta var överstelöjtnant Buschs fordon och att det pågick en överläggning. Jag gick fram till gruppen av officerare, presenterade mig själv och sade att jag hade förlorat mina mannar, förlorat kontakten med förbandet etc. Busch var mycket vänlig och erbjöd sig att ge mig lift om jag bara väntade tills de hade avslutat sin diskussion. Jag satte mig ned i gräset med ryggen lutad mot en björk. Innan jag visste ordet av hade jag

somnat. Någon väckte mig, ruskade om mig och sade att det var bäst att jag fortsatte. Det var en märklig infanterist som såg ganska vild ut. Jag såg mig omkring. Stabsbilen och officerarna och den dammande ordonnansen hade försvunnit utan att väcka mig. Jag linkade en bit och lyckades få åka med en stridsvagn den korta sträckan till Kummersdorf.

På morgonen den 30 april anlände vi till Kummersdorf. Orten verkade ligga så fridfullt på de yppiga, gröna ängarna, rök steg från bondgårdarnas skorstenar. Jag kröp över till en av avvattningskanalerna mellan ängarna och drack vattnet med mina bara händer. Det var inte rent vatten men jag brydde mig inte. När jag var ung visste jag vilka bakterier som fanns i dessa kanaler, men nu hade jag glömt det och betedde mig som ett djur som letade efter något att dricka. Åter på vägen tittade en bondhustru ut genom dörren och frågade vår grupp: ”Skulle det smaka med några stekta potatisar? Ni ser alldeles färdiga ut.”

Flera av oss gick in. Bara för en enda gång ville jag bege mig till ”fridens plats”, tog av mig min rock och mitt bälte och då, banne mig, startade artilleribeskjutningen igen! Högg i största hast tag i min rock och mitt bälte igen, kände lukten av de där underbara potatisarna som stektes i köket och vi var på väg igen på jakt efter skydd. Ryssarna hade varit i byn dagen före och höll nu på att återvända. Jag minns fortfarande bondhustrun skrika: ”Försvinn, försvinn snabbt annars kommer ni aldrig härifrån!”[65]

Hela tiden stod Busse i ständig radiokontakt med general Wenck från sin halvbandvagn, som förfogade över 9. arméns sista radioanläggning. Wenck hade pekat ut trakten söder om Beelitz, vid Wittbrietzen, som den gynnsammaste platsen för ett genombrott. Där föreföll de sovjetiska trupperna ännu vara relativt svaga, men tiden höll på att rinna ut.

På morgonen den 30 april hade general Wenck skickat följande otvetydiga radiomeddelande till Busse: ”12. armén befinner sig i hårda försvarsstrider. Påskynda genombrott. Vi väntar på er!”

TRUPPERNA OMORGANISERADES FÖR sista etappen av det mardrömslika gatloppet. ”Genombrottets tät övertogs nu av V. armékåren eftersom det inte gick att få någon kontakt med XI. SS-pansarkåren”, skrev Busse senare.[66] Men det fanns inte mycket att föra befäl över. Kårerna och divisionerna hade för länge sedan upphört att existera. För allra sista gången organiserades dock styrkorna, ett drama som Ernst Streng blev åskådare till:

> Generaler och andra höga officerare ger [...] order om reorganisering av de tusentals soldaterna efter deras stamdivisioner för att kunna föra befälet över dessa ledarlösa massor. I tolv och sexton led står divisionerna uppställda i marschblock i det ljusa skogsbrynet; den ena räknar ännu tusen man, den andra knappt hundra: spillrorna av Oderarmén![67]

Hagemann stod i skogsbrynet och betraktade de miserabla soldathoparna när Busse kom körande i en liten bil från sitt högkvarter. Han såg lika härjad ut som alla andra, den bastanta kroppen hade magrat kraftigt och han var orakad och glåmig. ”Vi måste bryta ut till Wenck idag. Imorgon är det för sent och Wenck kommer inte att vara kvar. Jag vill att ni leder denna utbrytning.”[68]

Omständigheterna är oklara och motsägelsefulla, men av allt att döma gav Busse Hagemann befälet över en av de stridsgrupper som skulle gå i spetsen för V. armékårens genombrytning – förmodligen ett tecken på att Busse den här gången valde att detaljstyra anfallet mer än han förefaller ha gjort vid Halbe.

UNDER MARSCHEN BRÖT de sista existerande organisations- och befälsstrukturerna samman och officerare kunde mot slutet bara ge order till de soldater som befann sig inom hörhåll. Någon enhetlig ledning kunde Busse inte längre utöva och marschen fortsatte i flera större eller mindre grupper som kämpade sig fram mot väster oberoende av varandra. Någon välorganiserad ”vandrande säck” var det med andra ord inte tal om.

Ryska styrkor jagade grupperna och automateld knattrade allt som oftast i skogarna när de ryska patrullerna fick kontakt med små tyska utbrytargrupper eller huvudstyrkans säkringstrupper. Ofta utspelade sig dessa eldstrider hotande nära marschkolonnerna, kommenterade pansarsoldaten Ernst Streng.

I täten för Busses huvudstyrka på uppskattningsvis 20 000 man åkte de sista stridsdugliga Kungstigrarna, följda av andra stridsvagnstyper, halvbandvagnar, dragfordon med några kvarvarande artilleripjäser, hästkärror, soldater och civila. De små ännu stridsdugliga enheterna marscherade i slutna förband, oformliga grupper av soldater som inte längre orkade eller var villiga att riskera livet.

SS-översten Hans Kempin märkte att åtskilliga officerare och underofficerare hade avlägsnat sina gradbeteckningar i ett försök att undvika eventuella disciplinstraff.[69]

BARA TIO KILOMETER skilde Busses trupper från Wencks under natten till den 1 maj, men risken var stor att de skulle stupa på målsnöret eftersom ryska styrkor skyndade dit från alla håll för att stoppa dem.

I spetsen för den allra sista kraftansträngningen rullade 9. arméns två sista Kungstigrar och några halvbandvagnar. Genombrottsstriderna som följde var alldeles för förvirrade och kaotiska för att kunna skildras i detalj. I förtvivlade anfall stormade Busses uttröttade soldater den ena ryska försvarspositionen efter den andra. Civila följde efter dem i kulregnet och hjälpte ibland till att ladda vapnen åt soldaterna. Sovjetiskt attackflyg anföll dem hela tiden när de lämnade skogsområdena och kom ut i den öppna terrängen kring Beelitz. General Busse påstås ha dykt upp överallt för att uppmuntra trupperna:

”Framåt, framåt! Det är bara ett par kilometer kvar! Wenck väntar på oss! Framåt!”

Hermann Pätz, en ögonskadad soldat på sjukpermission i Hennickendorf nordväst om Luckenwalde, såg hur flera halvbandvagnar stannade utanför hans hus tidigt på morgonen den 1 maj:

> I den första satt general Busse. Busses halvbandvagn var utrustad med antenner och stora batterier och bemannad av sex eller sju man. Jag minns Busse som en ståtlig person med riddarkorset. De gick ut och bredde ut en karta. Jag erbjöd dem lite mjölk, vilket de drack. Jag tog mod till mig och frågade generalen:
>
> ”Vart vill ni åka?”
>
> Han svarade och pekade på kartan:
>
> ”Här i närheten av Rieben finns ett stort skogklätt område; där kommer vi att stanna och bryta igenom under natten.” Och: ”Vi måste ta reda på hur stora styrkor som finns i Dobbrikow.”
>
> Till en av sina officerare [sade han]: ”Hitta en underofficer och några mannar för detta uppdrag.”

Han hade precis slutat prata när ryssarna sköt från byn. Busse och hans mannar hoppade snabbt in i halvbandvagnen igen och körde iväg i full fart i riktning mot skogen som började en kilometer bort. Därefter kom flera sårade tyskar och strax efteråt ryssarna. [...] I flera dagar efteråt drog ryssarna ut tyska soldater från skogarna.[70]

Generallöjtnant Hagemann som ledde spjutspetsen körde ut ur skogsbrynet med en lånad halvbandvagn. Över en åker, därefter längs ett brett dike och plötsligt sprang ryska soldater upp ur diket framför honom. Hagemann såg sig desperat omkring efter något att skjuta med, för det fanns ingen beväpning monterad i vagnen. På golvet låg en kpist, men när han tryckte på avtryckaren klickade den. Han kastade bort den och fick syn på ett hagelgevär som någon lagt där. Där stod således en hög general helt upprätt i en halvbandvagn och sköt med hagelbössa efter ryska soldater som flydde åt alla håll. Det var 9. arméns sista strid.

”Det pågick knappast något skjutande. Jag upptäckte att ryssarna mellan oss och Wenck i själva verket var ganska svaga”, berättade han senare.[71]

På skogar och fält blev stridsvagnar och stridsfordon med tomma bränsletankar stående som förstenade monster. Ernst Strengs vagn träffades av en pansarvärnsgranat och han lyckades rädda sig ut ur tornet innan den flög i luften. Till fots nådde han senare Wencks linjer, men utan att känna någon större glädje på grund av tanken på alla människoliv som genombrottet och dödsmarschen hade kostat.

I gryningen den 1 maj möttes äntligen Busses och Wencks arméer söder om Beelitz. Ingen kunde efteråt säga exakt hur det hade gått till. Sista Tigerstridsvagnen i ledningen. Allt var så förvirrande och alla var utmattade.

Pansargrenadjären Martin Kleint förstod inte att han hade klarat sig förrän han serverades ett mål varm mat. [72]

Av regementet som Kleint gått i strid med på Seelowhöjderna återsamlades bara 61 man. Hans eget kompani bestod endast av två man.

Kurt Wurach kom fram till Beelitz som var känt för sina stora sparrisodlingar:

Många av oss drog upp sparris och från andra fält kålrötter som troligen inte hade skördats under hösten. Hur som helst var alla så hungriga att de

> struntade i att det var råa grönsaker. Strax hitom Beelitz låg en stor lantegendom på en liten kulle och därifrån kunde man se staden. [...] Den 1 maj kom vi in i Belzig. I Belzigs rådhus fanns det ett stort skyddsrum och dit gick flera av oss för att vila lite. Skyddsrummet var fullt av kvinnor och barn som väntade på att bli ivägtransporterade. De gjorde plats för oss och vi vilade lite innan vi marscherade vidare.[73]

Wurach fortsatte till fots ända till Elbe och med hjälp av ett gammalt guldmynt lyckades han muta en amerikansk soldat att ta med honom över till den andra sidan den 5 maj.

När Horst Haufschildt kröp den sista biten genom sparrisfälten för att undgå beskjutningen från ryska attackplan stötte han ibland på sårade ryska soldater, men ingen gjorde något försök att döda den andre, mindes han. Krigsslutet var så nära.[74]

BUSSE HADE INTE sovit en blund på 72 timmar när han diskuterade med general Köhler, en av Wencks kårchefer, hur hans män skulle tas om hand. Medan de stod där i vägkanten släpade sig tiotusentals utmattade soldater och flyktingar förbi. Busse hävdade senare att det handlade om 40 000 soldater och några tusen civila. Andra uppskattningar är något lägre. General Wenck uppskattade senare antalet till 30 000 soldater och 5 000 civila. Marskalk Konjev ville bara kännas vid att på sin höjd 3 000–4 000 tyska soldater slank ut ur fällan, men det är en underdrift.[75]

Hur många av de civila som hade klarat strapatserna hela vägen från Halbe är okänt. Sannolikt kom de flesta av de flyktingar som faktiskt nådde Elbe tillsammans med Busses trupper från orter vilka låg längs marschvägen *väster* om Halbe.

Hos en 17-årig ingenjörssoldat ur 12. armén, Hans-Dietrich Genscher (sedermera västtysk utrikesminister), präntades första mötet med Busses kolonner in på näthinnan:

> En stöttrupp på cirka 30 officerare med kulsprutepistoler gick i spetsen. Alla till fots, utan fordon. De sårade bars av ryska krigsfångar, sjuksystrar gick bredvid. Tusentals i oändlig karavan. [...] Efter deras ankomst och en dagslång rast påbörjade vi tillsammans marschen mot väster.[76]

Wenck kom på motorcykel från sin stabsplats. Vapenlösa soldater bröt samman där de stod. ”Den 9. arméns soldater var så trötta och slitna och så illa tilltygade att man inte trodde sina ögon”, berättade Wenck senare. När han stod där och tittade kom en man fram ur skaran och gick emot honom. Wenck såg en mager, smutsig och orakad soldat. Inte förrän mannen kommit helt nära såg Wenck att det var general Theodor Busse. De skakade hand utan ett ord och sedan sade Wenck: ”Gud vare tack att ni kom.”

Busse svarade: ”Vårt genombrott är avslutat. Min stabschef har stupat. Mina mannar är helt slut. Ingenting i hela världen kan förmå dem att fortsätta marschera eller strida.”

”Det hjälper inte”, genmälde Wenck. ”Nu måste vi iväg. Vi kan inte längre hålla fronten mot öster eftersom våra flyglar annars blir genombrutna och en reträtt mot väster bara blir en illusion. I norr anfaller ryssarna våra ställningar med stora styrkor. Om de inte ska skära av vägen för oss måste jag förflytta divisionen ’Hutten’ från området norr om Beelitz till Havelberg. Divisionen ’Körner’ kunde avvärja hårda anfall på södra flygeln mellan Niemegk och Treuenbrietzen. Men ryssarna fortsätter att anfalla. Vi måste genast dra oss tillbaka, annars sitter allihop fast i en säck. Era mannar måste upp på benen igen. De måste fortsätta mot väster!”

12. améns kvartermästare ordnade fram alla lastbilar som gick att uppbåda och man fick även igång en järnväg för att kunna transportera Busses soldater till Elbes stränder. Wenck och Busse var överens om att dessa soldater inte längre var stridsdugliga och att de måste korsa Elbe till den amerikanska sidan först av alla.

Wenck öppnade en flaska champagne och skålade tyst med sin vän Busse. Det fanns inte längre någon plats för stora ord. Sedan gick Busse till sängs för första gången på tre dygn, men han lyckades bara sova fyra timmar.

DEN SÅRADE SOLDATEN Hans Hansen hade hoppats på lite mat och vila, men det fanns ingenting att äta och någon vila blev det inte heller.

> Hitom Beelitz blev jag sårad en gång till. [...] Vid ett angrepp av ryskt attackflyg fick jag ett splitter i höger hand och i halsen, förbands av en okänd infanterist mitt ett flyganfall och kunde därefter fortsätta marschen.

> [...] På andra sidan Beelitz, i skogarna vid *Autobahn*, samlades soldaterna som brutit sig ut och sorterades med tysk grundlighet efter vapenslag. Vi hoppades på förplägnad, men det fanns ingenting. I stället tillkom ytterligare döda och sårade på grund av flygangrepp och artillerield. Vi hoppades på sömn, men av detta blev det inte heller någonting. Vi fick besked att Beelitz skulle utrymmas under natten eftersom 12. arméns trupper inte längre kunde hålla ut mot den ryska övermakten. [...] Av de följande dagarna har jag bara några få minnen. Någon gång spred det sig att Hitler var död. Mig berörde det inte. Det var på sin höjd en bekräftelse på att kriget verkligen gick mot sitt slut.[77]

Som i en dimma fortsatte han mot Elbe. Men än var kriget inte helt över. Många människoliv återstod att släcka.

Hans Hansen kände inte igen det plaskande ljudet. Jublande tyska soldater slängde sina hjälmar i Elbe, glada för att ha överlevt. På andra sidan stod amerikanerna. Med en känsla av ovisshet vandrade han de sista stegen mot den amerikanska krigsfångenskapen.

General Wenck lyckades förhandla sig till att få kapitulera för amerikanerna och kunde följaktligen evakuera hela 12. armén till västra sidan av floden. Denna evakuering var helt avslutad under natten mot den 8 maj 1945 och omfattade enligt generalens egna uppgifter 100 000 soldater (däribland resterna av 9. armén) och 300 000 civila. Enligt amerikanska uppgifter rörde det sig dock om 40 000 beväpnade soldater, 25 000 obeväpnade, 6 000 sårade och 100 000 civila.[78]

# Slutord

ALLA VERKADE VARA på väg åt samma håll. Återstoden av Günter Graffenbergers bataljon som skulle ha deltagit i försvaret av Berlin hade i stället hamnat på utsidan av den ryska ringen kring staden och började retirera mot nordväst:

> Allt som kunde rulla, rullade tillbaka på nätterna. På dagarna var det omöjligt att förflytta sig på grund av de allierade flygplanen som besköt vägarna. Vi åkte och åkte och fronten var hela tiden bakom oss. Genom Brandenburg med alla dess vackra sjöar gick färden. Vi passerade Rheinsberg och Neu-Strehlitz. [...] Vår kolonn passerade lugna byar där människorna fortfarande gick till sina arbeten och bönderna plöjde på åkrarna. Själv hade jag drabbats av tvivel på det meningsfulla i att fortsätta krigandet. Var fanns de utlovade undervapnen? Var allt bara bluff? Jag insåg att det inte var så dumt att leva lite längre, hellre leva än att stupa när ryssarna redan stod utanför Berlin.[1]

Till skillnad från huvuddelen av 9. arméns trupper som gick under i Berlin eller skogarna söder om staden, tillhörde Graffenberger trots allt de lyckligaste soldaterna, det vill säga CI. armékåren och en del bakre förband som trängdes bort från Seelowhöjderna mot nordväst.

Det var en strålande vacker dag den 2 maj när resterna av Graffenbergers kompani gjorde halt vid en skogsglänta någonstans i Neubrandenburg. Reträtten hade fört dem till trakter orörda av kriget. Soldaterna ställdes upp på en äng och bataljonschefen sa:

”Här kommer ett viktigt meddelande.”

”Nu kommer mirakelvapnen!” tänkte Günter.

Men budskapet som ljöd ur de uppställda högtalarna var ett annat än han föreställt sig:

> Krigsmaktens överkommando tillkännager: Führern har stupat i spetsen för rikshuvudstadens hjältemodiga försvarare. Besjälad av viljan att rädda sitt folk och Europa från bolsjevismens förintelse har han offrat sitt liv. Detta föredöme, trogen in i döden, är förpliktande för alla soldater. Resterna av Berlins tappra garnison fortsätter att kämpa förbittrat i regeringskvarteret, splittrade i flera stridsgrupper.

Günter och hans kamrater grät. Ingen sade ett ord när de klättrade upp i bilarna och fortsatte färden. Kolonnen rullade nu i fullt dagsljus, för himlen var märkvärdigt befriad från fientliga flygplan. Först på eftermiddagen råkade de ut för en attack av brittiska eller amerikanska jaktbombplan och Günter fick en skråma av ett splitter i halsen – nästan det enda blod som 16-åringen med hjältedrömmarna utgöt under sitt soldatliv.

På kvällen befann de sig i ett provisoriskt amerikanskt fångläger vid Hagenow i närheten av Schwerin. Skrattande amerikaner bjöd fångarna på cigaretter och Günter såg den första färgade soldaten i sitt liv. Fast när de första nyhetsrapporterna om förintelselägren spreds kort därefter var den amerikanska fryntligheten mot dem slut.

BLAND SOLDATERNA SOM korsade Elbe spred sig ryktet att Theodor Busse inte var hos dem längre – att han hade övergett dem redan vid Halbe och satt sig själv i säkerhet. Verkligheten såg dock lite annorlunda ut.

Tredje riket hade upphört att existera och det hade också Busses armé – den välorganiserade stridsmaskinen hade blivit söndersmulad och nedmald i dödens kvarnar. De överlevande soldaterna var numera spridda som sandkorn i vinden. Men han tilläts inte sörja länge över detta. Allt han förunnades var några timmars vila innan han beordrades att inställa sig hos general Hasso von Manteuffel, vars 3. pansararmé befann sig i full reträtt mot de brittiska linjerna. I sällskap med en chaufför och ytterligare två officerare körde Busse mot nordväst för att försöka hitta von Manteuffels högkvarter. Under bilresan var den utmattade generalen bara halvvaken och hade inte en aning om var de befann sig medan bilen plöjde fram genom kolonner av flyktingar. Med ens vaknade han till när han förstod att de befann sig i trakten av Schwerin och bilen verkade köra bredvid en oändlig kolonn av tyska soldater vilka redan föreföll vara krigsfångar. Han såg amerikanska soldater stå bredvid sina jeepar och dirigera kolonnen.

På ett ställe hejdades stabsbilen av en amerikansk sergeant som tog ifrån dem deras vapen innan han lät dem fortsätta. Generalen observerade att ju längre norrut de kom, desto mer tätnade leden av fångar och flyktingar och han beordrade chauffören att svänga in på mindre trafikerade sidovägar för att komma fram snabbare och undvika amerikanerna. Men de tog fel avtagsväg och bilen rullade tvärtom söderut, i riktning från kolonnerna. I nästa ögonblick fann de sig öga mot öga med två amerikanska stridsvagnar, varav den ena omedelbart öppnade eld och fick en fullträff på bilen som började brinna direkt.

”Det brann under min rumpa. Sedan insåg jag att amerikanerna bevakade den här kolonnen betydligt mer noggrant än vad jag hade uppfattat”, slog Busse fast.[2]

Alla i Busses sällskap klarade sig mirakulöst nog helskinnade och kastade sig ut ur den brinnande bilen och hade nu bara apostlahästarna att lita till, precis som alla andra flyktingar. Generalen förstod att kriget var slut även om han inte visste hur saker och ting hängde ihop efter att ha varit avskuren från omvärlden så länge. Men han beslutade sig för att låta de andra officerarna och chauffören gå varhelst de ville. Nu fick alla handla efter eget gottfinnande. Två av männen var från Österrike, en från Hamburg och en från trakten, så de sade adjö och gick åt olika håll.

Under inga omständigheter tänkte Busse låta sig tas till fånga förrän han hunnit träffa sin bror som bodde i Schwerin. Dessutom tänkte han försöka skaffa lite mer pengar eftersom han knappt hade några kontanter kvar.

Hos en lantbrukare köpte han lite civila kläder och gömde sin generalsuniform innan han började vandra över fälten i riktning mot staden. När han kom dit konstaterade han att hans bror hade gett sig av. Men grannarna i huset kände igen besökaren från fotografierna som cirkulerat i tidningarna och var angelägna att han skulle försvinna därifrån så fort som möjligt.

”Ni kommer att ge oss trubbel”, sade de.

Med de få slantar han hade kvar köpte han en cykel med vilken han tänkte resa de cirka 800 kilometrarna till Bayern där han hoppades möta sin fru och två barn. Sista gången han hade fått ett livstecken från dem var när de lämnade Schlesien för att fly till Bayern, men han visste inte ens om de hade överlevt resan och var fruktansvärt orolig.

Hans största problem var att ryssarna befann sig mellan honom och Bayern. Han måste ta sig över Elbe, men när han försökte simma över sköt de brittiska vaktposterna mot honom. Britterna övervakade allt som rörde sig på floden och han måste hitta ett annat sätt att ta sig över på.

BUSSE SKAFFADE SIG ett arbete som dräng hos en bonde vilken hade en del av sina betesmarker på västra sidan av Elbe. Förr eller senare skulle han därmed få en legitim orsak att åka över. Bonden födde upp hästar, men även om Busse var en duktig hästkarl låtsades han vara klumpig och ovan när han red hästarna på ängarna. Om han visat sina talanger skulle det ha väckt misstankar om var han lärt sig rida så bra.

Efter några veckor kom tillfället att åka över till ängarna på andra sidan. Med sin cykel och en stor lie som alibi skeppades han över i en brittisk båt, men när han kommit utom synhåll för de brittiska vaktposterna åkte lien i diket och han trampade iväg på cykeln mot en ny framtid.

Många gånger stoppades han av allierade vaktposter som krävde att få se hans papper. Men han hade ett välsmort munläder och lyckades prata sig ur alla situationer genom att låtsas vara en handelsresande som sålde ståltråd eller cigarrer. Ett fungerande knep var att låta fotografier av familjen ramla ut medan han "letade" efter sina identitetshandlingar. Det brukade bryta isen, uppgav han senare.

Efter flera veckor var han framme i Bayern och genom att fråga sig fram hos vänner hittade han familjen i Nördlingen. Hans fru kände först inte igen mannen utanför dörren, så tunn och skäggig hade han blivit. I juli blev han dock förrådd av en granne och greps av amerikanerna som satte honom i fångläger till 1948.

När Västtyskland grundades utsågs den tidigare generalen till Adenauerregeringens högste rådgivare i civilförsvarsfrågor. Den posten hade han ända till 1965 då han gick i pension och dekorerades med Västtysklands högsta utmärkelse, Förbundsförtjänstkorset. År 1986 avled Theodor Busse i Wallerstein utanför Nördlingen.

MEN VAD TÄNKTE han på när han var på väg hem till Bayern? Gott om tid att fundera över saker och ting hade han utan tvivel på cykelsadeln. En inte alltför vild gissning är att han för sig själv gick igenom slagen som han nyligen hade utkämpat med sin armé.

Utan tvekan hade han gjort vad som stod i en skicklig fältherres förmåga för att försvara Berlin med de resurser som stod till buds. Och med tanke på omständigheterna hade han lyckats förvånansvärt väl. Under fem–sex dagars hårda strider hade han hindrat en mångdubbelt starkare fiende från att bryta igenom försvarslinjen och därvid hade hans trupper förstört omkring 1 000 fientliga stridsvagnar. Det var "först när ammunitionen hade tagit slut och förlusterna försvagade leden på ett oacceptabelt sätt" som 9. armén besegrades, skrev han tio år senare. Men för den amerikanske succéförfattaren Cornelius Ryan överdrev han något när han förklarade att allt hade gått enligt ritningarna men att "det stora bakslaget kom när ryssarna började anfalla 4. pansararmén söder om mig".[3] Det var dock bara en del av sanningen. Även om Konjevs framstöt i hans flank och rygg hade utgjort det största hotet hade även hans egen center oundvikligen blivit genombruten och hans armé uppsplittrad i flera delar. Och när genombrotten inte gick att hejda längre hade meningen med att fortsätta kämpa försvunnit för Busse: "Jag kunde inte göra någonting annat än hålla mina ställningar på grund av Hitlers vansinniga order att inte retirera från Oder", uppgav han.[4]

Berlin "föll" redan vid slaget om Seelowhöjderna, även om marskalkarna Zjukov och Konjev tvingades till oerhört blodiga och gagnlösa strider innan motståndet i staden var upprensat. Även Busse fortsatte att strida i mer än en vecka efter att genombrotten vid Oder inte gick att hejda längre. Flera av generalerna som förde befälet över styrkor runt omkring Berlin slutade att lyda Hitler blint och började handla självständigt under de sista krigsdagarna, såsom Heinrici, Steiner, Wenck, Manteuffel och – Busse.

Ingen av de här generalerna följde Führerns order att undsätta Berlin, eller så genomförde de bara symboliska försök. Busse var dock den som befann sig i den svåraste situationen eftersom resterna av hans armé var helt inneslutna av fienden.

OM UTBRYTNINGEN VID Halbe och de fruktansvärda händelserna i skogarna söder om Berlin yttrade han sig emellertid nästan aldrig efter kriget och då bara flyktigt. Anfrättes han av tvivel på att han hade gjort rätt? Det verkar inte så. Förmodligen var hans mentala rustning för bastant för det, men långt senare presenterade han ändå en friserad bild av avsikten med utbrytningen från Halbe:

> Vi fick inte bara ut 9. armén ur omringningen utan även de hundratusentals flyktingar som korkade igen alla vägar med sina fordon, handkärror och bagage, för vi var deras skydd och de följde med oss också.[5]

Legenden att utbrytningen också varit en räddningsaktion för civilbefolkningen underblåste han så gott han kunde. Om någon av de tyska generalerna medvetet försökte rädda så många civila som möjligt – från stridshandlingar och "bolsjevismen" – under de sista dagarna så var det general Wenck vid Elbe, men det är en annan historia.

Många av de överlevande från Halbe närde alltsedan dess en stor bitterhet mot Theodor Busse och de andra högre officerarna i 9. armén. En veteran skrev exempelvis 1992:

> När jag tänker på våra officerares uppträdande, från general och nedåt, måste jag fastslå att dessa ovillkorligen utförde führerhögkvarterets och OKH:s kriminella order. När det idag talas om ett omringningsslag vid Halbe så är det helt igenom falskt, enligt min uppfattning. Alla visste att det var slutet och gjorde ingenting för att stoppa det meningslösa slaktandet. Var det verkligen absolut lydnad eller var det feghet inför ansvar? Vid sidan av Führern har också officerskåren efterlämnat en bitter smak hos mig. Allihop försökte rädda sitt eget skinn under dessa dagar och lämnade sårade soldater, civila och barn liggande. Med början hos herr befälhavaren, general Busse, och nedåt.[6]

Martin Kleint skrev:

> I Halbe blev människan Busse, som tusentals soldater och hjälplösa civila satt sitt hopp till för att undgå död eller fångenskap, prövad till det yttersta i soldatyrket och – misslyckades, enligt min uppfattning.[7]

Domen över Theodor Busse skiftar mellan olika källor. På ena änden av skalan befinner sig de som tycks betrakta honom som en människa vilken likt huvudpersonen i en grekisk tragedi inte kunde ha handlat annorlunda än vad han gjorde.[8] På den andra återfinns de som anser att han bara var en hantlangare som hänsynslöst fortsatte att verkställa eller understödja naziregimens terror och i slutändan endast var ute efter att rädda sitt eget skinn.[9]

En av de tidigaste representanterna för den förstnämnda kategorin är den tyske bestsellerförfattaren Jürgen Thorwald vilken år 1950 beskrev honom som en general vilken hade ”satt in hela sin personlighet” för att stärka försvaret av Berlin ”utan att titta så mycket åt vare sig vänster eller höger”.[10] Han ansåg med andra ord att Busse enbart var en duktig fältherre som gjort vad som krävdes av honom utan att lägga några större perspektiv på tillvaron. Även de amerikanska författarna John Toland och Cornelius Ryan lutar i sina respektive storsäljarböcker om Tredje rikets undergång åt samma uppfattning. Och den före detta SS-soldaten Wilhelm Tieke som skrev en rad böcker om Waffen-SS efter kriget betecknade Busse som en man ”som bakom det råbarkade skalet dolde ett hjärta för sina soldater, för infanteriet, som han själv härstammade ifrån och som han alltid kände sig förbunden med”.[11]

Ett halvsekel senare bedömde författaren Gerald Ramm honom däremot som en hänsynslös officer vilken skoningslöst straffade stridströtta soldater, men därefter flydde själv och lämnade tiotusentals av sina mannar i sticket.[12] Historikern Richard Lakowski anser visserligen att det var en militär bragd av en egentligen besegrad armé att undkomma de ryska trupperna, men framhåller meningslösheten och att 9. arméns soldater ”genom sin ståndaktighet kunde förlänga livet för en av de värsta diktaturerna med några dagar eller timmar”.[13] Det är en kritik som framför allt träffar Busse och resten av Tredje rikets militära ledargarnityr som slogs in i det sista.

Günther Führling, som själv var en av soldaterna som tillfångatogs av ryssarna i närheten av Halbe, anser i sin bok *Endkampf an der Oderfront* att man vid bedömningen av Busse och den blodiga utbrytningen förvisso måste ta hänsyn till att 9. arméns ”alla medlemmar, ända ned till menig soldat, uppfylldes av önskan och förhoppningen att med sin kamp hålla

Berlin öppet för de västra fiendemakternas trupper och hålla ryssarna borta", men han menar också bittert att Busse i slutändan övergav sina trupper precis "som en kapten vilken lämnar sitt sjunkande skepp i sticket med en av de första livbåtarna".[14] I en informationsbroschyr från krigskyrkogården i Halbe heter det att Hitlers order till Busse att bryta sig ut från Halbefickan betydde mer för den sistnämnde "än tiotusentals människoliv".[15]

Av sin motståndare vid Halbe, marskalk Ivan Konjev, fick Busse emellertid ett militärt erkännande:

> Hur som helst visade dessa strider att 200 000 soldater är en styrka som måste tas på allvar, i synnerhet när de försöker slåss beslutsamt och desperat [...] 9. armén [kämpade] modigt till döden för att undkomma inringningen. Och det var deras beslutsamma kamp som beredde oss avsevärda svårigheter under de sista krigsdagarna.[16]

Strikt militärt var det förvisso en bragd av Busse att få ut 20 000–30 000 soldater ur en så hopplös situation, men i alla övriga avseenden var det en meningslös tragedi.

ETT OMDÖME OM Busse måste möjligen delas upp i ett före den 20 april 1945 och ett efter. Före den 20 april lyckades han genom sitt sega försvar av Seelowhöjderna sätta ett streck i räkningen för marskalk Zjukov som hade räknat med att nå Berlin betydligt tidigare.

Men när Oderförsvaret brutits igenom och ryska styrkor trängde in i Berlin måste det ha stått klart för Busse att de amerikanska stridsvagnarna inte tänkte "köra in i baken på honom", som han hade hoppats. Tänkte Busse i den situationen på Hoepner eller på någon av de andra generaler som valde att bryta mot vanvettiga order från Führern för att spara människoliv? En viktig skillnad fanns mellan dem: Hoepner hade enbart räddat sina egna soldater ur en hopplös situation medan Busse kämpade vid Oder med vetskapen om att han därmed skyddade civilbefolkningen från vad han betraktade som en barbarisk fiende.

Men då Busses armé inte längre kunde skydda invånarna i Berlin med omnejd från Röda arméns frammarsch, fortsatte han ändå att slåss i ytterligare tio dagar för att rädda sina trupper – och sig själv. Samt kanske för att det inte fanns någon som sade åt honom att sluta. Hitlers verklighetsfrämmande befallning att "rädda Berlin" åtlydde han emellertid inte utan satsade allt på att föra trupperna till Elbe, ut ur det ryska järngreppet. Huruvida Busse ansåg att uppemot 60 000 döda var en rimlig uppoffring för detta ger källorna inget besked om.

Funderingar på var den yttersta gränsen för plikten och lojaliteten gick plågade många tyska officerare som osaliga andar mot slutet av kriget. Var eden till Hitler viktigare än samvetet och soldaternas liv? Fanns det någon realistisk politisk lösning kvar att slåss för? De flesta av generalerna gjorde det dock lätt för sig och viftade helt enkelt bort dessa hemsökelser. Deras uppfattning om personlig heder och ära innefattade också att slåss ända till slutet. Och det ansåg också Busse som själv hade sagt att han "föredrog döden framför att kapitulera", men innan ridån gått ned fann även han sig vid ett avgörande vägskäl. När han väl fattade sitt beslut var allt hopp ute för länge sedan och han tvingade sin människomaskin in i undergången.

OM BUSSE FUNDERADE kring dessa frågor medan cykelhjulen bar honom söderut, vet vi förstås inte. Men då han intervjuades av den amerikanske författaren Cornelius Ryan många år senare anförtrodde han denne vad som slagit honom när han trampade på: Bara några dagar tidigare hade han haft flera flygplan och en rad bilar till sitt förfogande – allt han hade nu var en begagnad cykel.[17]

# Noter

## FÖRORD

1 Baumgart, s. 156.
2 Pietsch, s. 165.
3 von Flocken, s. 8. Jfr Pietsch, s. 165.

## KAPITEL 1

1 Günter Graffenberger, intervju av författaren.
2 Günter Graffenberger, intervju av författaren.
3 Günter Graffenberger, intervju av författaren.
4 Gerhard Tillery i Ramm, s. 13.
5 Karl-Hermann Tams, manuskript.
6 Karl-Hermann Tams, manuskript.
7 Schaaf i Pietsch, s. 44–45.
8 Gerhard Tillery i Ramm, s. 24.
9 Eilhardt, s. 7.
10 Gerhard Tillery i Ramm, s. 16.
11 Walter Beier i Ramm, s. 160.
12 Franz Panzer i Ramm, s. 157.
13 Heinrich Hesse i Ramm, s. 171.
14 Pietsch, s. 21.
15 Gerd Koschan i Ramm, s. 273.
16 Faksimil hos Ramm, s. 280.
17 Eilhardt, s. 13.
18 Erwin Kempa i Ramm, s. 149.
19 Ramm, s. 203.
20 Gerd Koschan i Ramm, s. 276.

## KAPITEL 2

1 Ur Busses uppsats ”Die letzte Schlacht der 9. Armee” i Wehrwissenschaftliche Rundschau 4/1955. Härefter citerad som: Busse 1955.
2 Enligt en order från fältmarskalk Keitel den 7 februari 1945. Bakom armégrupp Weichsels front tjänstgjorde militärpolis ur motoriserade fältjägarkommando III. Jfr också justitieminister Thieracks dekret från 15 februari 1945.
3 Abteilung NS-Führung beim AOK 9, Hinweis Nr. 4, 26 februari 1945. Även Lakowski, s. 59.
4 Le Tissier, *Durchbruch an der Oder*, s. 92–93.
5 Eilhardt, s. 11.
6 Busse 1955.
7 Lakowski, s. 39.

8 Goebbels dagbok, 6 februari 1945. Fröhlich II:15, s. 315.
9 Busse 1955.
10 John Tolands intervju med Theodor Busse. Härefter citerad som: Theodor Busse, Toland Collection. Övriga intervjuanteckningar ur John Toland Collection citeras på liknande sätt.
11 Stahlberg, s. 232.
12 Neave Report, TMWC, vol. 42, s. 131.
13 Jfr exempelvis Jörg Friedrich. En utmärkt genomgång av framför allt krigföringen i öster och rättegången mot de tyska generalerna i Nürnberg efter kriget (OKW-processen). Tyvärr existerar det inte någon svensk översättning. Även generalöverste Gotthard Heinrici, vilken historikerna ofta värderat som en renhårig soldat vilken höll distans till nazismen, avslöjar sig i sina egna brev och dagböcker från 1940–41 som väl införstådd med de nazistiska ideologiska målen med kriget i öster.
14 Reitlinger 1953, s. 197.
15 Reitlinger 1953, s. 198. Se även FAZ, 20 december 1999: ”Was man nicht zugibt – weiss man nicht” av Bert-Oliver Manig.
16 Inför Nürnbergdomstolen förnekade Busse inte bara att han själv skulle haft någon kunskap om de massakrer som begicks av Ohlendorfs *Einsatzgruppe* utan påstod även att det var ”helt omöjligt” att någon annan medlem av staben skulle ha hört talas om eller informerats om sådana brott. TMWC, vol. 42, s. 124–125.
17 Stahlberg, s. 281.
18 Goebbels dagbok, 13 februari 1945. Fröchlich II:15, s. 378.
19 Theodor Busse, Toland Collection.
20 Theodor Busse, Toland Collection.
21 Newton, s. 5. Stahlberg, s. 282.
22 Enligt von Mansteins ordonnansofficer Alexander Stahlberg hade Busse ”stor handlingskraft och en mer än genomsnittlig förmåga att genomdriva sin vilja”. Stahlberg, s. 281.
23 Stahlberg, s. 236.
24 Theodor Busse, Toland Collection.
25 Theodor Busse, Toland Collection.
26 Busse 1955.
27 Speer, s. 354.
28 Förhör med en icke namngiven generallöjtnant, 5 februari 1945. Simonow, del II, s. 682.

## KAPITEL 3

1 Gelfand, s. 60.
2 Zjukov, del II, s. 278.
3 Bokow, s. 88–89.
4 Ur Cornelius Ryans intervju med Igor Mikajov. Härefter citerad som Igor Mikayoff, Ryan Collection. Alla intervjuer ur Cornelius Ryan Collection citeras på samma sätt, med engelsk transkribering av ryska namn.
5 Bokow, s. 106.
6 Gelfand, s. 57.
7 Gelfand, s. 59.
8 Bokow, s. 42.
9 Bokow, s. 40.
10 Gelfand, s. 31.
11 Pyl'Cyn, s. 134.

12 Jfr Sennerteg 2001.
13 Temkin, s. 200.
14 Temkin, s. 201.
15 Bokow, s. 114. Han skrev även: ”Under striderna om Oderbrohuvudet var det partipolitiska arbetet underordnat ett enda mål – det föredömliga verkställandet av stridsuppgifterna.” Bokow, s. 112. I likhet med all sovjetisk memoarlitteratur från kalla krigets dagar är Bokovs memoarer synnerligen tillrättalagda och sannolikt även censurerade, men den uppmärksamme läsaren ser mellan raderna hur politofficerarna före den sovjetiska Weichsel-Oderoperationen betonade hämnden på fienden, men i februari, då de ryska trupperna stod på tysk mark, började man skilja på nazister och vanliga civila. Att Bokov över huvud taget såg sig tvungen att betona detta kan tolkas som ett indirekt medgivande av de problem som uppstått.
16 Beevor 2007, s. 254.
17 Beevor 2007, s. 258.
18 Doernberg 2001, s. 22, 31–32.
19 Merridale, s. 260.
20 Temkin, s. 201.
21 Pyl'Cyn, s. 137.
22 Möjligen tillhörde Jevgenij Bessonov, kompanichef i 4. gardespansararmén, de oklanderliga frontofficerare som upprätthöll disciplinen. Det var åtminstone vad han själv uppgav i sina memoarer som utkom på engelska år 2003: ”Vi trakasserade aldrig tyska civila. Vi rånade dem inte, genomsökte dem inte och stal aldrig någonting. Ärligt talat var jag mycket strikt mot mina soldater beträffande detta och jag tror att andra officerare också hade samma uppfattning. Vi våldtog inte kvinnor, sådana saker inträffade åtminstone inte i vårt kompani eller i vår bataljon.” Bessonov, s. 184.
23 Bokow, s. 28.

## KAPITEL 4

1 Heinz Krüger, intervju av författaren.
2 I slutet av februari hade Küstrin en garnison på 16 800 man varav 10 000 var stridande personal. Le Tissier, Durchbruch, s. 119.
3 Bokow, s. 130.
4 Bokow, s. 129.
5 Busse 1955.
6 Theodor Busse, Toland Collection. Långt senare påstod Busse felaktigt för den amerikanske historikern John Toland att han hade förmått Hitler att avblåsa operationen redan i mitten av mars. ”Jag sade att jag hade blivit utbildad till soldat på den här marken – utforskat varenda meter under övningar – varenda pansaranfall skulle köra fast. [Hitler sade:] ’Åh, ni står på er egen mark. Ert hem.’ Men till min överraskning avblåste han anfallet. Det hände ungefär i mitten av mars.” General Busse berättade emellertid den här historien för Toland i två versioner. Den andra versionen skiljer sig lite från den första: ”Jag insisterade och övertygade Hitler om att jag kände till varje meter mark. Hitler sade: ’Så det är er hembygd’, och avslutade mötet.” Det genomgående för båda versionerna är att Busse övertygade Hitler om att planen var fel, men i den sistnämnda versionen är det mötet som avblåses. Och inte operationen. Påståendet att Busse lyckades förmå Hitler att avstå från Bumerang stämmer dock inte med de senare händelserna. Planen var fortfarande aktuell till runt den 25 mars 1945, då generalöverste Heinrici övertygade Hitler om att ett motanfall väster om Küstrin måste genomföras på bekostnad av Bumerang.

7 Busses anfallsplan finns bevarad i tyska militärarkivet och bär beteckningen: AOK 9 Ia Nr 014/45 g. Kdos. Chefs., 18 mars 1945. BA-MA, RH19XV/8.
8 Theodor Busse, Toland Collection.
9 Jfr Stahlberg.
10 Theodor Busse, Toland Collection.
11 Ernst Biehler, Toland Collection.
12 Ernst Biehler, Toland Collection.
13 Ernst Biehler, Toland Collection.
14 Om det förhöll sig på det sättet var det förvånansvärt nog ingenting som han hade anförtrott generalöverste Heinrici, som i mars efterträdde Himmler som hans närmaste överordnade. När Heinrici läste Busses uppsats från 1955 om 9. arméns sista strid satte han ett frågetecken i marginalen vid denna passus och antecknade: "Okänt för mig". Det går alltså inte att utesluta att påståendet rör sig om en efterhandskonstruktion av Busse.
15 Eilhardt, s. 14.

## KAPITEL 5

1 Eilhardt, s. 34–35.
2 Theodor Busse, Toland Collection.
3 Theodor Busse, Toland Collection.
4 Theodor Busse, Toland Collection.
5 Goebbels dagbok 23 mars 1945. Författarens kursivering. Fröhlich II:15, s. 576 och 580.
6 Goebbels dagbok, 23 mars 1945. Enligt en annan rapport uppgav 9. armén att den förstört 116 ryska stridsvagnar under första dagen. Le Tissier, Durchbruch, s. 124. Uppgifterna hos Goebbels återspeglar av allt att döma den preliminära information som nådde Hitler på lägeskonferensen.
7 Busse 1955.
8 AOK 9, Tagesmeldung an Heeresgruppe Weichsel, 23 mars 1945. BA-MA, RH19XV/8.
9 Le Tissier, Durchbruch, s. 125. Siffran 70 stridsvagnar hade Goebbels uppenbarligen fått från den militära konferensen i Hitlers högkvarter på eftermiddagen samma dag.
10 Heeresgruppe Weichsel, Tagesmeldung an OKH, 23 mars 1945. BA-MA, RH19XV/8.
11 Fritz-Rudolf Averdieck, manuskript.
12 AOK 9, Tagesmeldung an Heeresgruppe Weichsel, 23 mars 1945. BA-MA, RH19XV/8.
13 Heinrici uppgav att mötet ägde rum den 24 mars (Toland), vilket många historiker accepterat utan att kontrollera närmare, men bevarade rapporter från armégrupp "Weichsel" visar att det skedde en dag senare, den 25 mars. Notizen OB Hgr Weichsel, 26 mars 1945. I generalöverste Heinricis minnesanteckningar från sommaren 1945 står det dessutom: "Icke desto mindre ville befälhavaren för 9. armén, general Busse, göra ett andra försök vid middagstid. Jag förklarade mig införstådd med detta, eftersom detta var sista möjligheten att återställa kontakten med Küstrin." Heinrici, Endkampf, s. 10. IfZ. När Heinrici skrev detta hade han ingen tillgång till dokumenten och har uppenbarligen blandat samman händelserna den 24 och 25 mars i minnet.
14 "Infanteriet tappade kontakten med stridsvagnarna som hade rullat förbi de fientliga ställningarna. Det [dvs. infanteriet] hade inte kunskaperna hur man snabbt med sina tunga vapen slog ned de återuppståndna motståndfickorna, var mycket känsliga för den fientliga försvarselden och med hänsyn till sin utbildningsnivå inte i stånd att genomföra ett stort anfall." Busse 1955.

15 Theodor Busse, Toland Collection.
16 Gotthard Heinrici, Toland Collection.
17 Heinrici, Endkampf, s. 15.
18 Uppgiften att några av de tyska stridsvagnarna rentav lyckades tränga fram till de första husen i Küstrin innan de tvingades avbryta återfinns enbart i ett manuskript av Gotthard Heinrici, men inte i någon av dagsrapporterna från 9. armén eller armégrupp "Weichsel" för den aktuella dagen. Några belägg för en sådan framryckning finns inte heller på de bevarade lägeskartorna, utan anfallet tycks snarare ha kört fast flera kilometer från Küstrin. Förmodligen handlar Heinricis påstående om en överdrift eller ett minnesfel.
19 Heeresgruppe Weichsel, Tagesmeldung an OKH, 27 mars 1945. BA-MA, RH19XV/8.
20 Deckers kår förlorade 5 officerare från bataljonschef och uppåt, 68 andra officerare och 1 219 underofficerare och meniga. AOK 9, Tagesmeldung an Heeresgruppe Weichsel, 27 mars 1945. BA-MA, RH19XV/8.
21 Heinrici, Endkampf, s. 69–70.
22 Theodor Busse, Toland Collection.
23 Theodor Busse, Toland Collection. Det finns faktiskt en version till i Tolands efterlämnade intervjuanteckningar, men den verkar snarare vara Tolands sammanfattning av Busses historia: "Jag åkte till rikskansliet, jag tilläts ge en kort förklaring av motanfallets misslyckande. Hitler avbröt mig plötsligt upprört och sade att han förde befälet. Oviktiga saker sades. Jag hade inte intrycket att Hitler ville skära halsen av mig. G[uderian] försvarade mig genast och blev lika upprörd som Hitler. H[itler] skickade ut oss allihop ur rummet och behöll bara Guderian. De stod i ett litet rum i bunkern. Vi kunde höra deras röster genom dörren. Vi kunde inte förstå vad som sades. Som ett resultat avskedades Guderian som kanske till slut kunde ha kontrollerat situation[en]."
24 Heinz Krüger, intervju av författaren.
25 BA-Ostdok. 8/710.
26 Sennerteg 2003, s. 157.
27 Lakowski, s. 44.
28 Le Tissier 2005, s. 90.
29 Eilhardt, s. 37.
30 Eilhardt, s. 39.

## KAPITEL 6

1 Max Meissner, Ryan Collection.
2 Ramm, s. 172.
3 Max Meissner, Ryan Collection.
4 Refior, *Mein berliner Tagebuch 1945*, ur von zur Mühlen, s. 119. Tieke, s. 59.
5 Baserat på författarens intervju med Ingrid Bolfing-Munzel, född Munzel.
6 Kronika, s. 13.
7 Inge Klatt, född Jenson. Intervju av författaren.
8 Inge Klatt, född Jenson. Intervju av författaren.
9 Inge Klatt, född Jenson. Intervju av författaren.
10 Kuby 1965, s. 94.
11 Willemer, s. 26.
12 Willemer, s. 23.
13 Inge Klatt, född Jenson. Intervju av författaren.
14 von Studnitz, s. 253.
15 Inge Klatt, född Jenson, intervju av författaren.

16 Inge Klatt, född Jenson, intervju av författaren.
17 Ursula Grosser-Dixon, manuskript.
18 Ursula Grosser-Dixon, manuskript.
19 Alfred Hirsch, Ryan Collection.
20 Inge Klatt, född Jenson, intervju av författaren.
21 Schäfer, s. 66.
22 Schäfer, s. 63.
23 Findahl, s. XX.
24 Welch, s. 123.
25 Scheel.
26 Schäfer, s. 65–66.

## KAPITEL 7

1 Günther Dunsbach, manuskript.
2 Günther Dunsbach, manuskript.
3 Heeresgruppe Weichsel, Ia 4466/45: Kampfführung in der Grosskampf-HKL, 24 mars 1945. BA-MA, RH19XV/8.
4 Busse 1955.
5 Busse 1955.
6 Busse 1955.
7 Order av Himmler den 3 februari 1945. Lakowski, s. 61.
8 Hans Kempin, Toland Collection.
9 Edelgard Richter, född von Bredow, intervju av författaren.
10 Edelgard Richter, född von Bredow. Intervju av författaren.
11 Biehler, Toland Collection. Understruket i original.
12 Djilas, s. 398.
13 Babadschanian, s. 199.
14 Babadschanian, s. 244.
15 Huvudstöten ut ur Küstrinbrohuvudet skulle genomföras av 8. gardesarmén, 5. stötarmén, 3. stötarmén förstärkt av 9. pansarkåren, samt 47. armén. I norr skulle huvudanfallets flank skyddas av 61. armén och 1. polska armén, medan flankskyddet i söder utgjordes av 69. armén samt 33. armén förstärkt av 2. gardespansarkåren.
16 Lakowski, s. 64.
17 Tagesstärke Heeresgruppe Weichsel, 1 april 1945. Panzerstärke, 13 april 1945. BA-MA, RH19XV/9. Även Lakowski, s. 47–48. Brittiske militärhistorikern Tony Le Tissier (Durchbruch, s. 177) uppger dock helt andra siffror beträffande det tyska artilleriets storlek. Uppgifterna anges härröra från dokument ur forna DDR-arkiv, enligt vilka 9. armén förfogade över 658 artilleribatterier med 2 625 eldrör – däribland 139 batterier ur luftvärnet med 695 eldrör. Dessa uppgifter har emellertid inte kunnat utvärderas i dokumentationen om armégrupp ”Weichsel” i tyska militärarkivet i Freiburg im Breisgau.

Hela armégrupp ”Weichsel” hade 185 975 man den 1 april 1945, varav 104 162 var stridande personal. Armégruppen förfogade också över 754 fungerande stridsvagnar och stormkanoner, medan artilleriet bestod av 396 batterier med totalt 1 524 eldrör.

18 Busse 1955.
19 Lakowski, s. 68–69.
20 Spahr, s. 170–171.
21 Babadshanian, s. 245.
22 Katukow, s. 360.

23 Katukow, s. 360.
24 Ryskt förhör med generallöjtnant Friedrich Bernhard. Lakowski & Stich, s. 178.
25 Busse 1955.
26 Busse 1955.
27 Heinrici, *Bericht über Erlebnisse bei der Heeresgruppe Weichsel im April 1945*, s. 5.
28 Busse 1955.
29 Diskussionen mellan Busse och Heinrici återgavs av Heinrici i en intervju av John Toland. Gotthard Heinrici, Toland Collection. I ett memorandum som generalöverste Heinrici aldrig överlämnade till fältmarskalk Busch den 8–9 maj 1945 skrev han: "Jag själv hyste vissa tvivel eftersom jag hittills aldrig hade fört befäl över några trupper i själva Tyskland, och frågade befälhavaren för 9. armén, den kloke och energiske, operativt och taktiskt synnerligen beprövade general Busse som fört befäl här sedan tre månader tillbaka. Denne bedömde truppernas stridsvärde från genomsnittligt till gott och såg optimistiskt på läget." Heinrici, *Bericht über Erlebnisse bei der Heeresgruppe Weichsel im April 1945*.
30 Heinrici, *Die Kämpfe an der Oder*, s. 30.
31 Theodor Busse, Toland Collection.
32 Theodor Busse, Toland Collection.
33 Mironow, s. 145.
34 Bokow, s. 153.
35 Doernberg 2001, s. 25.
36 Lakowski, s. 70.
37 Vladimir Rozanov, Ryan Collection.
38 Lakowski, s. 70.
39 Subbotin, s. 6.
40 Gerhard Tillery i Ramm, s. 29.
41 Hans Jansen, Ryan Collection.
42 Busse 1955.
43 Eilhardt, s. 41.
44 Eilhardt, s. 44.
45 Karl-Hermann Tams, manuskript.
46 Karl-Hermann Tams, manuskript.
47 Jfr Baumbach, s. 68–69.
48 Karl-Hermann Tams, manuskript.
49 Hans-Werner Arnold, Ryan Collection.
50 Fröhlich 1978, s. 256.
51 Beevor 2002, s. 222–223 samt 246.
52 Popel, s. 307.

## KAPITEL 8

1 Carlyle, vol. 6, s. 194.
2 Carlyle, vol. 6, s. 194.
3 Mötet utspelades enligt Busse på ett kavalleriregementes mäss i Fürstenwalde, medan Goebbels i ett samtal med finansminister Schwerin von Krosigk hävdade att det handlat om ett samkväm med officerarna i Busses stab. Vidare hävdade Busse efter kriget konsekvent att Goebbels besök ägde rum den 13 mars 1945 (Busse 1955 och Toland-Busse). Men det utspelade sig en månad senare, vilket bekräftas av finansminister Schwerin von Krosigks dagböcker. Det finns ingenting i Goebbels dagbok som tyder på att han besökte Oderfronten under mars månad 1945.

4 Theodor Busse, Toland Collection.
5 Theodor Busse, Toland Collection.
6 Enligt John Tolands intervjuanteckningar förväxlade Busse tsarevnan Elisabet med Katarina den stora. Korrigerat av författaren.
7 Theodor Busse, Toland Collection.
8 Flera skillnader och oklarheter finns mellan de båda versionerna men den avgörande är vem som ringde vem och vad som då sades. Vad som kan vara sant ger en viktig ledtråd till general Busses mentala disposition strax före det sovjetiska anfallet. Busse påstod alltså att det var han som ringde upp en pessimistisk och osäker Goebbels, medan Goebbels tvärtom förfäktade att det var han som ringde först och smittade Busse med sin optimism. Bortsett från risken för missuppfattningar och minnesfel, är frågan vad som kan ha förmått de båda männen att ge så olika tolkningar av vad som hände och sades. Låt oss stanna upp lite och titta på dem i tur och ordning. Vad som talar för Goebbels utsaga är närheten till händelsen. Det som talar emot är att det är en andrahandsuppgift av Schwerin-Krosigk och att det var något som propagandaministern kunde förväntas säga för att höja moralen, även om det inte var sant. För Busses version talar själva detaljrikedomen i redogörelsen samt det faktum att han framställer propagandaministern som den realistiske tvivlaren och sig själv som den hoppfulle och sökande, vilket knappast låter som en taktisk lögn för att ställa sig själv i bättre dager vid den tidpunkt intervjun med honom gjordes. Mot Busse talar tidsavståndet och hans eventuella motiv: När han intervjuades många år efter Tysklands nederlag hade han facit i hand och just då bör han sannolikt ha velat inpränta hos omgivningen att han var en rationell person vilken inte låtit sig förföras av Goebbels fantasterier.

Det faktum att de båda männen stod i tät telefonkontakt med varandra öppnar också möjligheten för att det handlar om två separata samtal, dels ett i den första glädjeyran över den amerikanske presidentens död, dels ett när ett slags besinning börjat återvända några dagar senare då Hitler och Goebbels tappat hoppet om att Roosevelts frånfälle skulle få omedelbara konsekvenser för fiendens allians. Busses båda påstådda reaktioner i sammanhanget förefaller nämligen rimliga efter vad vi vet om hans person: Dels optimismen som han uppvisade mot personer högre upp i herarkin, dels sökandet efter en mening med det hela. Några andra källor än de båda motstridiga vittnesmålen finns dock inte att tillgå.

Det enda man egentligen kan vara helt säker på är att Roosevelts död ingav många tyskar hopp – sannolikt även Busse. Theodor Busse, Toland Collection, samt Trevor Roper.
9 Le Tissier, Durchbruch, s. 209.
10 Bokow, s. 156–167.
11 Gerhard Tillery i Ramm, s. 29–30.
12 Heinz Krüger, intervju av författaren.
13 Ferngespräch Oberst Eismann-Obersleutnant i.G. de Maizière, kl. 18.15, 14 april 1945. BA-MA, RH19XV/9.
14 Busse 1955. Någon sådan begäran från 9. armén den 14 april 1945 är dock inte dokumenterad i armégrupp "Weichsels" arkiv.
15 Bokow, s. 157.
16 Gerhard Tillery i Ramm, s. 30.
17 Bokow, s. 158.
18 AOK 9, Morgenmeldung, 9 april 1945. BA-MA, RH19XV/9.
19 Schramm, band IV/2, s. 1589–1590.
20 Enligt Ryan, s. 209. Uppgiften att han blev rasande har dock ingen täckning i Cornelius Ryans bevarade anteckningar från intervjun med Busse. Det är därför omöjligt att fast-

slå om det är något som Ryan ändå hade i minnet från intervjun med Busse, eller om det bara rör sig om en dramatisering som han uppfunnit själv. Inte heller i historikern John Tolands intervjuanteckningar omnämns Busses reaktion på Hitlers dagorder.

21 Gerhard Tillery i Ramm, s. 31.
22 Gerhard Tillery i Ramm, s. 31–32.
23 Busse i Toland. I en uppsats 1955 skrev Busse om detta: ”Det fanns två orsaker bakom tvekan. Å ena sidan hade det inte varit möjligt att på denna korta tid integrera de nyuppställda trupperna till den grad att uppgivandet av de hittills envist försvarade ställningarna strax före slaget inte skulle få en negativ effekt på styrkornas försvarsvilja. Å andra sidan kunde man inte lita på att de huvudsakligen unga, oerfarna trupperna skulle känna igen den exakta tidpunkten för anfallets början.”
24 Gerhard Cordes, Toland Collection.
25 I originalanteckningarna felaktigt skrivet den 16 april. Korrigerat av författaren.
26 Gerhard Cordes, Toland Collection.
27 Doernberg 1985, s. 51–52.
28 Abysow, s. 32.
29 Kuby 1965, sid. 54.
30 Sergey Golbov, Ryan Collection.
31 Subbotin, sid. 5.
32 Abyzow, s. 33.
33 Popel, s. 312.
34 Tjujkovs och Katukovs samtal om höjderna, se Katukow, s. 362–363.
35 Beevor, s. 256.
36 Popel, s. 313.
37 Doernberg 2001, sid. 55.

## KAPITEL 9

1 Zjukov, del II, s. 315.
2 Nikolay Svishtshev, Ryan Collection.
3 Vladimir Rozanov, Ryan Collection.
4 Abysow, s. 40.
5 Kalaschnik, s. 338.
6 Sergey Golbov, Ryan Collection.
7 Jfr Le Tissier, Durchbruch, s. 222–223.
8 Sergey Golbov, Ryan Collection.
9 Bessarab, s. 67.
10 Spahr, s. 173.
11 Martin Kleint i Ramm, s. 310.
12 Cujkov, s. 179.
13 Bokow, s. 161.
14 Kalaschnik, s. 339.
15 Sergey Golbov, Ryan Collection.
16 Sergey Golbov, Ryan Collection.
17 Beevor 2002, s. 259.
18 Subbotin, s. 6.
19 Gerd Wagner i Ramm, s. 205.
20 Karl-Hermann Tams, manuskript.
21 Gerhard Cordes, Toland Collection.

22 Fey, s. 325. Brittiske militärhistorikern Antony Beevor förvandlar Ernst Streng till bataljonschef i sin bok *Berlin 1945*, men det stämmer inte med verkligheten. Beevor 2002, s. 257.
23 Ryan, s. 201. Kommentaren återfinns enbart i boken och inte i Ryans anteckningar från intervjun med Busse. Det kan i det här fallet dock vara rimligt att anta att han citerat Busse direkt ur minnet.
24 Karl-Hermann Tams, manuskript.
25 Bessarab, s. 70.
26 Bessarab, s. 73.
27 Bessarab, s. 75.
28 Ernst Streng i Fey, s. 326.
29 Ernst Streng i Fey, s. 326.
30 Hans Hansen, manuskript.
31 Hans Hansen, manuskript.
32 Abysow, s. 42.
33 Abysow, s. 42.
34 Gerhard Cordes, Toland Collection.
35 Karl-Hermann Tams, manuskript.
36 Kalaschnik, s. 339.
37 Kalaschnik, s. 339.
38 Subbotin, s. 10–11.
39 Bokow, s. 169.
40 Beevor 2002, s. 266.
41 Beevor 2002, s. 266–268.
42 Jfr Lakowski, s. 71.
43 Popel, s. 314.
44 Cujkov, s. 180.
45 Karl-Hermann Tams, manuskript.
46 Tissier, Durchrbuch, s. 252.
47 Hans Hansen, manuskript.
48 Katukow, s. 364.
49 Katukow, s. 364.
50 Katukow, s. 364–365. Katukovs kommissarie, Nikolaj Popjel, påstod dock i sina memoarer att 1. gardespansararmén tvärtom sattes in i striden på Katukovs eget förslag. Popel, s. 314. Kanske hade även Katukov förivrat sig och ville spontant ge sitt understöd åt Tjujkovs gardesoldater som befann sig i ett svårt trångmål, trots att han som en erfaren pansarchef visste att det nästan var liktydigt med självmord att kasta stora pansarstyrkor mot en starkt befäst fientlig försvarslinje innan infanteriet röjt väg och slagit ut fiendens understödsvapen. Möjligen kan framtida dokumentfynd i de ryska militärarkiven kasta nytt ljus över denna episod.
51 Popel, s. 315.
52 Zjukov, del II, s. 318. Spahr, s. 173–175. Beevor 2002, s. 262.
53 Cujkov, s. 181.
54 Katukow, s. 365.
55 Le Tissier, Durchbruch, s. 234–235.
56 Ernst Streng i Fey, s. 326.
57 Ernst Streng i Fey, s. 328. Jfr Lakowski & Stich, s. 28.
58 Hans Jansen, Ryan Collection.
59 Hans-Werner Arnold, Ryan Collection.
60 Hans Jansen, Ryan Collection.
61 Gerhard Cordes, Toland Collection.

62 Gerhard Cordes, Toland Collection.
63 Gerhard Cordes, Toland Collection.
64 Gerhard Tillery i Ramm, s. 33.
65 Popel, s. 316.
66 BA-MA, N256/133/11.
67 BA-MA, N256/133/14.
68 BA-MA, N256/133/15.
69 BA-MA, N256/133/15-16.
70 AOK 9, Tagesmeldung an Heeresgruppe Weichsel, 16 april 1945. RH19XV/9.
71 Orientierung Oberst Hölz-Oberst Eismann, Abend 16 april 1945. RH19XV/9.
72 Popel, s. 315–316. Det var general Sjugajevs 47. gardesdivision som först av alla kom uppför sluttningarna. Cujkov, s. 181.

## KAPITEL 10

1 Karl-Hermann Tams, manuskript.
2 AOK 9, Tagesmeldung, 17 april 1945. BA-MA, RH19XV/9.
3 Gerd Koschan i Ramm, s. 276. Koschan erinrar sig att detta upprop spreds i skyttegravarna vid Frankfurt an der Oder och att soldaterna var tvungna att underteckna det efter att de hade läst det.
4 Brittiske militärhistorikern Antony Beevor spekulerar i att Busses upprop grundades på löften från Hitlers utrikesminister Joachim von Ribbentrop, som besökte fronten vid Seelow den 17 april. Beevor 2002, s. 276.
5 Cujkov, s. 182.
6 Abyzow, s. 43.
7 Gerhard Cordes, Toland Collection.
8 Karl-Hermann Tams, manuskript.
9 Gerhard Cordes, Toland Collection.
10 Mironow, s. 151.
11 Mironow, s. 152.
12 Karl-Hermann Tams, manuskript.
13 Fritz-Rudolf Averdieck, manuskript.
14 Hans Rein, Ryan Collection.
15 Popel, s. 318–319. Märk väl att i de flesta ryska vittnesredogörelserna från andra världskriget benämns nästan alla tyska stridsvagnar som "Tiger" och nästan alla stormkanoner som "Ferdinand" efter de största och mest respektingivande fordonstyperna.
16 Beevors påstående att det var Jusjtjuks pansarkår som erövrade Seelow är emellertid felaktigt. Det var Babadzjanjans kår som gjorde det jobbet. Beevor 2002, s. 275. Katukow, s. 367. Popel, s. 318.
17 Babadshanian, s. 247.
18 Hastings 2004, s. 539.
19 Hastings 2004, s. 539.
20 Günther Dunsbach, manuskript.
21 Gerhard Tillery i Ramm, s. 34.
22 Gerhard Tillery i Ramm, s. 34.
23 Gerhard Cordes, Toland Collection.
24 Günther Dunsbach, manuskript.
25 BA-MA, N265/134/16
26 Odaterad rapport, sannolikt 17 april 1945. BA-MA, RH19XV/9.

27 AOK 9, Tagesmeldung, 17 april 1945. BA-MA, RH19XV/9.
28 BA-MA, N265/134/17-18.
29 Ferngespräch Oberst Eismann-Oberst Hölz, 18.50, 17 april 1945; samt Ferngespräch Oberst Eismann-Ia AOK 9, kl. 19.00, 17 april 1945. BA-MA, RH19XV/9.
30 Busse 1955.
31 AOK 9, Tagesmeldung, 17 april 1945. BA-MA, RH19XV/9.
32 Busse 1955.

## KAPITEL 11

1 Om detta är både tyska och ryska källor överens. Jfr Busse 1955. Katukow, s. 367.
2 Cujkov, s. 184.
3 Eilhardt, s. 47.
4 Oven, s. 305.
5 Oven, s. 305. Jfr Refior i von zur Mühlen, s. 120.
6 Abysow, s. 44.
7 Katukow, s. 367.
8 Babadshanian, s. 247.
9 Bessarab, s. 90–91.
10 Katukow, s. 367–368.
11 Anruf OKH/OpAbt, kl. 04.30, 18 april 1945. BA-MA, RH19XV/9.
12 Två telefonsamtal, Hölz-Kinzel och Heinrici-Busse 18 april 1945. Inga tidsangivelser, men sannolikt på morgonen eller förmiddagen. BA-MA, RH19XV/9.
13 BA-MA, N265/134/32–33.
14 Karl-Hermann Tams, manuskript.
15 Karl-Hermann Tams, manuskript.
16 BA-MA, N265/134/34.
17 Gerhard Tillery i Ramm, s. 35.
18 Günther Dunsbach, manuskript.
19 BA-MA, N265/134/37; Aktennotiz Ferngespräch OB mit General Busse, 18 april 1945. BA-MA, RH19XV/9. Telefonsamtalet ej tidsangivet i armégrupp Weichsels arkiv, men däremot i Heinricis och Weienskovskis rekonstruktion av krigsdagboken i slutet av 1960-talet.
20 BA-MA, N265/134/37.
21 BA-MA, N265/134/39. Ferngespräch Hölz-Eismann, kl. 17.20, 18 april 1945. BA-MA, RH19XV/9. Enligt noteringarna från detta samtal förlorade XI. SS-pansarkåren 40 stycken 7,5 centimeterspansarvärnskanoner och 30 lätta fälthaubitser i närstrider.
22 Ferngespräch Hölz-Eismann, 1845, 18 april 1945. BA-MA, RH19XV/9.
23 BA-MA, N265/134/39.
24 Busse 1955.
25 Martin Kleint i Ramm, s. 314–315.
26 AOK 9, Tagesmeldung, 18 april 1945. BA-MA, RH19XV/9.

## KAPITEL 12

1 Subbotin, s. 18.
2 Subbotin, s. 29.
3 Det var en viktig principiell fråga var de tyska försvarsstyrkorna skulle göra mest nytta: i Berlin eller framför staden. På lägeskonferensen i führerhögkvarteret på eftermiddagen bestämde Hitler att 9. armén skulle få bataljonerna. Oven, s. 305–306.

4 Babadshanian, s. 248.
5 Günther Dunsbach, manuskript.
6 Jfr Knappe, s. 13–14.
7 Doernberg 2001, s. 30. Även Doernberg 1985, s. 60.
8 Le Tissier, Berlin, s. 76.
9 På eftermiddagen avtecknades tre stora hål i 9. arméns frontlinje: vid Müncheberg, väster om Wriezen och norr om Buckow.
10 Sten Eriksson, intervju av författaren.
11 Georg Diers, manuskript.
12 Fritz-Rudolf Averdieck, manuskript.
13 Subbotin, s. 30.
14 Günther Dunsbach, manuskript.
15 Subbotin, s. 19–20.
16 BA-MA, N265/134/63–64.
17 BA-MA, N265/134/65.
18 BA-MA, N265/134/65.
19 BA-MA, N265/134/69.
20 Busse 1955.
21 BA-MA, N265/134/68.
22 Busses stab räknade med 721 förstörda fiendestridsvagnar och stormkanoner. AOK 9, Tagesmeldung, 19 april 1945. BA-MA, RH19XV/9.
23 Lakowski, s. 87.

## KAPITEL 13

1 Subbotin, s. 25.
2 Subbotin, s. 25.
3 Günter Graffenberger, intervju av författaren.
4 Eike Jünke, intervju av författaren.
5 Heinrici bad Krebs om tillstånd att dra tillbaka 9. armén från Oder till en linje närmare Berlin. Krebs gick till Hitler som funderade hela dagen innan han gav Busse order att hålla ställningarna där han var och skydda sina flanker.
6 Igor Mikayoff, Ryan Collection.
7 Subbotin, s. 30–31.
8 Doernberg 1985, s. 61.
9 Doernberg 2001, s. 33. Jfr Doernberg 1985, s. 61–63.
10 Cujkov, s. 187.
11 Hastings 2004, s. 540.
12 Popel, s. 328–329. Jfr Katukow, s. 370.
13 Tillery, Ramm, s. 37.
14 Tillery, Ramm, s. 37.
15 Tagesmeldung HGr Weichsel, 23 april 1945. Uppgiften avser 20–22 april. BA-MA, RH19XV/10.
16 Busse 1955.
17 Ur ett memorandum om striderna vid Oder som Heinrici skrev redan den 8–9 maj 1945. Heinrici, *Bericht über Erlebnisse bei der Heeresgruppe Weichsel im April 1945*.
18 BA-MA, RH19XV/10. Tony Le Tissier har därmed fel som daterar Busses övertagande av V. kåren till kvällen den 19 april. Le Tissier, Durchbruch, s. 343. Le Tissier 2007, s. 23.
19 BA-MA, N265/134/88.

20 Ferngespräch Busse-Kinzel, kl. 10.50, 20 april 1945. BA-MA, RH19XV/10.
21 BA-MA, N265/134/92 och /96.
22 HGr Weichsel, Ferngespräche, 20 april 1945. BA-MA, RH19XV/10.
23 Busse 1955.
24 Busse 1955.
25 På tal om Första ukrainska frontens framryckning skrev han efter kriget: "Att delar av denna front skulle komma att rycka fram i 9. arméns rygg var säkert. Armén såg framför sig den svåra uppgiften att bana väg för sydgruppen mot väster." Busse 1955.
26 HGr Weichsel, Ferngespräche, Generalmajor Hölz-Oberst Eismann, 20 april 1945. BA-MA, RH10XV/10.HHH
27 Eberle & Uhl, s. 401. Uppgiften härrör uppenbarligen från Hitlers SS-adjutant Otto Günsche, vars uppgifter låg till grund för stora delar av Stalins "Hitlerbok".
28 Abysow, s. 45–47.
29 Bessarab, s. 113.
30 Fernschreiben KR Blitz an AOK 9, 20 april 1945. BA-MA, RH19XV/10.
31 Sten Eriksson, intervju av författaren.
32 Heinz Krüger, intervju av författaren.
33 Bessarab, s. 115.
34 Bessarab, s. 115.
35 Bessarab, s. 116.
36 Popel, s. 331–332.
37 Det råder stor osäkerhet om exakt när Hitler tog beslutet att flytta pansarkåren in i Berlin. Till exempel uppger Tony Le Tissier att det var på eftermiddagen den 21 april, medan Wilhelm Tieke anser att det skedde på natten till den 23 april. Några uppgifter som stödjer den ena eller andra dateringen återfinns inte i armégrupp "Weichsels" krigsdagbok. Tieke, s. 193. Le Tissier, Berlin, s. 89.
38 Günter Graffenberger, intervju av författaren.
39 Günter Graffenberger, intervju av författaren.
40 Sergey Golbov, Ryan Collection.
41 Sergey Golbov, Ryan Collection.
42 Fritz-Rudolf Averdieck, manuskript.
43 Gerhard Tillery i Ramm, s. 37.
44 Gerhard Tillery i Ramm, s. 38.
45 Zjukov, del II, s. 327.
46 Zjukov, del II, s. 325.
47 BA-MA, RH19XV/10. Enligt historikern Tony Le Tissier avvisade Busse ansvaret för Berlin helt och hållet, men det är alltså inte sant. Han kunde fortfarande tänka sig att dela ansvaret med någon annan befälhavare. Jfr Le Tissier, Durchbruch, s. 79.
48 Lakowski, s. 95.
49 HGr Weichsel, Vermerk, klockan 14.55, 21 april 1945. Gespräche, Krebs-Heinrici, 18.45, 21 april 1945. BA-MA, RH19XV/10. Bauer, s. 5–6.
50 Gotthard Heinrici, Toland Collection.
51 Befehl HGr Weichsel an AOK 9, kl. 22.04, 22 april 1945. BA-MA, RH19XV/10.
52 Dragunski, s. 265.
53 Sin judiska bakgrund hade han dock helt tagit avstånd från och hans åsikter om judar kunde klassas som rent antisemitiska. År 1983 utnämndes han till ordförande i en sovjetisk antisionistisk kommitté.
54 Dragunski, s. 264.
55 Dragunski, s. 265.

56 Dragunski, s. 264.
57 Lakowski & Stich, s. 66.
58 Dragunski, s. 265.
59 BA-MA, RH19XV/10.
60 AOK 9, Tagesmledung an HGr Weichsel, 22 april 1945. BA-MA, RH19XV/10.
61 Ferngespräch Busse-Heinrici, klockan 17.05, 22 april 1945. BA-MA, RH19XV/10. Gotthard Heinrici, Ryan Collection.
62 Källorna går isär beträffande tidpunkten för Heinricis "rekommendation" till Busse att strunta i Hitlers order att hålla Oder. Jürgen Thorwald anser att det var den 20 april, medan Tony Le Tissier (som använder Jürgen Thorwalds bok som enda källa!) hävdar att det skedde den 21 april. I en intervju på 1960-talet uppgav Gotthard Heinrici själv att detta samtal ägde rum på kvällen den 22 april. Han stödde sig därvid på anteckningarna om in- och utgående telefonsamtal i armégrupp Weichsels högkvarter. Thorwald, *Das Ende an der Elbe*, s. 291. Tissier, Berlin, s. 91 och *Slaughter at Halbe*, s. 38. Gotthard Heinrici, Toland Collection. Telefongespräch, Heinrici-Busse, kl. 17.05, 22 april 1945. BA-MA, RH19XV/10.
63 Ferngespräch, Heinrici-Krebs, kl. 21.30, 22 april 1945. BA-MA, RH19XV/10.
64 Busse 1955.

## KAPITEL 14

1 Ernst Biehler, Toland Collection.
2 Ernst Biehler, Toland Collection.
3 Kurt Wurach, Ryan Collection.
4 Kurt Wurach, Ryan Collection.
5 Kurt Wurach, Ryan Collection.
6 Frieske i Pietsch, s. 39.
7 Ernst Biehler, Toland Collection.
8 Manuel Schuhmacher, Ryan Collection.
9 Eberhard Baumgart i Ramm, s. 65.
10 Ernst Streng i Fey, s. 330–331.
11 Ernst Streng i Fey, s. 331.
12 Ernst Streng i Fey, s. 331.
13 Ferngespräch Busse-Heinrici, kl. 12.30, 23 april. BA-MA, RH19XV/10. För Cornelius Ryan beskrev Busse affären med Wedlings försvunna kår så här och det här är första gången hans version publiceras: "En morgon berättade man för mig att vi inte längre hade kontakt med LVI. pansarkåren. Jag skickade ut officerare för att hitta den. Den hade försvunnit. Sedan skickade jag ett radiomeddelande till OKH att general Weidling uppenbarligen inte hade verkställt sina order och jag föreslog till och med att han skulle arresteras och ställas inför krigsrätt." Theodor Busse, Ryan Collection.
14 Le Tissier 2007, s. 44. Tieke, s. 216–217.
15 Knappe, s. 19.
16 Ferngespräch Busse-Heinrici, kl. 23.25, 23 april 1945. BA-MA, RH19XV/10. Även Bauer, s. 13–14.
17 Theodor Busse, Ryan Collection.
18 Ferngespräch Busse-Heinrici, kl. 21.31, 23 april 1945. BA-MA, RH19XV/10. Även Bauer, s. 14.
19 Lakowski & Stich, s. 74.
20 Friedrich Bernhard i Lakowski & Stich, s. 180.
21 Lakowski & Stich, s. 63 och Lakowski, s. 95. Från Första vitryska fronten deltog 3., 69.

och 33. arméerna, medan Första ukrainska fronten satte in 3. gardesarmén och delar av 28. armén. Luftrummet över Halbefickan behärskades av 2. flygarmén.

22 Heinz Maether, manuskript.

23 Hans Hansen, manuskript.

24 Hans Frieske i Pietsch, s. 39.

25 Wolf Hagemann, Ryan Collection.

26 Till författaren Cornelius Ryan sade han på tal om Waffen-SS: "Mot slutet av kriget insåg SS plötsligt att de inte kunde föra befäl längre. SS-generaler drogs ut och Wehrmachtgeneraler knuffades in." Wolf Hagemann, Ryan Collection.

27 Katukow, s. 376. I andra redogörelser var det 28. gardesskyttekåren ur 8. gardesarmén som sammanstrålade med enheter ur Rybalkos armé i trakten av Bohnsdorf. Lakowski & Stich, s. 50.

28 Popel, s. 341.

29 AOK 9 Ia, Funkspruch an HGr Weichsel, kl. 18.50, 23 april 1945. BA-MA, RH19XV/10.

30 Bauer, s. 19.

31 Funkspruch AOK 9 an HGr Weichsel, kl. 11.35, 25 april 1945. BA-MA, RH19XV/10.

32 Tieke, s. 225.

33 Busse 1955.

34 Den 24 april skickade general Krebs följande dagorder till alla armégrupper på östfronten (den vidarebefordrades även till 9. armén): "Kriminella rykten från fiendelägret påstår vapenstillestånd med amerikanerna och liknande saker som förlamar stridsviljan. Man måste ingripa med all hårdhet mot dessa rykten och deras utbredning. Kampen fortsätter till det segerrika avgörandet. Führern står i spetsen för det avgörande slaget om rikshuvudstaden och därmed om rikets öde. Han litar till den tyska härens kampvilja och beslutsamhet. Vi kommer inte att svika detta förtroende. Detta radiomeddelande ska ofördröjligen vidarebefordras till alla staber, myndigheter." BA-MA, RH19XV/10.

35 AOK 9, Funkspruch an HGr Weichsel, kl. 16.30, 25 april 1945. Mottaget kl. 17.20. BA-MA, RH19XV/10. Armégrupp "Weichsel" hade dessförinnan gett 9. armén handlingsfrihet att välja riktning för utbrytningsanfallet.

36 von Luck, s. 245–246.

37 Bauer, s. 16.

38 AOK 9, Funkspruch an HGr Weichsel, kl. 17.20, 25 april 1945. Mottaget kl. 18.45. BA-MA, RH19XV/10.

39 Bauer, s. 22.

40 Busse 1955.

41 von Luck, s. 246.

42 Busse 1955.

43 Le Tissier 2007, s. 84.

44 Peitsch, s. 29.

45 AOK 9, Tagesmeldung an HGr Weichsel, 27 april 1945. BA-MA, RH19XV/10.

46 Joachim Wolf i Peitsch, s. 48.

47 Konev, s. 178.

48 Bauer, s. 37.

## KAPITEL 15

1 Ursula Grosser-Dixon, manuskript.

2 Ursula Grosser-Dixon, manuskript.

3 Jfr Eilhardt, s. 57.
4 Ursula Grosser-Dixon, manuskript.
5 Ursula Grosser-Dixon, manuskript.
6 Kuby 1956, s. 114.
7 Kuby 1956, s. 115–116.
8 Boveri, s. 58.
9 Heinz Krüger, intervju av författaren.
10 Heinz Krüger, intervju av författaren.
11 Edelgard Richter, född von Bredow, intervju av författaren.
12 Ryan, s. 244.
13 Från norr 3. stötarmén, 47. armén och 2. gardespansararmén. Från öster och nordöst: 5. stötarmén, 8. gardesarmén och 1. gardespansararmén.
14 Ursula Grosser-Dixon, manuskript.
15 Sergey Golbov, Ryan Collection.
16 Sergey Golbov, Ryan Collection.
17 Michail Kurkov, Ryan Collection.
18 Abysow, s. 49.
19 Katukow, s. 374.
20 Bessarab, s. 128.
21 Katukow, s. 374.
22 Kalaschnik, s. 345.
23 von zur Mühlen, s. 71.
24 von zur Mühlen, s. 147.
25 Refior, *Mein berliner Tagebuch*, i von zur Mühlen, s. 123.
26 Hans Rein, Ryan Collection.
27 Findahl, s. 201.
28 Eilhardt, s. 54.
29 Findahl, s. 203.
30 Eilhardt, s. 55–56.
31 Eilhardt, s. 53.
32 Albert Fritz, Ryan Collection.
33 Hans Rein, Ryan Collection.
34 Gerhard Tillery, Ramm, s. 39.
35 Dragunski, s. 276. Jfr marskalk Konjevs redogörelse för övergången av Teltowkanalen. Konev, s. 155.
36 Konev, s. 134.
37 Dragunski, s. 276–277.
38 Dragunski, s. 278.
39 Vladimir Rozanov, Ryan Collection.
40 Vladimir Rozanov, Ryan Collection.
41 Fritz-Rudolf Averdieck, manuskript.

## KAPITEL 16

1 Gerhard Tillery i Ramm, s. 40.
2 Lakowski, s. 94.
3 Lakowski, s. 94.
4 Kalaschnik, s. 355–356.
5 Doernberg 2001, s. 35–36.

6 Doernberg 2001, s. 36.
7 Doernberg 2001, s. 35.
8 August Birks, intervju av författaren.
9 Dragunski, s. 296.
10 I en uppsats hävdar brittiske militärhistorikern Tony Le Tissier (von zur Mühlen, s. 74) att Dragunskijs 55. gardespansarbrigad vid den tidpunkten "bara" hade 1 500 man kvar. Om så vore fallet torde överste Dragunskij ha varit mycket nöjd, eftersom en sovjetisk pansarbrigad hade en föreskriven styrka på 1 453 man och 65 stridsvagnar. Duffy, s. 318.
11 Abysow, s. 54.
12 Abysow, s. 49.
13 Eilhardt, s. 54.
14 Inge Klatt, född Jenson, intervju av författaren.
15 Sten Eriksson, intervju av författaren.
16 Dragunski, s. 275.
17 Kalaschnik, s. 352.
18 Förmodligen samma soldater som fänrik Rein tidigare hade observerat!
19 Max Meissner, Ryan Collection.
20 Hans Rein, Ryan Collection.
21 Dragunski, s. 297–299.
22 Mironow, s. 162.
23 Ursula Grosser-Dixon, intervju av författaren och manuskript.
24 Ursula Grosser-Dixon, manuskript.
25 Sander-Johr, s. 83–84.
26 Inge Klatt, född Jenson, intervju av författaren.
27 Gerhard Cordes, Toland Collection.
28 Gerhard Cordes, Toland Collection.
29 Sten Eriksson, intervju av författaren.
30 Dragunski, s. 315.
31 Mironow, s. 167.
32 von zur Mühlen, s. 83.
33 Igor Mikayoff, Ryan Collection.
34 Igor Mikayoff, Ryan Collection.
35 Bessarab, s. 157.
36 Det första stormningsförsöket skedde kl. 4.30 på morgonen den 30 april, från "Himmlerhuset", vilket fallit bara en halvtimme tidigare, men det stoppades genom oväntat kraftig flankeld från Krolloperan mittemot riksdagshuset. Kl. 9.30 genomfördes ett andra anfall som också avslogs, liksom det tredje kl. 13.
37 Georg Diers, manuskript.
38 Hans Rein, Ryan Collection.
39 Georg Diers, manuskript.
40 Utbrytningen från rikskansliet inleddes kl. 23. Georg Diers, manuskript.
41 August Birks, intervju av författaren.
42 von zur Mühlen, s. 90.
43 Gerhard Cordes, Toland Collection.
44 Georg Diers, manuskript.
45 Albert Fritz, Ryan Collection.
46 Ursula Grosser-Dixon, manuskript.
47 Dragunski, s. 316–317. Enligt hans memoarer stoppades den tyska utbrytningen via

Charlottenburg och Spandau helt, men uppenbarligen kom många tyska soldater ut ur staden i större eller mindre grupper.
48 Albert Fritz, Ryan Collection.
49 August Birks, intervju av författaren.
50 Britte von Bredow, intervju av författaren.
51 Abysow, s. 68–73.
52 Georg Diers, manuskript.
53 Konev, s. 191.
54 Sten Eriksson, intervju av författaren.
55 Katukow, s. 387.
56 Katukow, s. 388–390.
57 Sander-Johr, s. 83–94.
58 Kuby, s. 306.
59 Edelgard Richter, född von Bredow, intervju av författaren.
60 Doernberg 2001, s. 47.
61 Subbotin, s. 117.
62 Keiderling, s. 38–40.
63 Lakowski, s. 98. Förlusterna hänför sig till perioden 14 april–8 maj 1945.
64 Geschichte des Grossen Vaterländischen Krieges, vol. 5, s. 333.
65 Konev, s. 191. Av de cirka 800 stridsvagnar som Första ukrainska fronten förlorade under offensiven förstördes huvuddelen på Berlins gator.
66 Geschichte des Grossen Vaterländischen Krieges, vol. 5, s. 333.
67 Le Tissier, Berlin, s. 207.
68 Keiderling, s. 38–40.
69 Keiderling, s. 38–40.

## KAPITEL 17

1 Sgibnev.
2 Baumgart i Ramm, s. 61.
3 En uppgift som SS-löjtnanten Bärmann i 32. SS-divisionen ”30. Januar” ska ha fått höra av stabsofficerare i divisionen. Tieke, s. 308.
4 Bauer, s. 60.
5 Horst Haufschildt i Ramm, s. 299.
6 Manuel Schuhmacher, Ryan Collection.
7 Sgibnev.
8 Le Tissier 2007, s. 111–113. De tyska förlusterna den morgonen ska ha uppgått till 3 000 stupade soldater, 15 stridsvagnar och mer än 60 artilleripjäser.
9 Sgibnev.
10 Herresgruppe ”Weichsel”, Tagesmeldung, 28 april 1945. BA-MA, RH19XV/10.
11 Det tyska ordet *Haltung* (ordagrant: hållning, attityd) avsåg i det här sammanhanget ett uppträdande enligt den militära hederskodexen – här rörde det sig sannolikt främst om beredvilligheten att blint lyda order uppifrån. Heeresgruppe ”Weichsel”, Tagesmeldung, 27 april 1945. BA-MA, RH19XV/10.
12 Führling, s. 109.
13 Originalorder från generalöverste Jodl som förmedlades via radio till 9. armén, 28 april 1945. OKW/WFSt/Op (H)/Ia Nr. 3865/45. Faksimil hos Fey, s. 378. Det är dock oklart huruvida denna order, om den ens nådde fram till 9. armén, anlände före eller efter att Busse gav order om utbrytning.

14 Kurt Wurach, Ryan Collection.
15 Busse 1955.
16 Jfr diskussionen om antalet tillgängliga Kungstigrar vid Halbe hos Le Tissier 2007, s. 145–146 not 15.
17 Le Tissier 2007, s. 117.
18 I sin uppsats om 9. arméns sista strid gav general Busse intryck av att ha haft hela armén i sin hand inför utbrytningen: Jeckelns kår skulle skydda genombrottet mot anfall från öster och norr och därefter tjänstgöra som eftertrupp, medan V. armékåren skyddade södra flanken och likaså understödde genombrottet i Halbe. Slutligen skulle 21. pansardivisionen, enligt denna redogörelse, skydda genombrottet mot nordväst och när V. SS-bergsjägarkåren tågat igenom bräschen skulle divisionen överta denna kårs roll som eftertrupp. Mot denna version talar att han inte alls hade någon kontakt med de båda nämnda kårerna när utbrytningsplanen utarbetades samt att 21. pansardivisionen i stort sett upphört att existera efter von Lucks misslyckade utbrytningsförsök. Jfr Busse 1955.
19 Busse 1955.
20 Förhör med Friedrich Bernhard i rysk krigsfångenskap. Lakowski & Stich, s. 180. I boken *Slaughter at Halbe* klassar militärhistorikern Tony Le Tissier utan vidare detta förmenta telegram från Busse som ett obestridligt faktum, även om det bara återfinns i en enda muntlig källa. Le Tissier 2007, s. 116–117.
21 Heinz Keim, ”Wie war das noch?”, broschyr april 1996.
22 Tony Le Tissier betraktar det begränsade utbrytningsförsöket på morgonen den 28 april som ett ”förräderi” av general Kleinheisterkamp mot Busse, vilket dock är en märklig tolkning. Anfallet genomfördes av en oidentifierad stridsgrupp i ”divisionsstyrka” med 20 stridsvagnar och om denna utbrytning varit sanktionerad eller planerad av Kleinheisterkamp bör mer än bara en mindre del av hans kår ha deltagit. Några indikationer på att så varit fallet existerar över huvud taget inte. Och om Busse, som Le Tissier skriver, upplevde detta som ett ”förräderi” från Kleinheisterkamps sida bör dennes huvud obönhörligen ha suttit mycket löst. Jfr Le Tissier 2007, s. 111, 113 och 117.
23 Ramm, s. 304. Soldatens änka uppger sig ha fått denna historia om makens död berättad för sig och har sedan fört den vidare till amatörhistorikern Gerald Ramm.
24 Paul Greinke i Baumgart, s. 38.
25 Herbert Frieske i Pietsch, s. 39.
26 Herbert Frieske i Pietsch, s. 39–40.
27 Hans Kempin i Baumgart, s. 64.
28 Ramm, s. 257.
29 Lakowski & Stich, s. 101–102.
30 Marcel Staar i Ramm, s. 260.
31 Hans Hansen, manuskript.
32 Ernst Streng i Fey, s. 342–343.
33 Martin Kleint i Ramm, s. 323.
34 Friedrich Hesse i Ramm, s.174.
35 Lakowski & Stich, s. 119.
36 En tidigare luftvärnssoldat i SS-divisionen ”30. Januar”, Otto Boomgard, uppger att han efter genombrottet vid Halbe blev sårad i knäet och hamnade i Kleinheisterkamps halvbandvagn, där förutom andra sårade även SS-generalens hustru och två små barn befann sig. I skogen någonstans norr om Baruth lämnade de halvbandvagnen och kom ifrån varandra i skogen, men Boomgard uppger att det sista han hörde SS-generalen säga var: ”Om jag måste gå i fångenskap tar jag livet av mig!” Otto Boomgard i Baumgart, s. 133–135.

37 Busse 1955.
38 I intervjuerna av Cornelius Ryan och John Toland berördes aldrig Halbe i detalj. Sannolikt berodde det på att intervjuarna inte hade några särskilda kunskaper om detta tema på 1960-talet och därför inte kunde ställa några ingående frågor om det. Och Busse själv talade gärna om andra saker, men tog av de bevarade intervjuanteckningarna att döma inte självmant upp saken. Jfr Theodor Busse, Ryan Collection och Toland Collection.
39 Hans Hansen, manuskript.
40 Manuel Schuhmacher, Ryan Collection.
41 Joachim Wolf i Pietsch, s. 49.
42 Herbert Frieske i Pietsch, s. 40.
43 Kurt Wurach, Ryan Collection.
44 Kurt Wurach, Ryan Collection.
45 Horst Haufschildt i Ramm, s. 300.
46 Marcel Staar i Ramm, s. 262.
47 Marcel Staar i Ramm, s. 263.
48 Herbert Frieske i Pietsch, s. 41. Frieskes minne svek honom dock beträffande sågverkets placering. Det låg till höger om vägen.
49 Herbert Frieske i Pietsch, s. 43.
50 Inge Deutschmann, Toland Collection.
51 Inge Deutschmann, Toland Collection.
52 Uppgiften om att Busse färdats i en halvbandvagn härrör från militärhistorikern Tony Le Tissier och är i bästa fall obekräftad och i värsta helt missvisande. Le Tissier hävdar att han har hämtat uppgiften om Busses färdmedel ur Wilhelm Tieke 2003. Men en närmare titt på det textställe Le Tissier hänvisar till ger endast vid handen att Busse "stormade över motorvägen" i sällskap med sin underrättelseofficer under morgontimmarna den 29 april – vilket alltså till och med kan ha varit till fots. Det finns inga uppgifter om något fordon över huvud taget. Några rader längre ned nämns dock en befälshalvbandvagn i ett annat sammanhang. I denna satt chefen för pansargrenadjärdivisionen "Kurmark", generalmajor Willy Langkeit. Le Tissier har följaktligen missuppfattat textstället han baserar sitt påstående på. Jfr Le Tissier 2007, s. 150 och not 4 samt Tieke, s. 320.
53 Tieke, s. 321.
54 Sgibnev.
55 Simonow, del II, s. 680–681.
56 Pietsch, s. 167.
57 Manuel Schuhmacher, Ryan Collection.
58 Ernst Biehler, Toland Collection.
59 Theodor Busse, Toland Collection.
60 Martin Kleint i Ramm, s. 326.
61 Martin Kleint i Ramm, s. 327.
62 Theodor Busse, Ryan Collection.
63 Tieke, s. 334.
64 Wolf Hagemann, Ryan Collection.
65 Kurt Wurach, Ryan Collection.
66 Busse 1955.
67 Ernst Streng i Fey, s. 348.
68 Wolf Hagemann, Ryan Collection.
69 Le Tissier 2007, s. 124.
70 Le Tissier 2007, s. 192–193.

71 Wolf Hagemann, Ryan Collection. Hagemanns redogörelse för sista genombrytningen är dock alltför förvirrad och motsägelsefull för att kunna återges i sin helhet, vilket förmodligen är betecknande för hur hårt prövningarna tagit på honom.
72 Martin Kleint i Ramm, s. 327.
73 Kurt Wurach, Ryan Collection.
74 Horst Haufschildt i Ramm, s. 300.
75 Busse 1955; Wenck, Toland Collection: Berlin war nicht mehr zu retten; Konev, s. 181–182.
76 Genscher, s. 46–47.
77 Hans Hansen, manuskript.
78 Le Tissier s. 210.

## SLUTORD

1 Günter Graffenberger, intervju av författaren.
2 Theodor Busse, Ryan Collection.
3 Busse 1955.
4 Theodor Busse, Ryan Collection.
5 Theodor Busse, Ryan Collection.
6 Horst Haufschildt i Ramm, s. 301. Se även Ramm, s. 204.
7 Martin Kleint i Ramm, s. 327.
8 Bland de som ställer Busse i positiv (eller i varje fall inte negativ) dager återfinns Cornelius Ryan och John Toland. Baumgart, s. 182–184.
9 Ramm, s. 204. Jfr Lakowski & Stich, s. 138.
10 Thorwald, *Das Ende an der Elbe*, s. 254.
11 Tieke, s. 18.
12 Ramm, s. 204.
13 Lakowski & Stich, s. 138.
14 Führling, s. 143.
15 von Flocken. Väl att märka är att den kritiska bilden av Busse till stor del härrör från författare med bakgrund i forna Östtyskland (Ramm, Lakowski), där kommunistregimen under 50–60-talet bedrev propaganda mot ”nazigeneralerna” i västtyska armén.
16 Konev, s. 181–182.
17 Theodor Busse, Ryan Collection.

# Källor och litteratur


**a) Opublicerade dokument, memoarer och vittnesmål**

*Bundesarchiv-Militärarchiv* (Freiburg im Breisgau)
Heeresgruppe Weichsel: *Anlagen zum Kriegstagebuch* (RH19XV/8-10)
Gotthard Heinricis papper (N265)

*Gedenkstätte/Museum Seelower Höhen*
Fritz-Rudolf Averdieck, manuskript
Hans Hansen, manuskript
Gotthard Heinrici, *Bericht über Erlebnisse bei der Heeresgruppe Weichsel im April 1945* (Rürup 1945)

*Institut für Zeitgeschichte* (München)
Gotthard Heinrici, *Der Endkampf des Dritten Reiches*
Gotthard Heinrici, *Zerstörungsbefehl "Tote Erde"*

*John Toland Collection* (Library of Congress, Washington DC):
Ernst Biehler, intervju
Theodor Busse, intervju
Gerhard Cordes, intervju
Inge Deutschmann, intervju
Gotthard Heinrici, intervju
Hans Kempin, intervju
Günter Reichhelm, intervju
Walther Wenck, intervju

*Cornelius Ryan Collection* (University of Ohio)
Hans-Werner Arnold
Theodor Busse
Albert Fritz
Sergey Golbov
Wolf Hagemann
Alfred Hirsch

Hans Jansen
Michail Kurkov
Max Meissner
Igor Mikayoff
Hans Rein
Vladimir Rozanov
Manuel Schuhmacher
Nikolay Svishtshev
Kurt Wurach.

## b) Opublicerade manuskript och minnesanteckningar ur andra källor

Magda Bauer: *Ninth Army Last Attack and Surrender*
Georg Diers: *Bericht von meinem Panzereinsatz von Januar bis Mai 1945*
Günther Dunsbach, manuskript
Ursula Grosser-Dixon, manuskript
Julius Hinz, manuskript
Heinz Maether, manuskript
Karl-Hermann Tams: *Die letzte Schlacht – Die 76er im Oderbrückenkopf bei Seelow*
Wilhelm Willemer: *The German Defence of Berlin* (Berlin 1953)

## c) Publicerade memoarer, vittnesmål och dokumentsamlingar

Abysow, Wladimir: *Der letzte Sturm* (Moskva 1985)
Antipenko, N.A.: *In der Hauptrichtung* (Berlin 1975)
Babadshanjan, Amasasp Chatschaturowitsch: *Hauptstosskraft* (Berlin 1985)
Baumbach, Werner: *The Life and Death of the Luftwaffe* (New York 1967)
Baumgart, Eberhard (utg.): *Halbe 1945 – Durchbruch in den Untergang* (Stegen am Ammersee 1999)
Bessarab, Alexandr Nikitowitsch: *Panzer im Visier* (Berlin 1973)
Bessonov, Evgeni: *Tank Rider – Into the Third Reich with the Red Army* (London 2003)
Bokow, F.J.: *Frühjahr des Sieges und der Befreiung* (Berlin 1979)
Boldt, Gerhard: *Hitlers sista dagar* (Stockholm 1973)
Boveri, Margaret: *Tage des Überlebens: Berlin 1945* (München 1968)
Cujkov, Vassily: *The End of the Third Reich* (Moskva 1978)
Djilas, Milovan, *Wartime* (London 1980)
Doernberg, Stefan: *Befreiung 1945* (Berlin 1985)
Doernberg, Stefan: *"Moskau-Seelow-Berlin": Heimkehr eines Deutschen nach Deutschland 1945* (Seelow 2001)
Dragunski, David Abramowitsch: *Jahre im Panzer* (Berlin 1980)

Eilhardt, Hans-Joachim: *Frühjahr 1945 – Kampf um Berlin und Flucht in den Westen* (Aachen 2003)
Fey, Will: *Panzerkampf im Bild – Panzerkommandanten berichten* (Utting, u.å.)
Findahl, Theo: *Ögonvittne Berlin 1939–45* (Stockholm 1946)
Fröhlich, Elke (utg.): Joseph Goebbels: Die Tagebücher - sämtliche Fragmente, del 2, vol. 15 (München 1995)
Führling, Günter: *Endkampf an der Oderfront – Erinnerung an Halbe* (München 2004)
Gelfand, Vladimir: *Tysk dagbok 1945–46: En sovjetisk officers anteckningar* (Stockholm 2006)
Genscher, Hans-Dietrich: *Erinnerungen* (Berlin 1995)
Guderian, Heinz: *Erinnerungen eines Soldaten* (Stuttgart 1979)
Jakubowski, Iwan Ignatjewitsch: *Erde im Feuer* (Berlin 1978)
Kalaschnik, Michail Charitonowitsch: *Im Feuer geprüft* (Berlin 1976)
Katukow, Michail Jefremowitsch: *An der Spitze des Hauptstosses* (Berlin 1979)
Knappe, Siegfried: *Soldat – Reflections of a German Soldier 1936–1949* (New York 1993)
Kondratjew, Sachar Iwanowitsch: *Strassen des Krieges* (Berlin 1981)
Konev, Ivan: *Year of Victory* (Moskva 1984)
Kronika, Jacob: *Der Untergang Berlins* (Hamburg 1945)
von Luck, Hans: *Pansarchef under Rommel* (Stockholm 2005)
Mironow, Wenjamin Borissowitsch: *Die stählerne Garde* (Berlin 1986)
von zur Mühlen, Bengt: *Der Todeskampf der Reichshauptstadt* (Berlin 1994)
Neave Report, *I Trial of the Major War Criminals before the International Military Tribunal*, vol. 42 (Nürnberg 1949)
von Oven, Wilfred: *Mit Goebbels bis zum Ende* (Buenos Aires 1950)
Peresypkin, Iwan Terentjewitsch: *Nervenstränge des Sieges* (Berlin 1982)
Pietsch, Herbert (m.fl.): *Nun hängen die Schreie mir an* (Berlin 1995)
Popel, Nikolaj: *Und vor und liegt Berlin* (Klitzschen 2005)
Poplawski, Stanislaw: *Kampfgefährten* (Berlin 1980)
Pyl'cyn, Aleksander: *Penalty Strike: the Memoirs of a red Army Penal Company Commander 1943–1945* (Solihull 2005)
Ramm, Gerald: *Gott mit uns – Kriegserlebnisse aus Brandenburg und Berlin* (Woltersdorf 2001)
Schramm, Percy-Ernst: *Kriegstagebuch des Oberkommandos der Wehrmacht* (Frankfurt am Main 1961)
Schäufler, Hans: *1945 – Panzer an der Weichsel: Soldaten der letzten Stunde* (Stuttgart 2003)
Sgibnev, Alexander (m.fl.): *Heroes of the War* (Moskva 1975)
Simonow, Konstantin: *Kriegstagebücher* (Berlin 1979)

Speer, Albert: *Dagbok från Spandau* (Stockholm 1976)
Stahlberg, Alexander: *Die verdammte Pflicht: Erinnerungen 1932 bis 1945* (Berlin 1987)
von Studnitz, Hans-Georg: *Als Berlin brannte: Diarium der Jahre 1943–1945* (Stuttgart 1963)
Subbotin, Wassili J.: *Wir stürmten den Reichstag* (Berlin 1980)
LeTissier, Tony: *With our backs to Berlin – The German Army in Retreat 1945* (Stroud, Gloucestershire 2005)
Zjukov, Georgij: *Minnen och reflexioner* (Moskva 1988)

## d) Sekundärlitteratur

Axell, Albert: *Stalin's War through the Eyes of his Commanders* (London 1997)
Bagramjan, Iwan: *Geschichte der Kriegskunst* (Berlin öst 1973)
Barnett, Correlli: *Hitlers generaler* (Stockholm 2004)
Beevor, Antony: *Berlin: Slutstriden 1945* (Lund 2002)
Beevor, Antony (red.): *Reporter i krig. Dagboksanteckningar från andra världskriget* (Lund 2007)
Carlyle, Thomas: *History of Friedrich II of Prussia, called Frederick the Great* (London 1858–1865)
Duffy, Christopher: *Red Storm on the Reich: The Soviet March on Germany, 1945* (New York 1993)
Eberle, Henrik & Uhl, Matthias (utg.): *Das Buch Hitler* (Bergisch-Gladbach 2005)
von Flocken, Jan (m.fl.): *Halbe mahnt! – Zentralfriedhof Halbe* (Berlin 1990).
Friedrich, Jörg: *Das Gesetz des Krieges* (München 1993)
Gosztony, Peter: *Der Kampf um Berlin 1945 in Augenzeugenberichten* (Düsseldorf 1970)
Hastings, Max: *Armageddon: The Battle for Germany 1944–45* (London 2004)
Keiderling, Gerhard: *Geschichte der Hauptstadt der DDR* (Berlin 1987)
Kershaw, Ian: *Hitler 1936–1945 – Nemesis* (London 2001)
Kuby, Erich: *Ende des Schreckens* (München 1956)
Kuby, Erich: *Die Russen in Berlin* (München 1965)
Kurowski, Franz: *Armee Wenck – Die 12. Armee zwischen Elbe und Oder* (Emmelshausen 2005)
Lakowski, Richard: *Seelow 1945: Die Entscheidungsschlacht an der Oder* (Berlin 1996)
Lakowski, Richard & Stich, Karl: *Der Kessel von Halbe: Das letzte Drama 1945* (Berlin 1998)
Merridale, Catherine: *Ivan's War: the Red Army 1941–1945* (London 2005)
Newton, Steven H.: *Kursk: The German view* (Cambridge, Mass. 2003)
Read, Anthony & Fisher, David: *The Fall of Berlin* (London 1993)
Reitlinger, Gerald: *The Final Solution: the Attempt to exterminate the Jews of Europe 1939–1945* (London 1953)

Ryan, Cornelius: *Slutstriden* (Stockholm 1976)
Sander, Helke & Johr, Barbara: *Befreier und Befreite: Krieg, Vergewaltigungen, Kinder* (München 1992)
Scheel, Klaus: *Die Befreiung Berlins 1945* (Berlin 1985)
Schäfer, Hans-Dieter: *Berlin im Zweiten Weltkrieg: Der Untergang der Reichshauptstadt in Augenzeugenberichten* (München 1985)
Sennerteg, Niclas: *Stalins hämnd – Röda armén i Tyskland 1944–45* (Lund 2001)
Sennerteg, Niclas: *Warszawas bödel. Ett tyskt öde* (Lund 2003)
Shirer, William: *Tredje rikets uppgång och fall* (Stockholm 1984)
Spahr, William J.: *Zhukov – The Rise and Fall of a great Captain* (Novato, Ca., 1993)
Thorwald, Jürgen: *Es begann an der Weichsel* (München 1979)
Thorwald, Jürgen: *Das Ende an der Elbe* (München 1979)
Tieke, Wilhelm: *Das Ende zwischen Oder und Elbe – Der Kampf um Berlin 1945* (Stuttgart 2003)
Trevor-Roper, Hugh: *The last Days of Hitler* (London 1995)
Le Tissier, Tony: *Durchbruch an der Oder: Der Vormarsch der Roten Armee 1945* (Augsburg 1997)
Le Tissier, Tony: *Der Kampf um Berlin: Von den Seelower Höhen zur Reichskanzlei* (Augsburg 1997)
Le Tissier, Tony: *Slaughter at Halbe* (England 2005)
Toland, John: *The last 100 Days* (New York 1967)
Welch, David: *The Third Reich: Politics and Propaganda* (London 2002)
Ziemke, Earl F.: *Stalingrad to Berlin* (Washington D.C. 1968)

## e) Uppsatser

Busse, Theodor: *Die letzte Schlacht der 9. Armee* (ur *Wehrwissenschaftliche Rundschau* nr 6, 1955)

## f) Intervjuer av författaren

August Birks
Ingrid Bolfing-Munzel, född Munzel
Britte von Bredow
Sten Eriksson
Günter Graffenberger
Eike Jünke
Inge Klatt, född Jenson
Heinz Krüger
Edelgard Richter, född von Bredow

# Personregister

# Bildkällor

s. 12 Foto: Ullstein Bild/All Over Press.
s. 32 Foto: Ullstein Bild/W. Frentz/All Over Press.
s. 44 Foto: Ullstein Bild/All Over Press.
s. 53 Foto: Ullstein Bild/SV-Bilderdienst/All Over Press.
s. 66 Foto: Ullstein Bild/All Over Press.
s. 89 Foto: Akg images/Scanpix.
s. 121 Foto: Ullstein Bild/All Over Press.
s. 144 Foto: Ullstein Bild/All Over Press.
s. 160 Foto: Ullstein Bild/SV-Bilderdienst/All Over Press.
s. 195 Foto: Ullstein Bild/All Over Press.
s. 218 Foto: Akg images/Scanpix.
s. 231 Foto: Akg images/Scanpix.
s. 293 Foto: Ullstein Bild/dpa/All Over Press.
s. 316 Foto: Akg images/Scanpix.
s. 322 Foto: Akg images/Scanpix.
s. 356 Foto: Ullstein Bild/Chronos Media GmbH/All Over Press.
s. 378 Foto: Akg images/Scanpix.